GUINNESS WORLD RECORDS 2009

★ SOBRE ESTE LIBRO

El tipo de letra elegido este año es la Franklin Gothic, diseñada por el prolífico tipógrafo estadounidense Morris Fuller Benton (1872-1948) a principios del siglo xx. El término «gótico» es un vocablo arcaico que significa sencillamente que la letra es *sans serif*; es decir, sin *serifs*, nombre que reciben los trazos terminales que rematan las astas, brazos o colas de los tipos «romanos» como el Times.

La Franklin es una letra «realista», una clasificación de tipos que se identifican por su simplicidad y por la ausencia total de variación en la anchura del trazo. De modo específico, la Franklin puede identificarse por su «g» de dos cuerpos (y su curiosa «oreja») y la cola de la «Q», que desciende desde el centro de la base.

Dispersa por este libro hay una selección de imágenes en 3-D. Se identificarán por lo que parecen errores de impresión –las partes roja y azul de las fotos están impresas en *offset*– y también por el símbolo de las gafas de 3-D insertado encima. Las gafas en 3-D que se facilitan con el libro sirven para ver las imágenes en todo su esplendor. Esta fotografía «anaglífica» (de la voz griega que significa «esculpir») se basa en el hecho de que nuestro ojo izquierdo ve el mundo desde un ángulo ligeramente distinto del derecho; el cerebro procesa las dos imágenes para crear una visión del mundo en 3-D. Con los anaglifos se obtiene el mismo efecto empleando dos colores en *offset*: cada ojo ve un color diferente y el cerebro lo procesa como una visión (binocular) en 3-D.

ISBN: 978-84-08-08165-4

Para una lista completa
de créditos y agradecimientos,
ver la p. 278

Si desea batir un récord,
vea primero la p. 10. Póngase
siempre en contacto con nosotros
antes de cualquier tentativa.

Consulte regularmente
nuestro sitio web
www.guinnessworldrecords.com
para conocer noticias de última
hora sobre nuevos récords, así
como vídeos de las tentativas
de récords. Otra posibilidad es
suscribirse a los servicios de
telefonía móvil de GWR.

Sostenibilidad
Los árboles que se talan para
imprimir el libro *Guinness World
Records* son seleccionados
cuidadosamente en bosques
controlados para así evitar
la destrucción del paisaje.
Por cada árbol talado se
planta por lo menos otro.

El papel con que se ha impreso
este libro fue fabricado por UPM
Kyml (Finlandia). A la planta de
producción se le ha concedido
la licencia Ecoflor de la Unión
Europea, ha recibido la certificación
de Cadena de Custodia y funciona
con sistemas de protección
medioambiental que cumplen
los estándares ISO 14001
y EMAS, tendentes a garantizar
una producción sostenible.

La Etiqueta Ecológica de la Unión
Europea distingue aquellos
productos que alcanzan altos
estándares de rendimiento y
calidad medioambiental. Todos
los productos a los que se
concede la Etiqueta Ecológica
de la Unión Europea deben
someterse a estrictos controles
de adecuación medioambiental,
de cuya verificación se ocupa un
organismo independiente.

Made of paper awarded
the European Union Eco-label
reg.nr FI/11/1

En la fotografía de la página
siguiente aparece Rosi,
la **araña más grande**
del mundo; se trata de una
tarántula Goliath (*Theraphosa
blondi*) de 175 g de peso que
pertenece a Walter Baumgartner,
de Andorf (Austria).

© 2008 Guinness World
Records Ltd

THE
JIM PATTISON
GROUP

Dinosaur artwork: © BBC Books/The Random House Group Ltd

EDITOR
Craig Glenday

EDITOR ADJUNTO
Ben Way

EQUIPO EDITORIAL
Chris Bernstein, Harry Boteler, Matt Boulton,
Rob Cave, Rob Dimery, Kim Lacey,
Carla Masson, Gary Werner, Matt White

CONCEPTO Y CREACIÓN DEL DISEÑO
Keren Turner y Lisa Garner de Itonic Design
Ltd, Brighton (Reino Unido)

CUBIERTA
Yeung Poon Design,
Spectratek Technologies, Inc., (EE. UU.)

DIRECTORA DE PRODUCCIÓN
Jane Boatfield

AYUDANTE DE PRODUCCIÓN
Erica Holmes-Attivor

ASESORES DE PRODUCCIÓN
Roger Hawkins, Patricia Magill,
Esteve Font Canadell,
Salvador Pujol, Julian Townsend

IMPRESIÓN Y ENCUADERNACIÓN
Printer Industria Gráfica,
Barcelona (España)

COLOR
Resmiye Kahraman de Colour Systems,
Londres (Reino Unido)

EDITOR DE FOTOGRAFÍA
Michael Whitty

EDITORA ADJUNTA DE FOTOGRAFÍA
Laura Jackson

DOCUMENTACIÓN FOTOGRÁFICA
Anna Wilkins, Fran Morales,
Noni Stacey

FOTOGRAFÍA ORIGINAL
Richard Bradbury,
Paul Michael Hughes,
Ranald Mackechnie,
John Wright

ARTISTAS
Ian Bull, David Burder (3-D Images Ltd),
Russell Miller (mydesignclub Ltd)

**COORDINACIÓN EDITORIAL
DE LA VERSIÓN ESPAÑOLA**
EdiDe, S.L.

TRADUCCIÓN
Alberto Delgado, Marta Estévez,
Patricia Lijó, Olga Marín

ASESORAMIENTO
Tierra, Ciencia y Tecnología:
David Hawksett

Vida en la Tierra: Dr. Karl Shuker

Cuerpo humano: Dra. Eleanor Clarke;
Robert Young (gerontología);
Dr. Barry Stevens (pelo)

Aventura/exploración:
Ocean Rowing Society,
World Speed Sailing Records Council

Batallas y armamento:
Stephen Wrigley

Arte y entretenimiento:
Thomasina Gibson; Dick Fiddy (TV)

Música: Dave McAleer

Deportes: Scott Christie, Christian Marais;
David Fischer (deportes de EE. UU.)

GESTIÓN DE RÉCORDS
Director de gestión de récords
Marco Frigatti (Italia)

Director de adjudicaciones
Andrea Bánfi (Hungría)

Equipo de gestión de récords
Gareth Deaves (Reino Unido)
Laura Farmer (Reino Unido)
Ralfh Hannah (Reino Unido)
Kaoru Ishikawa (Japón)
Danny Girton (EE. UU.)
Tzeni Karampoiki (Taiwán)
Mariamarta Ruano-Graham (Guatemala)
Carlos Martínez (España)
Chris Sheedy (Australia)
Lucia Sinigagliesi (Italia)
Amanda Sprague (Reino Unido)
Kristian Teufel (Alemania)
Wu Xiaohong (China)

VENTAS Y MARKETING
SVP, ventas y marketing: Samantha Fay
Jefa de marketing en EE. UU.: Laura Plunkett
**Directora de ventas de la edición
en lengua inglesa**: Nadine Causey
Director internacional de ventas:
Frank Chambers
Ejecutiva internacional de marketing:
Justine Bourdariat
Directora de marketing: Kate White
Directora de relaciones públicas:
Amarilis Espinoza
Directores de derechos internacionales:
Beatriz Fernández (Reino Unido),
Jennifer Osbourne (EE. UU.)
Director de marketing en EE. UU.: Doug Parsons
Ayudante de marketing en EE. UU.:
Jamie Panas
Director de cuentas nacionales: John Pilley

GUINNESS WORLD RECORDS
Director ejecutivo: Alistair Richards
Directores financieros:
Nicola Savage, Alison Ozanne
Ayudante de contabilidad: Neelish Dawett
Subdirector financiero: Jack Brockbank
Administradora de contratos: Lisa Gibbs

Directora de TI: Katie Forde
Webmaster: Aadil Ahmed
Directora de RR. HH.: Kelly Garrett
Equipo legal: Juliette Bearman, Antonina
Cuffaro, Barry Kyle, Amanda Richards
Directores de promoción: Stuart Claxton
(EE. UU.), Jun Otsuki (Japón)

Editora de videojuegos: Keith Pullin
GWR TELEVISIÓN
Director de televisión: Rob Molloy
Productor:
Simon Gold
Directora de contenidos digitales:
Denise Anlander

HOMOLOGACIÓN
Guinness World Records Limited aplica un sistema muy riguroso de comprobación para verificar todos los récords. Sin embargo, aunque ponemos el mayor empeño
en lograr la máxima exactitud, Guinness World Records Limited no se hace responsable de los posibles errores que contenga esta obra. Agradeceremos todos
los comentarios de nuestros lectores que contribuyan a una mayor exactitud de los datos.

ABREVIATURAS Y MEDIDAS
Guinness World Records Limited utiliza preferentemente el sistema métrico decimal, excepto en ciertas unidades de otros sistemas de medición universalmente aceptadas
y en algunos deportes. Todos los valores monetarios se indican en dólares estadounidenses, calculados según el cambio vigente en el momento. Cuando únicamente se especifica
el año, la conversión se establece según el cambio vigente en diciembre de ese año. Las referencias a la RDA (República Democrática Alemana) corresponden al estado alemán
oriental que se unificó con Alemania occidental (República Federal Alemana) en 1990. Las abreviaturas RDA y RFA se emplean en los récords anteriores a 1990. La Unión de Repúblicas
Socialistas Soviéticas (URSS) se dividió en varios países en 1991, de los cuales Rusia es el mayor. La Comunidad de Estados Independientes sustituyó provisionalmente a la URSS,
y las siglas CEI se utilizan principalmente para récords deportivos batidos en los Juegos Olímpicos de 1992. Guinness World Records Limited no reclama ningún derecho,
título o interés sobre las marcas registradas ajenas que aparecen en este libro.

ADVERTENCIA GENERAL
Intentar batir o establecer nuevos récords puede resultar peligroso. Cualquier tentativa de batir o establecer un récord es responsabilidad exclusiva del aspirante. Guinness World
Records Limited no aceptará, bajo ninguna circunstancia, responsabilidad alguna en caso de fallecimiento o de daños sufridos durante un intento. Guinness World Records Limited
se reserva por completo el derecho a incluir o no cualquier récord en la presente obra. El hecho de poseer un récord no garantiza su aparición en el libro.

GUINNESS WORLD RECORDS 2009

SUMARIO

GAFAS 3D

Despegue y monte las gafas 3D que vienen incluidas con este libro. Podrá comprobar que algunas páginas pueden verse en 3D, así que, si ve el logo, póngase las gafas y descubrirá el modo más emocionante de disfrutar de nuestros increíbles récords.

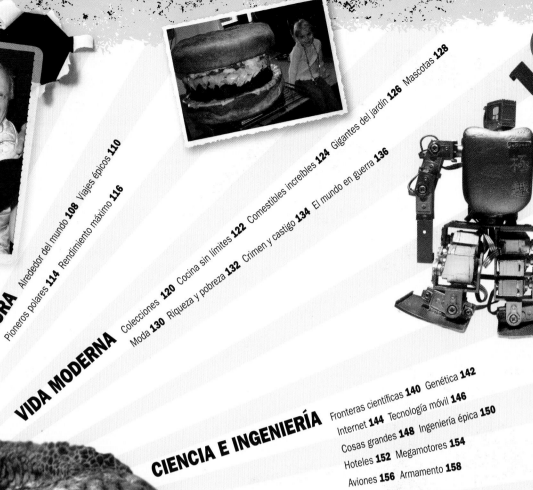

INTRODUCCIÓN

EL QUESO MÁS PELIGROSO DEL MUNDO, UN GORILA GIGANTE HECHO CON PERCHAS, UNA ENTREVISTA CON UN JEDI TERRIBLE Y EL CHIMPANCÉ MÁS RICO DE WALL STREET. ¿CREES QUE LO HAS VISTO TODO? PIÉNSALO BIEN...

Ha sido un año increíble para Guinness World Records. En los últimos 12 meses hemos viajado más que nunca, hemos conocido a muchas personas que han batido récords y hemos conseguido fantásticas imágenes antes de sacar a la luz la edición de 2009 del libro con *copyright* más vendido del mundo. Esta edición es el resultado del año más emocionante, variado y cargado de acción que ha vivido GWR.

¿Cuáles son las novedades? Como siempre, hemos retado a Keren y Lisa de Itonic, nuestra agencia de diseño, para que desarrollase y mejorase el libro anterior y han respondido con un nuevo estilo *funky* y *cool* para la edición de 2009. El concepto que se esconde tras del diseño es el *graffiti* urbano/ *skateboard*, que da vida a las páginas del libro. Nuestro incansable editor de imagen, Michael Whitty, ha trabajado perfilando el diseño de las páginas con las fotografías más emocionantes del mundo. Michael y su grupo de expertos profesionales han dado la vuelta al mundo, fotografiando personas que han batido récords, en sus casas o en sus lugares de origen. Y, como siempre, cada imagen del libro se mira como si fuese la primera vez.

Las proezas pueden añadirse al libro *Guinness World Records* de dos maneras. La primera es mediante nuestro selecto consejo de asesores, todos ellos expertos en su especialidad. Se pasan el año «cazando récords», proporcionándonos las dos terceras partes del material que aparece en el libro. También colaboran con el Equipo de

BUS DE *THE SUN*

Una vez más, estamos en deuda con el diario más vendido del Reino Unido, *The Sun*, por su apoyo a lo largo del año. En la imagen, el intento de récord del ★ **mayor número de personas dentro de un autobús modificado.** Un total de 88 personas consiguieron entrar en la plataforma inferior del autobús electoral de *The Sun*.

DÍA GWR

¿En qué otro lugar encontraría una contorsionista, un ama de casa de estilo victoriano, un maestro samurái y un cinturón negro de kárate reunidos en el mismo lugar... si no es en el libro *Guinness World Records*? Muchas gracias a Leslie Tipton, Cathie Jung, Kenneth Lee y Narve Laeret (en la imagen, de izquierda a derecha) por viajar hasta Londres para el lanzamiento de 2008. Y disculpas por los continuos arrestos de la policía; los guardias del palacio de Buckingham no son tan amables cuando se trata de personas con grandes espadas de samurái ¡rondando a las puertas de la residencia de la reina!

RÉCORDS EN EL PROGRAMA *TOP GEAR*

No sólo se rompen récords en el programa del motor de la BBC, *Top Gear*, sino que algunos coches y un gran número de caravanas terminan destrozados antes de los títulos de crédito del programa. Nos hemos divertido acreditanto algunos de los récords de la nueva temporada, y por eso queríamos saludar a los especialistas del programa por sus incansables intentos de conseguir proezas.

CHRISTOPHER LEE

Uno de los mejores momentos del año para mí, como jefe de Redacción, ha sido tomar el té con la leyenda de la gran pantalla Christopher Lee. A pesar de encarnar a personajes como Drácula, Saruman o el Conde Dooku, Lee, en persona, es amable, fascinante y generoso con su tiempo. Esta exclusiva entrevista ha marcado su inclusión en el **Salón de la fama de Hollywood**, en la p. 232.

Administración de Récords –dirigido por Marco Frigatti, nuestro director de Administración de Récords– para redactar el guión de los acontecimientos y nos ayudan a decidir si estamos ante un récord auténtico. Queremos dar las gracias a todos nuestros asesores ya que sería imposible crear este libro sin su ayuda.

La segunda vía es mediante el equipo de Marco, de administradores de récords. Su trabajo es investigar los miles de correos electrónicos y de cartas que recibimos cada año y procesarlos de forma eficiente y profesional. Lamentablemente, la mayor parte son rechazados por no ser correctos o no cumplir los requisitos mínimos. Queremos dar las gracias también, a su trabajador equipo por todo su esfuerzo durante el pasado año.

Por ello, con la ayuda de nuestros asesores y nuestros administradores de récords, y, por supuesto, las personas que solicitan la acreditación de un récord, hemos explorado nuevas categorías durante este año. Por ejemplo, compruebe cómo ha cambiado el mundo y cuántos récords han cambiado con los años (o no) en el capítulo dedicado al **Mundo en constante cambio** (pp. 14-15); manténgase al día con las últimas innovaciones tecnológicas en **Tecnología móvil** (pp. 146-147); y sorpréndase con los diferentes récords relacionados con el **Cabello** (pp. 66-67). Pero, sobre todo, asegúrese de no perderse la competición del **Hombre más fuerte del mundo** (pp. 218-219); sorprendentemente es la primera vez que utilizamos este famoso evento anual como fuente de récords, por tanto, prepárese para disfrutar de un amplio abanico de nuevas categorías.

Si ya ha echado un vistazo al libro, se habrá dado cuenta de que algunas partes pueden verse en 3D. Éste es otro aspecto del que estamos

especialmente orgullosos, ya que realmente añade una emocionante y nueva dimensión a la fotografía. Simplemente despegue y monte las gafas 3D que vienen incluidas con este ejemplar; contemple ahora las fotografías que vienen acompañadas con el logo de las inconfundibles gafas con lentes rojas y azules. Estamos en deuda con David Burder por su trabajo e ideas innovadoras en la fotografía en 3D.

GWR EN *SATTITUDE*

El ●**mayor número de plátanos partidos en un minutos** (récord de Declan Wolfe, Irlanda, abajo) fue uno de los intentos de récords del programa de la RTÉ *Sattitude*. Gracias a todo el equipo por su apoyo.

BLUE PETER

Este año está marcado por el 50 aniversario de Blue Peter (BBC), el **programa infantil de TV que más tiempo lleva emitiéndose**. Para celebrar este acontecimiento, y dar las gracias a los que han hecho posible este récord, visité el plató y entregué al equipo actual del programa (abajo) su propio certificado del Guinness World Records (y, de paso, me hice con el deseado escudo de *Blue Peter*).

Aquí puede ver algunos récords batidos en el programa a lo largo de estos años:

● **Menor tiempo en pelar y comer un limón:** Gethin Jones (Reino Unido) logró este récord en 2005, con 51,2 s.

● **Más giros de bici en un minuto:** 29, por Sam Foakes (Reino Unido) el 11 de marzo de 2002.

● **Menor tiempo en explotar 1.000 globos:** 1 min 44 s, por un equipo de 37 personas de la Escuela primaria Oakthorpe.

● **Más trucos de yoyó en un minuto:** 51, por Hans Van Dan Helzen (EE. UU.) el 17 de mayo de 2004.

● **Más cordones de zapatos atados en un minuto:** 14, conseguido por Andy Akinwolere (Nigeria) en el Día GWR de 2006.

GWR: VIDEOJUEGOS

Estas navidades hágase con el **Guinness World Records Videojuegos**. Es su oportunidad de romper un récord mundial: desplumar un pavo o mantener en equilibrio un vehículo sobre su cabeza (arriba); para la Wii o la DS Lite. Enfréntese con su familia y amigos e intente batir el récord de su casa, ciudad, país o a escala mundial.

TORRE DE DÓNUTS

Para celebrar la *premiere* británica de *The Simpsons: la película* (EE. UU., 2007), nos dirigimos a las oficinas de Capital Radio en Leicester Square (Londres) para adjudicar el récord de la ★**mayor torre de dónuts**. Un equipo de ocho personas de la 20th Century Fox y Capital Radio construyeron una pirámide de 1.764 dónuts, alcanzando una altura récord de 110,5 cm.

EN LA CARRETERA

Países visitados este año por los jueces del GWR: Reino Unido, China, EE. UU., México, España, India, Alemania, EAU, Kuwait, Italia, Rumanía, Portugal, Japón, Francia, Bélgica, Austria, Turquía, Suecia, Rusia, Qatar, Polonia, Perú, Nigeria, Irlanda, Grecia, Croacia, Bahrain, Albania, Brasil, Bulgaria, Países Bajos, Tailandia, Uruguay, Filipinas, Vietnam, Taiwán, Australia y Nueva Zelanda (para el ●**mayor número de personas en una carrera de *snowboard***, ver imagen inferior derecha).

Los desplegables de este año rinden homenaje a las celebraciones: para celebrar la publicación del último libro de la genial serie del famoso mago de J. K. Rowling, exploramos **La magia de Harry Potter**; celebramos también el 40 aniversario de los primeros **Alunizajes** del Apolo y hemos incluido una entrevista con Gene Cernan, el último hombre que caminó en la Luna. El fantástico desplegable de cuatro páginas sobre **Dinosaurios en 3D** le dejará petrificado.

El tema de este año para el **Salón de la fama** es Hollywood y concretamente sus impresionantes actores que también han batido récords. Vaya a la p. 232 para averiguar por qué los gustos de Brad Pitt, Angelina Jolie, Jack Nicholson y Johnny Depp han sido incluidos en el prestigioso Salón de la fama del GWR, y lea un extracto de la exclusiva entrevista a la leyenda de la gran pantalla Christopher Lee.

Además, hemos incluido dos personajes de Hollywood que no son actores pero a los que consideramos dignos de mención. Uno es el director Tim Burton (EE. UU.) y el otro es el hombre con menos suerte de Hollywood. Eche un vistazo al desplegable para saber más detalles.

60 MINUTE MAKEOVER

A pesar de nuestros continuos programas de TV este año, hemos tenido tiempo de aparecer en el programa británico de diseñadores *60 Minute Makeover*. ¿Podría haber un programa mejor para intentar batir el récord del ●**menor tiempo en colocar tres tiras de papel de empapelar por un equipo de dos personas**? Kevin Patten y Rolandas Paulauskas dirían que no; consiguieron un tiempo récord de 1 min 42,19 s.

¡HA BATIDO UN RÉCORD!

El juez del GWR, Chris Sheedy, confirmó el récord del ●**mayor número de personas en una carrera de *snowboard***, el 6 de octubre de 2007. En total, se reunieron 88 personas en Mount Hutt, en Christchurch (Nueva Zelanda).

El último desplegable es especial para nosotros ya que da la bienvenida a la «familia» del Guinness World Records a un nuevo miembro: He Pingping, el ●**hombre más bajo** del mundo. La mejor experiencia de mi vida ha sido viajar a Mongolia Interior para conocer y medir a Pingping; por ello, espero que lo disfruten en todo su esplendor en el desplegable en 3D, en tamaño real, en las pp. 235-238.

Este año, también hemos añadido una sección completamente nueva en la parte final del libro, en **Geografía**. Este espacio explora los récord de los principales países y territorios en los que está disponible el Guinness World Records. Se trata de una combinación entre una guía de viajes y un libro de récords, por lo que resulta útil a la hora de visitar algún sitio nuevo o investigar

CHILDREN IN NEED

Cada año las instituciones benéficas y sus colaboradores recaudan una gran cantidad de dinero, gracias a los actos celebrados para batir récords. Entre ellos se encuentra Flora London Marathon (ver pp. 184-185) y Children in Need, que este año vio la creación de la ●**cadena más larga de personas y osos de peluche**! Un total de 631 alumnos y profesores de Grangemouth (Escocia) se reunieron en una fría mañana de noviembre en el aparcamiento del supermercado ASDA, cada uno con un oso de peluche, y batieron el récord de 430 establecido en 2006 en Viena (Austria).

PAUL O'GRADY

Debemos agradecer a la estrella televisiva Paul O'Grady (abajo) todo su apoyo en los últimos 12 meses. Si tiene la oportunidad de ver su programa televisivo de tarde, podrá disfrutar de una variedad de intentos de récord, no sólo por parte de miembros del público, sino también de Paul y sus (normalmente) dispuestos invitados. Entre los récords batidos este año en el programa se incluyen:

★ **Más *petisús* rellenados con crema en un minuto** (13, por Andy Collins, Reino Unido)

una parte del mundo para un proyecto escolar.

Es mi deseo que la edición de este año le sirva de inspiración para batir su propio récord Guinness. Sin el público y su pasión e inventiva no existiríamos, así que empiece a pensar en algún récord que podría batir, ¿quizás en el próximo Día GWR? ¿O recaudar dinero para una institución benéfica? ¿O simplemente comprobar hasta dónde puede llegar? Cualquiera que sea su motivo, ¡buena suerte!

(firma)

Jefe de Redacción
Guinness World Records

★ **Más kilts puestas en un minuto** (tres, por Lorraine Kelly, Reino Unido, arriba)

★ **Más huevos rotos con la cabeza en un minuto** (40, por Osi Anyanwu, Reino Unido)

★ **Más huevos lanzados y atrapados en un minuto por un equipo de dos** (31, por Hadley Jones y James Abram, ambos de Reino Unido).

HE PINGPING

Con la muerte en 2006 de Nelson de la Rosa (República Dominicana) quedaba una vacante en nuestra base de datos: ¿quién era el nuevo ●**hombre más bajo** del mundo? Aunque parezca increíble, la respuesta procede de la misma remota región de Mongolia Interior en la que encontramos al hombre vivo más alto del mundo, Bao Xi Shun (China).

Su nombre es He Pingping, y para confirmar su edad y altura reales (todos los candidatos para este récord deben tener más de 18 años) viajé a Hohhot, la capital de Mongolia Interior, y pasé dos días con él y su familia. Fue una experiencia inolvidable; conocer a esta persona fascinante y confirmar este récord en un hospital de la zona. Pingping estuvo a la altura de la proeza; conozca todos los detalles de este increíble logro en las pp. 235-238.

También puede estar interesado en saber que Xi Shun ha sido oficialmente reconocido como el **hombre vivo más alto del mundo**. El participante del año pasado, Leonid Stadnyk, tiene su récord suspendido y pendiente de una nueva investigación, ya que no hemos sido capaces todavía de medirlo en persona. No se pierda esta curiosidad.

GUINNESS WORLD RECORDS

CERTIFICATE

The shortest (mobile) living man is He Pingping (China. b. 1988) who was measured in Hohhot, China on 22 March 2008

GUINNESS WORLD RECORDS LTD

CÓMO BATIR UN RÉCORD

1. CONTACTE CON NOSOTROS

¿Ha tenido una idea? Contáctenos a través de la web: **www.guinnessworldrecords.com**; haga click sobre «Break a Record» y siga las instrucciones. Necesitamos saberlo todo acerca de su solicitud; es su oportunidad de facilitar detalles. *IZQUIERDA: Robert T. Natoli (EE. UU.) recibe su certificado de ★ más flexiones de brazos en un minuto colgando de una barra (¡nada menos que 53!) de manos de Laura, representante de GWR.*

LA MAYOR REUNIÓN DE TELÉFONOS

ARRIBA: Kaoru, de GWR, se vio rodeada de gigantescos teléfonos móviles en la ●mayor reunión mundial de personas vestidas de teléfonos móviles, celebrada en San Juan de Puerto Rico, en noviembre de 2007. ¿Tiene usted amigos capaces de batir este récord u otro similar? Cuéntenoslo visitando nuestro sitio web www. guinnessworldrecords. com.

¿ME COSTARÁ DINERO?

¡No! El intento de batir un Guinness World Record no le costará dinero (sólo esfuerzo y tiempo). Cualquiera puede solicitarlo, pero los menores de 18 años deben obtener una autorización de sus padres o tutores.

2. SIGA LAS INSTRUCCIONES

Si lo que pretende es superar un récord ya existente, le enviaremos las instrucciones que siguió el actual poseedor; si la solicitud corresponde a un récord nuevo, y nos gusta, le fijaremos nuevas directrices. Una vez que las reciba, ya estará en condiciones de realizar su intento. *ABAJO: a la golosa Jane, juez de GWR, se le encarga el trabajo más apetecible de su vida: ¡pesar la ●tableta de chocolate más grande (13,852 kg)!*

MARCO FRIGATTI

Marco, director de Gestión de Récords de *Guinness World Records*, encabeza un equipo multilingüe que procesa miles de tentativas de récords cada año. Éstos son algunos de los consejos que da para entrar en el libro de los récords.

Siempre recomiendo hojear el libro o ver nuestros programas de televisión para conocer los tipos de récords que nos gustan. Un récord debe cumplir cuatro requisitos. En primer lugar, tiene que ser mensurable, es decir, que pueda medirse con una cinta métrica o pesarse o contarse; así que nadie puede tener el perro más feo o la novia más bonita, pero sí un perro que haya ganado más competiciones de «perros feos» o una novia que haya ganado más concursos de belleza. En segundo lugar, deberá ser singularmente cuantificable, así que sólo buscamos un único superlativo; no nos interesa el hombre más alto y más veloz, ni el acordeonista más rápido y más pesado. Tercero, ha de ser batible, a menos que sea un «primero importante», y con esto queremos decir importante de verdad, como **el primer hombre que pisó la Luna o la primera película que recaudó más de 1.000 millones de dólares**. Y, por último, tiene que resultar interesante para el mayor número de gente posible. Recuérdese asimismo que establecer un récord no garantiza un lugar en el libro –esa decisión corresponde al editor–, pero siguiendo estos sencillos consejos aumentarán notablemente las posibilidades de éxito.

3. APORTE PRUEBAS

Las directrices que le enviaremos contienen detalles del tipo de pruebas que necesitamos: filmaciones en vídeo, fotografías y las declaraciones escritas de 2 testigos. *ARRIBA: miembros de la Scout Association, la ★mayor organización juvenil del mundo.*

DATOS
● El año pasado recibimos 35.692 solicitudes, pero sólo 2.017 entraron en nuestra base de datos.
● La base de datos contiene alrededor de 40.000 récords.
● ¡El libro sólo tiene cabida para 4.000 entradas!

4. ENVÍELAS POR CORREO

Envíenos sus pruebas. Si desea un juez de GWR durante su intento, vea la p. 12; de no ser así, nos pondremos en contacto con usted. *ABAJO: el Ayuntamiento de Gondomar y Montepio (Portugal) consiguen el récord del ★mayor número de balones de fútbol soltados: ¡5.071!*

★RÉCORD NUEVO
●RÉCORD ACTUALIZADO

5. ESPERE

Si ha solicitado un juez, éste puede validar su récord de inmediato. En caso contrario, una vez que hayamos recibido sus pruebas, nuestros inspectores las estudiarán para garantizar que se han seguido las instrucciones correctamente. Este proceso puede durar varios meses, así que rogamos paciencia. *ARRIBA: Michael, de GWR, celebra con el St Louis Chapter de la Men's Senior Baseball League (EE. UU.) el récord obtenido en el ★maratón de béisbol más largo (ver pág. 191).*

AL ELEGIR UN RÉCORD, ABSTÉNGASE DE:

● **Falsos récords.** Su solicitud *debe* incluir un verdadero récord: más alto, más largo, más apestoso... lo que sea, pero siempre un superlativo. Quizá sea usted capaz de lamerse el codo, ¡pero eso no es un récord!

● **Crueldad con los animales.** No sobrealimente a sus mascotas para que pesen más; no está bien.

● **Violar la ley.** Conducir a gran velocidad es peligroso e ilegal, no lo intente.

● **Teenage surgery.** Los adolescentes sometidos a operaciones quirúrgicas son un peligro para la sociedad, como esos **constructores veloces** que levantan en un tiempo récord casas que se derrumban igual de rápido.

X GAMES

Guinness World Records acude todos los años a varios acontecimientos que se celebran en el mundo entero, entre ellos los *X Games*, donde adjudicamos récords, organizamos firmas con los poseedores de récords y montamos competiciones. *DERECHA: Stuart, de GWR, junto con Danny Way (EE. UU.), poseedor de varios récords mundiales en X Games (ver pág. 220).*

6. ¡A CELEBRARLO!

Si su intento tiene éxito, recibirá su certificado oficial GWR por correo; y si no, quizá haya más suerte la próxima vez. *IZQUIERDA: Gary Cole (EE. UU.) celebra su récord de **más caras pintadas en una hora** (217).*

ADJUDICACIONES

LOS ADJUDICADORES DE LOS RÉCORDS GUINNESS VIAJAN POR TODO EL MUNDO PARA BUSCAR NUEVOS RÉCORDS. ESTA ES LA HISTORIA DE SU EXTRAORDINARIA LABOR.

¡ADJUDICADORES A SU SERVICIO!

Tras registrar su idea de récord, usted puede solicitar que un adjudicador de GWR esté presente en su hazaña. Las ventajas incluyen:

• Verificación instantánea de su récord y presentación de un certificado oficial.

• Un artículo sobre su récord en nuestra página web. Consulte www. guinness worldrecords.com/ register/login.aspx

• Apoyo de su hazaña en la organización.

• Cobertura mediática internacional para su intento de récord.

● Disponibilidad del adjudicador para entrevistas y conferencias de prensa.

★ RÉCORD NUEVO
● RÉCORD ACTUALIZADO

IZQUIERDA: Patricia Magill, adjudicadora de GRW, celebra el récord a la ★**sartén más estrechamente enrollada**. *ARRIBA: el adjudicador Gareth Deaves supervisa la* ★**vuelta más rápida en Project Gotham 4 (Xbox 360)**: *47,53 segundos. ABAJO: Carlos Martínez toma nota de la* ★**parrilla de castañas más grande**: *5 m de diámetro.*

ANDREA BÁNFI

Como director de adjudicaciones de Guinness World Records, Andrea Bánfi dirige un equipo de adjudicadores multilingües ubicado en Londres, Nueva York, Pekín y Sydney. ¿Cómo transcurre la vida asistiendo a intentos de récord?

GWR tiene un proceso de contratación riguroso que incluye una gran variedad de exámenes, y los candidatos que los aprueban deben ser expertos en varios ámbitos diferentes, como deportes, música y ciencia.

Cuando entré a trabajar en GWR, los récords que hasta entonces sólo habían sido números y datos de repente cobraron vida para mí. Cada adjudicación GWR es diferente. En los intentos de récord –tengan o no éxito–, siempre hay mucha emoción y expectativa. A mí me encantan los intentos de récords, y poco después de oficiar mi primer intento, ¡me di cuenta de que me estaba convirtiendo en un adicto!

De todas las adjudicaciones a las que he asistido, mi preferida hasta el momento es el ●**mayor número de personas leyendo simultáneamente en un recinto**: 13.839 personas leyeron juntas un texto taoísta en un estadio de rugby en Hong Kong. Habían ensayado tan bien que leyeron como si fueran una sola persona. Cuando se detuvieron, el silencio fue abrumador.

Oficiamos cientos de intentos de récord cada año y la demanda crece continuamente como consecuencia de la dedicación, el apoyo y la profesionalidad de nuestros adjudicadores. Si quiere que estemos presentes en su intento de récord, póngase en contacto con nosotros a través de nuestra página web y nosotros nos pondremos en contacto con usted por teléfono o por correo electrónico.

●LOS PALILLOS CHINOS MÁS GRANDES

Andrea y su colega adjudicador del Guinness World Records, Dani Girton, miden los palillos chinos más grandes (6,73 m), fabricados por el hotel Marco Polo en Dubai (EAU), y certificados en el Dubai Shopping Festival, el 23 de febrero de 2008.

Por favor, tenga en cuenta que GWR cobra una tarifa por la asistencia de sus adjudicadores a los intentos de récord. Para más información sobre este servicio, consulte **www.guinnessworldrecords.com/member**. Realizamos adjudicaciones para actividades corporativas, funciones benéficas, lanzamiento de productos, eventos de marketing y RP, espectáculos deportivos y para concienciar sobre buenas causas.

Desde la publicación del *Guinness World Records: Edición Videojuegos*, GWR viene realizando una amplia gama de adjudicaciones en el ámbito de los juegos de PC, consola y juegos de arcade, y asiste tanto a celebraciones internacionales como a salas de juego locales. Así que si usted está intentando batir una puntuación récord, ¿por qué no pide un adjudicador GWR para que lo haga oficial?

★EL COCHE DE PILA SECA MÁS RÁPIDO

El 4 de agosto de 2007, el *Oxyride Racer* logró una velocidad media de 105,95 km/h en el JARI Shirosato Test Center de Ibaraki (Japón). El vehículo, que funciona con pila seca, fue creado por el equipo Oxyride Speed Challenge, compuesto por Matsushita Electric Industrial Co., Ltd y la Universidad de Osaka Sangyo (ambas de Japón).

EN EL SENTIDO DE LAS AGUJAS DEL RELOJ DESDE ABAJO: ¡Adjudicadores GWR en acción! Angela Wu y la ●**estructura de flores más alta** una torre de crisantemos de 24,43 m de altura; Rob Molloy recibe el certificado a la ★**grúa de camión más larga**, fabricada por SANY Heavy Industry Co., Ltd, (China); Amarilis Espinoza confirma el récord de Manjit Singh (Reino Unido) a la ★**mayor distancia empujando un autobús de un piso con las orejas**: 6,1 m; Kim Lacey y el ★**rollo de papel higiénico más largo**: 1,68 m.

MUNDO CAMBIANTE

LA CONSECUCIÓN DE RÉCORDS ES ALGO TAN ANTIGUO COMO LA PROPIA HUMANIDAD. ES INCREÍBLE COMPROBAR LO MUCHO QUE HAN CAMBIADO ALGUNOS RÉCORDS CON LOS AÑOS Y LO POCO QUE LO HAN HECHO OTROS...

LOS CUADROS MÁS CAROS

María Magdalena leyendo
Autor: desconocido
Fecha de creación: desconocida
Fecha de venta: 1746
£6.500
(2008: £911.970)

La Madonna Sixtina
Autor: Rafael
Fecha de creación: 1513–1514
Fecha de venta: 1759
£8.500
(2008: £1.134.552)

Adoración del cordero
Autor: Van Eyck
Fecha de creación: 1432
Fecha de venta: 1821
£16.000
(2008: £1.116.255)

La Inmaculada Concepción
Autor: Murillo
Fecha de creación: 1660-1665
Fecha de venta: 1852
£24.600
(2008: 2.041.762 LIBRAS ESTERLINAS)

LOS MÁS RÁPIDOS EN LOS 100 M

Don Lippincott (EE. UU.)
Fecha: 6 de julio de 1912
Lugar: Estocolmo, Suecia
10,6 S

Jesse Owens (EE. UU., en la foto)
Fecha: 20 de junio de 1936
Lugar: Chicago, Illinois, EE. UU.
10,2 S

Armin Hary (República Federal Alemana)
Fecha: 21 de junio de 1960
Lugar: Zurich, Suiza
10,0 S

Jim Hines (EE. UU., en la imagen)
Fecha: 14 de octubre de 1968
Lugar: Ciudad de México, México
9,95 S

Leroy Burrell (EE. UU.)
Fecha: 14 de junio de 1991
Lugar: Nueva York, EE. UU.
9,9 S

VELOCIDAD PROGRESIVA

Trineo
Fecha: alrededor del 6500 a. C.
Lugar: Heinola, Finlandia
40 KM/H

Caballo
Fecha: alrededor del 1400 a. C.
Lugar: Anatolia, Turquía
55 KM/H

Barco de hielo
Fecha: alrededor del 1600 d. C.
Lugar: Países Bajos
80 KM/H

Esquiador alpino
Fecha: marzo de 1873
Lugar: La Porte, California, EE. UU.
Tommy Todd (EE. UU.)
141,3 KM/H

Midland Railway 4-2-2
Fecha: marzo de 1897
Lugar: Ampthill, Bedford, Reino Unido
144,8 KM/H

Messerschmitt 163V-1
Fecha: 2 de octubre de 1941
Lugar: Peenemunde, Alemania
Heinz Dittmar (Alemania)
1,004 KM/H

CONURBACIONES MÁS GRANDES

AÑO	CIUDAD/UBICACIÓN ACTUAL	POBLACIÓN
Alrededor del 27000 a. C.	Dolní Vestonice, Checoslovaquia	> 100
3000 a. C.	Uruk (Erech; en la actualidad Warka), Irak	50.000
2200 a. C.	Gran Ur (en la actualidad Tell el-Muqayyar), Irak	250.000
133 a. C	Roma, Italia	1.100.000
900 d. C	Angkor, Camboya	1.500.000
1578	Pekín (en la actualidad Beijing), China	707.000
1801	Gran Londres, Reino Unido	1.117.290
1925	Nueva York, EE. UU.	7.774.000
1939	Gran Londres, Reino Unido	8.615.050
1985	Tokio, Japón	11.600.069
2003	Tokio, Japón	26.546.000
2020 (pronóstico)	Tokio, Japón	> 37.000.000

ESTRUCTURAS MÁS ALTAS

Pirámide escalonada de Zoser
Lugar: Saqqara, Egipto
Fecha de construcción: alrededor del 2650 a. C.
62 M

Gran Pirámide de Keops
Lugar: Giza, Egipto
Fecha de construcción: alrededor del 2580 a. C.
146,5 M

Catedral de San Pablo
Lugar: Londres, Reino Unido
Fecha de construcción: 1315-1561
149 M*

*La aguja original fue destruida por un rayo el 4 de junio de 1561.

EL SENCILLO MÁS VENDIDO

Aunque no hay datos exactos, se cree que las ventas de la canción «White Christmas», escrita por Irving Berlin (EE. UU., nacido en Israel Baline, Rusia), superan los 100 millones de copias en todo el mundo si se tienen en cuenta las versiones de 1945, 1978 y los álbumes.

«White Christmas» entró en el primer Libro Guinness de los Récords (publicado en 1955) como el sencillo más vendido del mundo y, de forma extraordinaria, conserva el título más de 50 años después.

Bing Crosby (EE. UU., en la imagen) es el artista más asociado con la canción. Grabó la versión original el 29 de mayo de 1942, pero su versión posterior (del 18 de marzo de 1947) se ha convertido en la más conocida. Desde entonces la melodía se ha convertido en un villancico muy célebre.

ALTITUD
(DESDE 1900)

400.171 KM
Plusmarquista/vehículo: tripulación estadounidense del Apolo 13: capitán James A. Lovell, Jr; Frederick W. Haise, Jr; John L. Swigert, Jr (todos de EE. UU.). Fecha: 15 de abril de 1970

377.667 KM
Plusmarquista/vehículo: tripulación estadounidense del módulo de mando del Apolo 8: coronel Frank Borman; capitán James A. Lovell, Jr; comandante William A. Anders (todos de EE. UU.). Fecha: 25 de diciembre de 1968

327 KM
Plusmarquista/vehículo: comandante Yuri A. Gagarin (URSS) en el Vostok 1. Fecha: 12 de abril de 1961

51.694 M
Plusmarquista/vehículo: Joseph Walker (EE. UU.) en el avión de propulsión por cohete US X-15. Fecha: 30 de marzo de 1961

38.465 M
Plusmarquista/vehículo: capitán Iven C. Kincheloe, Jr (EE. UU.) en el avión de propulsión por cohete US Bell X-2. Fecha: 7 de septiembre de 1956

24.262 M
Plusmarquista/vehículo: William B. Bridgeman (EE. UU.) en el US Douglas D558-11 Skyrocket. Fecha: 15 de agosto de 1951

22.066 M
Plusmarquista/vehículo: capitán Orvill A. Anderson y capitán Albert W. Stevens (ambos de EE. UU.) en el globo de helio US Explorer II. Fecha: 11 de noviembre de 1935

15.837 M
Plusmarquista/vehículo: catedrático Auguste Piccard y Paul Kipfer (ambos de Suiza) en el globo FNRS 1. Fecha: 27 de mayo de 1931

11.145 M
Plusmarquista/vehículo: Sadi Lecointe (Francia) en el avión Nieuport. Fecha: 30 de octubre de 1923

Altar de Colonna
Autor: Rafael
Fecha de creación: 1503–1505
Fecha de venta: 1901
**100.000 LIBRAS ESTERLINAS
(2008: £7.783.708)**

Lirios
Autor: Van Gogh
Fecha de creación: 1889
Fecha de venta: 1987
**$53.900.000
(2008: $98.377.938)**

Muchacho con pipa*
Autor: Picasso
Fecha de creación: 1905
Fecha de venta: 2004 (arriba)
**$104.200.000
(2008: $114.372.876)**

*En noviembre de 2006, se informó de que David Geffen (EE. UU.) había vendido el cuadro n°. 5 (1948) de Jackson Pollock por 140 millones de dólares. Sin embargo, el precio de venta e incluso el comprador no han podido ser confirmados de manera definitiva, y por eso GWR todavía considera Muchacho con pipa el cuadro más caro de la historia.

Carl Lewis
(EE. UU., en la imagen)
Fecha: 25 de agosto de 1991
Lugar: Tokio, Japón
9,86 S

Donovan Bailey (Canadá)
Fecha: 29 de julio de 1996
Lugar: Atlanta, Georgia
9,84 S

Maurice Greene (EE. UU.)
Fecha: 16 de junio de 1999
Lugar: Atenas, Grecia
9,79 S

Asafa Powell
(Jamaica, en la imagen)
Fecha: 14 de junio de 2005
Lugar: Atenas, Grecia
9,77 S

Usain Bolt (Jamaica)
Fecha: 31 de mayo de 2008
Lugar: Nueva York, EE. UU.
9,72 S

USAF Bell XS-1
Fecha: 14 de octubre de 1947
Lugar: Murdoc Dry Lake, California, EE. UU.
Capitán C. E. Yeager (EE. UU.)
1.078 KM/H

North American X-15
Fecha: 7 de marzo de 1961
Lugar: Murdoc Dry Lake, California, EE. UU.
Comandante R. M. White (EE. UU.)
4.675,1 KM/H

Vostok 1
Fecha: 12 de abril de 1961
Lugar: órbita de la Tierra
Comandante Y. A. Gagarin (URSS)
**APROXIMADAMENTE
28.260 KM/H**

Apolo 10
Fecha: 26 de mayo de 1969
Lugar: reentrada en la atmósfera terrestre
Tripulación del Apolo 10 (EE. UU.)
39.897 KM/H

Torre Eiffel
Lugar: París, Francia
Fecha de construcción: 1887-1889
300,5 M

Edificio Chrysler
Lugar: Nueva York, EE. UU.
Fecha de construcción: 1929-1930
318 M

Empire State Building
Lugar: Nueva York, EE. UU.
Fecha de construcción: 1929-1930
381 M

Mástil de radio de Varsovia
Lugar: Plock, Polonia
Fecha de construcción: 1974
646 M*

Plataforma petrolera Ursa
Lugar: Golfo de México
Fecha de construcción: 1998
1,306 M

*Caído durante la renovación, 1991.

EL PLANETA MÁS GRANDE DEL SISTEMA SOLAR

La Gran Mancha Roja de Júpiter aparece como un óvalo blanco en esta imagen del planeta más grande del Sistema Solar. El diámetro ecuatorial de este gigante gaseoso alcanza los 143.884 km, y su masa es más de 300 veces mayor que la de la Tierra. A pesar de su tamaño, Júpiter tiene también el día más corto de todos los planetas del Sistema Solar y realiza su rotación completa en tan sólo 9 h 55 min.

En primer término puede verse la rocosa luna Ío, con su aurora azul en el polo norte y un resplandor anaranjado que proviene de la lava incandescente que cubre su superficie. Este montaje se realizó con imágenes tomadas por la nave espacial de la NASA *New Horizons*, que pasó por el sistema de Júpiter en febrero de 2007 y hoy se halla en el espacio interplanetario camino de encontrarse con Plutón en julio de 2015.

SUMARIO

LA ESTRELLA MÁS CHATA

En nuestra galaxia, es la estrella meridional Achernar (Alpha Eridani). Observaciones con el VLT Interferómetro del observatorio europeo austral de Páranla, en Atacama (Chile), han revelado que Achernar gira a tal velocidad que su diámetro ecuatorial es un 50% mayor que su diámetro polar.

EL MAYOR DIAMANTE

Observaciones de las pulsaciones de la estrella enana blanca de carbono BPM 37093 han permitido a los astrónomos del Centro de Astrofísica Harvard-Smithsonian de Cambridge (Massachusetts, EE. UU.) deducir que había cristalizado en un

diamante con un diámetro de 4.000 km. BPM 37093 está a unos 50 años luz de la Tierra, en la constelación de Centauro.

● LA ESTRELLA MÁS ANTIGUA DE LA VÍA LÁCTEA

La estrella HE1327-2326 se encuentra a 4.000 años luz de la Tierra. Su edad se mide por su composición. Cuando se formó, el Universo estaba compuesto de hidrógeno y helio. Al evolucionar, aparecieron otros elementos químicos, cuya síntesis nuclear formó las estrellas. HE1327-2326 casi no tiene contenido metálico (tan sólo 1/300.000 parte del contenido de metal de nuestro Sol), así que seguramente se formó a partir de nubes de hidrógeno puro y gas helio, cuando el Universo era joven. Puede datar de poco después del principio del Universo, hace unos 13.700 millones de años.

★ RÉCORD NUEVO
● RÉCORD ACTUALIZADO

★ LA ESTRELLA MÁS GRANDE

Debido a las dificultades físicas para medir directamente el tamaño de una estrella distante, la identidad de la estrella más grande es un tema de debate entre los astrónomos. La candidata mejor posicionada es VY Canis Majoris, una supergigante roja situada a unos 5.000 años luz de la Tierra. Se cree que tiene un diámetro de 2.500-3.000 millones de km, o 1.800-2.100 veces el tamaño del Sol. Situada en el centro del sistema solar, la superficie exterior de la estrella sobrepasaría la órbita de Júpiter.

LA MAYOR CONSTELACIÓN

De las 88 constelaciones, la mayor es Hydra (la Serpiente de Mar). Cubre el 3,16% de todo el cielo y contiene al menos

★ LAS ESTRELLAS CON VIDAS MÁS CORTAS

Con masas de unas 100 veces la del Sol, «las supergigantes azules» –que representan menos del 0,1% de las estrellas de nuestra galaxia– consumen su combustible de manera muy rápida y pueden durar tan sólo 10 millones de años. Su color azul es consecuencia de las altas temperaturas de su superficie, de unos 20.000-50.000 °C.

Una de las más conocidas es Rigel, en la constelación de Orión. Es la sexta estrella más brillante del cielo, aunque está a unos 900 años luz.

68 estrellas visibles a simple vista (a una magnitud 5,5). La constelación de Centaurus (Centauro), la novena en superficie, abarca al menos 94 estrellas similares.

★ MÁS ESTRELLAS EN UN SISTEMA ESTELAR

El mayor número de estrellas de un único sistema estelar es seis. Hay pocos ejemplos conocidos pero la más famosa es Castor, la segunda estrella más brillante en la constelación de Géminis.

★ EL TIPO DE ESTRELLA MÁS COMÚN

De lejos, el tipo de estrella más común en nuestra galaxia y en el Universo son las enanas rojas. Se trata de estrellas débiles y tenues, con no más del 40% de la masa del Sol; la más brillante de todas ellas brilla a sólo el 10% de luminosidad del Sol. Consumen su propio combustible de manera tan lenta que tienen una esperanza de vida de al menos 10.000 millones de años, mucho mayor que la de

¿SABÍA QUE...?

Las estrellas de neutrones, que pueden tener una masa tres veces superior a la del Sol pero diámetros de tan sólo 10-30 km, son las **estrellas más pequeñas**.

nuestra propia estrella. Un 80% de todas las estrellas de nuestro vecindario local son enanas rojas.

★ LA SUPERGIGANTE ROJA MÁS CERCANA

Betelgeuse, en la constelación de Orión, se encuentra a tan sólo 427 años luz del sistema solar. Como todas las supergigantes roja es una estrella enorme que se aproxima a final de su relativamente corta vida de qui tan sólo unos pocos millones de años en total. Tiene una masa 14 veces superi al Sol y su diámetro varía en tamaño entre unas 400 y 600 veces el del Sol.

LA ESTRELLA MÁS CERCANA VISIBLE A SIMPLE VISTA

La estrella más cercana visible a simple es Alfa Centauri (a 4,40 años luz de dista binaria y observable desde el Hemisferi

Antares

Rigel

Siro A

Sol

La luz que vemos procedente de galaxias lejanas partió de ellas hace millones de años... Así, cuando miramos al Universo, lo estamos viendo tal y como era en el pasado.

Profesor Stephen W. Hawking

EL CÚMULO ESTELAR ABIERTO MÁS BRILLANTE

Situadas en la constelación de Tauro, las Pléyades (M45) –también conocidas como Las Siete Hermanas– contienen aproximadamente 500 estrellas individuales contenidas en un espacio de 20 años luz, y a una distancia media de 380 años luz de la Tierra. Incluso desde una ciudad muy contaminada se pueden ver a simple vista unas seis estrellas de las Pléyades.

LA ENANA MARRÓN MÁS CERCANA

Las enanas marrones se suelen conocer como «estrellas caídas». Como otras estrellas, se forman por nubes de gas y polvo galáctico, que se derrumban bajo su propia gravedad. Si la estrella resultante es 0,08 veces menor que la masa del Sol, el núcleo nunca se calienta lo suficiente como para iniciar la fusión de hidrógeno y la estrella

nunca «nace». Las enanas marrones representan el vínculo perdido entre las estrellas y los planetas.

La enana marrón más cercana a la Tierra es Epsilon Indi B, compañera de la estrella Epsilon Indi, a 11,8 años luz.

LA ESTRELLA MÁS BRILLANTE VISIBLE DESDE LA TIERRA

Sirio A (alfa del Can Mayor), situada a 8,64 años luz de la Tierra, es la estrella más brillante del cielo nocturno, con una magnitud aparente de –1,46. Tiene un diámetro de 2,33 millones de km, una masa 2,14 veces superior a la del Sol y es 24 veces más brillante que el astro rey.

LA SUPERNOVA MÁS BRILLANTE

La supernova SN 1006, observada en abril de 1006 cerca de la estrella Beta Lupi, brilló durante dos años y alcanzó una magnitud de –9.5. Esta titánica explosión cósmica pudo verse a simple vista durante 24 meses y, en su máximo esplendor, fue 1.500 veces más brillante que Sirio, **la estrella más brillante del cielo nocturno.**

En 1987, una estrella gigante en la Gran Nube de Magallanes, una galaxia satélite de nuestra propia Vía Láctea, explotó en la **supernova más brillante de la era actual.** Su mayor resplandor tuvo una magnitud de 2,3, visible con facilidad sin telescopio.

★ MÁS OBJETOS MAGNÉTICOS

Un magnetar es un tipo de estrella de neutrones (un cuerpo creado a partir de los restos de una estrella que explotó) que posee un campo magnético muy poderoso, de unos 10.000 millones de teslas. La Tierra tiene un campo magnético de unas 50 microteslas. Con un diámetro de 20 km, un magnetar teóricamente podría borrar los datos de una tarjeta de crédito a una distancia equivalente a la mitad de la distancia hasta la Luna.

LOS OBJETOS MÁS DENSOS DEL UNIVERSO

Los agujeros negros son los restos de estrellas que acabaron sus vidas convertidas en supernovas. Se caracterizan por una región del espacio en la que la gravedad es tan fuerte que ni siquiera la luz puede escapar. El límite de un agujero negro se conoce como «horizonte de sucesos». En el centro está la «singularidad», donde la masa de la estrella muerta se concentra en un punto de tamaño cero e infinita densidad, lo que genera el poderoso campo gravitatorio de un agujero negro.

EL LUGAR MÁS CALIENTE DEL SISTEMA SOLAR

Se estima que la temperatura en el centro del Sol es de 15.600.000 °C. La presión en el núcleo es de unos 250.000 millones de veces la presión atmosférica a nivel del mar en Tierra. Es aquí donde unos 600 millones de toneladas de hidrógeno se fusionan para convertirse en helio cada segundo. Esta reacción nuclear continua es la que hace que el Sol brille.

GALAXIAS Y NEBULOSAS

ESTADÍSTICA ESPACIAL

El sistema solar se encuentra en un brazo espiral de la galaxia denominada Vía Láctea, a unos 26.000 años luz de su centro. La Vía Láctea mide alrededor de 100.000 años luz de diámetro y 12.000 años luz de espesor, y contiene entre 200.000 y 400.000 millones de estrellas.

La galaxia de Andrómeda está situada a 2,2 millones de años luz de distancia, es una de las más próximas. Debido a lo que tarda la luz en llegar a la Tierra, hoy la vemos tal y como era hace 2,2 millones de años.

La Vía Láctea y Andrómeda son galaxias pertenecientes a un conjunto de unas 35, conocido como «Grupo Local», que forma parte a su vez del supercúmulo de Virgo, integrado por unos 100 grupos de galaxias.

Se cree que hoy existen alrededor de 130.000 millones de galaxias en el universo, que tiene unos 13.800 millones de años.

Puede ocurrir que dos galaxias choquen sin que ni una sola estrella impacte contra otra.

★ LA MAYOR GALAXIA SATÉLITE

Hasta la fecha se han descubierto unas 15 galaxias satélite menores que orbitan en torno a la Vía Láctea, la más reciente de las cuales se descubrió en 2006. De éstas, la más grande y brillante es la Gran Nube de Magallanes, situada a unos 160.000 años luz del centro de la Vía Láctea; está clasificada como una galaxia enana irregular y alcanza alrededor de 20.000 años luz de diámetro, con una masa de unos 10.000 millones de masas solares.

★ LA MAYOR GALAXIA ESPIRAL

Descubierta en 1986, Malin 1 es una galaxia espiral distante unos 1.100 millones de años luz. En cuanto a diámetro, se trata de la mayor galaxia espiral que se conoce en el universo, pues mide en torno a 650.000 años luz de lado a lado; es decir, varias veces más que toda nuestra Vía Láctea.

★ LA NEBULOSA PLANETARIA MÁS JOVEN

La nebulosa Stingray, situada a unos 18.000 años luz de distancia en la constelación de Ara, en el hemisferio sur celeste, fue observada como estrella en la década de 1970. En 1996, el telescopio espacial Hubble pudo obtener su imagen, descubriéndose que, en los 20 años transcurridos, su estrella central se había calentado lo bastante como para que las capas de gas expulsadas que la rodeaban brillasen como una nebulosa planetaria.

★ EL CHORRO GALÁCTICO MÁS LARGO

En diciembre de 2007, los astrónomos anunciaron el descubrimiento de un chorro de materia emitido desde un agujero negro supermasivo abierto en el centro de la galaxia activa CGCG 049-033. Con una longitud aproximada de 1,5 millones de años luz, este chorro de alta energía se dirige a una galaxia cercana. Todos los planetas de esa galaxia que se interpongan en su trayectoria verán ionizada su atmósfera, con lo que se extinguirá cualquier forma de vida que pueda existir en ellos.

EL LUGAR MÁS FRÍO DE LA VÍA LÁCTEA

El punto más frío del universo conocido, a unos 5.000 años luz de la Tierra y con una temperatura de –272 °C, es la nebulosa Boomerang, que se forma por el gas y el polvo que expulsa su vieja estrella central.

★ LA GALAXIA ACTIVA MÁS PRÓXIMA

Las galaxias con un núcleo compacto y altamente luminoso que emite una radiación intensa se conocen como galaxias activas. Se cree que la fuente de tal radiación es un inmenso disco formado por estrellas despedazadas y otras materias que son absorbidas por un agujero negro central de dimensiones inconcebibles. Distante sólo 11 millones de años luz, la enorme galaxia elíptica Centauro A es la galaxia activa más próxima a la nuestra.

Nuestra galaxia es sólo una más entre los cientos de miles de millones que pueden verse utilizando los telescopios modernos.

Profesor Stephen W. Hawking

LA NEBULOSA PLANETARIA MÁS PRÓXIMA

Situada a una distancia aproximada de 400 años luz, la nebulosa de la Hélice (también conocida como NGC 7293) es la nebulosa planetaria más próxima a la Tierra. Se formó cuando una estrella moribunda se desprendió de sus capas exteriores, que poco a poco fueron expandiéndose por el espacio. Reciben el nombre de nebulosas planetarias porque los astrónomos, debido a su frecuente forma esférica, pensaron al principio que eran planetas nuevos. La nebulosa de la Hélice se encuentra a una distancia de la Tierra 100 veces superior a la de las estrellas más próximas, sin contar el Sol.

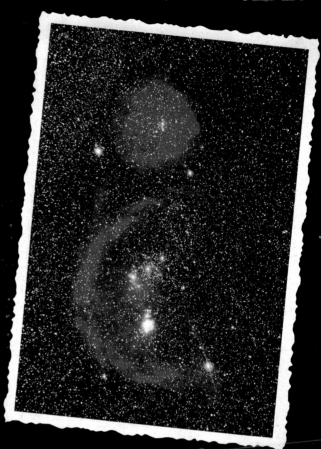

★ LA GALAXIA MÁS PRÓXIMA A LA VÍA LÁCTEA

La galaxia enana Canis Major fue descubierta en 2003 por un equipo de astrónomos franceses, italianos, británicos y australianos; se halla situada a una distancia media de tan sólo 42.000 años luz del centro de nuestra galaxia y resultó difícil de detectar porque queda detrás del plano de nuestra galaxia espiral según se ve desde la Tierra. Su forma indica que la fuerza gravitatoria de la Vía Láctea la está deshaciendo y absorbiendo.

Se cree que la galaxia contiene en torno a 1.000 millones de estrellas en total, un alto porcentaje de las cuales son estrellas rojas gigantes.

★ LA NEBULOSA MÁS GRANDE VISTA DESDE LA TIERRA

La inmensa nube de hidrógeno molecular conocida como bucle de Barnard es un arco de débil brillo que sólo resulta visible en imágenes captadas con una larga exposición. Situada a una distancia media de 1.600 años luz, y con un diámetro aproximado de 300 años luz, contiene las famosas nebulosas de Orión y Cabeza de Caballo. Si pudiera contemplarse a simple vista, el bucle de Barnard ocuparía casi toda la constelación de Orión en el cielo nocturno.

EL RESTO MÁS BRILLANTE DE UNA SUPERNOVA

La nebulosa del Cangrejo (M1), en la constelación de Tauro, es el remanente de supernova más brillante del cielo, con una magnitud de 8,4.

CUERPOS CELESTES

SATÉLITES SUPERLATIVOS

● EL PLANETA CON MÁS LUNAS

Hasta 2008, los astrónomos habían descubierto 63 satélites naturales del planeta Júpiter. Saturno es el segundo planeta en número de lunas, con 60 en total. Casi todas ellas son pequeños cuerpos de hielo y roca con formas irregulares, y muchas, con certeza casi total, asteroides capturados.

LA LUNA MÁS PRÓXIMA A UN PLANETA

La minúscula luna marciana de Fobos orbita alrededor de Marte a una altura de 9.378 km del centro del planeta, o lo que es lo mismo, a 5.981 km por encima de su superficie.

LA LUNA MÁS DISTANTE DE UN PLANETA

El 3 de septiembre de 2003, la Unión Astronómica Internacional anunció el descubrimiento de la luna S/2003 N1, que orbita en torno a Neptuno a una distancia media de casi 49,5 millones de km; tiene un período orbital de aproximadamente 26 años y mide alrededor de 38 km de diámetro.

LA CORDILLERA MÁS ALTA DEL SISTEMA SOLAR

Las observaciones de la luna Jápeto de Saturno llevadas a cabo por la nave espacial de NASA/ESA *Cassini-Huygens*, el 31 de diciembre de 2004, revelaron una enorme cordillera de al menos 1.300 km de largo que alcanza una altura de unos 20 km sobre la superficie lunar. Jápeto mide 1.400 km de diámetro.

LA IMAGEN MÁS DISTANTE DE LA TIERRA

El 4 de febrero de 1990, la nave espacial de la NASA *Voyager 1* enfocó su cámara hacia el Sol y los planetas. Después de 12,5 años de vagar por el espacio alejándose de la Tierra, la cámara de la *Voyager 1* obtuvo una imagen de nuestro planeta tomada a una distancia de casi 6.500 millones de km.

LA MONTAÑA NO VOLCÁNICA MÁS ALTA DEL SISTEMA SOLAR

El monte Boosaule, en la luna activa Ío de Júpiter, se alza hasta los 16.000 m de altura. En vez de formarse como resultado de erupciones volcánicas, al igual que el monte Olimpo (la **montaña más alta del sistema solar**; véase p. 23), esta prominencia surgió de la actividad tectónica generada por colosales presiones registradas en la corteza de Ío.

EL CUERPO CELESTE CON MÁS ACTIVIDAD VOLCÁNICA

Cuando la sonda *Voyager 1* de la NASA pasó junto al gigantesco planeta Júpiter en 1979, su cámara reveló enormes penachos de erupciones volcánicas, algunos de los cuales se elevaban cientos de kilómetros en el espacio. Esta actividad se produce por la energía mareal en el interior de Ío, resultado de las interacciones gravitatorias entre Ío, Júpiter y Europa, otra de las lunas jupiterinas.

EL CRÁTER MÁS PROFUNDO

La mayor cuenca de impacto que existe sobre la superficie de la Luna es Polo Sur-Aitken, en la cara oculta del astro, con un diámetro de 2.250 km y una profundidad media de 12.000 m, que lo convierten en el cráter de este tipo más grande y profundo que se conoce en el sistema solar.

¿SABÍA QUE...?

La nave espacial de la NASA/ESA *Cassini-Huygens* fue lanzada el 15 de octubre de 1997. Con 5.655 kg, esta sonda no tripulada es la más pesada que jamás se ha lanzado al sistema solar exterior.

★ LOS GÉISERES DE NITRÓGENO MÁS ALTOS

Cuando la *Voyager 2* se encontró con Neptuno y su gran luna Tritón en 1989, sus cámaras descubrieron criovulcanismo activo en forma de gas y nieve de nitrógeno.

Estas erupciones alcanzan alturas de hasta 8 km y se cree que están producidas por la débil luz solar que calienta el nitrógeno helado bajo la superficie de la luna.

EL CUERPO MÁS REFLECTANTE

El cuerpo más reflectante del sistema solar es Encélado, una pequeña luna de Saturno con una superficie compuesta principalmente de materia helada; refleja en torno al 90% de la luz solar que la ilumina, lo cual la hace más reflectante que la nieve recién caída.

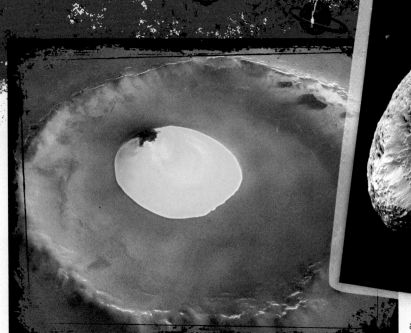

★ EL MAYOR
LAGO HELADO DE MARTE

Aunque los científicos están seguros de que Marte contiene inmensas cantidades de agua helada en sus polos y bajo su superficie, el descubrimiento de un lago helado en 2005 representa un hito en los 40 años de historia de las exploraciones marcianas. Situado en un cráter sin nombre cercano al polo norte marciano, el lago mide unos 15 km de diámetro y fue descubierto por la nave espacial *Mars Express* de la ESA.

★ EL MAYOR NÚCLEO DE LAVA LÍQUIDA

En relación con su tamaño, Mercurio posee el mayor núcleo de metal fundido de todos los planetas del sistema solar. Con un radio de unos 1.800 km, el núcleo ocupa alrededor del 42% del volumen del planeta, frente a tan sólo el 15% del núcleo de la Tierra. Al ser su masa en torno al 6% de la de la Tierra, anteriormente se creía que el núcleo de Mercurio se había enfriado miles de millones de años atrás.

Es de esperar que la nave espacial *Messenger* de la NASA, proporcione nuevos datos que expliquen cómo es el interior líquido de Mercurio.

★ EL PLANETA MENOS REDONDO

La combinación de baja densidad (menor que la del agua) y una rotación rápida (una vez cada 10,6 horas) confiere a Saturno la forma más achatada de todos los planetas; su diámetro ecuatorial es de 120.536 km y su diámetro polar no pasa de 108.728 km.

★ EL ANILLO PLANETARIO MÁS GRANDE

El anillo más exterior de Saturno, llamado anillo E, es una tenue y etérea lámina de incontables partículas diminutas que se extiende desde la órbita de la luna Mimas hasta aproximadamente la órbita de la luna Rea, lo que representa una anchura de unos 340.000 km. Los recientes descubrimientos realizados por la nave espacial *Cassini* han revelado que el anillo E se reabastece constantemente por las plumas eruptivas de agua helada que expulsa la activa luna Encélado.

★ EL CUERPO MÁS PEQUEÑO CON UN SISTEMA DE ANILLOS

En marzo de 2008, los científicos anunciaron el descubrimiento de lo que parecía ser un anillo, junto con un disco de detritos, alrededor de la luna Rea de Saturno. Los cuatro gigantescos planetas gaseosos del sistema solar tienen un sistema de anillos, pero Rea, con un diámetro de tan sólo 1.530 km, es el cuerpo celeste más pequeño que posee uno.

LA ÚLTIMA MORADA MÁS LEJANA

El 31 de julio de 1999, la nave espacial estadounidense *Lunar Prospector* se estrelló en la superficie lunar después de 18 meses de cumplir exitosas misiones. Este módulo orbital contenía un pequeño (3,8 cm) recipiente de policarbonato con una onza (28,35 g) de los restos mortales del doctor Eugene Shoemaker, pionero de la ciencia planetaria.

EL MAYOR OBJETO EN ROTACIÓN CAÓTICA

La luna Hiperión de Saturno mide 410 x 260 x 220 km y es el mayor cuerpo de forma altamente irregular de todo el sistema solar, así como uno de los dos únicos cuerpos que, a tenor de los descubrimientos realizados, rotan de manera completamente caótica, más o menos dando vueltas al azar en su órbita alrededor de Saturno. El otro es el asteroide 4179 Tutatis, que mide 4,5 x 2,4 x 1,9 km.

LA MONTAÑA MÁS ALTA DEL SISTEMA SOLAR

La cima del monte Olimpo de Marte se eleva 25 km –casi tres veces la altura del Everest– sobre su base. Por su forma, se le califica como un volcán en escudo.

★ LA MONTAÑA MÁS ALTA DE VENUS

Maxwell Montes, en la meseta de Ishtar Terra, marca el punto más alto de Venus, con una elevación de 11 km sobre la altura media de la superficie del planeta (el equivalente venusiano del nivel del mar).

ASTEROIDES, COMETAS Y METEORITOS

EL MAYOR IMPACTO REGISTRADO
EN EL SISTEMA SOLAR

Entre el 16 y el 22 de julio de 1994, más de 20 fragmentos del cometa Shoemaker-Levy 9 colisionaron con el gigantesco planeta Júpiter dejando tras de sí una serie de colosales manchas oscuras en su atmósfera. El impacto más formidable fue el causado por el fragmento «G», que explotó con una energía 600 veces mayor que la de todo el arsenal nuclear del mundo, equivalente a 6 millones de megatones de TNT.

(576 km de diámetro) y el hecho de que puede aproximarse a 177 millones de km de la Tierra.

★ EL PRIMER ATERRIZAJE SOBRE UN ASTEROIDE

El 12 de febrero de 2001, la nave espacial de la NASA *NEAR Shoemaker* se posó sobre el asteroide Eros después de 12 meses de observaciones orbitales. El aterrizaje se consideró un éxito añadido de la misión porque la nave carecía de equipo de aterrizaje, pero aun así resistió después de impactar a una velocidad de 1,5-1,8 m/s.

EL OBJETO MÁS PEQUEÑO SOBRE EL QUE SE ATERRIZA

El 20 de noviembre de 2005, la nave espacial japonesa *Hayabusa* efectuó el primero de dos aterrizajes sobre el asteroide Itokawa en un intento de recoger muestras para llevarlas a la Tierra. Itokawa mide sólo 500 m de diámetro en su eje más largo.

★ MÁS COLAS DE COMETAS CON LAS QUE SE TROPIEZA UNA NAVE ESPACIAL

En febrero de 2007 la nave espacial *Ulysses*, de la NASA y la Agencia Europea del Espacio (ESA), voló inesperadamente a través de la cola del cometa McNaught, a unos 260 millones de km de distancia del núcleo del cometa. Éste fue el tercer paso de la nave espacial por la cola de un cometa; en 1996 y 2004 respectivamente el *Ulysses* atravesó las colas de los cometas Hyakutake y McNaught-Hartley.

COMETAS COLOSALES

EL COMETA MÁS GRANDE

Descubierto en mayo de 1977, Centauro 2060 Quirón tiene un diámetro de 182 km.

LA MAYOR APROXIMACIÓN A LA TIERRA DE UN COMETA

El 1 de julio de 1770, el cometa Lexell, que viajaba a una velocidad de 138.600 km/h –en relación con el Sol– se acercó a menos de 2.200.000 km de la Tierra.

EL ASTEROIDE MÁS BRILLANTE

El asteroide 4Vesta, descubierto el 29 de marzo de 1807, es el único visible a simple vista. Esto se debe a una combinación de la brillantez de su superficie, su tamaño

★ EL PRIMER IMPACTO SOBRE UN COMETA

El 4 de julio de 2005, una «bala» de cobre de 350 kg expulsada desde la nave espacial Deep Impact de la NASA alcanzó la superficie del cometa Tempel 1 a una velocidad de 10,3 km/s. El impacto, que fue equivalente a 4,7 toneladas de TNT, creó una enorme pluma de material eyectado y abrió en el cometa un cráter de unos 100 m de ancho y 30 m de profundidad.

EL MAYOR NÚMERO DE ASTEROIDES DESCUBIERTOS POR UNA SOLA PERSONA

El doctor Eugene Shoemaker (EE. UU., 1928-1997) fue uno de los geólogos más eminentes del s. XX. Conocido por sus trabajos sobre impactos extraterrestres, descubrió 1.125 asteroides, muchos de ellos en colaboración con su esposa, Caroline.

★ **RÉCORD NUEVO**
● **RÉCORD ACTUALIZADO**

MARAVILLAS DE LOS METEORITOS

La **mayor lluvia de meteoritos** de la historia se produjo la noche del 16-17 de noviembre de 1966 cuando los meteoritos de las leónidas (así llamados porque parecen provenir de la constelación de Leo) se hicieron visibles entre la zona occidental de Norteamérica y Rusia oriental (entonces URSS). Los meteoritos pasaron sobre Arizona (EE. UU.) a razón de 2.300 por minuto durante 20 minutos, desde las 5.00 a. m. del 17 de noviembre de 1966.

Las leónidas son también la lluvia anual de meteoritos más rápida: entran en la atmósfera de la Tierra a una velocidad aproximada de 71 km/s.

antiguas muestras de roca procedentes de Australia y Sudáfrica y analizaron las esférulas (partículas minúsculas esféricas) que contenían, descubriendo que el cuerpo celeste contra el que habían impactado tenía un diámetro aproximado de 20 km.

EL MAYOR ASTEROIDE EN EL PRINCIPAL CINTURÓN DE ASTEROIDES

El mayor asteroide es 1 Ceres (el primero descubierto por G. Piazzi en Palermo, Sicilia, el 1 de enero de 1801), con un diámetro medio de 941 km.

★ LA MAYOR COLECCIÓN DE ASTEROIDES

El principal cinturón de asteroides se encuentra entre las órbitas de Marte y Júpiter, que contienen entre 700.000 y 1.700.000 asteroides de al menos 1 km de diámetro y muchos millones de cuerpos celestes más pequeños.

La masa total del cinturón de asteroides equivale a tan sólo el 4% de la masa de la Luna terrestre, y los cuatro asteroides de mayor tamaño poseen más o menos la mitad de la masa de todo el cinturón.

★ LA MAYOR FUENTE DE COMETAS

Más allá de la órbita de Neptuno se encuentran el cinturón de Kuiper, el disco Disperso y la nube de Oort, conocidos en su conjunto como objetos transneptunianos. La nube de Oort es una nube esférica de miles y miles de millones de núcleos de cometas; rodea el Sol a una distancia aproximada de 50.000 unidades astronómicas (1 AU = la distancia entre la Tierra y el Sol), que es unas 1.000 veces mayor que la distancia entre el Sol y Plutón, y se cree que es la fuente de casi todos los cometas que visitan el sistema solar interior.

★ EL MAYOR OBJETO TRANSNEPTUNIANO

Sedna, descubierto en 2003, es un mundo helado que mide entre 1.180 y 1.800 km; se calcula que tarda unos 12.000 años en dar una vuelta al Sol.

X-REF
El relato de las andanzas del ser humano en el espacio es una mezcla de conocimiento científico y heroísmo en estado puro. Descubra la extraordinaria historia de los **alunizajes** en la p. 83.

EL MAYOR IMPACTO REGISTRADO EN LA TIERRA

Una explosión ocurrida en la cuenca del río Podkamennaya Tunguska (Rusia), el 30 de junio de 1908, fue equivalente a 10-15 megatones de explosivos de alta potencia, y la devastación consiguiente afectó a una zona de 3.900 km². La onda expansiva se dejó sentir a 1.000 km de distancia. Se cree que la causa fue la energía liberada por la desintegración total, a 10 km de altura, de un tipo de meteoroide pétreo de 30 m de diámetro.

El **impacto más antiguo documentado sobre la Tierra** se hizo público el 23 de agosto de 2002. Un equipo de científicos estadounidenses dirigido por Gary Byerly (Universidad del Estado de Luisiana) y Donald Lowe (Universidad de Stanford) anunciaron el descubrimiento de un impacto causado por un asteroide, ocurrido 3.470.000 años atrás. Los científicos habían estudiado

★ PRIMERA MUESTRA RECUPERADA DESDE UN COMETA

Un ingeniero efectúa las comprobaciones finales en la nave espacial *Stardust* de la NASA antes de su despegue, el 7 de enero de 1999. La *Stardust* se encontró con el cometa Wild 2, el 2 de enero de 2004, y recogió valiosas muestras de su polvo en unas celdas rellenas de aerogel.

ASTRONOMÍA

★ EL TELESCOPIO REFRACTOR MÁS GRANDE

El mayor refractor, que usa una lente en vez de un espejo para captar y centrar la luz, está en el Observatorio de Yerkes en Wisconsin (EE. UU.). Construido en 1897, la lente primaria tiene un diámetro de 1,02 m.

EL TELESCOPIO MÁS CARO VENDIDO EN UNA SUBASTA

Un tipo muy raro de telescopio binocular, firmado y fechado en 1720, se vendió en Christie's, Londres (Reino Unido), en diciembre de 1998, por 256.591 dólares.

★ EL MAYOR ESPEJO LÍQUIDO

El gran telescopio Zenith de Canadá tiene un espejo de mercurio líquido de 3 toneladas de peso y un diámetro de 6 m. Al hacerlo girar adquiere una forma de espejo cóncavo, perfecto para las observaciones astronómicas.

EL MAYOR...

TELESCOPIO AÉREO

El observatorio estratosférico para la astronomía infrarroja de la Nasa (EE. UU.) es un Boeing 747SP provisto de un telescopio infrarrojo con un espejo primario de 2,7 m de ancho. Su «primera luz» la captó el 18 de agosto de 2004.

★ TELESCOPIO DE RAYOS CÓSMICOS

El observatorio Pierre Auger es un grupo de unos 1.600 detectores de partículas situado en unos 3.000 km² en el oeste de Argentina. Fue diseñado para detectar partículas de rayos cósmicos con mucha energía producidas por gigantescos agujeros negros.

TELESCOPIO COMPLETAMENTE ROBOTIZADO

Propiedad del Astrophysics Research Institute (ARI) de la Universidad de Liverpool John Moores (Reino Unido), el telescopio Liverpool está situado en La Palma, Islas Canarias (España), y tiene un espejo principal con un diámetro de 2 m. Fue diseñado para observar longitudes de ondas visibles y casi infrarrojas; vio su primera luz el 27 de julio de 2003.

DATO

El gran telescopio binocular es el **telescopio óptico con mayor resolución del mundo y el más avanzado tecnológicamente,** capaz de crear imágenes en el infrarrojo cercano con una resolución 10 veces superior a la del telescopio espacial Hubble.

★ EL MAYOR TELESCOPIO BINOCULAR

El gran telescopio binocular tiene dos telescopios idénticos, cada uno con un espejo principal con un diámetro de 8,4 m. Cuando trabajan conjuntamente tienen una potencia de captación de luz equivalente a un espejo único de 11,8 m. Situado en la cima de una montaña en Arizona (EE. UU.), empezó a funcionar completamente en marzo de 2008.

TELESCOPIO ESPACIAL POR INFRARROJOS

El telescopio espacial Spitzer de la Nasa fue lanzado a la órbita terrestre el 25 de agosto de 2003. Con una masa de 950 kg, y un espejo primario de 0,85 m, el telescopio espacial Spitzer es el mejor instrumento que los astrónomos han tenido hasta el momento para observar las emisiones de calor de objetos en el espacio profundo y en nuestro propio sistema solar. La mayoría de esta radiación de infrarrojos queda bloqueada por la atmósfera terrestre y sólo puede verse desde el espacio.

LENTE

La lente óptica refractora más grande del mundo mide 1.827 m de diámetro. Fue construida por un equipo dirigido por Thomas Peck (EE. UU.), en la Optics Shop del Centro de Ciencias Ópticas de la Universidad de Arizona, en Tucson (Arizona, EE. UU.), y completada en enero de 2000. Fue construida como una prueba para el espejo secundario del telescopio MMT de 6,5 m del monte Hopkins (Arizona, EE. UU.).

ANTENA DE UN RADIOTELESCOPIO

La antena del radiotelescopio más grande del mundo es el montaje ionosférico parcialmente dirigible construido sobre una plataforma natural en Arecibo (Puerto Rico) y completado en noviembre de 1963. La antena tiene un diámetro de 305 m y cubre 7,48 ha, una superficie similar a 14 estadios de fútbol americano.

★ TELESCOPIO SOLAR

El telescopio solar McMath-Pierce, en Kitt Peak, Arizona (EE. UU.), inició su actividad en 1962. La luz del sol es captada a través de un rayo sesgado de 152 m de largo, que dirige la luz directamente a un espejo de 1,6 m, situado a 50 m bajo tierra. Forma una imagen del sol en alta resolución de 85 cm de diámetro.

★ EL MAYOR CONJUNTO DE GRANDES TELESCOPIOS

Kitt Peak, una montaña de 2.096 m de altura situada en Arizona (EE. UU.), acoge el observatorio nacional Kitt Peak. Sus excelentes condiciones de visibilidad y la claridad atmosférica han propiciado la construcción de 23 grandes telescopios en la cima desde 1958.

★ TELESCOPIO SUBMILIMÉTRICO

Más allá del final rojo del espectro visible de luz se encuentra la radiación infrarroja, las microondas y las radioondas. El mayor telescopio diseñado para estudiar el Universo en las longitudes de onda entre el lejano infrarrojo y las microondas (la región submilimétrica) es el telescopio James Clerk Maxwell, en Mauna Kea (Hawaii). Usa una enorme antena de 15 m para recoger la radiación submilimétrica en vez de un espejo óptico.

★ EL MAYOR
TELESCOPIO DE UNA ÚNICA ÓPTICA

El Gran Telescopio Canarias (GTC) vio la primera luz el 13 de julio de 2007. Situado en la isla de La Palma (Canarias, España), tiene un espejo principal hecho de 36 segmentos hexagonales y un diámetro de 10,4 m. Se tardaron siete años en construir el enorme telescopio y su cúpula de 35 m.

TELESCOPIOS ESPACIALES

• El **telescopio más potente de rayos gamma** fue el observatorio Compton de rayos gamma, lanzado en 1991. Tras nueve años de observaciones, volvió a entrar en la atmósfera terrestre y se quemó el 4 de junio de 2000.

• El telescopio Chandra de rayos X, lanzado en julio de 1999, es el **telescopio de rayos X más potente** del mundo. Tiene una potencia de resolución equivalente a la habilidad de leer una señal de stop a una distancia de 19 km.

• El telescopio espacial Spitzer de la Nasa, el **mayor telescopio espacial por infrarrojos**, fue lanzado a la órbita espacial el 25 de agosto de 2003. Es el mejor instrumento que tienen los astrónomos para observar las emisiones de calor de objetos en el espacio profundo y en nuestro propio sistema solar. El instrumento tiene una masa total de 950 kg.

TECNOLOGÍA ESPACIAL

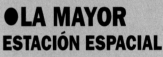

●EL CABLE ESPACIAL MÁS LARGO

El *Young Engineers Satellite 2* (YES2) fue lanzado el 14 de septiembre de 2007. El 25 de septiembre, el YES2 desenrolló un paquete experimental con un cable de 0,5 mm de espesor para poner a prueba el sistema de la devolución de cargas útiles a la Tierra sin utilizar cohetes retropulsores. El cable se desenrolló hasta alcanzar una longitud total de 31,7 km: la estructura espacial más larga jamás creada por el hombre.

★LA MAYOR NAVE ESPACIAL EUROPEA AUTOMATIZADA

El Vehículo de Transferencia Automatizado de la Agencia Espacial Europea (ESA) es una nave de carga no tripulada que se proyectó para reabastecer a los astronautas de la Estación Espacial Internacional (ISS). Su cuerpo cilíndrico mide 10,3 m de largo por 4,5 m de diámetro, con una masa de 20 toneladas, y su capacidad de carga de 7,5 toneladas es unas tres veces mayor que la de la nave de carga rusa no tripulada *Progress*. El lanzamiento inaugural tuvo lugar el 8 de marzo de 2008.

EL MAYOR FUNERAL DEL ESPACIO

Las cenizas de 24 pioneros y apasionados del espacio, entre ellas las del creador de *Star Trek*, Gene Roddenberry (arriba), fueron puestas en órbita el 21 de abril de 1997 con un coste de 4.900 dólares por persona. Y así, dando vueltas en torno a la Tierra, permanecieron hasta cinco años antes de desintegrarse al entrar en contacto con la atmósfera.

★LA ESTACIÓN ORBITAL QUE HA ESTADO MÁS TIEMPO EN MARTE

La *Mars Global Surveyor* de la NASA fue lanzada en 1996 y entró en la órbita de Marte el 11 de septiembre de 1997. Aunque estaba previsto que permaneciera sólo dos años cartografiando y estudiando el planeta, debido al éxito de la misión y a la calidad de la información recopilada, se le concedieron múltiples prórrogas. El contacto con esta aeronave se perdió el 2 de noviembre de 2006, después de que hubiera enviado más de 250.000 imágenes del planeta rojo.

★LA MAYOR RED DE SATÉLITES MILITARES

El Sistema de Posicionamiento Global (GPS) de EE. UU. es una red coordinada de unos 24 satélites que orbitan alrededor de la Tierra y proporcionan, mediante señales de radio, cobertura precisa en 3D sobre datos

●LA MAYOR ESTACIÓN ESPACIAL

La Estación Espacial Internacional (ISS) lleva en construcción desde el lanzamiento de su primer componente, el módulo *Zarya*, en noviembre de 1998. El último elemento que se le añadió, el 11 de febrero de 2008, fue el módulo *Columbus* de la ESA, que incrementó la masa total de la ISS hasta los 245.735 kg.

de posición en todo el mundo, permitiendo a los usuarios establecer su situación con un receptor. La red GPS depende de la 50.ª Unidad Táctica Espacial de la Fuerza Aérea de EE. UU., y hasta 1996 sólo se utilizó en el ámbito militar.

NAVES ESPACIALES HISTÓRICAS

Desde los días del primer satélite, el *Sputnik 1*, y del primer vuelo espacial tripulado, el del *Vostok 1*, las naves espaciales han adoptado diversas formas y se han destinado a distintos usos: cápsulas tripuladas, lanzaderas, estaciones espaciales, satélites que orbitan en torno a la Tierra, sondas planetarias no tripuladas y módulos de aterrizaje nos han permitido establecer comunicaciones globales y cuidar el medio ambiente, además de servirnos de ojos y oídos cuando hemos salido a explorar el universo.

VOSTOK 1
Longitud (de la cápsula y el módulo de equipamiento): 4,6 m
Masa: 4.730 kg
Lanzamiento: 12 de abril de 1961
Duración: 1 h 48 min
Tripulación: Yuri Gagarin (URSS)
Primera nave espacial tripulada

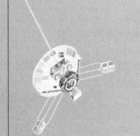

PIONEER 10
Diámetro de la antena: 2,74 m
Masa: 258 kg
Lanzamiento: 3 de marzo de 1972
Duración: último contacto el 23 de enero de 2003
Primera nave espacial que llegó al Sistema Solar exterior

SPIRIT MARS ROVER
Altura: 1,5 m con el mástil en alto
Masa: 174 kg
Lanzamiento: 10 de junio de 2003
Aterrizaje (en Marte): 4 de enero de 2004
Duración: todavía en funcionamiento
El vehículo explorador que ha permanecido más tiempo en Marte

EL PRIMER HOMÍNIDO QUE SOBREVIVIÓ A UN VUELO ESPACIAL

El primer homínido que sobrevivió a un vuelo espacial fue Ham, un chimpancé de cuatro años de edad que fue lanzado por la NASA en un vuelo suborbital de prueba desde Cabo Cañaveral (Florida, EE. UU.) el 31 de enero de 1961. Cuando alcanzó su máxima altura –16,5 minutos después del lanzamiento–, el cohete en que viajaba se situó a 254 km sobre la Tierra antes de regresar a nuestro planeta, donde Ham fue recuperado, vivo pero con un golpe en la nariz.

DATO

Antes del vuelo, Ham fue entrenado para tirar de una palanca cinco segundos después de que viera parpadear una luz; si no conseguía hacerlo, recibía como castigo una leve descarga eléctrica en las plantas de los pies, mientras que si la respuesta era correcta se le recompensaba con una bolita de plátano.

★ EL MAYOR SATÉLITE DE COMBATE

El satélite soviético *Polyus* era un prototipo de plataforma de armamento orbital que medía 37 m de largo y 4,1 m de diámetro, con una masa de 80 toneladas; iba equipado con un cañón antisatélite sin retroceso, un láser inhibidor de sensores para confundir a los satélites hostiles y un lanzador de minas nucleares espaciales; el único que llegó a lanzarse, el 15 de mayo de 1987, no consiguió entrar en órbita y se estrelló en el océano Pacífico.

●LA ESTACIÓN ESPACIAL MÁS DURADERA

Mir, el módulo central de la estación espacial *Mir* (URSS/Rusia), fue puesto en órbita el 20 de febrero de 1986. Durante los 10 años siguientes se añadieron al complejo cinco módulos y un puerto de atraque para lanzaderas espaciales de EE. UU. El 23 de marzo de 2001 la estación fue sacada de su órbita y destruida al caer sobre el océano Pacífico. Más de 100 personas la visitaron durante los 15 años en que fue operativa.

★ RÉCORD NUEVO
● RÉCORD ACTUALIZADO

EL VUELO MÁS LARGO DE UNA LANZADERA

La lanzadera espacial Columbia despegó en su vigésima primera misión, la STS-80, con un tripulación integrada por cinco personas (cuatro hombres y una mujer) el 19 de noviembre de 1996. El vuelo duró 17 días 15 h 53 min y 26 s.

APOLO 11 MÓDULO LUNAR
Altura: 6,37 m
Masa: 16.488 kg
Lanzamiento: 16 de julio de 1969
Duración: cinco días
Primer alunizaje tripulado

CASSINI-HUYGENS
Longitud: cuerpo central y antena 6,8 m
Masa: 2.500 kg
Lanzamiento: 15 de octubre de 1997
Duración: todavía en funcionamiento
La primera nave espacial que orbitó en torno a Saturno

HUBBLE
Longitud: 13,2 m
Masa: 11.000 kg
Lanzamiento: 24 de abril de 1990
Duración: todavía en funcionamiento
El telescopio espacial óptico más potente

PLANETA VIVO

SUMARIO

EL MAYOR CARNÍVORO TERRESTRE

El mayor carnívoro terrestre es el oso polar (*Ursus maritimus*, en la imagen). Los machos adultos pesan entre 400 y 600 kg y miden entre 2,4 y 2,6 m. El oso Kodiak macho (*U. arctos middendorffi*), una subespecie de oso pardo que habita en la isla Kodiak y en las islas colindantes Afognak y Shuyak, en el golfo de Alaska (EE. UU.), es habitualmente más pequeño que el oso polar y de constitución más robusta.

OCÉANOS

★ EL PAÍS CON MAYOR NÚMERO DE ESPECIES DE ALGAS

De todos los países del mundo, Australia posee el mayor número de especies de algas, con casi 3.000 diferentes. La mayoría se dan en las aguas meridionales, más templadas y ricas en nutrientes, y un buen número de ellas son endémicas de Australia, por lo que no se encuentran en ninguna otra parte del mundo.

★ EL PINGÜINO MÁS RARO

El pingüino de ojos amarillos (*Megadyptes antipodes*) sólo vive en Nueva Zelanda. Considerada como la especie de pingüino más antigua, así como la tercera más grande del mundo, su población total probablemente no supere los 4.500-5.000 ejemplares, y su supervivencia se ve amenazada por la pérdida de su hábitat y por la actividad predatoria de mamíferos no autóctonos, como hurones, gatos y armiños.

★ LA ARAÑA MÁS MARINA

Las arañas no son por lo general criaturas que viven en el mar. La *Desis marina* está clasificada como especie semimarina, pues vive en arrecifes de coral y en rocas intermareales de Australia y Nueva Zelanda. Cuando sube la marea, se esconde en las madrigueras de los anélidos de mar y, tejiendo seda, tapa las entradas para impedir que entre el agua; de esta manera puede sobrevivir varios días bajo el agua.

EL PEZ MÁS GRANDE

El pez cartilaginoso más pesado, y también el más grande de todos los peces, es el tiburón blanco (*Rhincodon typus*). El ejemplar de mayor tamaño científicamente comprobado medía 12,65 m de largo y 7 m de contorno en la parte más gruesa del cuerpo, con un peso aproximado de 15 a 21 toneladas, y fue capturado cerca de Karachi (Pakistán) en 1949.

LA ZONA MÁS EXTENSA DE AGUAS CALMAS

El mar de los Sargazos, en el Atlántico Norte, abarca unos 6.200.000 km² de aguas relativamente tranquilas. Su superficie está cubierta en buena parte por sargazos, una especie de alga marina.

★ EL CALAMAR MÁS PEQUEÑO

Conocido hoy tan sólo por la existencia de dos especímenes, el calamar más pequeño del mundo es el *Parateuthis tunicata* capturado por la expedición alemana al Polo Sur de 1901-1903. El mayor de los dos ejemplares medía 1,27 cm de largo, contando los tentáculos.

★ EL PULPO MÁS PEQUEÑO

El *Octopus arborescens* de Sri Lanka tiene una envergadura de menos de 5,1 cm.

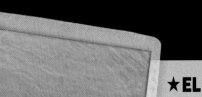

★ EL VIAJE MÁS LARGO DE UN TIBURÓN

El 7 de noviembre de 2003, un equipo de investigadores dirigido por el Dr. Ramón Bonfil, de la Wildlife Conservation Society (EE. UU.), marcaron electrónicamente cuatro tiburones blancos en Sudáfrica, a uno de los cuales, una hembra, le pusieron de nombre *Nicole* (en homenaje a la actriz Nicole Kidman, a quien le encantan los tiburones). En agosto de 2004, *Nicole* fue identificada frente a la costa de Sudáfrica; sin embargo, el transmisor colocado en su aleta dorsal había sido recuperado en Australia seis meses atrás, cuando un satélite registró sus transmisiones de datos. En menos de nueve meses, este gran tiburón blanco había nadado 20.000 km a través de todo un océano en una travesía de ida y vuelta desde Sudáfrica hasta Australia.

LOS PECES MÁS LENTOS

Los caballitos de mar (familia *Syngnathidae*) son incapaces de nadar contra la corriente y, para no dejarse arrastrar, se cuelgan de los corales y las plantas marinas con sus colas prensiles. Su capacidad natatoria se ve seriamente limitada por una rígida estructura corporal. La fuerza propulsora principal la imprime el movimiento de la aleta dorsal, que provoca una onda que impulsa al pez hacia delante en posición erecta. Algunas de las especies más pequeñas, como el caballito de mar enano (*Hippocampus zosterae*), cuya longitud máxima no supera los 4,2 cm, probablemente no alcancen jamás velocidades superiores a los 0,016 km/h.

EL PEZ MÁS VENENOSO

Los peces más venenosos del mundo son los peces piedra (Synanceiidac) de las aguas tropicales del Indopacífico. El contacto directo con las espinas de sus aletas, que contienen un potente veneno neurotóxico, puede resultar fatal. En la fotografía aparece el pez piedra de arrecife (*Synanceia verrucasa*), camuflado de roca.

¿SABÍA QUE...?
El pez bombo (*Tetraodon spp.*) del mar Rojo y la región del Indopacífico segrega una toxina mortal denominada tetrodotoxina. Esta especie es el **pez más venenoso comestible por los humanos**.

★LOS PRIMEROS ANIMALES QUE SE SUSTENTAN CON METANO

En julio de 1997, el profesor Charles Fisher dirigió un equipo de científicos de la Universidad del Estado de Pensilvania (Pensilvania, EE. UU.) que descendió 548 m en un minisubmarino hasta el lecho oceánico del golfo de México. Allí observaron unos montículos amarillos y blancos de cristal de hidrato de metano con forma de hongo que medían 1,8-2,4 m de diámetro. Hasta entonces se creía que estos montículos eran demasiado tóxicos para albergar cualquier forma de vida animal; pero el equipo de Fisher descubrió un gran número de especies hasta entonces desconocidas de gusanos polychaete rosados de cuerpo achatado que viven en estos montículos y se alimentan de las bacterias quimiosintéticas que crecen en ellos.

●EL TIBURÓN MÁS PEQUEÑO

Como resulta difícil determinar con precisión cuándo una especie pequeña alcanza la madurez sexual, existen tres aspirantes al título de la especie más pequeña de tiburón. Los machos adultos del tollo lucero enano (*Etmopterus perryi*) miden en total 16-17,5 cm de longitud (un ejemplar de macho adulto llegó a medir 19 cm), y las hembras 19-20 cm. Antes del descubrimiento del tollo lucero enano, el poseedor del récord era el tollo pigmeo espinudo (*Squaliolus laticaudus*), cuyos machos miden 15 cm y las hembras 17-20 cm. En el caso del tercer rival, el tollo colludo pigmeo (*Eridacnis radcliffei*), los machos miden 18-19 cm y las hembras 15-16 cm.

★EL TIBURÓN MÁS COMÚN

La mielga (*Squalus acanthias*) vive en aguas marinas frías y templadas de todo el mundo. Base de importantes caladeros de varios países, el récord de capturas de esta especie probablemente se obtuvo en 1904-1905, cuando se capturaron unos 27 millones de mielgas frente a la costa de Massachusetts (EE. UU.).

★ **RÉCORD NUEVO**
● **RÉCORD ACTUALIZADO**

LA INMERSIÓN A MAYOR PROFUNDIDAD DE UN PINNÍPEDO

En 1989, unos científicos que comprobaban las capacidades natatorias submarinas de los elefantes marinos árticos (*Mirounga angustirostris*; en la fotografía un ejemplar joven) frente a las costas de la isla de San Miguel (California, EE. UU.) midieron una profundidad máxima de 1.529 m.

RÍOS, LAGOS Y ESTANQUES

★ LA SALAMANDRA MÁS VENENOSA

La piel, la sangre y los músculos del tritón de California (*Taricha torosa*) contienen tetrodotoxina, una sustancia extremadamente tóxica que funciona como un poderoso veneno y ataca al sistema nervioso. Los experimentos de laboratorio han demostrado que una sola gotita es suficiente para matar a varios miles de ratones; sin embargo, el tritón es inmune a esta ponzoña, incluso en altísimas concentraciones.

EL PEZ MÁS ELÉCTRICO

La anguila eléctrica (*Electrophorus electricus*), que vive en los ríos de Brasil y las Guyanas, no es en realidad una anguila, sino que está emparentada con la piraña. Con una longitud de hasta 1,8 m, este pez está recorrido desde la cabeza hasta la cola por un aparato eléctrico consistente en dos pares de órganos longitudinales. La descarga, que puede alcanzar los 650 voltios, sirve para inmovilizar a la presa y es lo bastante fuerte para encender una bombilla o dejar sin sentido a un ser humano adulto.

★ RÉCORD NUEVO
● RÉCORD ACTUALIZADO

100%

★ PRIMER ANIMAL ENVENENADO POR UN BROTE DE ALGAS DE AGUA DULCE

A finales del s. XIX murieron perros, ovejas, cerdos y reses después de beber agua del lago Alexandrina, en Australia Meridional. La causa de la muerte fue envenenamiento por *Nodularia spumigena*, una floración de algas que se produjo en la superficie del lago. Esta especie de alga verdiazul produce nodularina, una hepatotoxina que causa acumulación de sangre en el hígado y, con frecuencia, la muerte del animal por hemorragia interna.

★ EL MAYOR BROTE DE ALGAS VERDIAZULES

El mayor brote de algas verdiazules se produjo en 1991-1992 a lo largo del río Barwon-Darling, en Australia. Dominada por la *Anabaena circinalis*, que segrega peligrosas neurotoxinas, la floración se extendió a lo largo de más 1.000 km por el curso del río, matando a los animales que bebían sus contaminadas aguas.

★ EL INSECTO QUE VIVE A MÁS PROFUNDIDAD

Se han encontrado larvas del mosquito *Sergentia koschowi* a una profundidad de 1.360 m en el lago Baikal (Siberia), que es el **lago más profundo** del mundo.

EL RÍO MÁS GRANDE QUE SE SECA

El río Amarillo (Huang He) es el segundo curso fluvial más largo de China. Se le conoce como la «Tristeza de China» por los millones de personas que han muerto a causa de sus desastrosas riadas estacionales, mientras que por el contrario el resto del año lleva muy poca agua. En 1997 y 1998 el río Amarillo se secó por completo a lo largo de su tramo más bajo durante más de 140 días en cada año, agostando las tierras de labor y amenazando la cosecha de otoño. Durante varios meses al año, este río de 5.460 km se seca actualmente en la provincia de Henan unos 400 km antes de llegar al mar.

EL MAYOR ALCANCE DE TIRO DE UN UN PEZ ARQUERO

El pez arquero (*Toxotes jaculator*) se encuentra en los ríos de Tailandia; vive cerca de las orillas, esperando a que los insectos se posen sobre una planta acuática que entre en los 1,5 m de alcance de su tiro. El pez escupe un chorro de agua a la presa desde su boca tubular, y si yerra el tiro, puede intentarlo de nuevo disparando a ráfagas.

EL NENÚFAR MÁS GRANDE

Las gigantescas hojas flotantes del nenúfar *Victoria amazonia* miden hasta 3 m de diámetro y descansan sobre un tallo subacuático de 7-8 m de longitud. El envés de sus hojas se apoya en una serie de nervaduras que las mantiene planas y evita que se caigan. La planta es autóctona de lagos y pantanos de aguas dulces poco profundas de la cuenca amazónica.

RÍOS FASCINANTES

Con un curso de 6.695 m, el Nilo, en África, es oficialmente el **río más largo** del planeta, seguido del Amazonas, en América del Sur, y del Yangtsé, en China.

Cuando no va crecido (es decir, si no se incluyen las extensiones mareales, en las que un estuario puede ser mucho más ancho), los tramos principales del **río más ancho**, el Amazonas, llegan hasta los 11 km de anchura.

EL ANFIBIO MÁS PATERNAL

El sapo partero común de Europa occidental (*Alytes obstetricans*) debe su nombre al comportamiento del macho. Cuando la hembra pone los huevos, el macho los fertiliza y después coloca la ristra de huevos, con una longitud de 0,9-1,2 m, alrededor de sus ancas. El macho, que no sobrepasa los 7,5 cm de largo, transporta los huevos de esta manera hasta cuatro semanas. Cuando las crías están a punto de salir, el sapo se mete en el agua para que los renacuajos rompan el cascarón.

charcas del norte de Nigeria y Uganda, soportan un entorno en el que las sequías alternan con las riadas, y son los únicos insectos capaces de tolerar la criptobiosis. Con este nombre se designa el estado de un organismo cuando no presenta signos de vida visible y cuando su actividad metabólica apenas puede medirse o queda prácticamente interrumpida. Los experimentos realizados en el laboratorio han demostrado que las larvas de este mosquito pueden sobrevivir con menos de un 3% de humedad.

EL ÚNICO PEZ ARBORÍCOLA

La perca trepadora (*Anabas testudineus*), que habita en el sur de Asia, se distingue por su costumbre de salir a tierra y subir a las palmeras; incluso es capaz de recorrer ciertas distancias en busca de un hábitat más adecuado. Esta especie dispone de unas agallas especialmente adaptadas que le permiten absorber el oxígeno de la atmósfera.

EL CEREBRO ANIMAL CON MÁS ENERGÍA

En 1996, el científico Goran Nilsson (Noruega) reveló que el cerebro del pez elefante africano (*Gnathonomus petersi*) equivale al 3,1% de su masa corporal y utiliza más del 50% del oxígeno que su cuerpo inhala. En contraste, el cerebro del ser humano apenas emplea el 20% del oxígeno aspirado por el cuerpo.

LA ESPECIE MÁS GRANDE DE DELFÍN DE RÍO

La mayor especie de delfín de río es el delfín amazónico (*Inia geoffrensis*), famoso por su llamativa coloración rosa; habitante de los ríos Amazonas y Orinoco, en América del Sur, alcanza una longitud total de hasta 2,6 m.

★ EL INSECTO QUE MEJOR TOLERA LA SEQUÍA

Las larvas del *Polypedilum vanderplanki*, un mosquito quironómido que vive en pequeñas

● EL ALGA MÁS LARGA

El kelp gigante *Macrocystis pyrifera* vive cerca de las costas rocosas del océano Pacífico. El ejemplar más largo cuyas dimensiones pudieron certificarse medía en total 60 m, pero existen informes no comprobados de especímenes incluso mayores.

Este kelp es también ★ **el alga que crece más deprisa** – crece hasta 34 cm diarios, lo que representa una velocidad de crecimiento de 0,0003 km/h. De hecho, es la **planta marina que crece con mayor rapidez de toda la Tierra**. Además, aunque con frecuencia se pase por alto, es una de las principales aspirantes al título de la planta de cualquier clase que crece más deprisa.

● EL ANIMAL CON MÁS CROMOSOMAS

Los cromosomas están alojados en el núcleo de las células que contienen ADN, la herencia genética del organismo. Los humanos tienen 23 pares de cromosomas en cada célula, pero el animal con más cromosomas es el cangrejo ermitaño, de la superfamilia Paguroidea, con 254 cromosomas, es decir, 127 pares en cada célula.

EL COCODRILO MÁS GRANDE

El cocodrilo de estuario o de agua salada (*Crocodylus porosus*) habita en todas las regiones tropicales de Asia y el Pacífico. El Bhitarkanika Wildlife Sanctuary del estado de Orissa (India) alberga cuatro ejemplares que miden más de 6 m de largo, el mayor de los cuales supera los 7 m. Circulan informaciones no confirmadas de especímenes de hasta 10 m de longitud. Los machos adultos alcanzan un promedio de 4,2-4,8 m de largo y pesan entre 408 y 520 kg.

★ EL MANGLAR MÁS GRANDE

El bosque de Sundarbans cubre casi 15.540 km^2 de India y Bangladesh y actúa como barrera natural frente a los tsunamis y ciclones que azotan la región desde el golfo de Bengala.

Con raíces que soportan el agua salada, los manglares de este bosque sobrepasan a veces los 21 m de altura sobre islas de arena y arcilla gris depositadas por los ríos que corren más de 1.609 km desde el Himalaya hasta el golfo de Bengala.

★ LA ESPECIE MÁS GRANDE DE COBRA ESCUPIDORA

La recién descrita cobra escupidora gigante (*Naja ashei*) se encuentra en la región costera de Kenia. Con casi 3 m de largo, es la segunda especie de serpiente venenosa más larga del mundo (sólo la supera la cobra real) y posee veneno suficiente para matar al menos a 15 personas.

Quedan menos de 400 focas monje mediterráneas (Monachus monachus) en la Tierra.

★ EL CTENÓFORO MÁS BIOLUMINISCENTE

La nuez de mar (*Mnemiopsis leidyi*), una especie de ctenóforo, o medusa «peine de mar», es autóctona de las aguas de la costa oriental de América del Norte, el golfo de México y la parte nororiental de América del Sur. (Las medusas «peine de mar» no son verdaderas medusas, sino que pertenecen a un filum totalmente distinto, los *Ctenophora*.) Alcanza una longitud de 100-120 mm y presenta cuatro filas de peines ciliados que discurren a lo largo de su cuerpo, que de día son iridescentes y por la noche emiten un brillo verde.

★ EL NIDO DE AVE MÁS GRANDE

El alca rinoceronte (*Cerorhinca monocerata*) es un ave marina, emparentada con el frailecillo, que anida en pequeñas islas del Pacífico Norte cubiertas de hierba. Sus nidos suelen medir 2-3 m de largo, pero no son raros los ejemplos que doblan estas dimensiones, y uno fuera de lo normal alcanzó los 8 m.

LA MAYOR COLONIA DE FOCAS GRISES

Hasta 100.000 focas grises (*Halichoerus grypus*) llegan todos los años a la isla de Sable, frente a las costas de Nueva Escocia (Canadá), para reproducirse.

MÁS GRANDES...

ALMEJA

Almeja marina gigante (*Tridacna gigas*): peso 333 kg; longitud 115 cm.

OSTRA

Ostra común (*Ostrea edulis*): peso 3,7 kg; longitud 30,5 cm; anchura 14 cm.

EL MAYOR QUELONIO

La tortuga laúd (*Demochelys coriacea*), de amplia distribución, mide de promedio 1,83-2,13 m desde la punta de la nariz hasta el final de la cola, con un caparazón de aproximadamente 1,52-1,67 m de contorno y unos 2,13 m de diámetro en las aletas frontales; pesa hasta 450 kg.

El espécimen más grande jamás descrito es un macho que apareció en la playa de Harlech (Gwynedd, Reino Unido) en septiembre de 1988; medía en total 2,91 m de contorno de caparazón y 2,77 m de diámetro en las aletas frontales, y pesaba 961,1 kg. Aunque casi todos los museos se niegan a exhibir tortugas grandes porque pueden soltar grasa durante 50 años, este ejemplar quedó expuesto en el Museo Nacional de Ballenas de Cardiff (Reino Unido), el 16 de febrero de 1990.

La tortuga laúd es también el **quelonio más veloz en el agua**, con registros de hasta 35 km/h.

PELAJE MÁS ESPESO

La nutria marina (*Enhydra lutris*) posee el pelaje más espeso de todos los mamíferos, con más de 100.000 pelos en 1 cm². El grueso de la población de nutrias marinas del mundo habita frente a las costas de Alaska (EE. UU.)

Las nutrias marinas son también los **mamíferos marinos más pequeños**.

¿SABÍA QUE...?

A diferencia de otros mamíferos marinos, las nutrias de mar carecen de una capa de grasa que las mantenga calientes; por el contrario, dependen de su piel, gruesa y resistente al agua, y de un metabolismo incrementado, para captar y generar calor.

★ EL VISÓN MÁS GRANDE DE TODOS LOS TIEMPOS

El visón marino (*Mustela macrodon*) es una especie poco conocida que medía hasta 86,2 cm de longitud, la mitad que los especímenes más largos del visón común americano (*M. Vison*) y mucho más gordo también; habitaba las costas rocosas del litoral atlántico de Nueva Inglaterra y Canadá hasta Nueva Escocia. El último ejemplar fue cazado en una isla frente a la costa de Maine en 1889, pero se habla de un visón marino que fue capturado en la isla de Campobello, en New Brunswick, a mediados de la década de 1890.

100%

★ LA COCHINILLA MÁS GRANDE

La especie más grande de cochinilla es la cochinilla de mar común (*Ligia Oceanica*), una especie oceánica que abunda en las costas rocosas de la franja terrestre y litoral de toda Gran Bretaña, principalmente en charcas y barrancos y bajo las piedras. Con una longitud total de hasta 3 cm, tiene un cuerpo dorsoventralmente achatado dos veces más largo que ancho y su color varía del gris al oliva.

DESIERTOS

★ EL CACTUS MÁS RARO

El cactus en miniatura de Knowlton (*Pediocactus knowltonii*) es una especie minúscula de flores rosadas que se encuentra gravísimamente amenazada por la sobreexplotación de los coleccionistas; sólo vive en Nuevo México y Colorado (EE. UU.).

LA HOJA DE VIDA MÁS LARGA

De todas las plantas del mundo, las hojas que viven más tiempo son las de la welwitschia (*Welwitschia mirabilis*), así llamada por el botánico Dr. Friedrich Welwitsch (Austria), que descubrió la planta en 1859 en el desierto de Namibia y Angola, de donde es autóctona. Se calcula que la welwitschia vive entre 400 y 1.500 años, y la prueba del carbono ha revelado que algunos especímenes llegan a los 2.000 años. Cada planta produce dos hojas por siglo y nunca las muda. Los ejemplares más antiguos superan los 10 m de circunferencia, con follaje suficiente para cubrir una pista de atletismo de 400 m.

EL LAGARTO MÁS PELIGROSO

El monstruo de Gila (*Heloderma suspectum*) es un lagarto fornido, de colores vivos y hasta 60 cm de longitud, que vive en zonas áridas de México y el suroeste de EE. UU.; posee ocho glándulas venenosas en el maxilar inferior que contienen ponzoña suficiente para matar a dos humanos adultos. El veneno no es inyectado, sino que va penetrando en la herida causada cuando el monstruo de Gila muerde a su víctima con sus dientes puntiagudos y frágiles. Por ello, un lagarto puede continuar agarrado a su presa durante varios minutos después de haberla mordido; incluso puede ocurrir que los dientes del lagarto se queden incrustados en la herida de la víctima una vez que la ha soltado.

El monstruo de Gila sólo ataca cuando se le provoca.

★ EL AVE MÁS GRANDE EXTINGUIDA EN ÉPOCA MODERNA

El ave más grande que se extinguió en la era moderna fue el avestruz arábigo *Struthio camelus* syriacus, común en las regiones desérticas de Siria y Arabia hasta la Primera Guerra Mundial. Después de la guerra se cazó por su plumaje, y también lo perseguían en *jeeps* para capturarlo como deporte. Único tipo de avestruz que se encuentra fuera de África, el último espécimen confirmado de avestruz arábigo fue abatido en Bahrein en 1941, pero existe un controvertido informe sobre otro ejemplar que fue descubierto ahogado durante una crecida repentina en fecha tan reciente como 1966.

★ LA MAYOR POBLACIÓN DE CAMELLOS SALVAJES

Curiosamente, la mayor población mundial de camellos salvajes, con más de 200.000 individuos, no se encuentra ni en Arabia ni en Mongolia –hábitats tradicionales de los camellos salvajes–, sino en el desierto australiano. Los camellos fueron importados

★ EL MAYOR DESIERTO CUBIERTO

El desierto de Dome en Omaha (EE. UU.) se encuentra bajo la mayor cúpula geodésica acristalada del mundo, y abarca una extensión de 7.840 m^2 repartidos en dos niveles, lo que equivale a 3.920 m^2 por cada nivel. Allí se exhibe flora y fauna de tres grandes desiertos: el de Namibia, en Sudáfrica; el de Sonora, en México, y el desierto central australiano.

a Australia desde la década de 1840 hasta principios del s. XIX, principalmente para servir como transporte en los hirvientes y áridos desiertos de Australia; pero conforme avanzaba la tecnología, los camellos dejaron de ser tan necesarios, y por eso muchos fueron liberados o se escaparon al desierto, donde han vivido y procreado desde entonces.

★ LA DIETA MÁS ESPECIALIZADA DE UN LAGARTO

El moloch o diablo espinoso (*Moloch horridus*) habita en parajes desérticos australianos y se alimenta exclusivamente de hormigas del género *Iridomyrmex*.

EL INSECTO MÁS DESTRUCTIVO

Es la langosta del desierto (*Schistocerca gregaria;* en la fotografía de arriba a la derecha) oriunda de las regiones secas y semiáridas de África, Oriente Próximo y Asia occidental. Cada individuo mide sólo 4,5-6 cm de largo, pero es capaz de devorar su propio peso en comida todos los días. En determinadas condiciones meteorológicas un número inimaginable de estos insectos se agrupa en inmensos enjambres que arrasan toda la vegetación que encuentran a su paso. En un solo día, un enjambre «pequeño» de unos 50 millones de langostas puede comer lo suficiente para alimentar a 500 personas durante un año. En la fotografía se ve a un hombre de pie en medio de una nube de langostas, el 29 de noviembre de 2004, en los alrededores de Corralejo, en el norte de la isla de Fuerteventura (islas Canarias), a unos 100 km de la costa marroquí.

EL ANIMAL TERRESTRE QUE MEJOR SOPORTA EL CALOR

El animal que mejor tolera el calor (es decir, el más termófilo) es la *Cataglyphis bicolor*, una hormiga carroñera que vive en el desierto del Sáhara, que busca alimento a temperaturas superiores a los 55 ℃.

EL NIDO EN TIERRA MÁS GRANDE

El megapodio ocelado, o ave de Mallee (*Leipoa ocellata*), construye enormes nidos, que contienen hasta 229 m³ de vegetación y pesan 300 toneladas. Los machos trabajan en los nidos casi todos los meses del año: cavan un hoyo, después lo llenan de hojas y lo cubren con tierra arenosa. Otras veces utilizan año tras año montículos ya existentes, que pueden alcanzar un diámetro de 5 m. Una vez que se ponen los huevos y se cubren, los padres ya no se ocupan más de ellos, ni tampoco de los pollos, que rompen el cascarón en 50-90 días.

★ EL INVERTEBRADO MÁS VELOZ

Los solífugos del género *Solpuga* habitan en zonas áridas del norte de África y Oriente Próximo, y según se ha calculado son capaces de correr a 16 km/h, lo que los convierte en los más rápidos de todos los invertebrados. A pesar de sus nombres alternativos de araña camello y araña del sol, los solífugos no son verdaderas arañas (aunque sí arácnidos), pues sus cuerpos están divididos en secciones separadas de cabeza, tórax y abdomen, mientras que en las arañas la cabeza y el tórax forman una única sección.

★ EL PRIMER HÍBRIDO DE CAMELLO Y LLAMA

El 14 de enero de 1998, en el Camel Reproduction Centre (CRC) del desierto arábigo en Dubai (EAU), un proyecto dirigido por la Dra. Julian A. (Lulu) Skidmore (Reino Unido, fotografía inferior) consiguió el nacimiento de Rama, el primer híbrido de camello y llama, conocido como «cama». Su padre era un camello árabe, o dromedario (*Camelus dromedarius*), y su madre un guanaco de América del Sur (*Lama huanacos*), especie de la que desciende la llama doméstica *L. glama*. En estado salvaje los dos animales jamás se habrían encontrado. Como el camello es seis veces más pesado que el guanaco, *Rama* fue engendrada por inseminación artificial. Este proyecto lo financió el príncipe heredero de Dubai y ministro de Defensa, Mohamed bin Rashed al-Maktoum.

LOS MÁS ALTOS...

CACTUS SALVAJE

Un cardón (*Pachycereus pringlei*) encontrado por Marc Salak y Jeff Brown en el desierto de Sonora (Baja California, México), en abril de 1995, medía 19,2 m: ¡casi la altura combinada de cuatro jirafas!

● CISTANCHE

Un ejemplar del llamado «ginseng del desierto» (*Cistanche deserticola*) recogido en el desierto de Mongolia Interior (China) por Yongmao Chen, el 15 de agosto de 2006, medía 1,95 m. Esta planta se utiliza mucho en medicina tradicional china.

PANTANOS

EL HIPOPÓTAMO MÁS PEQUEÑO

El hipopótamo pigmeo (*Hexaprotodon liberiensis*) que habita fundamentalmente en Liberia, en África occidental, tiene una longitud media cabeza-cuerpo de 1,5-1,85 m, más una longitud de cola de aproximadamente 15-21 cm, una anchura de hombros de 70-100 cm y un peso de 160-275 kg.

●EL ROEDOR MÁS GRANDE DE LA HISTORIA

Al quitarle el puesto al *Phoberomys pattersoni*, anterior poseedor del récord, el mayor roedor del mundo es hoy una especie fósil de 2 millones de años recién descubierta que ha recibido el nombre de *Josephoartigasia monesi*. Aunque en la actualidad sólo se ha hallado un único cráneo de 53 cm de longitud, los científicos han calculado que, a juzgar por su inmenso tamaño, pesaba posiblemente 1 tonelada. Emparentado con la actual pacarana (*Dinomys branickii*), mucho más pequeña, este animal vivió en la zona costera de Uruguay, en lo que entonces era un área pantanosa con bosques exuberantes, pero hoy es una región árida, y probablemente se alimentaba tan sólo de vegetación blanda porque sus dientes, aunque enormes, carecían de un gran poder de masticación.

★LA DIETA MÁS ESPECIALIZADA DE UN AVE

La subespecie de Florida meridional del gavilán caracolero (*Rostrhamus sociabilis plumbeus*) se alimenta exclusivamente de una sola especie de caracol: el gran caracol manzana de agua dulce (*Pomacea paludosa*).

★EL MAYOR ANFIBIO DE TODOS LOS TIEMPOS

Mucho mayor que cualquier anfibio actual, el anfibio más grande de todos los tiempos fue el *Mastodonsaurus*, que habitó en zonas pantanosas hace unos 200 millones de años, durante el Triásico tardío. Esta criatura de descomunal cabeza y larga cola se parecía vagamente a un cocodrilo, al que igualaba en tamaño, y alcanzaba una longitud total de 4 m, incluida una cola de 1,25 m de largo.

★EL INSECTO CON MÁS TOLERANCIA A LA SALINIDAD

Las larvas de la mosca de la salmuera (*Ephydrella marshalli*) habitan en lagunas saladas y, en condiciones de laboratorio, han soportado salinidades de hasta 5.848 mOsm por litro (en comparación, la salinidad del agua de mar es de 1.197 mOsm por litro). La unidad «mOsm» representa «miliosmoles». Un osmol es el peso molecular de un soluto, expresado en gramos, dividido por el número de iones, o partículas, en los que aquél se disocia al disolverse.

EL AVE VOLADORA MÁS ALTA

Las aves voladoras de mayor altura son las grullas, pertenecientes a la familia Gruidae; los ejemplares más grandes alcanzan casi 2 m. En la imagen puede verse una grulla de cola blanca (*Grus antigone*) ejecutando una danza de apareo en el Keoladeo National Park (Rajastán, India).

★EL ARTIODÁCTILO MÁS PESADO

El más pesado de los artiodáctilos (mamíferos ungulados con dedos iguales) es el hipopótamo común o anfibio (*Hippopotamus amphibius*) de África subsahariana, que puede pesar hasta 3.630 kg.

EL MAYOR DELTA DE UN PAÍS

Todo el delta del Okavango forma parte del territorio de Botswana, en África meridional. Con una superficie total de más de 1.000.000 ha, este humedal comprende 390.000 ha de espacio natural protegido, con más de 400 especies de aves y 65 especies de peces, así como una manada de antílopes acuáticos compuesta por unos 20.000 individuos. En la fotografía aparece uno de los ejemplares de cobos leche machos (*Kobus leche leche*) que viven en el delta.

una gran parte de la planta. El fruto de la *Wolffia augusta* mide sólo 0,25 mm de largo y pesa unos 70 microgramos.

El **sapo más pequeño** es la subespecie *Bufo taitanus beiranus* de África, cuyo mayor espécimen medía 24 mm de longitud.

La **libélula de menor tamaño** es la *Agriocnemis naia* de Myanmar (Birmania). Un ejemplar del Museo Británico tenía una envergadura de 17,6 mm y una longitud corporal de 18 mm.

EL PANTANO MÁS GRANDE

Situado principalmente en el suroeste de Brasil, pero con pequeñas zonas en los vecinos países de Bolivia y Paraguay, Pantanal abarca una extensión de 150.000 km², ¡más que la superficie total de Inglaterra! Durante la estación de las lluvias (de diciembre a mayo), el 80% de Pantanal está inundado y contiene la mayor diversidad de plantas acuáticas del mundo.

¿SABÍA QUE...?

Se ha afirmado en ocasiones que As Sudd, en Sudán, es el pantano más grande del mundo; sin embargo, incluso cuando se producen grandes inundaciones, su extensión total apenas supera los 30.000 km², una superficie muy inferior a la de Pantanal.

LAS PLANTAS Y ANIMALES MÁS PEQUEÑOS

Las ★ **plantas de flor más pequeñas** del mundo son las lentejas de agua, especies del género *Wolffia* pertenecientes a la familia de las lemnáceas. Estas plantas flotan en la superficie de estanques y arroyos de aguas mansas. Un ejemplar aislado mide menos de 1 mm de longitud y tan sólo 0,3 mm de diámetro, y produce una diminuta inflorescencia que posteriormente se convierte en el **fruto más pequeño** del mundo. Como estas plantas no llegan a medir en conjunto 1 mm de longitud, el fruto maduro comprende

LA VIDA MÁS CORTA

Las cachipollas son insectos pertenecientes al orden Ephemeroptera. (En griego, *ephemeros* significa «efímero, de corta vida» y *pteron* quiere decir «ala», en referencia a la brevísima vida de los adultos.) Las cachipollas pueden pasarse de dos a tres años en estado de ninfas en el fondo de lagos y arroyos, y después, ya como adultos provistos de alas, apenas viven una hora.

LA SERPIENTE DE CASCABEL MÁS PEQUEÑA

La pigmea *Sistrurus miliarius* vive en zonas boscosas del sureste de EE. UU, en las cercanías de ríos y lagos. Es tan pequeña (los especímenes adultos no alcanzan los 45 cm) que su débil zumbido sólo es audible a menos de 1 m de distancia. Es muy venenosa y suele morder a los seres humanos. En la fotografía, la serpiente de cascabel pigmea roja (*Sistrurus miliarius miliarius*).

BOSQUES TEMPLADOS

EL MAYOR BOSQUE DE CONÍFERAS

Los vastos bosques de coníferas de la Rusia septentrional se extienden entre los 55°N de latitud norte (en amarillo) y el Círculo Polar Ártico (rojo). La zona arbolada abarca en total 4 millones de km². En esta imagen por satélite, el agua es azul, la

vegetación verde y la nieve blanca. El «bioma» del bosque boreal, conocido como taiga, se extiende a través de Rusia, Escandinavia, Canadá y Alaska.

★ EL ORGANISMO BIOLUMINISCENTE MÁS GRANDE

El mayor organismo bioluminiscente **es un único** y gigantesco espécimen de seta de la miel (*Armillaria ostoyae*) descubierto en el Malheur National Forest (Oregón, EE. UU.), que mide 5,6 km de lado a lado y ocupa una superficie total de 890 ha (8,9 millones de m²), equivalentes a 1.220 campos de fútbol. La seta de la miel es conocida por su superficie brillante, causada por una bacteria bioluminiscente, aunque casi todo su tejido se encuentra a 1 m bajo tierra en forma de micelios que forman como raíces. Se le calcula una edad de al menos 2.400 años, y también posee el récord del **hongo más grande** del mundo.

EL ÁRBOL VIVO MÁS GRANDE

El árbol vivo más grande del mundo es el llamado General Sherman, una secuoya gigante (*Sequoiadendron giganteum*) del Sequoia National Park (California, EE. UU.) que se yergue a 82,6 m de altura y alcanza un diámetro de 8,22 m y una circunferencia de aproximadamente 25,9 m. Se calcula que contiene el equivalente a 630.096 pies lineales de madera, suficientes para hacer más de 5.000 millones de fósforos, y su corteza rojiza amarronada puede alcanzar los 61 cm de grosor en algunas partes.

★ LA MAYOR MADRIGUERA DE TEJÓN

El tejón europeo (*Meles meles*) pasa más de la mitad de su vida bajo tierra y construye las mayores madrigueras de todas las especies de tejones. Se calcula que la tejonera más grande contiene un túnel de 879 m con 50 cámaras subterráneas y nada menos que 178 entradas.

¿SABÍA QUE...?

Una tejonera es una red subterránea de túneles, emplazada por lo habitual en pastos o bosques, y en suelos fáciles de cavar. La excavación puede durar años. Los tejones son animales de costumbres nocturnas; por lo común se retiran a sus tejoneras al alba y salen a la puesta del sol.

★ EL INSECTO QUE COME MÁS VARIEDAD DE PLANTAS

El insecto que come el mayor número de especies de plantas, y más dispersas geográficamente, es la oruga del gusano telarañero (*Hyphantria cunea*), perteneciente a la familia Arctiidae, de la mariposa tigre; se calcula que sus orugas se alimentan de 636 especies de plantas de todo el mundo, entre las que figuran más de 200 de EE. UU., 219 de Europa, más de 300 de Japón y 65 de Corea (algunas de estas especies se encuentran en más de una de las regiones antes mencionadas).

★ EL UROGALLO MÁS GRANDE

El urogallo (*Tetrao urogallus*) **autóctono** de los pinares de Europa septentrional se extinguió en Escocia en el siglo XVII, pero fue reintroducido con éxito desde Suecia durante la década de 1830. Los machos adultos de esta especie pesan hasta 4 kg, mientras que las hembras adultas alcanzan un peso de hasta aproximadamente 2 kg.

CARNÍVORO MÁS PEQUEÑO

La comadreja menor, o enana (*Mustela nivalis*), tiene una longitud cabeza-cuerpo de 110-260 mm, una longitud de cola de 13-87 mm y un peso de 30-200 g; habita principalmente en los bosques caducifolios de las regiones septentrionales de Europa, Asia y América del Norte, y suele alimentarse de roedores, topos y huevos de aves.

★ EL ÁRBOL MÁS RECIENTE

La palmera suicida malgache (*Tahina spectabilis*) no fue nombrada y descrita con carácter oficial hasta enero de 2008, aunque su descubrimiento data de 2006, cuando una familia que había salido de excursión se la encontró por casualidad en una zona apartada y montañosa de la región noroccidental de Madagascar; sólo se reconoció que pertenecía a una especie y género totalmente nuevos cuando se le realizó un análisis de ADN un año después. Lo que más sorprende de este tardío descubrimiento científico es el enorme tamaño de la palmera –más de 18 m de altura con hojas en abanico de 5 m de diámetro– y su curioso y suicida ciclo vital. En el momento en que florece, y tarda décadas en hacerlo, se produce al final de su tronco una explosión de cientos de flores ricas en néctar, cada una de las cuales se convierte en fruto; pero cuando esto ocurre las reservas de nutrientes del árbol se agotan de tal modo que, tan pronto como ha florecido, el árbol muere y cae.

★ LA MAYOR FRONDA DE HELECHO

El helecho gigante australiano *Angiopteris evecta*, con su inmenso tronco leñoso de hasta 1 m de diámetro y 3 m de alto, desarrolla las mayores frondas del mundo, que miden hasta 8 m de largo.

EL ÁRBOL QUE CRECE MÁS DESPACIO

El árbol de crecimiento más lento es el cedro blanco (*Thuja occidentalis*), uno de los cuales, localizado en una pared rocosa en la región canadiense de los Grandes Lagos, no rebasó los 10,2 cm de altura... ¡en 155 años! Esta misma planta pesaba sólo 17 g y el ritmo medio de crecimiento de madera se situaba en 0,11 g por año.

LOS HONGOS MÁS PESADOS

El 2 de abril de 1992 se informó de la existencia de un único organismo de *Armillaria bulbosa* que había colonizado alrededor de 15 ha de bosque en Michigan (EE. UU.) y al que se le calculó un peso de más de 100 toneladas, que es lo que pesa una ballena azul. Se cree que este organismo proviene de una sola espora fertilizada hace por los menos 1.500 años.

EL AVE MÁS RARA

El pájaro carpintero de pico de marfil de Norteamérica (*Campephilus principalis principalis*) es hoy por hoy el ave más amenazada del mundo. Segundo pájaro carpintero más grande de Norteamérica (sólo el pájaro carpintero real lo supera en tamaño), se le creyó extinguido desde la década de 1940 hasta que una expedición del Big Woods Conservation Partnership, dirigida por el Laboratorio de Ornitología de la Universidad de Cornell y la organización Nature Conservancy, dio a conocer un vídeo filmado el 25 de abril de 2005 en el que aparece un solo ejemplar macho, descubierto tras un año de búsqueda intensiva de esta especie en las reservas naturales de Cache River y White River, en Arkansas (EE. UU.).

La expedición registró asimismo los dobles golpecitos y las llamadas estridentes característicos también del pico de marfil, por lo que sus miembros confían en la existencia de otros ejemplares todavía no detectados en estos vastos y desolados parajes. La subespecie cubana del carpintero de pico de marfil fue redescubierta brevemente en 1986, pero como desde entonces no se ha confirmado ningún nuevo avistamiento, se cree que hoy se halla extinta.

● EL ÁRBOL QUE CRECE MÁS DEPRISA

El árbol que crece más deprisa por volumen de biomasa es una secuoya gigante (*Sequoiadendron giganteum*) a la que llaman General Grant, que se alza en Grant Grove, en el Kings Canyon National Park (California, EE. UU.). A lo largo de un período de 16 años, el volumen del tronco aumentó una media anual de 2,23 m³, pasando de 1.218 m³ en 1931 a 1.319 m³ en 1976, año en que lo midió Wendell Flint (EE. UU.). Con tal cantidad de madera bastaría para construir una casa normal de tres dormitorios.

EL PRIMATE MÁS PEQUEÑO

El primate genuino de menor tamaño (excluyendo los tupaias arborícolas, que se suelen clasificar aparte) es el lemur ratón pigmeo (*Microcebus myoxinus*), descubierto en 1993, en los bosques caducifolios de Madagascar occidental; tiene un largo cabeza-cuerpo de unos 62 mm, una cola de 136 mm de longitud y un peso medio de 30,6 g.

BOSQUES PLUVIALES

UN MUNDO AGONIZANTE

Según datos del informe *Estado de los bosques del mundo*, publicado en 2007 por la Organización de las Naciones Unidas para la Agricultura y la Alimentación (FAO), de los 44 países que, tomados en su conjunto, representan el 90% de los bosques del mundo, el que registra la ●**tasa de deforestación más elevada** es Indonesia, con 1,8 millones de hectáreas al año entre 2000 y 2005, lo que supone que cada año se destruye el 2% de su masa forestal. ¡Esto equivale a una superficie de aproximadamente 51 km² cada día o 300 campos de fútbol cada hora!

La **disminución más rápida de una masa forestal** corresponde a Burundi (África Central), país que registró una tasa media del 9% anual entre 1990 y 2000. De mantenerse este ritmo, la masa forestal de Burundi habrá desaparecido por completo en poco más de 11 años.

●LA RATA MÁS GRANDE

La mayor especie de rata es la rata de Cuming (*Phloeomys cumingi*) de Luzón, una de las islas Filipinas. Esta especie arborícola de espeso pelaje habita los bosques nublados de Luzón y mide casi 1 m de largo contando la cola.

Sin embargo, en 2007, durante la visita de un equipo de científicos a los remotos y apenas conocidos montes Foja de Irian Jaya (en la Nueva Guinea indonesia), se observó y capturó viva una especie desconocida de rata peluda (fotografía inferior). Con una longitud cabeza-cuerpo de 70 cm más la cola, esta especie recién descubierta alcanza el tamaño de un gato y ya se hace referencia a ella como la mayor rata conocida. Cuando se estudien otros especímenes, es muy posible que destrone a la rata de Cuming.

★EL VERTEBRADO MÁS FUERTE

En términos de vatios de potencia generados por kilogramo de músculo, la salamandra gigante de la palma (*Bolitoglossa dofleini*) de América Central es la especie más fuerte de los vertebrados, pues dispara la lengua hacia fuera con una potencia de 18.000 vatios por 1 kg de músculo; se cree que dicha fuerza se almacena en el tejido elástico de su lengua antes de que ésta se proyecte al exterior.

★EL SONIDO MÁS ALTO DE UN ARTRÓPODO

La frecuencia más alta de ultrasonido entre todos los artrópodos conocidos es la del macho *Arachnoscelis* de las cigarras (insecto parecido al grillo) perteneciente a la familia Tettigoniidae que habita en las selvas tropicales del oeste de Colombia, especialmente en el Parque Nacional Isla Gorgona. Fernando Montealegre-Z. (Colombia/Canadá), Glenn K. Morris y Andrew C. Mason (ambos de Canadá), de la Universidad de Toronto, descubrieron que la fuente emisora era una especie de «espátula» localizada en el ala derecha del insecto; cuando éste frota las alas, la espátula sufre una distorsión y después recupera su forma, generando el sonido. Estos resultados aparecieron en el *Journal of Experimental Biology* en diciembre de 2006. En noviembre de 2007, la medición del «chirrido» arrojó un resultado de 133 kilohercios (133.000 Hz).

★ LA MANTIS MÁS GRANDE

El cuerpo de la *Toxodera denticulata* (en la fotografía) mide 20 cm, lo que la convierte oficialmente en la mantis más grande el mundo. Sin embargo, una especie mayor, recién descubierta y hasta la fecha sin describir, procedente de la jungla de Camerún ha empezado a aparecer en el mercado de las mascotas, donde ha recibido el apodo de «megamantis». Además, circulan informes no confirmados sobre la existencia de una especie todavía más grande que habita en las selvas pluviales de Bolivia y Perú.

★ EL MAMÍFERO ARTIODÁCTILO MÁS PEQUEÑO

El artiodáctilo (mamífero ungulado con dedos iguales) más pequeño del mundo es el pilandoc malayo menor o ciervo-ratón menor (*Tragulus javanicus*), un diminuto ungulado no mayor que un conejo. Los machos adultos (más pequeños que las hembras) alcanzan una longitud cuerpo-cabeza de tan sólo 44-48 cm, un largo de cola de 6,5-8 cm y una alzada de 20-25 cm; su peso oscila de 1,7 a 3 kg.

Este minúsculo mamífero habita en los bosques pluviales tropicales y los manglares del Sudeste asiático.

EL MAYOR BOSQUE PLUVIAL

El bosque pluvial tropical del Amazonas es el mayor de su clase, con una superficie de 6.475.000 km² repartidos entre nueve países sudamericanos: Brasil, Colombia, Perú, Venezuela, Ecuador, Bolivia, Guyana, Surinam y la Guayana Francesa.

¿SABÍA QUE...?

El número de especies de mantis (orden *Mantodea*) ronda las 2.300 y popularmente se las conoce como «mantis religiosas» porque cuando mantienen recogidas las patas anteriores ante la cabeza dan la impresión de estar rezando. Tal postura orante no impide que estos insectos sean unos predadores temibles: ¡las hembras decapitan a los machos durante el apareo!

● EL PECARÍ MÁS GRANDE

El pecarí gigante (*Pecari maximus*) habita en la región de bosque pluvial de la cuenca del río Aripuana, en la Amazonía brasileña. Descubierto por el doctor Marc van Roosmalen (Países Bajos), se asemeja en apariencia al saíno (*Pecari tajacu*), pero es notablemente más grande aunque también más delgado, con patas mucho más cortas. Con una longitud total de aproximadamente 1 m, una altura de 0,85 m y un peso que ronda los 40 kg, se recubre con un pelaje ralo de cerdas marrones y blancas, no de color gris negruzco.

Hasta ahora, la especie de pecarí más grande era el pecarí orejudo (*Catagonus wagneri*), descubierto vivo en 1974 después de que la comunidad científica supiera de su existencia por especímenes fósiles de la Edad del Hielo.

★ EL PÁJARO MÁS APESTOSO

Originario de los bosques pluviales colombianos, el pájaro que peor huele del mundo es sin duda el hoazín (*Opisthocomus hoazin*), una criatura de extraño aspecto que ha sido emparentada con los faisanes, los cucos, los turacos e incluso encuadrada dentro de un grupo taxonómico propio. Apesta a estiércol de vaca, como su nombre local –pava hedionda– deja bien claro, y su nauseabundo olor resulta de combinar una dieta exclusiva de hojas verdes y el sistema digestivo característico de los bóvidos, que produce una especie de fermentación en el estómago.

ORQUÍDEA MÁS ALTA

Se ha registrado una altura de 15 m en la orquídea (*Galeola foliata*), un saprofito de la familia de la vainilla que crece en los bosques pluviales de Queensland (Australia).

100%

DEHESAS

EL MAMÍFERO MÁS VELOZ DE LA TIERRA

En distancias cortas, el mamífero más rápido de la tierra es el guepardo (*Acinonyx jubatus*), que habita en las llanuras del África subsahariana, Irán, Turkmenistán y Afganistán. En distancias cortas, el guepardo puede mantener una velocidad constante máxima de unos 100 km/h. Pero tras una investigación, el profesor Craig Sharp de la Universidad de Brunel, Londres (Reino Unido), en 1965 consiguió medir la velocidad exacta de 104,4 km/h en una hembra adulta de 35 kg en una distancia de 201,2 m.

LAS PRADERAS MÁS GRANDES

Con 3 millones de km², la mayor superficie de praderas naturales es la de las Grandes Llanuras de Norteamérica, que se extienden por EE. UU., desde el sur de Canadá hasta el norte de México. Las Grandes Llanuras se encuentran tierra adentro y experimentan veranos cálidos y secos. Tienen un clima templado, sin extremos de frío o calor.

Las **praderas tropicales más grandes** (que se hallan cerca de la costa, donde hay más lluvias y donde a menudo crecen bosques) son las sabanas del norte de Australia, que cubren 1,2 millones de km².

La ★**superficie más grande de estepa seca** es la estepa Kazaja de Asia Central, que mide 804.500 km². No tiene árboles y la sabana es muy seca, con veranos calurosos y secos, e inviernos fríos y sin nieve.

★ EL CÉSPED MÁS COMÚN

El sujo (*Imperata cylindrica*) es una especie perenne rizomatosa, es decir, una planta que dura todo el año con una raíz horizontal trepadora, desde la que brota el césped. Originaria del este y el sudeste de Asia, India, Micronesia y Australia, se trata de una mala hierba muy invasiva y ha colonizado con éxito grandes franjas de Europa, África, América y el norte de Asia, además de numerosas islas en todo el mundo. El rizoma del césped se ha hecho tristemente célebre en EE. UU.

por su habilidad para matar las semillas de los pinos y usurpar las plantas nativas. El césped también es muy inflamable en la naturaleza, lo que comporta un serio peligro de incendio y un riesgo para el hábitat de especies a punto de extinguirse.

EL MAMÍFERO MÁS ALTO

Las jirafas (*Giraffa camelopardalis*) viven en la sabana seca y en zonas de bosque abierto del África subsahariana. Un macho adulto suele medir 4,6-5,5 m de altura. Su largo cuello tiene las siete vértebras normales que poseen la mayoría de los mamíferos, pero en ellas se estiran mucho más. Los cuellos de las jirafas son tan largos que deben extender sus piernas delanteras y doblar las rodillas para beber del suelo. También cuentan con una lengua larga y extensible y largos y sensibles labios con los que pueden coger delicadamente las hojas de los árboles y de los arbustos en los que buscan alimento. Los cuernos de jirafa son únicos. Presentes en ambos sexos, tienen un núcleo huesudo unido al cráneo, y están cubiertos de piel y pelo.

La jirafa es el **mamífero artiodáctilo** (o ungulado con un par de dedos) **más alto**. El **especimen más alto del que se tiene constancia** fue un macho Masai (*G. c. tippelskirchi*) de 5,8 m, medido en el Chester Zoo (Reino Unido) en 1959.

★ EL HUEVO MÁS GRANDE PUESTO POR UN AVE

El huevo más grande (en la fotografía) puesto por un ave pesaba 2,58 kg. Fue puesto por una avestruz en la granja de Kerstin y Gunnar Sahlin (ambos de Suecia), el 30 de agosto de 2007.

El ★**huevo más duro** producido por cualquier especie de ave existente es el de avestruz (*Struthio camelus*), que puede soportar el peso de una persona de 115 kg.

El **ave más grande viva** es el avestruz norteafricano (*Struthio camelus camelus*). Se tiene constancia de ejemplares macho de esta subespecie no voladora de 2,75 m de alto y 156,5 kg de peso.

●EL AVE VOLADORA MÁS PESADA

Un macho de avutarda kori (*Ardeotis kori*) del sur y el este de África puede llegar a pesar 18,2 k, el peso confirmado del ejemplar más grande, documentado en 1936 en Sudáfrica, tras ser abatido por H. T. Glynn. En la fotografía se ve una avutarda con un abejaruco en la espalda.

¿SABÍA QUE...?

La especie más grande de pájaro sudamericano es el ñandú común no volador, o avestruz americana (*Rhea americana*), que habita las praderas de Argentina, Bolivia, Brasil, Paraguay y Uruguay. Los adultos miden de media 129 cm de largo y pesan 7 kg.

★ EL MOVIMIENTO MUSCULAR MÁS RÁPIDO

El ciclo de contracción-expansión muscular del minúsculo mosquito *Forcipomyia* sucede en 0,00045 segundos (1/2.218 partes de un segundo), produciendo 62.760 movimientos de ala por minuto (1.046 por segundo) en condiciones naturales. Es el **movimiento de alas más rápido** documentado de un animal.

★ EL NIDO DE AVES MÁS POBLADO

Nativo de las secas praderas del sudoeste de África, el tejedor sociable (*Philetairus socius*) construye un inmenso nido comunal que puede medir hasta 8 m de largo y 2 de alto. Parecido a un gigantesco almiar que cuelga de un árbol o un poste de teléfono, contiene hasta 300 nidos individuales. Cada uno de estos nidos a su vez acoge a un par de tejedores y su nidada. No es sorprendente que estos enormes nidos comunales lleguen a ser tan pesados que el árbol en el que se sostienen a veces cae por su peso.

★ LOS INSECTOS MÁS DULCES

Se pueden encontrar 5.000 millones de áfidos en una única hectárea de vegetación; éstos, a su vez, pueden saturar el suelo cada día con toneladas de azúcar en forma de melón. Es la **secreción de azúcar más grande de unos insectos**.

MÁS RÁPIDOS...

PRIMATE

El mono patas (*Erythrocebus patas*), de las partes occidental y oriental de África, puede alcanzar velocidades de 55 km/h. Con sus largas y delgadas extremidades, a veces se conoce como «el guepardo primate».

SERPIENTE TERRESTRE

La agresiva mamba negra (*Dendroaspis polylepis*) del sudeste africano puede alcanzar velocidades de 16-19 km/h en pequeñas estampidas en el suelo.

ORUGA

Las larvas de la mariposa nocturna (*Pleuroptya ruralis*) pueden recorrer 38,1 cm por segundo (1,37 km/h), el equivalente en oruga a 241 km/h.

MONTAÑAS

LOS PRIMATES
MÁS SEPTENTRIONALES

Los macacos japoneses (*Macaca fuscata*) viven en la zona montañosa de Jigokudani, en Honshu (Japón), cerca de Nagano (36º 40N, 138º 10E). Junto a los humanos, son la población de primates más septentrional del mundo. También conocidos como monos de la nieve, sobreviven los inviernos a –15 ºC calentándose en las fuentes de agua caliente volcánica.

LA MESETA
MÁS ALTA

El monte Roraima es una meseta de arenisca que marca la frontera de Brasil, Venezuela y la Guyana, aunque más del 75% de su superficie está en Venezuela. Esta meseta, o tepui, mide 2.810 m de altitud. Como consecuencia de su entorno abrupto, alrededor de un tercio de sus especies vegetales son endémicas. Parece ser que el monte Roraima sirvió de inspiración a Arthur Conan Doyle para la novela *El mundo perdido*.

★ EL MENOR ESPACIO PARA UN OSO

El espacio vital más pequeño de pandas gigantes hembra (*Ailuropoda melanoleuca*), estudiado en las montañas Qinling (provincia de Shaanzi, China), es de tan sólo 4,2 km².

El panda gigante también tiene la **★distribución más restringida entre los osos**, limitada a seis pequeñas áreas montañosas en las provincias de Sichuan, Shaanzi y Gansu, en el extremo de la meseta tibetana en el sudoeste de China, con una superficie total de sólo 5.900 km².

★ LA MAYOR RESURRECCIÓN DE LA EXTINCIÓN DE UN MARSUPIAL

El falangero pigmeo de montaña (*Burramys parvus*) era conocido en la ciencia sólo por fósiles que databan de hace 10.000-15.000 años, hasta que un día, en agosto de 1966, el zoólogo Dr. Kenneth Shortman descubrió un falangero desconocido, que parecía un gran lirón, escondido en una esquina de la Universidad de Melbourne Ski Lodge, en las laderas del monte Hotham (Victoria, Australia). Estudios sobre esta misteriosa criatura revelaron que era un falangero vivo de montaña, y desde entonces se han encontrado otros ejemplares vivos en Victoria y Nueva Gales del Sur (Australia), lo que significa que la especie ha resucitado después de miles de años de aparente extinción.

LA ESPECIE MÁS GRANDE DE AVISPA

El avispón asiático gigante (*Vespa mandarinia*) es originario de las montañas de Japón y llega a crecer hasta los 5,5 cm de longitud, con una envergadura alar de aproximadamente 7,6 cm. Su aguijón tiene unos 0,6 cm de longitud y puede inyertar un veneno tan poderoso que disuelve el tejido humano.

EL INSECTO QUE VUELA A MAYOR ALTURA

La mayor altura a la que vuelan las mariposas migradoras, y de la que se tiene constancia, es de 5.791 m para una pequeña bandada de pequeñas ortigueras (*Aglais urticae*) vistas en el glaciar Zemu, en los Himalayas orientales. También es la **mariposa migradora que vuela más alto**.

En comparación, la altura máxima de la que se tiene constancia para un ave es de 11.300 m para un buitre moteado (*Gyps rueppellii*), que chocó con un avión comercial en Abidjan (Costa de Marfil), el 29 de noviembre de 1973.

Si tu lengua fuera tan larga como la de un murciélago de néctar, ¡podrías llegar a lamer los dedos de tus pies estando de pie!

●LA LENGUA MÁS LARGA

En relación con la medida del cuerpo, el murciélago de néctar (*Anoura fistulata*) de los Andes (Ecuador) es el mamífero con la lengua más larga. Tiene un alcance de 8,49 cm, es decir, el 150% de la longitud de su cuerpo. Según Nathan Muchhala de la Universidad de Miami (Florida, EE. UU.), quien publicó estas medidas en *Nature* en 2006, no es una coincidencia que *A. fistulata* sea el único polinizador de *Centropogon nigricans*, con corolas que miden 8-9 cm de largo. En la fotografía se puede ver un murciélago de néctar bebiendo de una probeta.

★ **RÉCORD NUEVO**
● **RÉCORD ACTUALIZADO**

PLANTAS Y ANIMALES QUE VIVEN A MAYOR ALTITUD

La *Ermania himalayensis* (perteneciente a la familia de los repollos) y el *Ranunculus lobatus* crecen en el monte Kamet (Himalaya), a 6.400 m: las **flores que viven a mayor altura**.

Se tiene constancia de que el pika de grandes orejas (*Ochtona macrotis*) vive en la cordillera montañosa de Asia, a 6.130 m, lo que le convierte en el **mamífero que vive a mayor altura**. El yak (*Bos mutus*) del Tíbet y de los Alpes de Sichuan (China) asciende hasta una altura de 6.100 m, pero sólo cuando busca comida.

El **pez que vive a mayor altitud** es la locha del Tíbet (familia Cobitidae). Se ha encontrado a una altura de 5.200 m en el Himalaya.

La serpiente cascabel del Himalaya (*Agkistrodon himalayanus*) es una especie venenosa encontrada a alturas de hasta 4.900 m, lo que significa que es la ★ **serpiente que vive a mayor altura**.

La vicuña (*Vicugna vicugna*) de los Andes de Sudamérica es el ★ **camélido salvaje que vive a mayor altitud**. Vive a alturas de hasta 4.800 m, igual que la alpaca, un camélido doméstico.

La ★ **mayor altitud a la que se han descubierto árboles** es de 4.600 m. Se trata de un abeto de plata (*Abies squamata*) encontrado en el sudoeste de China. A esta altura también se han visto abedules (*Betula utilis*). Se han encontrado ejemplares de *A. spectabilis*, una especie muy relacionada con *A. squamata*, a una altura de 4.267 m, en el Himalaya.

★ LA HIERBA MÁS GRANDE

La puya (*Puya raimondii*) es una extraña especie de gigantesca bromeliácea que crece en las montañas bolivianas. Aunque es una planta herbácea, tiene un tronco que puede medir hasta 4 m de alto.

La puya tarda unos 150 años en florecer, por lo que es la **planta con un crecimiento más lento**.

★ LA MUSARAÑA ELEFANTE MÁS GRANDE

La musaraña elefante de cara gris (*Rhynchocyon udzungwensis*) fue descubierta en marzo de 2006, en unos bosques a gran altura en las montañas del sur-centro de Tanzania. Con un peso de unos 700 g, es un 25% más pesada que ninguna otra especie de musaraña elefante (o sengi) conocida hasta ahora. Limitada a África, y conocida como musaraña elefante por su largo hocico, similar a un tronco, y su parecido superficial a las verdaderas musarañas, los sengis en la actualidad constituyen una categoría taxonómica de mamíferos completamente separada, más relacionada con los elefantes, las vacas marinas y los cerdos hormigueros que con las verdaderas musarañas. Con un cuerpo brillante y de color castaño y una cara gris, además de un gran tamaño, esta nueva especie es muy peculiar. Su reciente descubrimiento ha sido muy sorprendente para la ciencia.

★ EL DEPREDADOR TERRESTRE QUE VIVE A MAYOR ALTURA

El territorio del leopardo de las nieves (*Uncia uncia*) se extiende por 12 países, en las regiones montañosas de Asia central y del sur. Este felino difícil de ver, ha podido ser fotografiado con cámaras escondidas a alturas de 5.800 m. Un cámara pudo grabar a un leopardo de las nieves cazando un marjor (una especie de cabra salvaje emparentada con la cabra montesa) en las remotas montañas de la frontera de Afganistán y Pakistán para la serie *Planet Earth* (BBC, 2006).

NIEVE Y HIELO

★ EL ANIMAL TERRESTRE MÁS GRANDE DE LA ANTÁRTIDA

La mayor –y única– especie de insecto que habita en la Antártida es el mosquito *Belgica antarctica*. Con 12 mm, es la especie animal más grande que se ha adaptado a vivir en tierra en la Antártida durante todo el año (las focas y los pingüinos pasan gran parte de su tiempo en el agua). Habita en colonias de pingüinos, y se alimenta de desechos y de algas.

★ LA ESPECIE DE HALCÓN MÁS GRANDE

El mayor de los halcones es el gerifalte (*Falco rusticolus*), nativo de las regiones ártica y subártica. Los ejemplares adultos pueden llegar a longitudes máximas de 64 cm, con una amplitud alar de 123 cm, y un peso de 800-2.100 g.

★ **RÉCORD NUEVO**
● **RÉCORD ACTUALIZADO**

EL PINÍPEDO MÁS PELIGROSO

El leopardo marino carnívoro (*Hydrurga leptonyx*) es la única especie con la reputación de, aparentemente, provocar ataques indiscriminados contra las personas. Hay casos documentados de leopardos marinos que han embestido por sorpresa a través de grietas en el hielo y han intentado morder pies humanos. También se han producido ataques contra submarinistas y se han dado casos de gente perseguida a través del hielo distancias superiores a los 100 m. En la fotografía se ve a un leopardo marino descansando en la orilla rocosa de Port Lockroy en la isla Wiencke (Antártida).

★ EL PETREL MÁS GRANDE

Nativo de la Antártida, la especie de petrel más grande del mundo es el petrel gigante (*Macronectes giganteus*), con una longitud de aproximadamente 90 cm y una amplitud alar que supera los 2 m, acercándose al tamaño de un albatros pequeño. Se alimenta a base de buscar carroña, tanto en el mar como en la tierra. Estos formidables pájaros pueden atacar y matar a criaturas tan grandes como los pingüinos rey y crías de focas solas.

★ EL PETREL MÁS PEQUEÑO

El pequeño petrel de las tormentas de Wilson (*Oceanites oceanicus*) también es nativo de la Antártida. Tan sólo pesa 40 g y no es más grande que un avión común o una golondrina.

★ LA MAYOR POBLACIÓN DE BALLENAS ASESINAS

La mayor población de ballenas asesinas, u orcas (*Orcinus orca*), está en las aguas de la Antártida, donde viven unos 160.000 ejemplares. (En la fotografía se puede ver a una cría de león marino atacado por una orca).

El 12 de octubre de 1958, una orca asesina alcanzó los 55,5 km/h en el nordeste del Pacífico, convirtiéndose en el **mamífero marino más rápido**. Se han documentado velocidades similares en la marsopa de Dall (*Phocoenoides dalli*), pero sólo a ráfagas.

★ EL GENOMA MÁS GRANDE DE UN CRUSTÁCEO

Aunque se trata de un animal minúsculo, el genoma del anfípodo de la Antártida *Ampelisca macrocephala* contiene 63.200 millones de pares de bases, aproximadamente 20 veces más que el genoma humano.

★ EL ÁRBOL ÁRTICO MÁS BAJO

El sauce enano *Salix herbacea* es una especie minúscula que raras veces sobrepasa los 6,4 cm de alto y se ha encontrado en la tundra helada del Ártico.

Ninguna planta sobrevive más al norte de la latitud 83°N ni más al sur de la latitud 86°09'S.

★ LA FOCA MÁS SEPTENTRIONAL

La foca anillada (*Phoca hispida*) es la foca más común en el Ártico y también la especie más septentrional del mundo. Presente allí donde hay suficiente agua en el permanente hielo del Alto Ártico, esta especie tan fuerte se ha registrado incluso en el Polo Norte.

★ EL AYUNO MÁS LARGO DE UN AVE

El ayuno continuado más largo de un ave del que se tiene constancia fue el realizado por un pingüino emperador macho (*Aptenodytes forsteri*) durante 134 días. Cuando un pingüino emperador llega a la tierra desde el mar, no suele comer hasta que no ha viajado tierra adentro hasta la colonia reproductora, ha cortejado a la hembra, ha incubado su único huevo durante 62-67 días (un trabajo en el que la hembra no participa), ha esperado la vuelta de la hembra y ha viajado de vuelta al mar. Sólo cuando regresa al mar se alimenta de nuevo. Es capaz de sobrevivir a este duro ayuno (durante el cual su peso disminuye a la mitad) gracias a sus numerosas reservas de grasa subcutánea, que pueden tener un grosor de 3-4 cm.

PINGÜINOS EN ABUNDANCIA

La **mayor colonia de pingüinos** del mundo está en la isla Zavodovski, en las islas Sandwich del Sur. Aproximadamente, unos dos millones de pingüinos barbijos (*Pygoscelis antarctica*) se reproducen en las laderas de la isla, que es un volcán en activo.

★ LA MAYOR ESPECIE DE PINGÜINO

El *Anthropornis nordenskjöldi* vivió en la Antártida hace unos 24 millones de años, durante la época del Bajo Mioceno. Este pingüino de tamaño humano medía aproximadamente 1,5-1,8 m de alto y podía llegar a pesar de 90 a 135 kg. En comparación, la especie de pingüino más grande en la actualidad, el pingüino emperador (*Aptenodytes forsteri*), tan sólo mide 1 m de alto, tiene una longitud total de 1,15 m y puede llegar a pesar hasta 43 kg.

El **rastro de ave más meridional** jamás documentado fue el de un pingüino emperador, descubierto casualmente por un equipo de exploradores de la Antártida, el 31 de diciembre de 1957, a más de 400 km del mar más cercano.

LA TEMPERATURA CORPORAL MÁS BAJA DE UN MAMÍFERO

La ardilla terrestre ártica (*Spermophilus parryii*), de Alaska y el noroeste de Canadá, puede alcanzar una temperatura corporal de −3 °C. Cuando se encuentra en estado de animación suspendida, durante el período de hibernación en el invierno ártico, su temperatura corporal desciende por debajo del punto de congelación. La temperatura normal en los meses de verano es de 37 °C.

Su **hibernación**, que puede durar hasta nueve meses, es la **más larga de un roedor** en su hábitat natural.

EL ÁRBOL MÁS REMOTO

Se cree que el árbol más remoto es una solitaria picea noruega de la isla de Campbell, en la Antártida; el compañero más cercano se encuentra a más de 222 km de distancia, en las islas Auckland.

★ EL HELECHO ARBORESCENTE MÁS MERIDIONAL

La *Cyathea smithii*, una enorme especie de helecho arborescente con un tronco muy esbelto, puede llegar a medir 8 m de alto y posee hojas que llegan a tener una longitud de hasta 2,5 m cuando están maduras. Esta especie es nativa no sólo de los frescos bosques de Nueva Zelanda, sino también de las subantárticas islas Auckland, y, tal y como se podría esperar, es uno de los helechos arborescentes más resistentes al frío de Nueva Zelanda.

La **planta con flor más meridional jamás registrada** es el pasto piloso antártico (*Deschampsia antarctica*), localizado en la latitud 68°21'S en la isla del Refugio (Antártida), el 11 de marzo de 1981.

100%

PLANETA VIVO
ÁREAS URBANAS

LA FRECUENCIA DE AUDICIÓN MÁS ALTA

Los murciélagos (orden Chiroptera) poseen el oído más agudo de todos los animales no acuáticos debido a su ecolocalización ultrasónica. La mayoría de las especies emplean frecuencias situadas en la franja de los 20-80 kHz, aunque algunas son capaces de percibir frecuencias de hasta 120-250 kHz, frente a los casi 20 kHz de los humanos y los 280 kHz de los delfines. En la fotografía aparece un murciélago bicolor (*Vespertilio murinus*).

MÁS PATAS

A pesar de sus nombres, ni los ciempiés tienen 100 patas ni los milpiés 1.000, aunque estos últimos sí que poseen más que los ciempiés: dos pares por cada segmento del cuerpo frente al único par de los ciempiés. Normalmente, los milpiés suman en torno a 300 pares de patas, aunque a un ejemplar de la especie *Illacme plenipes* encontrado en California (EE. UU.) se le contaron 375 pares (equivalentes a 750 patas).

★ LAS AVES QUE ANIDAN A MAYOR PROFUNDIDAD

Desde el verano boreal de 1975 hasta la primavera de 1978, tres gorriones comunes (*Passer domesticus*) vivieron en la mina de carbón Frickley (Yorkshire, Reino Unido) a 640 m de profundidad, lo que los convierte en la población de aves silvestres que ha vivido a menor altura. Dos de estos gorriones incluso anidaron y criaron tres pollos, que murieron poco tiempo después.

★ LA MAYOR BANDADA DE PÁJAROS QUE INVADE UNA CASA

Mucha gente ha descubierto alguna que otra vez un gorrión o un mirlo en su chimenea, pero la nube de plumíferos que invadió una casa de Pasadena (California, EE. UU.) la tarde del 4 de mayo de 1998 parecía sacada de la película de Alfred Hitchcock *Los pájaros*. Por suerte, los propietarios habían salido, porque cuando los vecinos llamaron a los bomberos para que investigaran lo ocurrido, éstos

descubrieron que más de mil vencejos (familia Apidae) habían entrado por la chimenea, esparciendo hollín por todas partes; algunos estaban muertos, pues por lo visto se habían estrellado contra las paredes presa del pánico, y los bomberos tardaron por lo menos dos horas en espantar al resto para que salieran por ventanas y puertas. No ha quedado claro por qué los vencejos bajaron en masa por la chimenea.

LOS PARÁSITOS QUE MÁS AYUNAN

La chinche común (*Cimex lectularius*), que se alimenta de sangre humana, puede vivir más de un año sin comer. La garrapata (*Ornithodoros turicata*) que alberga la espiroqueta transmisora de la borreliosis endémica es capaz de sobrevivir sin comer durante períodos de hasta cinco años.

★ LOS PRIMEROS PECES BIOLUMINISCENTES CREADOS POR EL HOMBRE

Creados en 2001 por el profesor H. J. Tsai de la Universidad Nacional de Taiwán, los primeros peces bioluminiscentes artificiales del mundo (los llamados *frankenfish*) son especímenes del pez cebra, una conocida especie de acuario cuya bioluminiscencia es el resultado de habérseles inoculado ADN de medusa.

EL HUEVO DE SERPIENTE MÁS PEQUEÑO

La minúscula araña rosada que vive en las paredes de las casas europeas y cuyo nombre científico es *Oonops domesticus* pone huevos que miden sólo una fracción de un milímetro; además, esta araña es también la **especie que pone menos huevos en cada puesta**: tan sólo dos.

LA LOMBRIZ MÁS LARGA

En 1967 apareció un ejemplar gigante de la lombriz de tierra *Microchaetus rappi* en la carretera que une Alice con King William's Town (KwaZulu-Natal, Sudáfrica); una vez estirada de manera natural, midió 6,7 m de largo y 20 mm de diámetro. (Se trataba de un ejemplar fuera de lo común, pues la longitud media de la especie ronda los 1,8 m extendida de modo natural.)

La **lombriz más corta** es la *Chaetogaster annandalei*, que no llega a los 0,5 mm de longitud.

★ EL MARSUPIAL MÁS VIEJO

El marsupial más longevo cuya edad ha podido comprobarse de manera fiable fue un wombat común (*Vombatus ursinus*) que contaba 26 años y 22 días de edad cuando murió, el 20 de abril de 1906, en el Zoo de Londres (Reino Unido). Aunque esta hipótesis no se ha verificado todavía, es posible que otras especies de canguro más grandes vivan hasta los 28 años en estado salvaje.

¿SABÍA QUE...?

La ecolocalización es un sistema de percepción sensorial mediante el cual los murciélagos se orientan, detectan obstáculos, se comunican y encuentran comida. Los murciélagos envían ondas sonoras a través de la boca o de la nariz; cuando la onda rebota un objeto, devuelve un eco que retoma el murciélago. El sistema de ecolocalización es tan preciso que los murciélagos pueden detectar insectos del tamaño de un jején y objetos tan finos como un cabello humano.

★ **RÉCORD NUEVO**
● **RÉCORD ACTUALIZADO**

●EL MAMÍFERO MÁS DORMILÓN

En octubre de 2007, el doctor Fritz Geiser (EE. UU.), zoólogo de la Universidad de Nueva Inglaterra, anunció un nuevo récord mundial en la categoría del mamífero que más duerme. Tras comer copiosamente, un oposum pigmeo del este de Australia (*Cercartetus nanus*) se hizo un ovillo e hibernó durante 367 días; hasta entonces no se sabía de ningún mamífero que hubiera hibernado sin parar durante más de un año. Durante su maratón de sueño, el oposum utilizó sólo una cuadragésima parte de la energía que consume cuando está despierto. Con anterioridad, el récord se hallaba en posesión de un ratón saltador del oeste (*Zapus princeps*) que hibernó durante 320 días en un laboratorio.

★ LA RAÍZ DE YUCA MÁS LARGA

El 24 de diciembre de 2000, Camilo Outerino (EE. UU.) extrajo de la tierra en su jardín de Hialeah (Florida, EE. UU.) una raíz de yuca que medía 2,46 m de largo.

LA TELARAÑA MÁS GRANDE EN UN INTERIOR

Una telaraña de 5,08 m de largo y 3,8 m de ancho, que cubría una superficie de 19,3 m², fue descubierta dentro de un cuarto de baño perteneciente a David Hyde (Reino Unido) en Newent (Gloucestershire, Reino Unido) en enero de 1999.

Descubierta por Ken Thompson (Reino Unido) en 1998, la telaraña al aire libre más grande (tejida por miles de arañas) cubría toda una cancha de deportes de 4,54 hectáreas en Warwick (Reino Unido).

MÁS AGUIJONES DE ABEJA EXTRAÍDOS

El mayor número de aguijones de abeja que ha soportado un ser humano sin morir son los 2.443 que le clavaron a Johannes Relleke en la mina de estaño Kamativi, a orillas del río Gwaii, en el distrito de Wankie, en Zimbabwe (entonces Rodesia), el 28 de enero de 1962. Todos los aguijones fueron extraídos y contados.

LA ABEJA MÁS PELIGROSA

La abeja africanizada (*Apis mellifera scutellata*) sólo acostumbra a atacar cuando se la provoca, pero es persistente en su persecución, agresiva y celosa protectora de sus territorios. Aunque su veneno no es más potente que el de otras abejas, como ataca en enjambre, el resultado puede ser mortal por el número de aguijones clavados a la víctima.

★ LOS PRIMEROS ELEFANTES DOMESTICADOS

Los primeros documentos conocidos de elefantes domesticados corresponden a la especie asiática (*Elephas maximus*) y hablan de animales domados que se utilizaban como bestias de carga hace al menos 4.000 años, en tiempos de la civilización del valle del Indo (en la región que hoy ocupan Pakistán e India).

HÁBITATS EXTREMOS

LOS MAYORES HABITANTES DE LAS CAVERNAS

Aunque no viven allí de forma permanente, los elefantes africanos de la sabana (*Loxodonta africana*) de Kenia entran regularmente en la cueva de Kitum, en el monte Elgon, y recorren el subsuelo en busca de la sal que necesitan para su dieta. Desde hace muchas generaciones extraen el mineral con los colmillos.

★ LA PRIMERA ESPECIE DE PLANTAS EN FLORECER EN EL ESPACIO

En 1982, la estación espacial Salyut-7 de la antigua Unión Soviética cultivó *Arabidopsis* a bordo. Durante su ciclo vital de 40 días, se convirtieron en las primeras plantas en florecer y producir semillas en un espacio de gravedad cero.

EL MICROBIO MÁS ALTO

En abril de 1967, la NASA informó que había descubierto bacterias a una altitud de 41,13 km.

EL ANIMAL MÁS RESISTENTE AL CALOR

Los animales multicelulares más resistentes al calor son los tardígrados u osos de agua, un grupo de diminutos animales prácticamente indestructibles que pueden sobrevivir a temperaturas superiores a los 150 °C.

LA PLANTA QUE VIVE A MAYOR PROFUNDIDAD

En octubre de 1984, Mark y Diane Littler (ambos de EE. UU.) encontraron algas en la isla de San Salvador (Bahamas) a una profundidad de 269 m. Estas plantas de color marrón sobrevivían a pesar de que la oscuridad era del 99,9995% .

LA FORMA DE VIDA MÁS RESISTENTE AL ÁCIDO

Las condiciones más ácidas en las que se ha descubierto vida microbiana (o cualquier forma de vida) tienen el pH 0, equivalente al ácido hidroclórico. Varios organismos viven en estas condiciones, incluido el *Cyanidium caldarium*, que vive en chimeneas volcánicas.

LA FORMA DE VIDA MÁS ALCALINA

Una bacteria descubierta en 2003 cerca de Chicago (Illinois, EE. UU.) vive en aguas subterráneas contaminadas por más de un siglo de vertido de residuos de hierro procedente de las industrias, y puede sobrevivir a niveles de pH de hasta 12,8.

LOS ÁRBOLES MÁS RESISTENTES AL FRÍO

Los árboles más resistentes al frío son los alerces (género *Larix*), que incluyen el alerce americano *L. laricina* (ver fotografía), nativo del norte de Norteamérica. Normalmente se encuentra en la línea arbolada del ártico en el borde de la tundra, y puede sobrevivir a temperaturas invernales superiores a −65 °C.

★ EL MOLUSCO MÁS CONTROLADO POR UN PARÁSITO

En enero de 1998, unos científicos de la Universidad de Vrije (Ámsterdam, Países Bajos) descubrieron que unos ejemplares del caracol de agua dulce (*Lymnaea stagnalis*) parasitados por el trematodo *Trichobilharzia ocellata* desarrollaban aversión al sexo. En cambio, crecían más rápidamente, lo que permitía la proliferación de parásitos. El estudio de este cambio de comportamiento en dichas especies reveló que los niveles de cierto tipo del ácido ribonucleico (ARN) mensajero, responsable de producir las proteínas que afectan al comportamiento de los caracoles, eran mucho más elevados en los caracoles parasitados que en los no parasitados. Dicho de otro modo, el trematodo *T. ocellata* estaba afectando directamente a la expresión genética de los *Lymnaea*. Parece que es la primera vez que se produce esta clase de control parasitario.

EL PARÁSITO MÁS GRANDE

La tenia del pescado (*Diphyllobothrium latum*), que vive en el intestino delgado de los peces y a veces también de los humanos, alcanza una longitud de 9,1-12,1 m, pero excepcionalmente puede llegar hasta los 18 m. ¡Si un espécimen sobreviviera durante 10 años, podría medir casi 8 km de largo y contener 2.000 millones de huevos!

Otro parásito humano, la lombriz solitaria (*Taenia solium*), puede sobrepasar los 6 m, mientras que la tenia de la vaca (*Taeniarhynchus saginatus*) puede llegar a medir 15,25 m. Un ejemplar de *Taeniarhynchus* midió 22,86 m, ¡tres veces más largo que el intestino humano!

EL PARÁSITO MÁS SANGUINARIO

Los indistinguibles huevos de los nematodos *Ancylostoma duodenale* y *Necator americanus* se encuentran en las heces de 1.300 millones de personas en todo el mundo. Estos nematodos se alimentan diariamente con unos 10 millones de litros de sangre.

EL TREMATODO MÁS ADAPTABLE

La mayoría de trematodos (que comprenden dos clases de tenia) infectan muy pocos organismos diferentes. Sin embargo, se ha encontrado *Fasciola hepatica* en el hígado, la vesícula biliar y otros conductos asociados de ovejas, ganado, cabras, cerdos, caballos, conejos, ardillas, perros y humanos.

★ EL MURCIÉLAGO MÁS GRANDE

El murciélago más grande del mundo es el murciélago frugívoro de Bulmer (*Aproteles bulmerae*), nativo de Papúa Nueva Guinea. Las hembras adultas tienen una envergadura alar de 1 m y pesan aproximadamente 600 g. La ciencia sólo los conocía a través de fósiles de 9.000 años de antigüedad, pero en 1977 se encontraron unos ejemplares modernos en un museo. Más tarde, se descubrieron especímenes vivos en una enorme cueva en las montañas Hindenburg (Papúa Occidental).

★ EL GUSANO MÁS RESISTENTE AL CALOR

El gusano más resistente al calor es el gusano de Pompeya (*Alvinella pompejana*), cuyo tardío descubrimiento científico data de 1980. Vive cerca de los respiraderos hidrotermales situados en las islas Galápagos, en el océano Pacífico. Este pequeño poliqueto (literalmente, «muchas quetas») se adhiere a los respiraderos y vive a temperaturas superiores a los 80 °C. Sólo los tardígrados pueden tolerar temperaturas más elevadas.

★ LA COLONIA DE MURCIÉLAGOS MÁS PROFUNDA

La que vive a más profundidad está formada por 1.000 murciélagos pequeños marrones (*Myotis lucifugus*), y pasa los inviernos en una mina de cinc de Nueva York a una profundidad récord de 1.160 m, casi seis veces más que la profundidad habitual a la que vive cualquier especie de murciélago.

★ RÉCORD NUEVO
● RÉCORD ACTUALIZADO

PESTES PARÁSITAS

Los **mayores nematodos parásitos** son los *Placentonema gigantissimus*, también conocidos como gusanos redondos. Viven en la placenta del cachalote y pueden alcanzar una longitud de 7,62 m.

El **trematodo parásito más grande**, una especie de *Didymozoid digeneans* enquistado en el enorme pez luna oceánico *Mola mola*, puede alcanzar una longitud de 6-9 m.

●MÁS CIRUGÍA ESTÉTICA

Cindy Jackson (EE. UU.) se ha gastado 100.000 dólares desde 1988 en más de 50 tratamientos estéticos, entre los que se incluyen nueve operaciones quirúrgicas con anestesia general. Esta hija de un granjero del Medio Oeste es la pionera del *extreme makeover*, y de ahí que los medios de comunicación de todo el mundo la hayan apodado la «barbie viviente». Los tratamientos a que se ha sometido abarcan *liftings*, un arreglo de nariz, implantes de pecho, liposucción, *peelings*, tratamientos de oxígeno facial, botox, reducción de mandíbula, implante de pómulos, rellenos, microdermoabrasión, mesoterapia y maquillaje permanente de labios y línea de ojos. En la fotografía aparece con el doctor José Campo, cirujano estético, y sus ayudantes en el hospital Xanit, cerca de Málaga (España). Se puede visitar a Cindy en la página web www.cindyjackson.com (en inglés).

SUMARIO

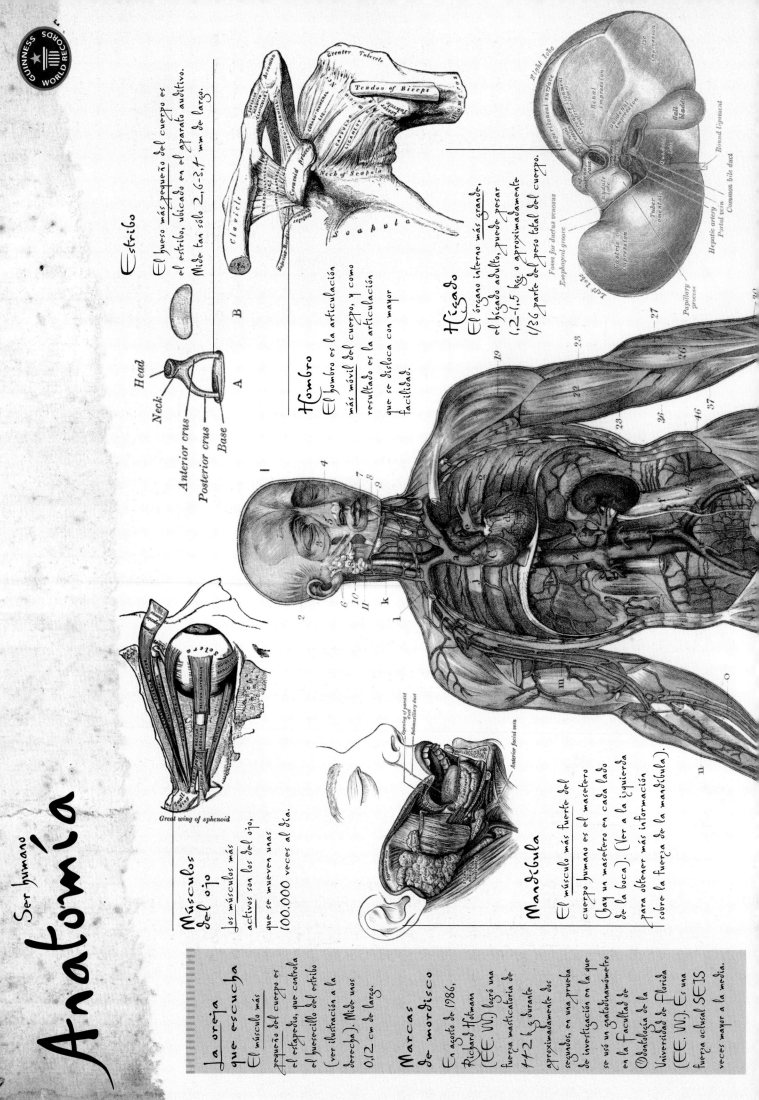

Ser humano

Anatomía

Estribo

El hueso más pequeño del cuerpo es el estribo, ubicado en el aparato auditivo. Mide tan sólo 2,6-3,4 mm de largo.

Hombro

El hombro es la articulación más móvil del cuerpo, y como resultado es la articulación que se disloca con mayor facilidad.

Hígado

El órgano interno más grande, el hígado adulto, puede pesar 1,2-1,5 kg, o aproximadamente 1/36 parte del peso total del cuerpo.

Músculos del ojo

Los músculos más activos son los del ojo, que se mueven unas 100.000 veces al día.

Mandíbula

El músculo más fuerte del cuerpo humano es el masetero (hay un masetero en cada lado de la boca). (Ver a la izquierda para obtener más información sobre la fuerza de la mandíbula).

La oreja que escucha

El músculo más pequeño del cuerpo es el estapedio, que controla el huesecillo del estribo (ver ilustración a la derecha). Mide unos 0,12 cm de largo.

Marcas de mordisco

En agosto de 1986, Richard Hofmann (EE. UU.) logró una fuerza masticatoria de 442 kg durante aproximadamente dos segundos, en una prueba de investigación en la que se usó un gnatodinamómetro en la Facultad de Odontología de la Universidad de Florida (EE. UU.). Es una fuerza oclusal SEIS veces mayor a la media.

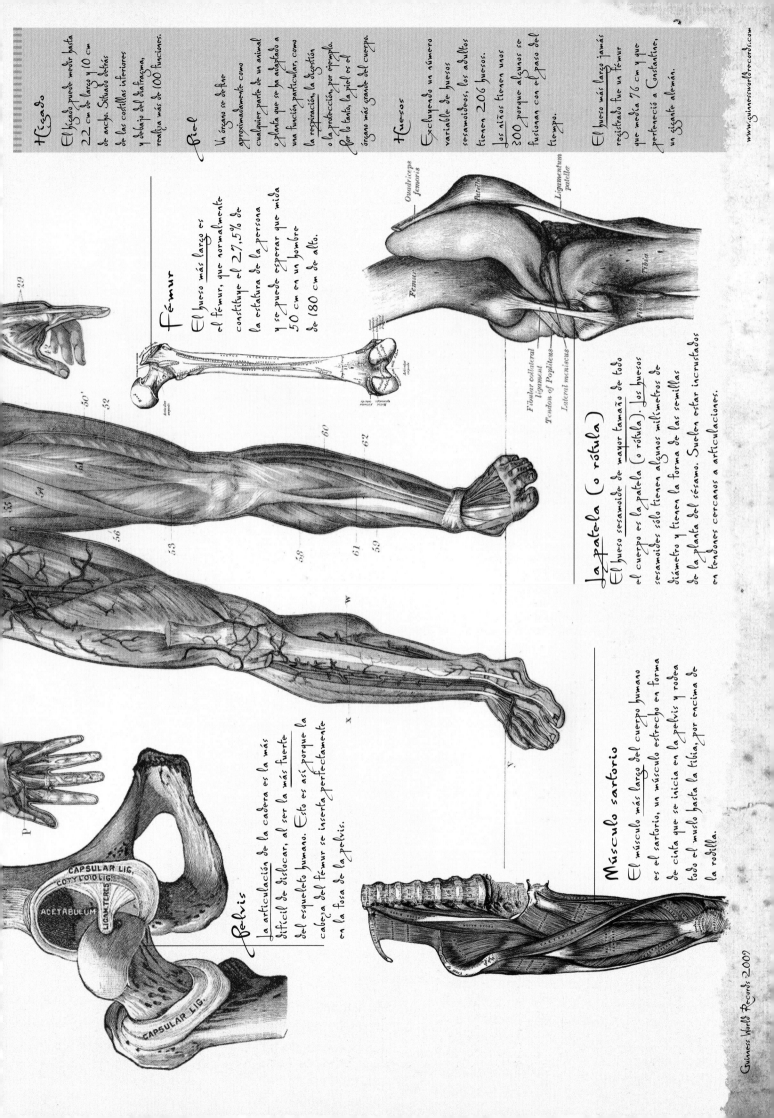

Hígado

El hígado puede medir hasta 22 cm de largo y 10 cm de ancho. Situado detrás de las costillas inferiores y debajo del diafragma, realiza más de 100 funciones.

Piel

Un órgano se define aproximadamente como cualquier parte de un animal o planta que se ha adaptado a una función particular, como la respiración, la digestión o la protección, por ejemplo. Por lo tanto, la piel es el órgano más grande del cuerpo.

Huesos

Excluyendo un número variable de huesos sesamoideos, los adultos tienen 206 huesos. Los niños tienen unos 300 porque algunos se fusionan con el paso del tiempo.

El hueso más largo jamás registrado fue un fémur que medía 76 cm y que perteneció a Constantine, un gigante alemán.

Fémur

El hueso más largo es el fémur, que normalmente constituye el 27,5% de la estatura de la persona y se puede esperar que mida 50 cm en un hombre de 180 cm de alto.

La patela (o rótula)

El hueso sesamoide de mayor tamaño de todo el cuerpo es la patela (o rótula). Los huesos sesamoides sólo tienen algunos milímetros de diámetro y tienen la forma de las semillas de la planta del sésamo. Suelen estar incrustados en tendones cercanos a articulaciones.

Pelvis

La articulación de la cadera es la más difícil de dislocar, al ser la más fuerte del esqueleto humano. Esto es así porque la cabeza del fémur se inserta perfectamente en la fosa de la pelvis.

Músculo sartorio

El músculo más largo del cuerpo humano es el sartorio, un músculo estrecho en forma de cinta que se inicia en la pelvis y rodea todo el muslo hasta la tibia, por encima de la rodilla.

ANOMALÍAS ANATÓMICAS

EL HOMBRE VIVO MÁS ALTO

Bao Xi Shun (China, nacido en 1951) es el hombre vivo más alto cuya estatura ha sido plenamente acreditada por GWR. Su altura, 2,36 m, quedó confirmada en el hospital de la ciudad de Chifeng (Mongolia Interior, China), el 15 de enero de 2005. Leonid Stadnyk (Ucrania), de cuyos 2,57 m de estatura se hizo eco la prensa internacional el año pasado, se halla ahora sometido a nuevas investigaciones porque continúa negándose a que lo midan.

LOS GEMELOS MÁS ALTOS

Los mellizos Michael y James Lanier (ambos de EE. UU.), naturales de Troy (Michigan) miden 2,235 m, lo que los convierte en los **gemelos varones más altos**. Ann y Claire Recht (EE. UU., nacidas el 9 febrero de 1988) son las ●**gemelas más altas**. Cuando fueron medidas el 10 de enero de 2007 en Oregón (EE. UU.), ambas hermanas tenían una altura media total de 2,01 m.

LA PAREJA CASADA MÁS ALTA

Anna Hanen Swan (Canadá) medía 2,27 m. El 18 de junio de 1871 se casó con Martin van Buren Bates (EE. UU.), cuya estatura era de 2,2 m, lo que asigna a la pareja una estatura combinada de 4,46 m.

HITOS DE LA ANATOMÍA

EL HOMBRE MÁS ALTO DE TODOS LOS TIEMPOS

El hombre más alto de quien se pueden aportar pruebas médicas irrefutables es Robert Pershing Wadlow (nacido a las 6.30 h del 22 de febrero de 1918 en Alton, Illinois, EE. UU.). Cuando se le midió por última vez, el 27 de junio de 1940, se comprobó que llegaba a los 2,72 m. Robert murió el 15 de julio de 1940.

EL HOMBRE MÁS PESADO DE TODOS LOS TIEMPOS

Jon Brower Minnoch (EE. UU., 1941-1983) padeció de obesidad desde la infancia; tenía 185 cm de estatura y pesaba 178 kg en 1963, 317 kg en 1966 y 442 kg en septiembre de 1976. En marzo de 1978, Minnoch ingresó en el Hospital Universitario de Seattle (EE. UU.), donde el doctor Robert Schwartz, especialista en endocrinología, calculó que Minnoch debía de pesar más de 635 kg, gran parte de los cuales era retención de líquido como consecuencia de su cardiopatía congestiva.

LA MUJER MÁS PESADA

Rosalie Bradford (EE. UU., nacida el 27 agosto de 1943) afirmó haber marcado en la báscula un peso máximo de 544 kg en enero de 1987. En agosto de aquel mismo año contrajo una cardiopatía congestiva y fue ingresada urgentemente en un hospital. Después de seguir una estricta dieta, en febrero de 1994 pesaba 128 kg.

LA CINTURA MÁS GRANDE

La cintura de Walter Hudson (EE. UU.) medía 302 cm cuando alcanzó su peso máximo de 545 kg.

LA MUJER MÁS ALTA DE TODOS LOS TIEMPOS

Zeng Jinlian (China, nacida el 26 de junio de 1964), natural del pueblo de Yujiang, en la comuna de la Luna Brillante (provincia de Hunan), medía 2,48 m cuando murió el 13 de febrero de 1982.

LA MUJER MÁS ALTA

Sandy Allen (EE. UU., nacida el 18 junio de 1955) llegaba a los 2 m 31,7 cm al ser medida por última vez. Cuando nació en Chicago pesaba 2,95 kg, pero poco después comenzó a crecer de manera anormal; a los 10 años de edad medía 1 m 90,5 cm, y a los 16 años, 2,16 m.

★ RÉCORD NUEVO
● RÉCORD ACTUALIZADO

LA MUJER MÁS BAJA DE TODOS LOS TIEMPOS

Pauline Musters (Países Bajos, nacida el 26 febrero de 1876) medía 30 cm en el momento de nacer. A los nueve años de edad, tenía 55 cm de estatura y un peso de tan sólo 1,5 kg. Murió de neumonía complicada con meningitis el 1 de marzo de 1895 en la ciudad de Nueva York (EE. UU.), cuando tenía 19 años. El examen *post mortem* reveló que medía 61 cm, lo cual se explica porque tras la muerte se produjo un cierto alargamiento del cuerpo.

LAS PERSONAS VIVAS MÁS BAJAS

Madge Bester (Sudáfrica, nacida el 26 de abril de 1963) mide sólo 65 cm. Padece de osteogénesis imperfecta (caracterizada por huesos quebradizos y otras deformidades del esqueleto) y no puede levantarse de una silla de ruedas. Su madre, Winnie, mide tan sólo 70 cm.

El **hombre vivo más bajo** es Lin Yih-Chin (Taiwán), de 67,5 m de estatura, quien también se halla confinado a una silla de ruedas por padecer de osteogénesis imperfecta.

El **hombre vivo más bajo dotado de movilidad** es He Pingping (China); en la página desplegable «El hombre más bajo» se le puede ver en tamaño real y en espectacular 3D.

LOS GEMELOS MÁS BAJOS

Matyus y Béla Matina (nacidos en 1903-hacia 1935), naturales de Budapest (Hungría), que posteriormente adquirieron la nacionalidad estadounidense, medían 76 cm.

LA MAYOR DIFERENCIA DE ALTURA ENTRE UNA PAREJA CASADA

Fabien Pretou (Francia, nacido el 15 de junio de 1968), de 188,5 cm, se casó con Natalie Lucius (Francia, nacida el 19 de enero de 1966), de 94 cm, en Seyssinet- Pariset (Francia), el 14 de abril de 1990; la diferencia de estatura entre ambos es de 94,5 cm.

LA MAYOR DIFERENCIA DE PESO EN UN MATRIMONIO

Jon Brower Minnoch (EE. UU.) –el **ser humano más pesado de la historia** (véase la tabla)– pesaba cerca de 635 kg, y su esposa Jeannette (EE. UU.) tan sólo 50 kg, el día en que se casaron en marzo de 1978. Esto supone una diferencia de peso récord de 585 kg.

HITOS DE LA ANATOMÍA

EL HOMBRE MÁS BAJO DE TODOS LOS TIEMPOS

El hombre más bajo fue Gul Mohammed (India, 1957-1997). El 19 de julio de 1990, tras ser sometido a un examen en el Hospital Ram Manohar de Nueva Delhi (India), se comprobó que no pasaba de los 57 cm de estatura.

EL HOMBRE VIVO MÁS PESADO

El hombre vivo más pesado es Manuel Uribe Garza (México), que pesaba 560 kg en enero de 2006 cuando apareció en televisión solicitando ayuda para mejorar su estado físico. Desde entonces, con asistencia médica y siguiendo la dieta de la zona ha ido perdiendo peso poco a poco. En enero de 2008, el peso de Manuel había bajado hasta los 299,3 kg. Sin embargo, todavía no puede tenerse en pie, por lo que permanece en cama desde 2002.

LA ESTATURA MÁS VARIABLE

Adam Rainer (Austria, 1899-1950) medía tan sólo 1,18 m a los 21 años de edad, pero pronto empezó a crecer con rapidez y en 1931 su estatura casi se había doblado hasta alcanzar los 2,18 m. Su debilidad llegó a tal extremo que hubo de permanecer postrado en la cama el resto de su vida. En el momento de su muerte medía 2,34 m y es la única persona en los anales de la medicina que ha sido enano y gigante.

X-REF

¿De verdad conoce usted bien su propio cuerpo? Si alguna vez ha sentido curiosidad respecto de cuál es el hueso más largo o el órgano más grande, le remitimos a **Anatomía**, en la p. 58. Y recuerde: nunca se es demasiado joven (ni viejo) para batir un récord. ¿No nos cree? Pues entonces acuda a **Los más jóvenes**... (p. 88) y **Los más veteranos**... (p. 90).

PÉRDIDA DE PESO DE MANUEL

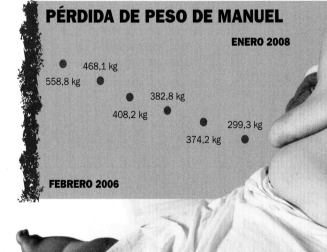

ENERO 2008

468,1 kg
558,8 kg
382,8 kg
408,2 kg
299,3 kg
374,2 kg

FEBRERO 2006

PARTES DEL CUERPO

★ **RÉCORD NUEVO**
● **RÉCORD ACTUALIZADO**

●MÁS DEDOS EN MANOS Y PIES

Hay dos personas que poseen 25 dedos. Pranamya Menaria (India, arriba) tiene 12 dedos en las manos y 13 en los pies a causa de la polidactilia y la sindactilia. Devendra Harne (India) también tiene 12 dedos en las manos y 13 en los pies a causa de la polidactilia.

El examen forense de un bebé varón en Shoreditch (este de Londres, Reino Unido), el 16 de septiembre de 1921, confirmó que tenía 14 dedos en las manos y 15 en los pies, **el mayor número de dedos** registrado en un ser humano.

MENOS DEDOS EN LOS PIES

Algunos miembros de la tribu Wadomo del Valle Zambezi (Zimbabwe) y de la tribu Kalanga del desierto de Kalahari (Botswana) tienen dos dedos en cada pie debido a la mutación de un gen hereditario.

LAS MANOS MÁS GRANDES

Robert Wadlow (EE. UU.), **el hombre más alto que ha existido**, tenía unas manos que medían 32,3 cm desde la muñeca hasta la punta del dedo medio. Llevaba un anillo de la talla 25.

Hussain Bisad (Reino Unido, nacido en Somalia) tiene unas manos que miden 26,9 cm desde la muñeca hasta la punta del dedo medio, **las manos más grandes de una persona viva**.

LOS PIES MÁS GRANDES

Robert Wadlow (EE. UU.) calzaba un número 75, lo que equivale a un pie de 47 cm de longitud.

Zeng Jinlian (China), la **mujer más alta que jamás ha existido**, tenía unos pies que medían 35,5 cm de longitud.

●LAS PIERNAS MÁS LARGAS (MUJER)

Las piernas de Svetlana Pankratova (Rusia) midieron 132 cm en Torremolinos (España), el 8 de julio de 2003. Su atributo presenta algunos retos: hacerse ropa a medida, agacharse al pasar por las puertas, y necesita mucho espacio para las piernas en los coches y aviones. ¡Es un precio bajo si eres la «Reina de las Piernas más Largas»!

●MÁS ANCIANA CON UN DIENTE NUEVO

En marzo de 2007, a Mária Magdolna Pozderka (Hungría, nacida el 19 de julio de 1938; arriba), que entonces contaba 68 años de edad, le salió un diente canino superior derecho.

El **hombre más anciano al que le creció un diente nuevo** es Mark Tora (Reino Unido, foto superior derecha), que tenía 61 años de edad cuando le salió un tercer molar inferior derecho (muela del juicio) en febrero de 2002.

¿SABÍA QUE...?

El 24 de octubre de 2002, Matthew Adams (EE. UU.) se sometió a una extracción de dos muelas del juicio a los 9 años 339 días de edad, lo que le convirtió en la **persona más joven en extraerse una muela del juicio**.

El **diente humano más largo** medía 2,53 cm. Se lo extrajeron a Philip Puszczalowski (Canadá), de 12 años de edad, en 1993.

★ MÁS DIENTES

Meriano Luca (Italia) tenía 35 dientes adultos el 15 de enero de 2004. (Lo habitual es tener 32 dientes adultos.)

●EL DIENTE DE LECHE MÁS LARGO

Ahmed Afrah Ismail (Maldivas) tenía un diente de leche que medía 2,3 cm, con una corona de 1 cm y una raíz de 1,3 cm.

●LOS OJOS MÁS SALTONES

El 2 de noviembre de 2007, Kim Goodman (EE. UU.) consiguió que sus ojos salieran 12 mm de las órbitas en Estambul (Turquía).

★ MÁS TIEMPO CON LOS OJOS FUERA DE LAS ÓRBITAS

El 9 de febrero de 2008, Keith Smith (EE. UU.) mantuvo los ojos fuera de sus órbitas durante 43 segundos en el plató de *El Show de los Récords*, en Madrid (España).

●EL PULSO MÁS LENTO

El 11 de agosto de 2005, Martin Brady (Reino Unido) tenía 27 pulsaciones por minuto cuando le tomaron el pulso en la Guernsey Chest and Heart Unit de las islas Anglonormandas (Reino Unido).

★ LA PIEDRA DE RIÑÓN MÁS GRANDE

El 18 de febrero de 2004, el doctor Hemendra Shah (India) extrajo una piedra del riñón a Vilas Ghuge (India) en el R. G. Stone Urological Research Institute de Bombay (India). La piedra medía 13 cm en su parte más ancha.

LA LENGUA MÁS LARGA

La lengua de Stephen Taylor (Reino Unido) mide 9,5 cm desde la punta hasta el centro de su labio superior cerrado. El impresionante órgano fue medido el 5 de enero de 2006, en el plató de *Lo Show dei Record*, en Milán (Italia).

PIEL MÁS ELÁSTICA

Debido a una rara enfermedad llamada síndrome de Ehlers-Danlos, Garry Turner (Reino Unido) tiene una piel excepcionalmente elástica. ¡Es capaz de realizar el «cuello de tortuga humano» estirando la piel del cuello por encima de la boca!

LOS CINCO SENTIDOS

RECITADO MÁS RÁPIDO

Sean Shannon (Canadá) recitó el soliloquio de Hamlet «*To be or not to be*» (260 palabras) en un tiempo récord de 23,8 segundos (655 palabras/minuto) en Edimburgo (Reino Unido), el 30 de agosto de 1995.

●LA ESPECIA MÁS PICANTE

La guindilla Bhut Jolokia, de la especie *Capsicum chinense*, se considera la especie más picante del mundo. El 9 de septiembre de 2006, en las pruebas de SHU (unidades de calor Scoville) realizadas en la Universidad Estatal de Nuevo México (Las Cruces, Nuevo México, EE. UU.) alcanzó 1.001.304 de SHU.

OÍDO

La intensidad de ruido o sonido se mide en términos de presión. La presión del **tono más bajo** que puede detectar una persona con una capacidad auditiva normal a la frecuencia más sensible posible, de unos 2.750 Hz, es de 2×10^{-5} pascal. Una décima parte del logaritmo de esta relación numérica proporciona una unidad denominada decibelio (dB). Un ruido de 30 dB sería inaudible.

• Está generalmente aceptado que el límite del **tono más alto perceptible** es de 20.000 Hz (ciclos por segundo), aunque supuestamente los niños asmáticos pueden detectar sonidos de 30.000 Hz.

• Según una encuesta en línea realizada durante un año por Trevor Cox, profesor de ingeniería acústica de la Universidad de Salford (Reino Unido), el ★**sonido más repelente para el oído humano** es el de alguien vomitando, más incluso que el crispante sonido de un bebé llorando, el torno de un dentista o el *feedback* de un micrófono (entre muchos otros).

VISTA

El **objeto más distante visible para el ojo humano** es la galaxia de Andrómeda, en la constelación de Andrómeda (mag. 3,47), conocida como Messier 31. Es una galaxia en espiral situada a 2,2 millones de años luz de la Tierra.

• La resolución óptica del ojo humano es de 0,0003 radianes, o un minuto de arco (una sexagésima parte de un grado sexagesimal), lo que corresponde a 100 micras desde una distancia de 25 cm. Una micra es la milésima parte de un milímetro, por tanto, a 100 micras el **objeto visible más pequeño** tendría un tamaño menor de cuatro milésimas de pulgada (2,5 cm).

EL GRITO MÁS ALTO

En las fiestas de Halloween de octubre de 2000, en el Millennium Dome (Londres, Reino Unido), la intensidad del grito emitido por el profesor ayudante, Jill Drake (Reino Unido), alcanzó 129 decibelios.

GUSTO

La ●**sustancia más dulce** es la taumatina, también conocida como Thalin®, que se obtiene de los arilos (cobertura carnosa de ciertas semillas) de una planta africana conocida como katemfe (*Thaumatococcus daniellii*). Es 3.250 veces más dulce que el azúcar (en comparación con una disolución de sacarosa al 7,5%).

• Las **sustancias más amargas** se han formado a partir del catión de denatonio y se comercializan como benzoatos o sacáridos. Su sabor sólo puede detectarse en disoluciones de una parte en 500 millones.

TACTO

Nuestra piel posee una gran diversidad de receptores del tacto con diferentes funciones. Los corpúsculos de Meissner reaccionan ante un ligero contacto y están localizados en las áreas sensibles de la piel, como la yema de los dedos. Los dedos son tan sensibles que pueden detectar una vibración con un movimiento de sólo 0,02 micras (0,000019 mm).

★EL QUESO
MÁS OLOROSO

Según las investigaciones realizadas en la Universidad de Cranfield (Reino Unido) en noviembre de 2004, el queso más odorífero del mundo es el Vieux Boulogne. Este queso cremoso del maestro quesero Philippe Olivier (Francia) pasa por un proceso de madurado de siete a nueve semanas y se elabora con leche de vaca.

●MÁS TIEMPO EN CONTACTO CON HIELO

El 17 de abril de 2008, Wang Jintu (China) batió un nuevo récord cuando su cuerpo estuvo en contacto directo con bloques hielo durante 1 h y 30 min, en el edificio Beijing Fu Li Cheng (Pekín, China).

OLFATO

El etil mercaptano (C_2H_5SH) y el selenomercaptano de butilo (C_4H_9SeH) son las **moléculas con peor olor** del mundo. Se trata de una combinación de cebolla, ajo, col podrida, tostada quemada y gas de alcantarilla.

• Las **sustancias sintéticas más malolientes** son la «Who-Me?» y la «US Government Standard Bathroom Malodor», con cinco y ocho sustancias químicas, respectivamente. El olor Bathroom Malodor huele principalmente a heces humanas y resulta repelente al olfato humano en sólo dos partes por millón. Fue creado originalmente para probar la eficacia de los desodorantes.

• Madeline Albrecht trabajó en los laboratorios de investigación Hill Top de Cincinatti (Ohio, EE. UU.), un laboratorio de pruebas de productos del Dr. Scholl. Trabajó allí durante 15 años y tuvo que oler miles de pies y axilas. Durante su carrera profesional, olió unos 5.600 pies y un número indeterminado de axilas, ganándose el récord del **mayor número de pies y axilas olfateados**.

EL ERUCTO MÁS SONORO

Paul Hunn (Reino Unido) emitió un eructo con una intensidad sonora de 104,9 decibelios en las oficinas de Guinness World Records (Londres, Reino Unido), el 20 de julio de 2004. El eructo se midió desde una distancia de 2,5 m y a 1 m de altura, con un medidor de nivel de ruido de precisión de clase 1.

El 16 de febrero de 2008, Jodie Parks (EE. UU., arriba) emitió un eructo de 104,75 decibelios en el programa de *El Show de los Récords*, en Madrid (España), convirtiéndose en el ★**eructo más sonoro emitido por una mujer**.

SER HUMANO
CABELLO

EL PELO MÁS CARO

El 15 de noviembre de 2002, el barbero de Elvis Presley, Homer Gilleland, vendió un mechón de pelo de la cabeza del cantante por 115.120 dólares a un pujante anónimo durante una subasta online organizada por MastroNet Inc de Oak Brook (Illinois, EE. UU.). En la imagen vemos a Presley con el barbero del ejército de EE. UU., James Peterson, tras el alistamiento del cantante.

RASURADORAS

El 11 de septiembre de 2004, Trevor Mitchell (Reino Unido) realizó un corte de pelo en 1 min 11 s en los estudios de televisión ITV de Londres (Reino Unido). **Fue el ●corte de pelo más rápido de todos los tiempos.**

El ●**peinado más alto** medía 92,5 cm y lo logró Mirre Hammarling (Suecia) en Haningen (Suecia), el 2 de noviembre de 2007.

MAYOR LONGITUD...

PELO DEL BRAZO

Robert Starrett (EE. UU.) tenía un pelo en el brazo que le había crecido 13,5 cm cuando se lo midieron en Mequon (Wisconsin, EE. UU.), el 7 de diciembre de 2006.

BARBA EN UNA MUJER VIVA

Vivian Wheeler (EE. UU.), que comenzó a afeitarse a los siete años de edad, acabó por dejarse barba en 1990. El pelo más largo, desde el folículo hasta la punta, medía 29,7 cm en 2000.

●PELO DEL PECHO

El pelo de pecho más largo mide 22,8 cm y pertenece a Richard Condo (EE. UU.). La longitud se comprobó el 29 de abril de 2007.

PELO DE LA OREJA

Radhakant Bajpai (India) tiene un pelo que le sale del trago –la piel que cubre un pequeño cartílago justo delante del orificio de la oreja– y que mide 13,2 cm en su punto más largo.

●PELO DE LA CEJA

Toshie Kawakami (Japón) tenía un pelo en la ceja que midió 15,1 cm en el Guinness World Records Museum de Tokio (Japón), el 22 de enero de 2008.

●PELO DE LA PIERNA

Wesley Pemberton (EE. UU.) tenía un pelo en la pierna que midió 12,7 cm en Tyler (Tejas, EE. UU.), el 10 de agosto de 2007.

BIGOTE

El bigote de Kalyan Ramji Sain (India) lleva creciendo desde 1976. En julio de 1993, medía 3,39 m; el lado derecho, 1,72 m, y el izquierdo, 1,67 m.

●PELO DEL PEZÓN

Douglas Williams (EE. UU.) tiene un pelo en el pezón que midió 12,9 cm, en Nueva York (EE. UU.), el 26 de mayo de 2007.

LA BARBA MÁS LARGA

El 18 de agosto de 1997 en Punjab (India), la barba de Shamsher Singh (India) midió la sorprendente longitud de 1,83 m desde el extremo del mentón hasta la punta de la barba.

●MÁS TIJERAS USADAS PARA CORTAR PELO

El 31 de octubre de 2007, Zedong Wang (China) usó 10 pares de tijeras en una mano, controlando cada par de forma independiente, para hacer un corte de pelo en el plató de *Zheng Da Zong Yi - Guinness World Records Special* en Pekín (China).

●CAMPEONATO DE BARBAS Y BIGOTES MÁS GRANDES

El último Campeonato del Mundo de barbas y bigotes celebrado en Brighton (Reino Unido), el 1 de septiembre de 2007, atrajo a 250 participantes y 3.000 espectadores. El ganador fue Elmar Weisser, del Swabian Beard Club (Alemania), que esculpió su pelo facial con la forma del Puente de Londres. La mayoría de los participantes complementaron su extravagante pelo facial con llamativos disfraces.

★ **RÉCORD NUEVO**
● **RÉCORD ACTUALIZADO**

EL PELO MÁS LARGO

Xie Qiuping (China) no se ha cortado el pelo desde 1973, cuando tenía 13 años de edad. El 8 de mayo de 2004 su pelo medía 5,627 m de largo.

MÁS...

● VALOR DE UN CORTE DE PELO

El 20 de octubre de 2007, un corte de pelo realizado por Stuart Phillips en Convent Garden (Londres, Reino Unido) costó 8.000 libras (16.420 dólares).

★ PELO DONADO A UNA ORGANIZACIÓN BENÉFICA EN 24 HORAS

El 21 de mayo de 2007, 881 personas donaron pelo en Clinton (Mississippi, EE. UU.) en apoyo a la campaña benéfica de Pantene Beautiful Lenghts. El total pesó 48,71 kg.

★ PERSONAS AFEITÁNDOSE EN UN MISMO LUGAR

El 3 de marzo de 2007, 1.580 personas se afeitaron simultáneamente en el evento Gillette Fusion Shave for History and Charity organizado por P&G Singapore Private Ltd., en Fountain of Wealth de Suntec City (Singapur).

★ CABEZAS AFEITADAS

El 8 de abril de 2006, un equipo de cinco estilistas del Sears Hair Studio de Notre Dame College, en Sudbury (Ontario, Canadá), afeitó 662 cabezas en cuatro horas.

DIVISIONES EN UN ÚNICO PELO

En 1986, Alfred West (Reino Unido) logró romper un pelo humano 17 veces en 18 partes, en ocho ocasiones. Todas las divisiones se hicieron desde el mismo punto usando una maquinilla de afeitar.

LA FAMILIA MÁS PELUDA

Victor «Larry» Ramos Gómez (México) forma parte de una familia de 19 miembros que durante cinco generaciones ha sufrido hipertricosis congénita generalizada, caracterizada por un exceso de pelo facial y corporal. Las mujeres de la familia están cubiertas por un ligero manto de vello, mientras que los hombres tienen pelo denso en aproximadamente el 98% de su cuerpo, excepto en las manos y los pies.

SALUD Y ENFERMEDAD

Tasa de mortalidad más baja
Emiratos Árabes Unidos:
1,3 muertes por cada 1.000
habitantes (2005).

Tasa de mortalidad más alta
Swazilandia: 31,2 muertes por
cada 1.000 habitantes (2005).

**Tasa de mortalidad
infantil más baja**
Singapur: 3 muertes por cada
1.000 nacidos vivos (2005).

**Tasa de mortalidad
infantil más alta**
Sierra Leona: 159,8 muertes por
cada 1.000 nacidos vivos (2005).

El cáncer más curable
Cáncer de piel no melanoma:
índice de supervivencia del 97%.

El cáncer más letal
Cáncer de pulmón: responsable
del 17,8% de todas las
muertes por cáncer
en 2000, seguido
del cáncer de
estómago
(10,4%)
y del
cáncer de
hígado
(8,8%).

★ MÁS TOMAS DE LA PRESIÓN SANGUÍNEA EN 24 HORAS

El 17 de mayo de 2007, la organización
Novartis Pharma K.K. (Japón) hizo
2.109 tomas de la presión sanguínea en
el Chiba Marines Stadium de Chiba (Japón).

● MÁS VACUNAS EN UN DÍA

El 9 de noviembre de 2006, el Florida
Hospital Centra Care administró un total
de 3.271 vacunas contra la gripe en
colaboración con Get Healthy Florida
y Seminole County Health Department,
en el Florida Hospital Centra Care de Sanford
(Florida, EE. UU.).

★ LA MAYOR COMPROBACIÓN DEL ÍNDICE DE MASA CORPORAL (IMC)

El 5 de septiembre de 2004, se registró
el índice de masa corporal de 3.594
participantes como parte del Singapore
Ministry of Health's National Healthy Lifestyle
Campaign Day, que se celebró en
Sentosa Island (Singapur).
El índice de masa corporal
(IMC) mide
el contenido
de grasa y
músculo del
cuerpo. Para
calcularlo
hay que
dividir el peso en kilogramos por el
cuadrado de la estatura en metros.
Una cifra entre 20-25 se considera
aceptable; por debajo de este valor
se tiene un peso demasiado bajo, y
por encima, se sufre de sobrepeso
(25-30), obesidad (30-35) u obesidad
mórbida (+35).

PRESUPUESTOS SANITARIOS

Según un informe de 2002 de la
Organización Mundial de la Salud (OMS)
(últimos datos disponibles), el gobierno
norteamericano dispone del **presupuesto
sanitario per cápita más elevado**.
En 2002, la dotación equivalente
por persona ascendió a 5.274 dólares.
En contraste, en 2002, los norcoreanos
recibieron el equivalente a tan sólo
0,30 dólares por persona en atención
sanitaria, el **presupuesto sanitario
per cápita más bajo** según
la OMS.

¿SABÍA QUE...?

El récord mundial
al ● **mayor número
de donantes de
médula ósea
reclutados en
24 horas** fue 266
y lo logró Leben
Spenden-KMT en
Götzendorf (Austria),
el 2 de septiembre
de 2007.

★ ESPERANZA DE VIDA

En 2007, los andorranos tenían
la **esperanza de vida más alta**,
con una media de 83,52 años:
80,62 años los hombres
y 86,62 años las mujeres.
La **esperanza de vida más baja**
es de 32,23 años en Swazilandia:
31,82 los hombres y 32,62 años
las mujeres.

● LAS NACIONES MÁS FELICES Y LAS MÁS INFELICES

Según el World Database of Happiness,
el **país más feliz** durante 1995-2005 fue
Dinamarca, que obtuvo una puntuación media
de 8,2 sobre 10 (siendo 10 el nivel más
alto de felicidad). En cambio, los tanzanianos
obtuvieron una puntuación media de 3,2,
lo que les convirtió en los **habitantes menos
felices** del mundo. La encuesta evaluaba
el grado de satisfacción general
de las personas en 95 países diferentes.

★ LA MAYOR EXPLORACIÓN DE CÁNCER DE PIEL

El 6 de mayo de 2006, 10.359 personas
tomaron parte en la mayor exploración
simultánea de cáncer de piel
en 123 lugares diferentes
de EE. UU. durante un acto
organizado por la American
Academy of Dermatology.

Si no se toman las medidas adecuadas, en 2015, 20 millones de personas morirán a causa de las enfermedades cardiovasculares.

Informe de la OMS

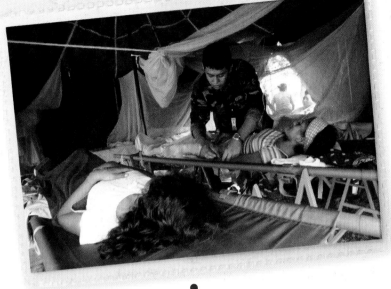

●MAYOR CONSUMO DE CIGARRILLOS PER CÁPITA

Los griegos fuman una media de 8,5 cigarrillos por persona y día, según *The Economist*. En un estudio similar, la Organización Mundial de la Salud sitúa la cifra total de cigarrillos fumados en Grecia cada año en 3.230 por persona.

EL PROBLEMA SANITARIO MÁS URGENTE

La OMS estima que, en 2020, las enfermedades relacionadas con el tabaco, como las patologías cardíacas, el cáncer y las dolencias respiratorias serán la primera causa de mortalidad en el mundo, responsables de más muertes que el sida, la tuberculosis, los accidentes de tráfico, los asesinatos y los suicidios juntos.

LA ENFERMEDAD MÁS LETAL

Según un informe de la OMS de 2004, un total de 57 millones de personas murieron de numerosas causas en 2002. De este total, la enfermedad más letal fue la cardiopatía isquémica, con 7,2 millones de muertes (el 12,6% del total).

Entre las enfermedades transmisibles, el VIH/sida causó el mayor número de muertes: 2,8 millones (4,9% del total).

★LA ZOONOSIS MÁS EXTENDIDA

La leptospirosis es la zoonosis más extendida. Es una enfermedad transmitida por animales vertebrados, como ratas, ganado, zorros y otros animales salvajes o domésticos, a los humanos a través de cortes o de las membranas mucosas durante el contacto con la orina en el suelo o en agua contaminada. La enfermedad puede adquirirse en cualquier lugar, pero los brotes suelen aparecer en zonas tropicales y subtropicales como Nicaragua (en la imagen).

La Organización Mundial de la Salud (OMS) estima la incidencia anual de infección en estas zonas húmedas del 10-100 por cada 100.000 habitantes.

●LA CAUSA DE MORTALIDAD MÁS COMÚN

Según las últimas cifras de la OMS, la causa más común de mortalidad global son las enfermedades cardiovasculares, que en 2005 causaron la muerte de 17,5 millones de personas (equivalente al 30% de todas las muertes). De esta cifra, 7,6 millones se debieron a ataques cardíacos y 5,7 millones a derrames cerebrales.

En 1998, la **causa más común de mortalidad infantil** (niños entre 0 y 4 años, según la OMS) fueron las enfermedades infecciosas, que representaron el 63% de todas las muertes. El término «enfermedades infecciosas» hace referencia a todas las enfermedades transmisibles, incluidas las parasitarias y zoonóticas, y algunas respiratorias y diarreicas.

★ RÉCORD NUEVO
● RÉCORD ACTUALIZADO

●MÁS PERSONAS MASAJEADAS

El 21 de octubre de 2007, 154 personas recibieron un masaje simultáneo en el Potters Fields Park (Londres, Reino Unido). Todos los participantes se sentaron en sillas y fueron masajeados durante 15 minutos por masajistas profesionales para celebrar el lanzamiento de una nueva gama de productos de belleza ofrecida por Nectar (Reino Unido) mediante su sistema de puntos de fidelidad.

MÁS FLEXIONES EN BARRA PARALELA EN UNA HORA

Simon Kent (Reino Unido) completó 3.989 flexiones de brazos en barra paralela en una hora, en el Farrahs Health Centre (Lincoln, Reino Unido), el 5 de septiembre de 1998.

MÁS... EN UN MINUTO

PADDY ROMPE RÉCORDS

El campeón de resistencia y *fitness* Paddy Doyle (Reino Unido) consiguió tres récords en un día, en el Stamina's Boxing Self Defence Gym del Erin Go Bragh Sports Centre (Birmingham, Reino Unido), el 8 de noviembre de 2007:

Paddy estableció un nuevo récord del ●mayor número de patadas en una hora cuando completó 5.750 patadas.

También completó el ●mayor número de flexiones con el dorso de las manos en una hora con un récord de 1.940 repeticiones.

Finalmente, este forzudo consiguió el récord de hacer el ●mayor número de sentadillas en una hora con 4.708 sentadillas en un límite de 60 minutos.

●SALTOS CON EL CUERPO

Brittany Boffo (Australia) fue capaz de «saltar» con sus brazos (con las manos unidas ir pasando los brazos del mismo modo que cuando se salta con una comba, de adelante hacia atrás y por encima de la cabeza) un total de 68 veces en un minuto en el programa *El Show de los Récords*, en Madrid, el 9 de febrero de 2008.

●FLEXIONES DE RODILLA EN UNA BOLA SUIZA

Stephen Buttler (Reino Unido) realizó 54 flexiones de rodilla en un minuto en una bola suiza, en Shropshire (Reino Unido), el 28 de febrero de 2007.

★PATADAS CIRCULARES

Mark Scott (Reino Unido) realizó un total de 148 patadas circulares en un minuto en el Griphouse Gym (Glasgow, Reino Unido), el 18 de noviembre de 2007.

●ABDOMINALES CON APARATO

El 14 de abril de 2006, en el New York Sports Club de Forest Hills (Nuevo York, EE. UU.), Ashrita Furman (EE. UU.) completó un total de 177 abdominales con un aparato de hacer abdominales en un minuto.

★SALTOS LATERALES

Alastair Galpin (Nueva Zelanda) hizo 90 saltos laterales (alternando las piernas) en 1 min, en la tienda Warehouse de Sylvia Park (Auckland, Nueva Zelanda), el 27 de octubre de 2007.

●SALTOS

Olga Berberich (Alemania) completó 251 saltos en el plató del *Guinness World Records: Die Größte Weltrekorde*, en Colonia (Alemania), el 1 de septiembre de 2007.

●IMPULSO EN CUCLILLAS

Craig De-Vulgt (Reino Unido) hizo 70 impulsos en cuclillas (piernas estiradas con las manos en el suelo) en el Wave for Wales del Margam Country Park (Reino Unido), el 24 de junio de 2007.

DATO

Simon Kent (Reino Unido) (ver arriba) también tiene el récord del **mayor número de flexiones en barra en un minuto**. Simon consiguió hacer 173 flexiones en 60 segundos en la Universidad de Lincoln (Lincoln, Reino Unido), el 15 de noviembre de 2006.

★SALTOS EN ESTRELLA

Ashrita Furman (EE. UU.) completó 51 saltos en estrella (estirando los brazos y piernas en forma de estrella) en un minuto delante del Gateway Arch de St Louis (Missouri, EE. UU.), el 28 de enero de 2008.

●VOLTERETAS LATERALES

Ivan Koveshnikov (EE. UU.) realizó 54 volteretas laterales en un minuto en el Multnomah Athletic Club (Portland, Oregón, EE. UU.), el 13 de agosto de 2007.

FLEXIONES (CON EL DORSO DE LAS MANOS)

John Morrow (EE. UU.) hizo 123 flexiones utilizando el dorso de las manos en un minuto en Saint Ambrose University (Davenport, Iowa, EE. UU.), el 5 de mayo de 2006.

★MÁS PUÑETAZOS DE *FULL CONTACT* EN UNA HORA

Paddy Doyle (Reino Unido) dio 29.850 puñetazos de *full contact* en una hora, en el gimnasio Stamina del Erin Go Bragh Sports Centre, en Erdington (Birminghham, Reino Unido), el 21 de enero de 2008.

●MAYOR DISTANCIA EN BICICLETA ESTÁTICA EN 24 HORAS

Brian O. Pedersen (Dinamarca) registró una distancia de 1.377,79 km en bicicleta estática en 24 horas en el club La Santa de Lanzarote (Islas Canarias, España), el 10-11 de junio de 2004.

> *Las cuclillas de sumo trabajan todos los músculos principales del cuerpo.*
>
> *Dra. Thienna Ho, poseedora del récord de cuclillas de sumo*

MÁS... EN UNA HORA

PRESS DE BANCO

Michael Williams (Reino Unido) consiguió hacer 1.438 repeticiones de *bench press* de su peso, de 67 kg en una hora, en el gimnasio Don Styler's de Gosport (Reino Unido), el 17 de abril de 1989.

●DOMINADAS EN BARRA

Stephen Hylan (Reino Unido) hizo 812 dominadas en una barra (con las palmas hacia el cuerpo) en Stoneleigh (Surrey, Reino Unido), el 18 de octubre de 2007.

FLEXIONES

El canadiense Roy Berger consiguió realizar el mayor número de flexiones en una hora, un total de 3.416, en la Central Canada Exhibition de Ottawa (Canadá), el 30 de agosto de 1998.

●SALTO DE POTRO

El equipo Blue Falcons Gymnastic Display, de 10 hombres (Reino Unido), realizó 5.685 saltos de potro en Chelmsford (Essex, Reino Unido), el 13 de septiembre de 2003.

RESISTENCIA...

★LA MAYOR DISTANCIA EN CINTA ANDADORA EN UNA SEMANA

Daniel Bocuze (Francia) corrió 732,5 km en una cinta andadora durante una semana en el Casino Le Lion Blanc de St-Galmier (Rhône-Alpes, Francia), entre el 1 y el 8 de diciembre de 2007.

●LA MAYOR DISTANCIA MEDIA CORRIENDO A DIARIO EN UN AÑO

Tirtha Kumar Phani (India) corrió una media de 61,87 km cada día del 30 de junio de 2006 al 29 de junio de 2007. Logró esta hazaña en Calcuta (India), corriendo 22.581,09 km en total.

MÁS ABDOMINALES EN 24 HORAS

Jack Zatorski (EE. UU.) hizo 130.200 abdominales con un aparato de abdominales en 24 horas en el Accelerated Physical Therapy (Fort Lauderdale, EE. UU.), el 24-25 de septiembre de 2005.

● RÉCORD NUEVO   ● RÉCORD ACTUALIZADO

★MÁS ROTACIONES EN UNA CUERDA VERTICAL EN UN MINUTO

Brandon Pereyda (EE. UU.) completó 13 rotaciones sobre sí mismo enrollado en una cuerda vertical en un minuto en el plató del *Guinness World Records: Die Größten Weltrekorde* en Colonia (Alemania), el 23 de noviembre de 2007.

★MÁS CUCLILLAS DE SUMO EN UNA HORA

La Dra. Thienna Ho (Vietnam) realizó 5.135 cuclillas de sumo en una hora, en la Universidad estatal de San Francisco (California, EE. UU.), el 16 de diciembre de 2007. Thienna dijo que había batido el récord en honor a su padre, maestro de judo, que había sido su inspiración para practicar cuclillas de sumo desde que tenía 20 años.

BELLEZA EXTREMA

●LA MUJER CON LAS UÑAS MÁS LARGAS

Lee Redmond (EE. UU.), que no se ha cortado las uñas desde 1979, se las ha dejado crecer hasta lograr una longitud combinada total de 8,65 m. Se hace la manicura ella misma.

EL HOMBRE CON LAS UÑAS MÁS LARGAS

La longitud combinada de las uñas de las manos de Melvin Boothe (EE. UU.) era de 9,05 m cuando se las midieron en Troy (Michigan, EE. UU.), el 2 de junio de 2007.

LAS UÑAS DE LOS PIES MÁS LARGAS

Louise Hollis (EE. UU.) no se ha cortado las uñas de los pies desde 1982. Cuando se las midieron en 1991, su longitud combinada era de 2,2 m.

CIRUGÍA PLÁSTICA

●EL PAÍS CON MÁS OPERACIONES DE CIRUGÍA PLÁSTICA

En 2006, se realizaron casi 11,5 millones de intervenciones cosméticas quirúrgicas y no quirúrgicas en EE. UU. (el 92% de las mujeres). La American Society for Aesthetic Plastic Surgery (ASAPS) registró 3.181.592 inyecciones de Botox ese año, lo que la convierte en la ●intervención no quirúrgica más popular.

100%

LA CINTURA MÁS PEQUEÑA EN UNA PERSONA VIVA

LA CINTURA MÁS PEQUEÑA DE TODOS LOS TIEMPOS

La cintura más pequeña de una persona de estatura normal midió 33 cm y perteneció a Ehtel Granger (Reino Unido, 1905-1982). Ehtel tenía 60 años de edad, medía 1,60 cm de altura y pesaba 54 kg cuando su cintura encorsetada midió 33 cm. Su busto medía 86,3 cm, y sus caderas 101,6 cm. No comenzó a reducir su cintura hasta los 25 años, tras el nacimiento de su hija. La cintura de la actriz Mlle. Polaire (cuyo verdadero nombre era Emile Marie Bouchand, Francia 1881-1939) también medía 33 cm.

33 CM

Cathie Jung (EE. UU.) que mide 1,72 m de altura tiene una cintura encorsetada de 38,1 cm.

Sólo estoy recuperando una tradición muy antigua que ya no se practica.

Dennis Avner, alias Cat Man

●LA MUJER CON MÁS PIERCINGS

Desde que se hizo su primer piercing en enero de 1997 hasta el 8 de junio de 2006, Elaine Davidson (Reino Unido) se ha hecho un total de 4.225 piercings sobre el cuerpo.

★MÁS INTERVENCIONES QUIRÚRGICAS PARA PARECERSE A UN ANIMAL

Dennis Avner (EE. UU.), alias Cat Man, se ha sometido a 14 intervenciones quirúrgicas para dar aspecto de gato a su rostro, orejas y dientes. Su hazaña felina se comprobó en el plató de *El Show de los Récords*, en Madrid (España), el 9 de febrero de 2008.

La ●**intervención quirúrgica más popular entre las mujeres** en 2006 fue el aumento de pechos, con 383.885 operaciones realizadas. La ●**intervención quirúrgica más popular entre los hombres** en ese año fue la liposucción, con un total de 53.263 operaciones realizadas.

MÁS INTERVENCIONES DE AUMENTO DE PECHO

La difunta Lolo Ferrari (cuyo verdadero nombre era Eve Valois, Francia, 1962-2000) tenía un busto que medía 180 cm y una talla de sujetador de 54G, resultado de al menos 22 intervenciones de aumento de pecho en el transcurso de cinco años desde 1990.

¿SABÍA QUE...?

Las transformaciones felinas de Dennis Avner incluyeron tres operaciones en las orejas, cinco implantes en la frente, las mejillas y el mentón, una modificación del labio superior, una modificación de la nariz y cuatro modificaciones dentales.

EL MAYOR ALARGAMIENTO DE PENE

Un paciente del Dr. Bayard Olle Fischer Santos (Brasil) se ha alargado el pene en 16 cm mediante cirugía y fisioterapia. El primer tratamiento le fue administrado el 20 de febrero de 1995, y la distensión total de 27 cm se logró el 28 de marzo de 2000.

PIERCINGS

MÁS PIERCINGS EN UNA SESIÓN

En una sola sesión que duró 7 h 55 min, Charlie Wilson (Reino Unido) le hizo 1.015 piercings a Kam Ma (Reino Unido) en Sunderland Body Art (Tyne and Wear, Reino Unido), el 4 de marzo de 2006.

EL HOMBRE CON MÁS PIERCINGS

Luís Antonio Agüero, de La Habana (Cuba), tiene 230 piercings permanentes en el cuerpo y la cabeza. Sólo en la cara lleva más de 175 anillos.

●LOS PECHOS AUMENTADOS MÁS GRANDES

El 4 de febrero de 2005, el pecho de Maxi Mounds (EE. UU.) medía 153,67 cm por encima del pezón y 91,44 cm por debajo, y llevaba una talla americana de sujetador de 42M. Se hizo sus primeros implantes (350 cc de silicona) en 1991, y en 1993 se los sustituyeron por 700 cc de suero salino. Luego se los aumentaron a 1.000 cc y, en 1998, se los sustituyeron por unas bolsas de suero salino de 2.000 cc. En 1999, le añadieron 1.100 cc de líquido y 2.000 cc de implantes de polipropileno.

TATUAJES

LA PERSONA MÁS TATUADA

Lucky Diamond Rich (Australia, nacido en Nueva Zelanda) ha pasado más de 1.000 horas tatuándose el cuerpo. Su «traje corporal» de llamativos diseños está tatuado en negro –incluidos los párpados, la delicada piel entre los dedos de los pies, las orejas e incluso las encías–. ¡Y ahora le están tatuando en blanco encima del negro, y en color encima del blanco!

LA MUJER MÁS TATUADA

La mujer más tatuada del mundo es la *stripper* Krystyne Kolorful (Canadá). Tiene tatuado el 95% del cuerpo y ha tardado 10 años en conseguirlo.

LA SESIÓN MÁS LARGA

El récord de la sesión de tatuaje más larga es 43 h 50 min y lo lograron Stephen Grady y Melanie Grieveson (ambos de Australia) en Twin City Tattoo and Body Piercing de Wodonga (Victoria, Australia), del 26 al 28 de agosto de 2006.

★RÉCORD NUEVO
●RÉCORD ACTUALIZADO

AÑOS DORADOS

★ **RÉCORD NUEVO**
● **RÉCORD ACTUALIZADO**

LA MÁS ANCIANA

El 4 de agosto de 1997, Louise Calment (Francia), nacida el 21 de febrero de 1875, hija de Nicolas y Marguerite (llamada Gilles), murió en una residencia de ancianos en Arles (Francia) a los 122 años 164 días de edad, la mayor cantidad de años que ha vivido un ser humano.

LAS GEMELAS MÁS VIEJAS

Kin Narita y Gin Kane (Japón, nacidas el 1 de agosto de 1892), cuyos nombres significan Oro y Plata, son las **gemelas más viejas** hasta la fecha. Kin murió de una insuficiencia cardíaca el 23 de enero de 2000, a los 107 años 175 días de edad.

★ EL BAUTIZO DE LA PERSONA MÁS VIEJA

Phyllis Nina Stewart (Reino Unido) fue bautizada el 14 de abril de 2002 a los 91 años 114 días de edad, en la Bishops Tawton Parish Church de Barnstaple (Devon, Reino Unido). Nació el 21 de diciembre de 1910.

LA ADOPCIÓN DE LA PERSONA MÁS VIEJA

Jo Anne Benedict Walker (EE. UU.) tenía 65 años 224 días de edad cuando fue oficialmente adoptada por Frances Ensor Benedict (EE. UU.), el 5 de abril de 2002, en Putnam County (Tennessee, EE. UU.).
Frances Ensor Benedict (EE. UU., nacida el 11 de mayo de 1918) tenía 83 años 329 días de edad cuando adoptó a Jo Anne Benedict Walker (EE. UU.), lo que la convirtió en la **madre adoptiva más vieja**.

LA NOVIA MÁS VIEJA

Minnie Munro (Australia) tenía 102 años de edad cuando se casó con Dudley Reid, de 83 años, en Point Clare (Nueva Gales del Sur, Australia), el 31 de mayo de 1991.

El **novio más viejo** hasta la fecha es Harry Stevens (EE. UU.), que tenía 103 años de edad cuando se casó con Thelma Lucas, de 84 años, en la residencia de ancianos Caravilla Retirement Home (Wisconsin, EE. UU.), el 3 de diciembre de 1984.

● EL HOMBRE VIVO MÁS VIEJO

Tomoji Tanabe nació en la Prefectura Miyakonojo Miyazaki (Japón) el 18 de septiembre de 1895, y se convirtió en el hombre vivo más viejo del mundo el 24 de enero de 2007, tras la muerte de Emiliano Mercado Del Toro (Puerto Rico), a los 111 años 128 días de edad.

●LA MUJER MÁS VIEJA CON SÍNDROME DE DOWN

Joyce Greenman (Reino Unido, nacida el 14 de marzo de 1925) se convirtió en la mujer más vieja con síndrome de Down, el 12 de diciembre de 2007, a los 82 años 273 días de edad.

Peter Davison (Reino Unido, nacido el 20 de octubre de 1939) es en la actualidad el ●hombre con síndrome de Down más viejo. El 24 de mayo de 2007 tenía 67 años 216 días de edad.

LAS TRILLIZAS MÁS VIEJAS

Las trillizas más viejas hasta la fecha son Faith, Hope y Charity Cardwell, que nacieron el 18 de mayo de 1899 en Elm Mott (Texas, EE. UU.). Faith murió el 2 de octubre de 1994, a los 95 años 137 días de edad.

jubilado y había nacido 20 minutos antes que Glen, un profesor jubilado. Glen Moyer murió el 16 de abril de 2001, a los 105 años, 9 meses y 26 días de edad.

LAS MADRES MÁS VIEJAS

María del Carmen Bousada Lara (España, nacida el 5 de enero de 1940) dio a luz a dos gemelos, Christian y Pau, a los 66 años 358 días de edad en el Hospital de Sant Pau de Barcelona (España), el 29 de diciembre de 2006. Eso la convierte tanto en la **madre más vieja** como el la ●**mujer más vieja en dar a luz a gemelos**.

La mujer **más vieja en dar a luz a cuatrillizos** es Merryl Thelma Fudel (Coward de soltera) (Australia), que dio a luz a tres niñas y un niño, el 18 de abril de 1998, a los 55 años 286 días de edad.

EL DIVORCIO DE LA PERSONA MÁS VIEJA

El 21 de noviembre de 1980, a los 101 años de edad, Harry Bidwell (East Sussex, Reino Unido) se divorció de su mujer de 65 años.

LA PAREJA DIVORCIADA MÁS VIEJA (EDAD CONJUNTA)

El 2 de febrero de 1984, se le concedió el divorcio a Ida Stern, de 91 años, y a su marido, Simon, de 97, en Milwaukee (Wisconsin, EE. UU.). Sus edades sumaban 188 años.

LOS GEMELOS MÁS VIEJOS

Los gemelos más viejos fueron Glen y Dale Moyer (EE. UU.), que llegaron a los 105 años de edad. Nacidos el 20 de junio de 1895, se convirtieron en los gemelos vivos más viejos el 23 de enero de 2000.

Dale, el menor de los cuatro hijos de Mahlon y Anna Moyer, era un agricultor

●MÁS HERMANOS EN LLEGAR A LA EDAD DE JUBILACIÓN

Los 19 hermanos (siete hijos y 12 hijas) de Eugene (1892-1962) y Alice Theriault (1896-1967) (ambos de Canadá), que nacieron entre 1920 y 1941, pidieron una pensión al gobierno en 2007. Sus edades oscilaban entre los 66 y los 87 años.

●LA PERSONA VIVA MÁS VIEJA

El 13 de agosto de 2007, Edna Parker (EE. UU.) se convirtió en la persona viva más vieja a los 114 años 115 días de edad.

LOS DIEZ MÁS VIEJOS

1. Jeanne Calment (Francia): 122 años 164 días
2. Shigechiyo Izumi (Japón): 120 años 237 días*
3. Sarah Knauss (EE. UU.): 119 años 97 días
4. Lucy Hannah (EE. UU.): 117 años 248 días
5. Marie-Louise Meilleur (Canadá): 117 años 230 días
6. María Esther de Capovilla (Ecuador): 116 años 347 días
7. Tane Ikai (Japón): 116 años 175 días
8. Elizabeth Bolden (EE. UU.): 116 años 118 días
9. Carrie White (EE. UU.): 116 años 88 días*
10. Kamato Hongo (Japón): 116 años 45 días*

*Hay alguna duda sobre la autenticidad de estos casos.

●LA DAMA DE HONOR MÁS VIEJA

Edith Gulliford (Reino Unido, nacida el 12 de octubre de 1901) fue dama de honor en la boda de Kyra Harwood y James Lucas (ambos del Reino Unido), el 31 de marzo de 2007, en Commissioner's House (Chatham, Reino Unido), a los 105 años 171 días de edad.

DÍA DE LOS RÉCORDS GUINNESS

●EL CABALLITO MÁS LARGO EN MONOPATÍN (SUPERFICIE PLANA)

Stefan Akesson (Suecia) ejecutó un salto sobre una rueda (caballito) a lo largo de 68,54 m en una superficie plana en el centro comercial Gallerian, Estocolmo (Suecia), el 2 de noviembre de 2007.

●MÁS SERPIENTES DE CASCABEL (BAÑERA)

Jackie Bibby (EE. UU.), compartió una bañera con 87 serpientes durante 45 min, el 5 de noviembre de 2007, en Dublín, Texas (EE. UU.), el Día de los Récords Guinness 2007.

★LA MAYOR COLECCIÓN DE LATAS

El mayor número de latas de acero coleccionadas en un mes es de 1.971.026, con un peso de 61.443 kg. El encuentro fue organizado por Collect-a-Can, MySchool y Pan Macmillan, en Sudáfrica, entre el 1 y el 31 de octubre de 2007.

★EL MAYOR NÚMERO DE OBSTÁCULOS SALTADOS EN UNA PISTA DE BICIS

El Día de los Récords Guinness 2007, Vittorio Brumotti (Italia) logró superar 20 vallas separadas sobre la rueda trasera de su bicicleta en Milán (Italia) (imagen superior). Posteriormente batió su propio récord al lograr 24 saltos en el plató de *El show de los récords*, en Madrid (España), el 9 de febrero de 2008.

MÁS BESOS EN UN MINUTO

Adrian Chiles (Reino Unido) recibió 78 besos en un minuto en *The One Show* de la BBC 1, en Londres (Reino Unido), el 8 de noviembre de 2007 en conmemoración del Día de los Récords Guinness.

VIDA PREHISTÓRICA

LAS GARRAS MÁS LARGAS

Los terizinosaurios («lagartos guadaña»), pertenecientes al Cretácico Superior y encontrados en la formación Nemegt (Mongolia), fueron los animales con las garras más grandes. En el caso del *Therizinosaurus cheloniformis*, podían medir hasta 91 cm en su curva exterior. Se ha sugerido que sus garras estaban diseñadas para agarrar y despedazar a víctimas de gran tamaño, pero lo cierto es que esta criatura tenía un cráneo muy débil, desprovisto de dientes parcial o totalmente, así que lo más probable es que se alimentara de termitas.

EL DINOSAURIO MÁS ALTO

En 1994 se descubrió en Oklahoma (EE. UU.) el fósil de un Sauroposeidón, la mayor criatura que ha caminado sobre la Tierra. Medía 18 m de altura y pesaba 60 toneladas. Su cuello era un tercio más largo que el del Braquiosaurio, su mayor rival. Vivió hace unos 110 millones de años, durante el Cretácico inferior.

LOS DINOSAURIOS CARNÍVOROS TERRESTRES MÁS GRANDES

Los terópodos («pies de bestia») incluían al temible *T. rex*, al Alosaurio y al enorme Giganotosaurio (en la imagen), que podía llegar a medir 13 m de altura y pesar 6 toneladas.

EL DINOSAURIO MÁS ANCHO

Los anquilosaurios, caracterizados por una gran maza en el extremo de la cola, medían hasta 5 m de ancho y eran los dinosaurios más blindados de todos los «tanques» del mundo cretáceo. El lomo estaba cubierto de placas ovales, espinas y pinchos, y tenía una coraza que iba de la cabeza a los párpados.

★ MAYOR FIESTA DE CONSOLAS PORTÁTILES

La revista *K-Zone* y Nintendo organizaron una fiesta en la que 381 participantes jugaron con sus propias consolas Nintendo DS durante 10 minutos, en Parramatta (Australia).

★ LA CARRERA DE 100 M MÁS RÁPIDA EN TRINEO (CUATRO PERROS, SOBRE ARENA)

Suzannah Sorrell (Reino Unido) consiguió el récord de los 100 m más rápidos en trineo tirado por cuatro perros en arena en 11,65 s en la Reserva Natural Nacional de Holkham en Holkham, Norfolk (Reino Unido), el 6 de noviembre de 2007. El mismo día batió el récord con seis y ocho perros con tiempos de 11,53 segundos y 10,65 segundos, respectivamente.

★ EL MAYOR DULCE DE LECHE

Un dulce de leche –un postre muy famoso en toda Latinoamérica– hecho por Rosario Olvera en Loreto, Zacatecas (México), pesó la cifra récord de 1.419,65 kg. Y si le apetece prepararlo, éstos son los ingredientes:

· **leche**: 1.750 litros
· **azúcar**: 1.800 litros
· **canela**: 12 kg de caña y 10 kg en polvo
· **levadura**: 3 kg
· **nueces**: 100 kg
· **almendras**: 100 kg

El postre resultante medía 20 cm de ancho por 258,93 m de largo.

★ MAYOR NÚMERO DE CARTAS A SANTA CLAUS EN NAVIDADES

Durante las Navidades 2006, Santa Claus recibió 1,06 millones de cartas y 44.166 correos electrónicos (todos ellos respondidos con la ayuda especial de los elfos de *Canada Post*). Más de 11.000 voluntarios de Canada Post ayudaron a responder estas cartas en 11 idiomas, incluido el braille. Se les entregó su certificado el Día Guinness de los Récords 2007.

★ LA TORRE MÁS INCLINADA

La torre inclinada de la iglesia protestante de Suurhusen (Alemania) fue descubierta al mundo como un récord oficial el Día de los Récords Guinness 2007. Presenta un grado de inclinación de 5,1939 grados.

LOS PERROS MÁS GRANDES Y MÁS PEQUEÑOS

Gibson, el perro vivo más alto (mide 107 cm) y Boo Boo, el más pequeño (10,16 cm), se reunieron para una sesión fotográfica en Sacramento (EE. UU.), el Día de los Récords Guinness 2007. Más información en la página 128.

★ EL MAYOR NÚMERO DE VICTORIAS CONSECUTIVAS INDIVIDUALES EN *WII SPORTS TENNIS*

Staš Kostrzewski (Francia) obtuvo 21 victorias consecutivas individuales de *Wii Sports Tennis* en el Virgin Megastore de París (Francia), el 7 de noviembre de 2007, durante el Día de los Récords Guinness. Se trata del mayor número de victorias individuales contra múltiples jugadores.

ARRASTRE DE UN AUTOBÚS

Uno de los hombres más fuertes de Gran Bretaña logró empujar un autobús de dos pisos a lo largo de 5 m usando sólo sus orejas. Manjit Singh consiguió que el gigantesco Routemaster de 7,5 toneladas se moviera, pero no pudo batir un récord del mundo. Esperaba tirar del autobús durante 10 m como saque inicial del tercer Día de los Récords Guinness anual, pero sólo pudo mover el vehículo la mitad del recorrido.

● LA FILA MÁS LARGA DE BAILARINES DE RIVERDANCE

Durante las celebraciones del Día de los Récords Guinness 2007, el 8 de noviembre, 216 bailarines de las escuelas de danza CLRG de la provincia de Leinster (Irlanda) bailaron en fila el «Riverdance». El acto se celebró en St. Stephen's Green de Dublín (Irlanda).

★ RÉCORD NUEVO ● RÉCORD ACTUALIZADO

GUINNESS WORLD RECORDS DAY
NOVEMBER 2007

¿SE PERDIÓ EL DÍA DE LOS RÉCORDS GUINNESS? SIEMPRE HAY UN PRÓXIMO AÑO

Si no participó en el último Día de los Récords Guinness, siempre puede intentarlo el próximo año. Estaremos encantados de escuchar sus ideas, pero es necesario que se ponga en contacto con nuestro equipo de gestión de récords con bastante antelación, preferiblemente un par de meses antes. Puede encontrar más información en: www.guinnessworldrecords.com/gwrday

PARTICIPE EN EL DÍA DE LOS RÉCORDS GUINNESS...

¿Quiere establecer o romper un récord en el próximo Día de los Récords Guinness? Encontrará toda la información sobre cómo registrarse en www.guinnessworldrecords.com/gwrday.

¡Buena suerte!

EL INSECTO PREHISTÓRICO
MÁS GRANDE

El insecto más grande fue la libélula *Meganeura monyi*, que existió hace unos 280 millones de años. Restos de fósiles (impresiones de las alas de la criatura) descubiertos en Commentry (Francia), indican que este increíble insecto tenía una envergadura alar de hasta 70 cm.

EL DINOSAURIO
MÁS LARGO

Saurópoda es una infraorden de dinosaurios sauropodomorfos, animales herbívoros terrestres que aparecieron en el Triásico superior, hace unos 200 millones de años. Incluían a los conocidos Diplodócidos y a los Braquiosáuridos, pero el más largo fue el Amphicoelias, que medía unos 60 m de longitud.

LOS CRÁNEOS
DE DINOSAURIO
MÁS GRANDES

Los Ceratópsidos eran dinosaurios herbívoros caracterizados por sus picos, sus enormes cráneos y sus cuernos, e incluían al Triceratops y al Torosaurus (en la imagen). Un cráneo de Pentaceratops que se exhibe en EE. UU. mide 3,2 m de altura.

EL GRUPO
DE DINOSAURIOS
MÁS RESISTENTE

En términos de longevidad y diversidad, el grupo de dinosaurios más resistente fue el de los terópodos. Fueron bípedos carnívoros, que dominaron la tierra desde hace unos 200 millones de años hasta la extinción de los dinosaurios hace unos 65 millones de años. El Alosaurio (en la imagen) medía unos 10 m de largo y fue el carnívoro terrestre más grande del Jurásico superior (hace 144-150 millones de años), y existió unos 85 millones de años antes que el *Tyrannosaurus rex*.

100%

ATERRIZAJES LUNARES

LA MAYOR AUDIENCIA TELEVISIVA DE UN SUCESO ESPACIAL

Unos 600 millones de telespectadores (una quinta parte de la población mundial de aquella época) vieron por TV la primera llegada a la Luna de los 11 astronautas del *Apolo*. Los astronautas Neil Armstrong, Edwin «Buzz» Aldrin y Michael Collins (todos de EE. UU.) fueron las estrellas de un desfile organizado en Nueva York (EE. UU.), el 14 de agosto de 1969, para celebrar su histórica hazaña.

EL LANZAMIENTO DE GOLF MÁS REMOTO

En febrero de 1971, el astronauta Alan Shepard Jr (EE. UU.) golpeó dos pelotas de golf en la región Fra Mauro en la superficie de la Luna. Usó un palo hecho con un contenedor de muestras al que le ató un hierro seis. Una de las pelotas recorrió una distancia de unos 15 m.

★ RÉCORD NUEVO
● RÉCORD ACTUALIZADO

CAPITÁN GENE CERNAN, EL ÚLTIMO HOMBRE EN LA LUNA

El astronauta americano capitán Gene Cernan orbitó la Luna en el *Apolo 10*, y, como comandante del *Apolo 17*, fue el último hombre en caminar sobre su superficie. Habló con Guinness World Records sobre su experiencia...

¿Puede describir el lanzamiento del *Saturno V*?
Soy una de las tres personas que tuvo la suerte de viajar en el *Saturno V* dos veces. Lo llamé «mi amante», fue una experiencia increíble. Durante el despegue, si fallaba el impulsor, podía accionar un interruptor y controlar manualmente las 3.440 toneladas de energía de empuje hacia la órbita terrestre y la Luna. No quería que fallara, pero pensé: «¡Cariño, si fallas puedo manejarte!».

¿Cómo fue volar en el módulo lunar?
La gente mirará hacia atrás dentro de 50 o 100 años y se preguntará cómo conseguimos llegar a la Luna en ese aparato. Teníamos que detenernos ante cualquier movimiento exterior, pues no había efectos aerodinámicos en el espacio que nos detuvieran. Cuando estábamos alunizando, si no nos gustaba lo que veíamos, podíamos acelerar el motor de descenso y usar el motor de ascenso para salir de allí. Pero cuando estás en la Luna, tienes que depositar toda tu confianza en el motor de ascenso.

¿Qué es lo que más le impresionó de la Luna?
Lo que más me impresionó cuando di mis primeros pasos fue pensar que, por primera vez, estaba pisando algo que no era la Tierra. Puedes escalar la montaña más alta o adentrarte en las profundidades de un océano en este planeta, ¡pero sigues estando en la Tierra! De repente, estaba caminando en algo diferente en el Universo, con montañas magníficas. La gente me adoraría si pudiera transformarlo todo a 1/6 de gravedad. ¡Es maravilloso y sólo lo experimentaron 12 personas! Tras pasar tres días en la Luna, cuando miré mi última pisada y luego vi por encima del hombro a la Tierra en todo su esplendor, me di cuenta de que no volvería. Quise detener el tiempo, literalmente. Quería que aquel momento durara para siempre.

¿Cuándo volveremos a la Luna?
Mis últimas palabras en la Luna fueron: «Que el desafío actual de América conduzca al destino del hombre de mañana». Cuando doy charlas en escuelas, miro a los jóvenes a los ojos y les digo: «Si yo pude ir a la Luna antes de que vuestros padres nacieran, vosotros podéis hacer lo que queráis en vuestra vida si lo deseáis con fuerza».

APOLO 11

Tripulación: Neil Armstrong, comandante; Edwin «Buzz» Aldrin Jr, piloto del módulo lunar; Michael Collins, piloto del módulo de mando.
Durante el alunizaje, Armstrong tomó el control manual del módulo lunar para evitar un campo de pedruscos. Las maniobras suplementarias supusieron que cuando el *Apolo 11* por fin alunizó, quedaban menos de 30 segundos de combustible en el depósito, la ★ **menor cantidad de combustible en un alunizaje**.

APOLO 15

Tripulación: David R. Scott, comandante; James B. Irwin, piloto del módulo lunar; Alfred M. Worden, piloto del módulo de mando.
El *Apolo 15*, la primera de las misiones «J», fue la ★ **primera misión lunar en incluir un *rover* lunar** (vehículo eléctrico) cuando alunizó el 7 de agosto de 1971.

APOLO 16

Tripulación: John W. Young, comandante; Charles M. Duke Jr, piloto del módulo lunar; Thomas K. Mattingly II, piloto del módulo de mando.
El récord a la **mayor velocidad lunar** lo logró el rover lunar del *Apolo 16* conducido por el comandante John Young a 18 km/h cuesta abajo.

APOLO 12

Tripulación: Charles Conrad, comandante; Alan L. Bean, piloto del módulo lunar; Richard F. Gordon, piloto del módulo de mando. El *Apolo 12* debía traer muestras de la sonda robótica Surveyor 3, que alunizó en la Luna en abril de 1967. El *Apolo 12*, tripulado por Charles Conrad y Alan Bean, alunizó el 19 de noviembre de 1969 a menos de 200 m del Surveyor 3, el ★ **alunizaje más cercano a una sonda espacial no tripulada**.

APOLO 14

Tripulación: Alan B. Shepard Jr, comandante; Edgar D. Mitchell, piloto del módulo lunar; Stuart A. Roosa, piloto del módulo de mando.
Alan B. Shepard se convirtió en la **persona más vieja en llegar a la Luna**, a los 47 años de edad, cuando alunizó el 4 de febrero de 1971.

APOLO 17

Tripulación: Gene A. Cernan, comandante (sentado); Harrison H. Schmitt, piloto del módulo lunar (izquierda); Ronald E. Evans, comandante del módulo piloto (de pie, derecha).
Cernan y Schmitt pasaron 74 h 59 min 40 s en la superficie lunar, el **mayor tiempo pasado en la superficie de un cuerpo celeste**. También lograron **la caminata lunar más larga** en una actividad extravehicular (EVA), que duró 7 h 37 min.

EL COHETE MÁS GRANDE

El cohete más grande fue el *Saturno V*. Medía 110,6 m de altura con la nave *Apolo* encima y pesaba unas 3.000 toneladas en la plataforma de lanzamiento, dependiendo de la misión específica. El *Saturno V* tenía un empuje de despegue de 3.447 toneladas. Los cinco motores principales tenían una energía combinada equivalente a 40 aviones jumbo, y quemaban tres toneladas de combustible por segundo. El primer lanzamiento del *Saturno V*, que podemos ver en la imagen de la izquierda, tuvo lugar el 9 de noviembre de 1967, y el decimotercero (y último), el 14 de mayo de 1973.

LOS PRIMEROS HOMBRES EN PISAR LA LUNA

Neil Alden Armstrong (EE. UU.), comandante de la misión *Apolo 11*, se convirtió en el primer hombre en pisar la Luna, a las 02:56 GMT el 21 de julio de 1969. Le siguió Edwin Eugene «Buzz» Aldrin Jr (EE. UU., imagen inferior), que salió del módulo lunar *Eagle*.

TORRE DE SALVAMENTO
Capaz de alejar el módulo de mando situado en la parte superior del cohete si éste falla, lo que abortaría el lanzamiento.

MÓDULO DE MANDO
Alojamiento de la tripulación durante el lanzamiento y el amerizaje, es la única parte de la nave que regresa a la Tierra.

MÓDULO DE SERVICIO
Permanece conectado al módulo de mando hasta justo antes de la reentrada y el amerizaje. Contiene sistemas de propulsión y de reanimación.

MÓDULO LUNAR
Alunizador para dos de los tres tripulantes. Tiene un motor para el alunizaje y otro para el despegue. El tercer miembro de la tripulación permanece en el módulo de mando.

COHETE SATURN V
Todo lo que se encuentra por debajo del módulo de excursión lunar es el enorme cohete.

EL COHETE *SATURNO V*

El *Saturno V* fue un cohete multietapas, cuyas secciones pueden verse a la derecha. La sección inferior, o fase, tenía cinco motores principales que impulsaban el cohete y la nave espacial a una altitud de 61 km hasta que se acababa el combustible en el tanque situado encima. Luego esta fase se separaba, lo que permitía que se encendieran los motores de la segunda plataforma, que aceleraban la nave a velocidades cercanas a la velocidad orbital de la Tierra. Después de que se separase la segunda fase, la tercera servía para impulsar la nave a velocidad orbital, y luego para salir de la órbita terrestre y dirigirse a la Luna.

HAZAÑAS HUMANAS

★ **MÁS GENTE ARDIENDO CON TRAJES IGNÍFUGOS**

Thomas Hangarter y su equipo de 10 personas (todos de Alemania) ardieron simultáneamente con trajes ignífugos en el plató del *Guinness World Records - Die Größten Weltrekorde*, en Colonia (Alemania), el 1 de septiembre de 2007.

SUMARIO

HAZAÑAS HUMANAS
LOS MÁS JÓVENES...

★ JEFE DE ESTADO

Valentine Strasser (Sierra Leona) asumió el control de su país tras un golpe militar a los 26 años de edad, el 30 de abril de 1992. Strasser se convirtió en jefe de Estado el 7 de mayo de 1992 y gobernó hasta su derrocamiento el 16 de enero de 1996.

★ ESQUIADOR ALPINO EN GANAR EL ORO OLÍMPICO

El 16 de febrero de 1992, Kjetil André Aamodt (Noruega) ganó la primera de sus cuatro medallas de oro olímpicas en Albertville (Francia), a los 20 años 167 días de edad.

CAMPEÓN MUNDIAL DE F1

El 25 de septiembre de 2005, Fernando Alonso (España) ganó su primer título en el Campeonato del Mundo de Fórmula 1 en Interlagos (Brasil), a los 24 años 59 días de edad.

★ GOLFISTA EN GANAR UN TORNEO PRO

El 20 de mayo de 2007, Ryo Ishikawa (Japón) contaba 15 años 245 días de edad cuando ganó la Copa Munsingwear Open KSB en el Tojigaoka Marine Hills Golf Club de Okayama (Japón).

X-REF

¿Te interesa el golf? Entonces consulta la sección de Deportes en la pág. 204, donde encontrarás más estadísticas sobre este deporte.

★ GOLFISTA HOLE-IN-ONE (CATEGORÍA FEMENINA)

El 1 de julio de 2007, Soona Lee-Tolley (EE. UU.) tan sólo contaba 5 años 103 días cuando hizo un «hoyo en uno» en el hoyo 7, par 3, del Manhattan Woods Golf Club de West Nyack (Nueva York, EE. UU.).

● PROFESOR UNIVERSITARIO

El 19 de febrero de 2008, Alia Sabur (EE. UU., nacido el 22 de febrero de 1989) fue nombrado profesor universitario a tiempo completo en el Departamento de Fusión de Tecnología Avanzada de la Universidad de Konkuk (Seúl, Corea del Sur), a los 18 años 362 días de edad.

★ CAMPEONA DEL MUNDO DE KITESURFING

El 4 de noviembre de 2004, Gisela Pulido (España) ganó su primer Campeonato del Mundo Kiteboard Pro World Tour (KPWT) a los 10 años 294 días de edad. Ganó su primer Campeonato de la Asociación Profesional de Kitesurfistas el 26 de agosto de 2007, a los 13 años 224 días de edad.

● DJ MÁS JOVEN

El 26 de agosto de 2007, el DJ Jack Hill (Reino Unido, nacido el 20 de mayo de 2000) pinchó en el CK's Bar and Club de Weston-super-Mare (Reino Unido) a los 7 años 98 días. Comenzó a pinchar discos a los tres años; usa pletinas normales, pero tiene que subirse a una caja para llegar a los controles.

LOS DEPORTISTAS MÁS JÓVENES

NOMBRE (NAC.)	EL MÁS JOVEN...	EDAD
Kim Yun-Mi (Corea del Sur)	Medalla de oro JJ.OO. por equipo	13 años 85 días
Marjorie Gestring (EE. UU.)	Medalla de oro JJ.OO. individual	13 años 268 días
Souleymane Mamam (Togo)	Futbolista Copa del Mundo (clasificado)	13 años 310 días
Hasan Raza (Pakistán)	Jugador de críquet Series Test Match	14 años 227 días
Charlotte Dod (Reino Unido)	Campeona tenis Wimbledon singles femenino	15 años 285 días
Martina Hingis (Suiza)	Campeona tenis Australian Open singles femenino	16 años 117 días
Monica Seles (Yugoslavia, ahora EE. UU.)	Campeona tenis French Open singles femenino	16 años 169 días
Tracey Austin (EE. UU.)	Campeona tenis US Open singles femenino	16 años 271 días
Rodney W. Heath (Australia)	Campeón tenis Australian Open singles masculino	17 años
Norman Whiteside (Reino Unido)	Futbolista Copa del Mundo (fase final)	17 años 41 días
Michael Chang (EE. UU.)	Campeón tenis French Open singles masculino	17 años 109 días
Boris Becker (Alemania)	Campeón tenis Wimbledon singles masculino	17 años 227 días
Fred Lindstrom (EE. UU.)	Baloncestista World Series	18 años 339 días
Jermaine O'Neal (EE. UU.)	Jugador de la NBA	18 años 53 días
Pete Sampras (EE. UU.)	Campeón de tenis US Open singles masculino	19 años 28 días
Marco Andretti (EE. UU.)	Ganador de la carrera Indycar	19 años 167 días
Henri Cornet (Francia)	Ganador del Tour de Francia	19 años 350 días

Facebook tiene 52 millones de usuarios activos, y podría tener 200 millones a finales de 2008.

www.portfolio.com, noviembre de 2007

●MULTIMILLONARIO

El multimillonario norteamericano más joven es Mark Zuckerberg (EE. UU., nacido el 14 de mayo de 1984), quien poseía una fortuna neta estimada en 1.500 millones de dólares cuando su nombre apareció en Forbes.com el 5 de marzo de 2008, a los 23 años 296 días de edad. Zuckerberg es el director ejecutivo del sitio web de contactos sociales Facebook, que fundó en febrero de 2004.

GANADOR DEL PREMIO NOBEL DE LA PAZ

En 1992, Rigoberta Menchú Tum (Guatemala) ganó el Premio Nobel de la Paz «en reconocimiento a su trabajo por la justicia social y la reconciliación etnocultural basada en el respeto de los derechos de los pueblos indígenas». A los 33 años de edad, fue la primera persona indígena, y la persona más joven de todos los tiempos, en recibir este honor.

CAMPEÓN DEL MUNDO DE BILLAR

El 10 de junio de 2005, Chia-ching Wu (Taiwán) tenía 16 años 121 días cuando ganó el Campeonato del Mundo de billar en Kaohsiung (Taiwán).

CAMPEONA DEL MUNDO DE RODEO

Después de más de cuatro décadas, Anne Lewis (EE. UU.) sigue ostentando el récord mundial de rodeo. Contaba 10 años de edad cuando ganó el título en la carrera de barriles WPRA celebrada en 1968. En este evento, el jinete tiene que correr con su caballo alrededor de tres barriles colocados en forma de trébol.

●USUARIO DE UNA DENTADURA POSTIZA

El 25 de febrero de 200_ Ruiz (Reino Uni_ _dura postiza a l_ _días de edad, pues había _ _s dientes por la displasia ec_ _hipohidrótica.

●VIAJERO A LOS SIETE CONTINENTES

Thomas Lucian Staff (Reino Unido) nació el 14 de enero de 2006. El 4 de enero de 2007, a los 355 días de edad, visitó la Antártica, el séptimo continente desde su nacimiento. Con sus padres, Neil Staff y Susan Crawford, Thomas visitó Asia (14-19 abr), Europa (20-22 oct), África (30 nov-12 dic), Sudamérica (29 dic 2006-11 ene 2007) y Antártica (4-8 ene).

MÁS VETERANOS...

★ EL ALUMNO DE PRIMARIA MÁS VIEJO

Kimani Ng'ang'a Maruge (Kenia) se matriculó en la escuela primaria de Kapkenduiyo (Eldoret, Kenia) el 12 de enero de 2004, cuando contaba 84 años de edad. El 6 de abril de 2004 Ng'ang'a aprobó sus primeros exámenes finales, con sobresaliente en lengua inglesa, kiswahili y matemáticas.

★ EL ORO OLÍMPICO EN ESQUÍ ALPINO

Kjetil André Aamodt (Noruega, nacido el 2 de septiembre de 1971) ganó su cuarta medalla de oro en esquí alpino en los Juegos Olímpicos de Turín (Italia), el 18 de febrero de 2006, con 34 años 169 días.

EL JINETE DE RODEO PROFESIONAL

Adriano Moraes (Brasil, nacido el 10 de abril de 1970) llegó a la final de la Copa Mundial del Professional Bull Riders con 35 años.

EL PLUSMARQUISTA

El 25 de mayo de 1974, Gerhard Weidner (Alemania, nacido el 15 de marzo de 1933) batió el récord de los 30 kilómetros marcha en 2 h 30 min 38,6 s. Tenía 41 años 71 días. Fue el deportista de más edad en establecer un récord del mundo abierto a participantes de todas las edades y reconocido por un organismo oficial internacional.

★ EL ESQUIADOR QUE LLEGÓ A AMBOS POLOS

Norbert H. Kern (Alemania, nacido el 26 de julio de 1940) llegó esquiando al Polo Sur el 18 de enero de 2007, y al Polo Norte el 27 de abril de 2007. Tenía 66 años y 275 días.

EL GOLFISTA DE MAYOR EDAD EN CONSEGUIR UN *HOLE-IN-ONE*

Otto Bucher (Suiza, nacido el 12 de mayo de 1885) logró un hoyo en uno cuando jugaba en el hoyo 12 de La Manga Club (España), un par de 119 m, el 13 de enero de 1985. Cuando lo consiguió tenía 99 años 244 días.

● EL SOCORRISTA

Edwin McCarthy (EE. UU., nacido el 8 de abril de 1925) ha trabajado como socorrista desde 1992.

● EL MONARCA ACTUAL

Abdullah bin Abdulaziz Al-Saud, el rey de Arabia Saudí, nació en agosto de 1924 y se convirtió en el monarca vivo de más edad el 11 de mayo de 2007, con 82 años 253 días.

EL JEFE DE ESTADO RECIÉN DESIGNADO

Tras la invasión alemana de Francia en 1940, Henri Philipe Pétain (1856-1951) volvió a ser llamado activamente al servicio militar como consejero del ministro de la guerra. El 16 de junio de 1940, con 84 años de edad, sucedió a Paul Reynaud como primer ministro francés.

★ EL BAILARÍN DE *BALLET* MÁS VIEJO

El bailarín de *ballet* más viejo es Frank Russell Galey (EE. UU., nacido el 7 de septiembre de 1932), que tenía 74 años y 101 días de edad cuando interpretó por última vez *El cascanueces* con el Mendocino Ballet de Ukiah (California, EE. UU.) el 17 de diciembre de 2006.

EL PREMIO NOBEL

En 1966, el profesor Francis Peyton Rous (EE. UU., 1879-1970) compartió el Premio Nobel de Fisiología o Medicina, con 87 años.

● LA CORISTA DE MÁS EDAD

Dorothy Kloss (EE. UU., nacida el 27 de octubre de 1923) suele actuar en el musical The Fabulous Palm Springs Follies, en Palm Springs (California, EE. UU.).

★ EL LICENCIADO

Allan Stewart (Australia, nacido el 7 de marzo de 1915) se licenció en Derecho con 91 años 214 días, en la Universidad de New England, en Nueva Gales del Sur (Australia), el 7 de octubre de 2006.

EL ATRACADOR DE BANCOS

J. L. Hunter Rountree (EE. UU., nacido en 1911) admitió haber robado 1.999 dólares de un banco en Texas (EE. UU.), y fue condenado a 151 meses de prisión, el 3 de enero de 2004, con 92 años de edad.

LOS DEPORTISTAS MÁS MAYORES

NOMBRE/NACIONALIDAD	EL MAYOR...	EDAD
Firmin Lambot (Bélgica)	Ganador del Tour de Francia	36 años 4 meses
Kenneth Robert Rosewall (Australia)	Campeón del Open de Australia de tenis masculino	37 años 62 días
William Larned (EE. UU.)	Campeón del US Open de tenis masculino	38 años 242 días
P. J. «Babe» McDonald (EE. UU.)	Oro olímpico en atletismo (25,4 kg lanzamiento de peso)	42 años 26 días
Albert Roger Milla (Camerún)	Jugador y goleador en la Copa del Mundo de fútbol	42 años 39 días
Robert Parish (EE. UU.)	Jugador de baloncesto de la NBA	43 años 231 días
W. H. «Billy» Meredith (Reino Unido)	Jugador internacional de fútbol	45 años 229 días
Juan Manuel Fangio (Argentina)	Campeón del mundo de F1	46 años 41 días
Martina Navratilova (EE. UU.)	Campeona del torneo de Wimbledon de tenis	46 años 261 días
Tebbs Lloyd Johnson (Reino Unido)	Medalla olímpica en atletismo (50.000 m marcha)	48 años 115 días
Wilfred Rhodes (Reino Unido)	Jugador de críquet en un test	52 años 165 días
Louis Alexandre Chiron (Mónaco)	Piloto de F1	55 años 292 días
Leroy «Satchel» Page (EE. UU.)	Jugador de béisbol	59 años 80 días
Oscar Swahn (Suecia)	Oro olímpico (equipo de tiro al ciervo)	64 años 258 días
Julia Jones (Reino Unido)	Jugadora de hockey	71 años
Tércio Mariano de Rezende (Brasil)	Jugador de fútbol	nacido el 31 de diciembre de 1921
Arthur Sweeney (Reino Unido)	Jugador de tenis de mesa	88 años
Dimitrion Yordanidis (Grecia)	Corredor de maratón	98 años
José Guadalupe Leal Lemus (México)	Jugador de tenis	nacido el 13 de diciembre de 1902

¡Sucio, mal vestido y desagradable!
Jeanne Louise Calment, la persona que más años ha vivido, hablando del artista Vincent van Gogh, a quien ella conoció

EL PRISIONERO

Bill Wallace (Australia, 1881-1989) pasó sus últimos 63 años en el hospital psiquiátrico Aradale de Ararat (Victoria, Australia), después de matar a un hombre en diciembre de 1925. Permaneció allí hasta su muerte, el 17 de julio de 1989, poco antes de cumplir 108 años. Una vez le preguntaron los motivos por los que estaba en prisión y respondió: «Había un hombre... Bueno, para ser sincero, no lo sé».

●EL BARBERO MÁS ANCIANO

Anthony Mancinelli (EE. UU., nacido el 2 de marzo de 1911) ha ejercido de barbero desde 1924. El señor Mancinelli continúa en activo en la actualidad con 97 años.

Rountree, apodado Red, aseguró haber atracado su primer banco cuando tenía 80 años como venganza contra los bancos por haberle arruinado.

●EL PADRINO

Gerald W. Pike (EE. UU., nacido el 12 de octubre de 1910) ejerció de padrino en la boda de Nancy Lee Joustra y Clifford Claire Hill (ambos de EE. UU.), con 93 años 166 días, el 26 de marzo de 2004, en el condado de Kent (Michigan, EE. UU.).

●EL MULTIMILLONARIO

El multimillonario vivo más anciano es John Simplot (EE. UU., nacido el 4 de enero de 1909), que tenía una fortuna valorada en 3.200 millones de dólares cuando apareció en la lista Forbes, el 8 de marzo de 2007, con 98 años 63 días. El señor Simplot, de Boise (Idaho, EE. UU.), amasó su fortuna en la agricultura, especialmente en productos derivados de la patata.

★EL ARTISTA PROFESIONAL

Moses Aleksandrovich Feigin (Rusia, nacido el 23 de octubre de 1904) celebró su última exposición en la Casa Central de los Artistas de Moscú (Rusia), del 27 de abril al 10 de mayo de 2007. En aquel momento tenía 102 años 199 días.

LA ACTRIZ

Jeanne Louise Calment (Francia, 1875-1997) se interpretó a sí misma con 114 años en la película *Vincent and Me* (Canadá, 1990), una fantasía actual sobre una joven que viaja hasta el s. XIX para conocer al pintor Vincent van Gogh. Calment, la **persona más longeva** autentificada (ver p. 74), se considera la última persona viva que conoció a van Gogh.

★ **NUEVO RÉCORD**
● **RÉCORD ACTUALIZADO**

★LA BANDA MUSICAL MÁS VETERANA

La Peace Old Jazz cuenta con 6 músicos veteranos, con una media de edad de 76 años (en noviembre de 2007). Han actuado cada noche durante más de 20 años en Shanghai (China).

NO INTENTE HACERLO EN CASA

★ MÁS SILLAS APILADAS PARA BALANCEARSE

Luo Jun (China), del Zun Yi Acrobatic Group, mantuvo el equilibrio en 11 sillas apiladas en el plató del *Zheng Da Zong Yi – Guinness World Records Special* en Pekín (China), el 15 de septiembre de 2007.

★ MÁS TIEMPO SUMERGIDO BAJO EL AGUA

Ronny Frimann (Noruega) permaneció bajo el agua durante 4 días y 4 horas (100 horas en total), del 14 al 18 de junio de 2007 con el fin de recaudar fondos para el Fondo Mundial para la Naturaleza (WWF). Durante la inmersión en un tanque de agua, en la Central Station de Oslo (Noruega), llevó un traje de neopreno y un casco equipado con un catéter y tubos para proporcionarle líquidos nutritivos y aire. Durante la hazaña, perdió 7,5 kg.

● EL BAÑO CON MÁS SERPIENTES CASCABEL

Jackie Bibby (EE. UU.), conocido como el Hombre Serpiente de Texas, se metió en una bañera con 87 serpientes, el 5 de noviembre de 2007, en Dublin (Texas, EE. UU.), durante 45 minutos como parte del Día GWR.

● MÁS TIEMPO AGUANTANDO LA RESPIRACIÓN

El 23 de febrero de 2008, Tom Sietas (Alemania) aguantó la respiración durante 16 min 13 s en una piscina del plató de *El Show de los Récords* en Madrid (España).

● MÁS TIEMPO EN UNA CAMA DE CLAVOS

El récord del mayor tiempo acostado en una cama de clavos, con afilados clavos de 15,2 cm de largo y separados entre sí por 5 cm, es de 300 horas. El artífice fue Ken Owen (Reino Unido) y el récord fue logrado entre el 3 y el 14 de mayo de 1986. El mayor tiempo ininterrumpido sobre la cama de clavos fue de 132 h 30 min.

● EL MAYOR PESO LEVANTADO POR UNA BARBA

Antanas Kontrimas (Lituania) levantó a una chica de 63,2 kg a 10 cm del suelo en el plató del *Zheng Da Zong Yi – Guinness World Records Special*, en Pekín (China), el 16 de septiembre de 2007.

X-REF

¿Todavía tiene apetito de más excentricidad? Diríjase a **Conducta extrafalaria** (pp. 100-101). Y si está buscando verdaderos actos heroicos, vaya al apartado **Espíritu de aventura** (pp. 106-117) que contiene multitud de hazañas admirables.

★ MÁS VECES ARROLLADO

Dietmar Löffler (Alemania) fue arrollado ocho veces por un coche en dos minutos, en el plató del *Guinness World Records – Die Größten Weltrekorde* en Colonia (Alemania), el 23 de noviembre de 2007.

EL MAYOR PESO LEVANTADO CON PEGAMENTO

Una camioneta Ford de 4.140 kg de peso fue alzada durante una hora por una grúa. Fue suspendida por un cilindro de acero de 7 cm de diámetro, que había sido pegado con pegamento una hora antes, utilizando nueve gotas del adhesivo comercial de la marca «UHU Alleskleber Super Strong&Safe» en Bühl (Alemania), el 11 de octubre de 2007.

★ EL TREN MÁS PESADO TIRADO POR UNA SUCCIÓN DE ESTÓMAGO

Presionando un bol de arroz en sus abdominales, Zhang Xingquan (China) creó la succión suficiente para tirar de un tren de 36,15 toneladas durante 40 m en la ciudad de Dehai (provincia de Jilin, China), el 3 de agosto de 2007.

★ MÁS BARRAS DE HIERRO ROTAS CON LA CABEZA

Wang Xianfa (China) rompió 26 barras de hierro con la cabeza, en un minuto, en el plató del *Zheng Da Zong Yi – Guinness World Records Special* en Pekín (China), el 18 de septiembre de 2007.

★ RÉCORD NUEVO
● RÉCORD ACTUALIZADO

LA DIETA MÁS EXTRAÑA

Michel Lotito (Francia, 1950-2006), conocido como *Monsieur Mangetout* (señor Comelotodo), comenzó comiendo metal y cristal en 1959. Los gastroenterólogos hicieron una radiografía de su estómago y describieron su capacidad de consumir 900 g de metal al día como algo insólito.

Su dieta desde 1966 ha incluido 18 bicicletas, 15 carritos de supermercado, siete televisiones, seis luces de araña, dos camas, un par de esquís, un ordenador e incluso una avioneta ligera Cessna. Se cree que es el único ejemplo de la historia en el que un ataúd (con sus manillas y demás) ha acabado *dentro* de un hombre. A pesar de su resistente estómago, cuyas paredes son el doble de gruesas de lo normal, no puede soportar los huevos duros.

TRUCO DE MAGIA CON MÁS MUERTOS

Al menos 12 personas murieron durante el truco de magia que consiste en disparar al mago una pistola cargada con una bala marcada, que aparentemente él atrapa con los dientes. Incluso aunque se trata de un truco ilusorio, no está carente de peligro.

Durante un periodo de 40 años, Michel Lotito literalmente se alimentó de 9 toneladas de metal
Craig Glenday, editor jefe, Guinness World Records

★ROTACIONES COLGADO DE UN TALADRO

Guy Hiang (Alemania) realizó 141 rotaciones en un minuto, colgado de un taladro eléctrico, en el plató del *Guinness World Records – Die Größen Weltrekorde* en Colonia (Alemania), el 1 de septiembre de 2007.

●EL TÚNEL DE FUEGO MÁS LARGO CRUZADO EN UNA MOTO

Clint Ewing (EE. UU.) condujo una moto a través de un túnel de fuego que medía 60,96 m de largo en la Universal City (Los Ángeles, EE. UU.), el 27 de enero de 2008. El récord fue conseguido para el especial de la NBC TV *Guinness World Records Live – The Top 100*.

●LA MAYOR LLAMA EXPULSADA POR UN COMEFUEGOS

Tim Black (Australia) escupió una llama de 7,2 m en el plató del *Zheng Da Zong Yi – Guinness World Records Special* de Pekín (China), el 15 de septiembre de 2007.

●LA MAYOR DISTANCIA CAMINANDO SOBRE ASCUAS

Trever McGhee (Canadá) caminó 181,9 m sobre ascuas a una temperatura de entre 657,67 °C y 853,33 °C en Symons Valley Rodeo Grounds, en Calgary (Alberta, Canadá), el 9 de noviembre de 2007.

●LA PARED DE FUEGO MÁS LARGA

El 16 de septiembre de 2007, el increíble Rich (EE. UU.) creó una pared de fuego de 2.022 m de largo durante la Terre Haute Air Fair, en Terre Haute (Indiana, EE. UU.).

●MÁS PERSONAS ESCUPIENDO FUEGO

En un acto organizado por TSV D'artagnan y De Rooie Sok, 115 personas escupieron fuego de forma simultánea en la plaza Heuvelplein de Tilburg (Países Bajos), el 14 de marzo de 2007.

●EL MAYOR PESO EN EQUILIBRIO CON LOS DIENTES

El 17 de mayo de 2007, Frank Simon (EE. UU.) mantuvo en equilibrio un frigorífico de 63,5 kg con los dientes durante 10 segundos en el plató del *Circo Massimo Show* en Roma (Italia).

PRUÉBELO EN CASA

ENIGMAS INCOMPARABLES

CUBO RUBIK

●**El más rápido en resolverlo:**
Ron van Bruchem (Países Bajos)
lo resolvió en 9,55 segundos,
el 24 de noviembre de 2007.

●**El más rápido en resolverlo
con los ojos vendados:** Chen
Danyang (China) lo resolvió
en 41,16 segundos, el 28
de octubre de 2007.

CUBO BEDLAM

★ **El más rápido en
montarlo:** Alexander Iljasov
(Noruega) lo montó en
7,77 segundos, el 28 de
septiembre de 2007.

★ **El más rápido en montarlo
con los ojos vendados:**
Danny Bamping (Reino Unido)
lo montó en 36,41 s,
el 8 de noviembre de 2007.

PUZZLE GWR HASBRO

●**El más rápido en
completarlo:** Elaine Lewis (Reino
Unido) lo completó en 14 min
58 s, el 11 de junio de 2007.

TETRIS

★ **El juego más pequeño:**
jugado con un microscopio
usando tetraminos hechos de
diminutas esferas de vidrio, en la
Universidad de Vrije (Ámsterdam,
Países Bajos) en noviembre
de 2002. Cada bloque
medía 1 micrómetro
(0,001 mm).

★ **RÉCORD NUEVO**
●**RÉCORD ACTUALIZADO**

●MÁS BARAJAS DE CARTAS MEMORIZADAS

El 2 de abril de 2007, Dave Farrow (Canadá)
memorizó una secuencia escogida al azar
de 59 paquetes de cartas separados
(3.068 cartas en total) en CTV Studios,
The Daily Planet (Toronto, Canadá).

LOS MÁS RÁPIDOS EN...

●PINCHAR 1.000 GLOBOS

OC&C Strategy Consultants (Reino Unido)
pincharon 1.000 globos en 8,78 segundos
durante su Semana de Formación
Internacional anual en Barcelona (España),
el 8 de septiembre de 2007.

★ MODELAR CINCO ESCULTURAS DE GLOBOS CON LOS OJOS VENDADOS

El 16 de febrero de 2008, Daniele Bottalico,
alias «Mago Ciccio» (Italia) creó 5 esculturas
hechas con globos con los ojos vendados
en 1 min 24 s en el plató del programa
Guinness World Records, *El show de los
récords* en Madrid (España).

●SALTAR 100 M CON UNA PIERNA

El 31 de marzo de 2007, Rommell
Griffith (Barbados) saltó 100 m
en 15,57 segundos en el Barbados
World Record Festival celebrado en el
Barbados National
Stadium
(St Michael).

X-REF

El cuerpo humano
es una creación
fantástica, al margen
de que logre proezas
o no. Si quiere
conocer algunos
datos y estadísticas
anatómicas
increíbles, consulte
las páginas dedicadas
al **Ser humano**
(pp. 56-75).

MÁS YOYÓS GIRANDO AL MISMO TIEMPO

El 4 de noviembre de 2006,
Eric Linden (Suecia) consiguió
hacer girar un total de 9 yoyós
simultáneamente en el centro
comercial Gallerian
de Estocolmo
(Suecia).

● LA MAYOR PELOTA DE GOMAS ELÁSTICAS

El 21 de noviembre de 2006, Bryce, Tanner Austin, Nicole y Steve Milton (EE. UU.) crearon una pelota de gomas elásticas de 2.083,8 kg. Se midió en DePaul University Plaza de Chicago (Illinois, EE. UU.).

● MENOR TIEMPO EN COMPLETAR 100 M CON UNA CARGA A HOMBROS

El tiempo récord en completar una carrera de 100 m a hombros es 16,97 segundos y lo logró Rommell Griffith, que llevó a hombros a Ulinda Griffith (Barbados) en el Barbados World Record Festival celebrado en el Barbados National Stadium (St Michael, Barbados), el 31 de marzo de 2007.

● PLÁTANOS PELADOS Y COMIDOS EN UN MINUTO

Christopher «Big Black» Boykin (EE. UU.) peló y se comió 3 plátanos en el programa de la cadena MTV *The Rob & Big Show* en Los Ángeles (California, EE. UU.), el 17 de septiembre de 2007.

● FECHAS DE NACIMIENTO MEMORIZADAS

Jayasimha Ravirala (India) memorizó 20 fechas de nacimiento en el K. S. R. Auditorium Vashakhapatnam (India), el 27 de enero de 2008.

● HUEVOS EN UNA MANO

El 20 de diciembre de 2007, Zdenek Bradac (República Checa) consiguió sostener un total de 20 huevos en una mano al mismo tiempo en Sheffield Castle College (South Yorskshire, Reino Unido).

● ESCULTURAS DE GLOBO EN UNA HORA

John Cassidy (EE. UU.) hizo 747 esculturas de globo en una hora en el Buck County Community College de Newton (Pennsylvania, EE. UU.), el 14 de noviembre de 2007.

★ CUCHARAS TORCIDAS EN UN MINUTO

El mayor número de cucharas torcidas 180 grados en un minuto, usando sólo las manos, es cinco y lo logró Kong Tai (China) en Beijing (China), el 18 de diciembre de 2006.

● MÁS CAMISETAS PUESTAS A LA VEZ

Charlie Williams (EE. UU.) se puso un total de 224 camisetas en un acto organizado por Itiswhatitis Ltd en la St Anthony's Catholic Primary School de Woodford Green (Essex, Reino Unido), el 14 de septiembre de 2007.

MÁS...

● MANZANAS ATRAPADAS CON LA BOCA EN UN MINUTO

Ashrita Furman (EE. UU.) atrapó 32 manzanas con la boca en un minuto en Jamaica (New York City, EE. UU.), el 11 de junio de 2007.

MÁS TIEMPO HACIENDO GIRAR UNA SARTÉN CON UN DEDO

Anders Björklund (Suecia) hizo girar una sartén con un dedo durante 14 minutos en el plató de *Guinness Rekord TV* de Estocolmo (Suecia), el 29 de noviembre de 2001.

FUERZA SOBREHUMANA

LAS MÚLTIPLES FUERZAS DE MANJIT

Manjit Singh (Reino Unido) posee varios récords que exigen fuerza y resistencia inmensas; le encanta batir récords no sólo llevado por su afán de superación personal, sino también para recaudar fondos destinados a obras benéficas. Éstas son sus últimas proezas:

LOS 10 M MÁS RÁPIDOS ARRASTRANDO UNA MESA CON LA BOCA

Soportando el peso tan sólo con los dientes, Georges Christen (Luxemburgo) tardó 7,5 segundos en recorrer una distancia de 10 m arrastrando con la boca una mesa con una mujer sentada encima en el plató de *L'Été de Tous les Records* en La Tranche Sur Mer (Francia), el 28 de julio de 2004.

★ REMOLQUE DE UN AUTOBÚS CON LAS OREJAS

Manjit Singh lo arrastró 6,1 m con cables en las orejas, a fin de obtener dinero para la Manjit Fitness Academy del Loughborough Tesco, en Loughborough (Reino Unido), el 31 de marzo de 2008.

● LEVANTAMIENTO DE PESO CON LAS PIERNAS EN FLEXIÓN

Manjit Singh estableció el récord de **más peso levantado en 1 h con las piernas flexionadas** (30.390 kg) en el Monte Hair and Beauty Salon de Leicester (Reino Unido), el 20 de diciembre de 2007.

● MÁS PESO LEVANTADO CON UNA OREJA

Zafar Gill (Pakistán) levantó varias pesas de gimnasio con un total de 61,7 kg, colgadas de un tornillo de banco fijado a su oreja, durante el espectáculo *Vienna Recordia*, en Viena (Austria), el 30 de septiembre de 2007.

★ RÉCORD NUEVO
● RÉCORD ACTUALIZADO

MÁS PESO LEVANTADO CON LOS DIENTES

Walter Arfeuille (Bélgica) levantó 281,5 kg de peso a 17 cm del suelo con los dientes en París (Francia), el 31 de marzo de 1990.

★ MÁS PESO LEVANTADO CON EL CUELLO

Frank Clavattone (EE. UU.) levantó un peso de 366,5 kg, soportándolo con el cuello, en el New England Weightlifting Club de Walpole (Massachussets, EE. UU.), el 15 de noviembre de 2005.

● EL BARCO MÁS PESADO ARRASTRADO

George Olesen (Dinamarca) arrastró un *ferry* de pasajeros de 10.300 toneladas hasta una distancia de 5,1 m en la terminal de *ferries* de Gotemburgo (Suecia), en junio de 2000.

★ MÁS TIEMPO RETENIENDO UN COCHE A PLENA POTENCIA

Franz Müllner (Austria) logró frenar durante siete segundos el avance de un Lamborghini Diablo con el motor a toda marcha en el plató de *Die Größten Weltrenkorde*, en Colonia (Alemania), el 1 de septiembre de 2007; esto representa un récord para un coche con una potencia que supera los 400 hp.

ROTURA DE BLOQUES DE HORMIGÓN

El récord de ●**más bloques de hormigón rotos en un minuto** se sitúa en 386 y lo batió Eduardo Estrada (México), en la Universidad de Coahuila, en Saltillo (Coahuila, México), el 22 de noviembre de 2007.

EL BARRIL DE CERVEZA LANZADO A MÁS ALTURA

Heini Koivuniemi (Finlandia, en la fotografía) lanzó un barril de cerveza de 12,3 kg a una altura de 3,6 m en el plató de *Guinness World Records*, en Helsinki (Finlandia), el 9 de agosto de 2001, lo que supone el **lanzamiento de un barril de cerveza a más altura conseguido por una mujer**. Juha Rasanen (Finlandia) lanzó un barril de cerveza a una altura de 7,1 m, el 26 de agosto de 2005: el **lanzamiento de un barril de cerveza a más altura conseguido por un hombre**.

★ LEVANTAMIENTO DE MÁS PESO MUERTO

Andy Bolton (EE. UU.) levantó en peso muerto de 455 kg durante las semifinales de la Federación Mundial de Levantamiento de Potencia, celebradas en Lake George (EE. UU.), el 4 de noviembre de 2006.

● LEVANTAMIENTO DE MÁS PESO MUERTO CON EL MEÑIQUE

Utilizando tan sólo el dedo meñique, Kristian Holm (Noruega) levantó 95,38 kg en peso muerto, en Herefoss (Noruega), el 24 de marzo de 2007.

LEVANTAMIENTO DEL ELEFANTE MÁS PESADO

En 1975, mientras actuaba con el Gerry Cottle's Circus (Reino Unido), Khalil Oghaby (Irán) levantó del suelo un elefante de aproximadamente 2 toneladas izándolo con un arnés desde una plataforma colocada por encima del animal.

● EL VEHÍCULO MÁS PESADO ARRASTRADO (30,48 M)

El reverendo Kevin Fast (Canadá), el «pastor del levantamiento de potencia», arrastró un vehículo de 57.000 kg a lo largo de 100 pies (30,48 m) de terreno llano en Cobourg (Ontario, Canadá), el 12 de mayo de 2007.

MÁS PESO COLGANDO DE UNA ESPADA TRAGADA

Matthew Henshaw (Australia) se tragó la hoja de una espada no retráctil de 40,5 cm de largo y después mantuvo fijado durante cinco segundos a la empuñadura un saco de patatas de 20,1 kg en los estudios de *Guinness World Records*, en Sydney (Nueva Gales del Sur, Australia), el 16 de abril de 2005.

★ Franz Müllner (Austria) posee también el récord de **más tiempo reteniendo un camión con el motor a toda potencia**. El 3 de noviembre de 2007, Franz retuvo un camión de 400 hp durante 8,40 segundos en el plató de *Zheng Da Zong Yi - Guinness World Records Special*, en Pekín (China).

ACTOS EDIFICANTES

LA MAYOR CANTIDAD RECAUDADA EN UNA CARRERA BENÉFICA

La mayor cantidad de dinero recaudada por una carrera o caminata benéfica es de 20,7 millones de dólares.

La proeza la llevó a cabo Terry Fox (Canadá, 1958-1981) quien, con una pierna artificial, corrió desde St. John's (Newfoundland), hasta Thunder Bay (Ontario, Canadá), en 143 días, entre el 12 de abril y el 2 de septiembre de 1980. Cubrió una distancia de 5.373 km.

● LA MAYOR CANTIDAD RECAUDADA POR UN CORREDOR DE MARATÓN

Steve Chalke (Reino Unido) logró reunir 3.669.325 dólares para la sociedad benéfica Oasis UK al completar el maratón Flora London en Londres (Reino Unido), el 22 de abril de 2007.

SUBASTAS BENÉFICAS: MÁS CAROS...

CALENDARIO

«Para tocar las alas de un ángel», un calendario de pared diseñado para la organización benéfica contra la epilepsia Muir Maxwell Trust, se vendió en una subasta por 26.100 dólares, el 10 de diciembre de 2005. Lo compró Stephen Winyard (Reino Unido) del Stobo Castle Health Spa (Peeblesshire, Reino Unido).

NÚMERO DE TELÉFONO

Un postor qatarí anónimo pagó 10 millones de riales (2,75 millones de dólares) por el número de teléfono de móvil 666-6666 durante una subasta benéfica organizada por Qatar Telecom en Doha (Qatar), el 23 de mayo de 2006.

GUITARRA

Una guitarra Fender Stratocaster firmada por una serie de leyendas de la música, como Mick Jagger, Eric Clapton y Paul McCartney (todos del Reino Unido) se vendió por 2,7 millones de dólares en una subasta benéfica a favor de Reach Out To Asia celebrada en el Ritz-Carlton Hotel (Doha, Qatar), el 17 de noviembre de 2005. La campaña Reach Out To Asia quiere dar apoyo a causas loables en todo el mundo, con un énfasis especial en el continente asiático.

OBRAS BENÉFICAS

● EL MAYOR ACTO ANUAL PARA RECAUDAR FONDOS

El Flora London Marathon, que se celebra cada año en las calles de Londres (Reino Unido), es el acto benéfico más importante para recaudar fondos. La carrera de 2007, que se celebró el 22 de abril, generó la máxima cantidad hasta la fecha, con 91,9 millones de dólares recaudados por los 24.750 corredores para diversas obras de caridad. En los 11 maratones que se han celebrado entre 1996 y 2006, la cantidad media recaudada por evento ha sido de 53.318.770 dólares.

★ LA MAYOR CANTIDAD DE LECHE MATERNA DONADA

Erica Hines de Port Orange (Florida, EE. UU.), ha donado 135,5 litros de leche materna al banco de leche materna WakeMed de Raleigh (Carolina del Norte, EE. UU.), hasta el 8 de junio de 2007.

● EL MAYOR CONCIERTO DE UN GRUPO

La orquesta musical Comaganin Raaga Priya Light tocó de forma continuada durante 50 horas para personas con discapacidades visuales en Chennai (India), del 27 al 29 de abril de 2007.

LA ORGANIZACIÓN SALVAVIDAS MÁS ANTIGUA

La Royal National Lifeboat Institution (RNLI), una sociedad británica salvavidas, se constituyó gracias a un decreto real en marzo de 1824, y celebró su 180 aniversario en 2004. En 2006, rescataron una media de 22 personas cada día.

Corrí mi primer maratón con 71 años, y ¡seguiré haciéndolo hasta que mis piernas me lo permitan!

Jenny Wood-Allen, la mujer más anciana en completar un maratón (¡91 años!)

MÁS VIDAS SALVADAS POR UN LORO

En diciembre de 1999, un loro gris llamado Charlie despertó a su propietaria, Patricia Tunnicliffe (Reino Unido), cuando se declaró un incendio en su casa de Durham (Reino Unido). El pájaro empezó a graznar frenéticamente cuando las llamas llegaron a la habitación delantera, hasta que consiguió despertar a la señora Tunnicliffe, quien tuvo tiempo de sacar de la casa a sus cinco hijos. Charlie no tuvo tanta suerte y murió en el incendio.

RESCATADORES

EL MAYOR NÚMERO DE CIVILES RESCATADOS EN EL MAR

El 23 de enero de 1946, la tripulación del buque de carga estadounidense *Brevard* (AK-164), comandado por el teniente John Elliott (EE. UU.), rescató a 4.296 civiles japoneses cuyo barco, el *Enoshima Maru*, se hundía después de chocar contra una mina junto a Shanghai (China).

EL HÉROE DE GUERRA MÁS CONDECORADO

Audie Murphy (EE. UU., 1924-1971) fue el soldado más condecorado de la historia americana, con 24 medallas, entre las que destaca la Medalla de Honor del Congreso. Sus proezas fueron el tema de la película *To Hell and Back* (EE. UU., 1956), en la que él se representó a sí mismo (abajo).

EL RESCATADOR CANINO MÁS CONOCIDO

El perro rescatador más famoso de todos los tiempos es un San Bernardo llamado Barry, que vivió entre 1800 y 1814. Barry rescató a más de 40 personas durante sus 12 años de carrera en los Alpes suizos; entre sus rescates está el de un niño que se encontraba medio congelado bajo una avalancha de nieve en la que su madre había muerto. Barry se extendió sobre el cuerpo del chico para hacerle entrar en calor y lamió su cara hasta que se recuperó. Después lo llevó al refugio más cercano.

DATO
La **audiencia en vivo más grande de un concierto de rock simultáneo** se estima en un millón de personas en el Live 8, celebrado en 10 ciudades del mundo, incluidas Londres, Filadelfia, París, Johannesburgo, Berlín, Roma y Moscú, el 2 de julio de 2005.

LA MAYOR AUDIENCIA DE TV DE ROCK SIMULTÁNEO

Live Aid, el concierto benéfico de rock simultáneo más grande del mundo en términos de telespectadores, lo organizó Bob Geldof (Irlanda). Celebrado en Londres (Reino Unido) y Filadelfia, (EE. UU.), el 13 de julio de 1985, más de 60 de las más grandes estrellas de rock actuaron gratis ante 1.500 millones de telespectadores para recaudar fondos contra el hambre en África.

LA MAYOR RECAUDACIÓN DE UNA ORGANIZACIÓN CARITATIVA

Salvation Army (EE. UU.) ha recaudado durante 10 años consecutivos más fondos anualmente que ninguna otra obra de beneficencia. Sólo en 2001, la cantidad recaudada llegó a 1.390 millones de dólares, un poco menos que el año anterior, que fue de 1.440 millones de dólares. En EE. UU., Salvation Army cuenta con 1,6 millones de voluntarios. Los miembros laicos que siguen sus doctrinas se denominan «soldados» y, junto con los oficiales, son conocidos como «salvacionistas».

CONDUCTA EXTRAFALARIA

★ LA DISTANCIA MÁS LARGA RECORRIDA CON EL MOVIMIENTO DEL «GUSANO»

James Rubec (Canadá) recorrió 33,14 m usando el «gusano» en el Rogers Centre de Toronto (Canadá), el 9 de noviembre de 2007, como parte del Guinnes World Records Day 2007. Para hacer el gusano, un movimiento de *breakdance*, hay que estirarse en el suelo y propulsar el cuerpo hacia delante con un movimiento ondulante del cuerpo.

● LA RUEDA DE PRENSA MÁS CONCURRIDA BAJO EL AGUA

En una rueda de prensa organizada por Eric J. Pittman (Canadá) para promocionar el lanzamiento de su nuevo libro *Emails from a Nut!!!*, 61 periodistas se sumergieron a una profundidad de 10 m en Crystal Pool (Victoria, Columbia Británica, Canadá), el 4 de noviembre de 2006.

● LA MAYOR PELEA DE NATILLAS

Un total de 105 participantes arrojaron natillas en una fiesta organizada por Camp Toukley en Nueva Gales del Sur (Australia), el 11 de julio de 2007.

● LA DISTANCIA MÁS LARGA RECORRIDA BAJO EL AGUA CON UN PALO POGO

Ashrita Furman (EE. UU.) saltó durante 512,06 m bajo el agua con un palo pogo en el Centro Acuático del Condado de Nassau en East Meadow (Nueva York, EE. UU.), el 1 de agosto de 2007.

★ RÉCORD NUEVO
● RÉCORD ACTUALIZADO

EL MAYOR TIEMPO ARDIENDO TODO EL CUERPO

Ted A. Batchelor (EE. UU.), especialista profesional, soportó el fuego por todo su cuerpo –sin oxígeno extra– durante 2 min y 38 s en Ledges Quarry Park (Nelson, Ohio, EE.UU.), el 17 de julio de 2004.

● EL MENOR TIEMPO EN MOVER UNA NARANJA DURANTE 1.609 M CON LA NARIZ

Ashrita Furman tardó 22 min 41 s en el centro comercial Green Acres de Valley Stream (Nueva York), el 2 de noviembre de 2007.

★ EL BAILE DE ROBOTS MÁS MULTITUDINARIO

El 17 de septiembre de 2007, 276 estudiantes de la Universidad de Kent (Reino Unido) se disfrazaron de robots y bailaron un mínimo de 5 min en Canterbury (Kent, Reino Unido).

● LA MAYOR SUSPENSIÓN POR SUCCIÓN HUMANA CON EL ESTÓMAGO

Apretujando un bol de arroz en sus músculos abdominales, Li Kangle (China) pudo crear la suficiente succión para suspenderse a sí mismo de un helicóptero con una cuerda durante 7 min y 6 s en Pingyi, en la provincia de Shandong. El récord se intentó en el *Zheng Da ZongYi – Guinness World Records* Special en Pekín (China), el 6 de septiembre de 2007.

★ LA PANTOMIMA A CABALLO MASCULINA MÁS RÁPIDA

Charles Astor y Tristan Williams (Reino Unido) recorrieron 100 m en 13,51 s ¡en el interior de un traje de caballo! Competían en un acto organizado por la agencia de publicidad Claydon Heeley Jones Mason, en la escuela Harrow en Harrow-on-the-Hill (Middlesex, Reino Unido), el 18 de agosto de 2005. El mismo día, Samantha Kavanagh y Melissa Archer establecieron el récord **en versión femenina más rápida** con 18,13 s.

He batido 183 Guinness World Records, 76 de los cuales todavía son vigentes y siguen invictos. ¿Extraño? Podría ser... Para mí, atestigua las ilimitadas capacidades del espíritu humano

Ashrita Furman, poseedor del mayor número de GWR

★ EL MAYOR NÚMERO DE TAPAS DE VÁTER ROTAS

Kevin Shelley (EE. UU.) rompió 46 tapas de váter de madera con su cabeza en el plató de televisión del programa *Guinness World Records: Die Größten Weltrekorde* en Colonia (Alemania), el 1 de septiembre de 2007.

EL MAYOR NÚMERO DE...

★ PINZAS DE LA ROPA PRENDIDAS EN UNA MANO EN UN MINUTO

Mohammed Ahmed Elkhouly (Emiratos Árabes Unidos) prendió 48 pinzas en una mano, en el complejo Bab Al Shams Desert Resort y Spa de Dubai (EAU), el 21 de abril de 2007.

● PERSONAS CON LAS GAFAS DE GROUCHO MARX

El 4 de agosto de 2007 un grupo de 3.459 personas aparecieron con gafas de plástico de Groucho Marx en un acto organizado por United Way de Columbia-Willamette en Hillsboro (Oregon, EE. UU.).

★ FALDAS ESCOCESAS VESTIDAS

Mientras presentaba el programa *The New Paul O'Grady Show*, el 7 de noviembre de 2007, Lorraine Kelly (Reino Unido) se puso 3 faldas escocesas, una tras otra, en un minuto, en los London Studios (Reino Unido).

★ PERSONAS DISFRAZADAS DE ANIMALES MARINOS

5.590 participantes se disfrazaron de animales marinos en el puerto pesquero de Shenjiamen (Zhoushan, provincia de Zhejiang, China), el 10 de agosto de 2007.

● CALZONCILLOS PUESTOS

Joel Nathan (Australia) pudo ponerse 20 calzoncillos en un minuto en el club Paramount de Perth (Australia), el 27 de julio de 2007.

★ HUEVOS ROTOS CON LA CABEZA

Osi Anyanwu (Reino Unido) rompió 40 huevos contra su cabeza en un minuto en el programa *The New Paul O'Grady Show*, en Londres (Reino Unido), el 7 de noviembre de 2007.

● MÁS CARACOLES EN LA CARA

Alastair Galpin (Nueva Zelanda) tuvo 8 caracoles en su cara durante 10 s en la tienda The Warehouse en Sylvia Park (Auckland, Nueva Zelanda), el 27 de octubre de 2007. El mismo día, estableció el récord ★ de más camisetas rotas en un minuto (nueve).

Anteriormente, Galpin había conseguido el récord de ★ más guantes en una mano (siete) en The Old Homestead Community House de Auckland, el 11 de mayo de 2006, y, el 28 de abril de 2007, en el mismo lugar, batió el récord del ● mayor número de tiras de goma desplegadas en la cara (62).

ANCHO REAL DE LA BROCA

★ EL OBJETO MÁS PESADO SOPORTADO POR UN TRAGASABLES

Thomas Blackthorne (Reino Unido) introdujo en su boca una broca de 25 mm de un martillo de demolición Dewalt D25980 de 38 kg, y sostuvo el peso de éste y de la broca durante más de 3 s. Esto sucedió en el plató de *Guinness World Records: Die Größten Weltrekorde* en Colonia (Alemania), el 23 de noviembre de 2007.

HAZAÑAS HUMANAS
ACTUACIÓN EN SOLITARIO

★ EL MAYOR ASCENSO POR UN PALO INVERTIDO

Nele Bruckmann (Alemania) ascendió 9,73 m por un palo invertido en un minuto, en el plató de *Guinness World Records – Die Größten Weltrekorde* en Colonia (Alemania), el 1 de septiembre de 2007.

MÁS RÁPIDOS...

● EN ESCAPAR DE UNA CAMISA DE FUERZA

Matt el Cuchillo (EE. UU.) tardó 18,80 segundos en escaparse de una camisa de fuerza reglamentaria en el Media Center Hotel de Pekín (China), el 17 de septiembre de 2007. Matt también ostenta el récord de ● **menor tiempo en escapar de una camisa de fuerza sumergido bajo el agua**, tras completar la tarea en 15,41 segundos para el *Zheng Da Zong Yi – el Guinness World Records Special* en Pekín (China), el 13 de septiembre de 2007.

● EN SALTAR A LA RANA (10 M)

Ashrita Furman (EE. UU.) realizó el salto de rana (aguantándose en los dedos de los pies) más rápido: de más de 10 m en 8,22 s, en Jamaica (Nueva York, EE. UU.), el 7 de noviembre de 2007.

● MENSAJE DE TEXTO

El 12 de noviembre de 2006, Ang Chuang Yang (Singapur) escribió un sms de 160 caracteres en su móvil, en tan sólo 41,52 s, en el Palacio de Congresos Suntec (Singapur).

● EN MODELAR UN GLOBO EN LA ESPALDA

Con los brazos detrás de la espalda, Daniele Bottalico (Italia), alias Mago Ciccio, modeló un perro con un globo en 4,54 segundos en Cassano delle Murge (Bari, Italia), el 10 de noviembre de 2007.

MÁS...

★ GIROS APOYADO EN LA CABEZA

Aichi Ono (Japón) logró hacer 101 giros apoyado en la cabeza en un minuto en el plató de *Zheng Da Zong Yi – Guinness World Records Special* en Pekín (China), el 18 de septiembre de 2007.

● BESOS RECIBIDOS

Adrian Chiles (Reino Unido) recibió 78 besos en un minuto en *The One Show*, de la BBC 1, Londres (Reino Unido), el 8 de noviembre de 2007, durante la celebración del Día GWR.

★ CÁLCULOS MENTALES

Chen Ranran (China) resolvió ocho problemas aritméticos mentales en un minuto en el plató de *Zheng Da Zong Yi – Guinness World Records Special* en Pekín (China), el 2 de noviembre de 2007. Cada cálculo consistió en 11 números con un total de 120 dígitos. Los cálculos los entregó en un sobre cerrado la Abacus and Mental Arithmetics Federation.

★ MÁS BLOQUES DE MADERA PARTIDOS POR LA MITAD

El 23 de noviembre de 2007, Robert Ebner (Alemania) partió 70 bloques de madera por la mitad en 30 segundos en el plató de *Guinness World Records – Die Größten Weltrekorde* en Colonia (Alemania).

MALABARISMOS CON UNA MOTOSIERRA: MÁS LANZAMIENTOS

Aaron Gregg (Canadá) realizó un ejercicio de malabarismo con 3 motosierras encendidas, y consiguieron un total de 86 lanzamientos exitosos, en Portland (Oregon, EE. UU.), el 23 de septiembre de 2005. El modelo que usó fue un Echo CS-301.

★ LOS 100 METROS MÁS RÁPIDOS EN UN *SPACE HOPPER (MUJER)*

El 26 de septiembre de 2004, Dee McDougall (Reino Unido) cubrió 100 m en 39,88 s brincando en un *space hopper* en la Universidad de St. Andrews en Fife (Reino Unido).

● PATOS Y PATOS MACHOS

«Hacer el patito» consiste en arrojar una piedra lisa sobre la superficie del agua para que rebote varias veces. El récord del mayor número de veces consecutivas que una piedra ha rebotado en el agua es de 51 y lo ostenta Russell Byars. Lo consiguió en Riverfront Park, Franklin (Pensilvania, EE. UU.), el 19 de julio de 2007.

X-REF

Encontrará todo un universo de récords espaciales en el *GWR 2009*. Despegue con la **Tecnología espacial** (p. 28), mire las **Estrellas** (p. 18) y las **Galaxias y nebulosas** (p. 20), visite **Cuerpos celestes** (p. 22), y tenga un encuentro cercano con **Asteroides, cometas y meteoritos** (p. 24).

● Tocar un teclado:

70 h 57 min, Patricia Jones (EE. UU.), Teresa's Piano Gallery, Jacksonville (Florida, EE. UU.), 12-15 de noviembre de 2007.

● Cantar:

75 h, Marcus LaPratt (EE. UU.), Heartland Health Care Center, Allen Park (Michigan, EE. UU.), 28-31 de agosto de 2007.

● Malabarismos boca abajo (tres objetos):

2 min 11 s, Ashrita Furman (EE. UU.), Jamaica (Nueva York, EE. UU.), 24 de diciembre de 2007.

★ Harpa: 24 h 30 min, Laurita Pacheco (Perú), Hotel Bolivar, Lima (Perú), 20-21 de mayo de 2004.

Baile: 100 h, Suresh Joachim (Australia), Mississauga (Ontario, Canadá), 16-20 de febrero de 2005.

● Clase: 120 h, Jayasimha Ravirala (India), India, 24-29 de marzo de 2007.

★ EL MENOR TIEMPO EN RECORRER 5 KM SALTANDO SIN CUERDA

Ashrita Furman (EE. UU.) saltó durante una distancia de 5 km sin usar una cuerda en un tiempo de 35 min 19 s en el monasterio Wat Pa Luangta Yannasampanno Forest en Kanchanaburi (Tailandia), el 5 de febrero de 2007. Su actuación no fue en solitario, y parte de su viaje estuvo acompañado ¡de un tigre!

★ RÉCORD NUEVO
● RÉCORD ACTUALIZADO

MARATONES...

● Tambores:

85 h 30 min, Gery Jallo (Bélgica), Pakenhof (Heverlee, Bélgica), 22-25 de febrero de 2007.

★ Beatboxing:

24 h, Michael Krappel (Austria), Viena (Austria), 30 de septiembre de 2007.

● Karaoke:

38 h 30 min, Thomas Brian Jones (Reino Unido), Austria, Viena, 30 de septiembre de 2007.

MÁS MANZANAS CORTADAS EN EL AIRE CON UNA ESPADA

El maestro de artes marciales Kenneth Lee (EE. UU.) cortó 23 manzanas en el aire en un minuto con una espada de samurai en el plató de *Live With Regis & Kelly* en Nueva York (EE. UU.), el 14 de septiembre de 2006.

TRABAJO EN EQUIPO

★ MÁS BOLAS DE HELADO
LANZADAS Y RECOGIDAS EN UN MINUTO POR UN EQUIPO DE DOS

El lanzador Gabriele Soravia (izquierda) y el recogedor Lorenzo Soravia (ambos de Alemania) lanzaron y recogieron 25 bolas de helado en un minuto en el plató de *Guinness World Records – Die Größten Weltrekorde* en Colonia (Alemania), el 1 de septiembre de 2007.

LOS MÁS LARGOS...

● CONCIERTO (CON MUCHOS ARTISTAS)

Del 4 al 12 de noviembre de 2006, se celebró un concierto de 200 horas de duración en el Manhattan's Pizza Bistro y en el Music Club de Gelph (Ontario, Canadá).

★ CONGA SOBRE HIELO

El récord de la conga más larga sobre hielo reunió a 107 participantes y se consiguió en un acto organizado por la Universidad Leeds Metropolitan (Reino Unido), en la pista de hielo temporal al aire libre «Ice Cube» en la plaza del Millenium (Leeds, Reino Unido), el 1 de febrero de 2008.

★ ROLLO DE GRAFITIS

Un rollo de papel de 609,6 m de largo se cubrió de grafitis en la Bergen County Technical High School (EE. UU.) en Paramus (EE. UU.), el 2 de noviembre de 2007.

● MÁS GENTE CEPILLÁNDOSE LOS DIENTES A LA VEZ (EN VARIOS LUGARES)

Un total de 177.003 personas se cepillaron los dientes en 380 lugares de toda India durante un acto organizado por Colgate-Palmolive Ltd (India), el 9 de octubre de 2007.

MAYOR NÚMERO...

★ BAILARINES *EN POINTE*

Un total de 190 bailarines de ballet se congregaron en un acto organizado por la Reach for a Dream Foundation y el South African Ballet Theatre (ambos de Sudáfrica) en Pretoria (Sudáfrica), para situarse *en pointe* –es decir, sobre las puntas de los dedos de los pies– durante un minuto, el 25 de febrero de 2006.

● RECOLECTORES DE BASURA

El 7 de agosto de 2005, un proyecto de recolección de basura en la ciudad de Oita, Japón, atrajo a 146.679 voluntarios.

● PITUFOS EN EL MISMO EVENTO

Un total de 451 participantes se disfrazaron de pitufos para un evento organizado por la Universidad Warwick Students Union de Coventry (Reino Unido), el 20 de junio de 2007.

● PERSONAS EN EL INTERIOR DE UNA BURBUJA DE JABÓN

Fan Yang (Canadá) encerró a 42 personas en una burbuja en *Live and Regis and Kelly* en Nueva York (EE. UU.), el 7 de agosto de 2007.

● EL MAYOR CONJUNTO DE GUITARRA

Dirigidos por el grupo Party Blues in Bb, 1.802 guitarristas interpretaron juntos «Smoke on the Water», de Deep Purple, en Leinfelden-Echterdingen (Alemania), el 26 de junio de 2007.

●MAYOR CONCENTRACIÓN DE DALEKS

A los visitantes del Museo de la Ciencia y la Industria (MOSI) de Manchester (Reino Unido), el 26 de agosto de 2007 se les podía perdonar el haber pensado que la Tierra estaba siendo invadida por unos extraterrestres cuando 70 Daleks –en realidad, personas vestidas como Daleks del programa de televisión *Doctor Who*– descendieron del museo.

GRANDES CONCENTRACIONES

ACTO	PARTICIPANTES	UBICACIÓN	FECHA
★ Acto de *speed-dating*	120	Vienna (Austria)	30 sep 2007
★ Baile de *sirtaki*	268	Agia Napa (Chipre)	16 sep 2007
★ Clase de ballet (en barras)	551	Pretoria (Sudáfrica)	25 feb 2006
★ Grupo de *bodhran*	980	Sydney (Australia)	17 mar 2006
★ Grupo de cucharas	481	Saskatchewan (Canadá)	2 jun 2007
★ Grupo de *matouqin*	1.199	Jilin Provincia (China)	1 sep 2006
★ Grupo de ocarina	103	Les-Ponts-de-Martel (Suiza)	24 jun 2006
★ Grupo de trompeta	1.166	Oruro (Bolivia)	19 feb 2006
★ Reunión de Halloween	63	Somerville, MA (EE. UU.)	27 oct 2007
★ Reunión de juguetes suaves	2.304	Washington DC (EE. UU.)	6 dic 2006
★ Reunión de piratas	1.140	Soltau (Alemania)	2 jun 2007
● Baile por parejas	540	Hong Kong (China)	7 jul 2007
● Bunny hop	3.841	Delta, Utah (EE. UU.)	4 jul 2007
● Clase de música	1.577	Chicago (Illinois, EE. UU.)	7 ago 2007
● Grupo completo de batería	533	Seattle (Washington, EE. UU.)	13 may 2006
● Grupo de armónica	3.898	Trossingen (Alemania)	9 sep 2007
● Grupo de *kazoo*	2.600	Rochester (Nueva York, EE. UU.)	31 dic 2006
● Reunión de mascotas	119	Edmonton (Alberta, Canadá)	30 ago 2004
● Reunión escolar	3.299	Tacoma (Washington, EE. UU.)	16 sep 2006

●PELOTAS BOTADAS

El 17 de mayo de 2007, en los Juegos Juveniles BAA de Edimburgo, en el Meadowbank Sports Centre de Edimburgo (Reino Unido), 1.289 personas botaron pelotas de baloncesto simultáneamente.

★PERSONAS SILBANDO

El «Whistle Off » de WhiStle Radio, en el Strawberry Festival de Whitchurch-Stouffville atrajo a 199 personas, el 30 de junio de 2007.

★ESPANTAPÁJAROS

El 12 de octubre de 2003, se expusieron 3.311 espantapájaros en la Fiesta de las Flores y de la Agricultura de la Sociedad Hortícola de Cincinnati, en Coney Island (Ohio, EE. UU.).

★PERSONAS BAILANDO BAJO LA LLUVIA

El Rotary Club de Brisbane Planetarium organizó un baile con 113 aborígenes en el Royal National Association de Brisbane (Australia), el 11 de noviembre de 2007.

●MÁS GENTE BESÁNDOSE A LA VEZ

El beso más largo tuvo lugar en Westonsuper-Mare (Reino Unido), el 22 de julio de 2007, cuando 32.649 personas se besaron durante 1 min 20 s en el show de televisión *T4 On The Beach*.

★ RÉCORD NUEVO
● RÉCORD ACTUALIZADO

ESPÍRITU DE AVENTURA

SUMARIO

● LA MAYOR ALTITUD EN UNA CUERDA FLOJA

El 3 de agosto de 2006, Christian Schou (Noruega), que aparece en la imagen superior, caminó 12 m sobre una cuerda de 2,5 cm de ancho a 1.000 m sobre el suelo en Kjerag Lysefjorden (Noruega).

El 7 de octubre de 2007, Aleksandar Mork (Noruega, véase imagen) logró la misma hazaña.

ALREDEDOR DEL MUNDO

PRIMERA...

VUELTA AL MUNDO

El 20 de septiembre de 1519, el barco español *Vittoria* zarpó desde Sanlúcar de Barrameda (Andalucía, España), como parte de una expedición de cinco veleros dirigida por el explorador portugués Fernando Magallanes.

Bajo el mandato del navegante español Juan Sebastián de Elcano, el *Vittoria* dobló el cabo de Hornos, cruzó el Pacífico por las Filipinas y volvió a Europa, llegando a Sevilla (España), el 8 de septiembre de 1522.

El objetivo de este viaje era saquear las riquezas de las islas Molucas y entregar el botín al monarca español Carlos V. Conforme avanzaba el viaje, la flota sufrió enormes pérdidas y el propio Magallanes murió en una batalla tribal en Filipinas, el 27 de abril de 1521.

★ LA VUELTA AL MUNDO MÁS RÁPIDA POR MAR EN SOLITARIO

Francis Joyon (Francia) navegó alrededor del mundo sola y sin paradas en 57 días 13 h 34 min 6 s, desde el 23 de noviembre de 2007 hasta el 20 de enero de 2008, en el maxitrimarán *IDEC II* de 29,5 m de eslora. Joyon empezó y acabó su viaje de 38.900 km en Brest (Francia); batió el récord anterior de Ellen MacArthur (Reino Unido) en 14 días.

LOS PIONEROS

La primera vuelta al mundo en avión Dos hidroaviones Douglas DWC de la armada de EE. UU. dieron la vuelta al mundo en 57 «saltos» entre el 6 de abril y el 28 de septiembre de 1924, empezando y acabando en Seattle, Washington DC (EE. UU.). El *Chicago* estaba pilotado por los tenientes Lowell H. Smith y Leslie P. Arnold, y el *New Orleans* por los tenientes Erik H. Nelson y John Harding (todos de EE. UU.). El tiempo de vuelo para el viaje de 42.398 km fue de 371 h 11 min.

La primera vuelta en aeroplano sin repostar Richard G. «Dick» Rutan y Jeana Yeager (ambos de EE. UU.) dieron la vuelta al mundo en dirección oeste desde la Base de la Fuerza Aérea de Edwards (California, EE. UU.), sin repostar en nueve días, del 14 al 23 de diciembre de 1986.

La primera vuelta en avión pasando por los dos polos El capitán Elgen M. Long (EE. UU.) logró realizar el primer vuelo circumpolar en un Piper PA-31 Navajo con dos motores, desde el 5 de noviembre hasta el 3 de diciembre de 1971, cubriendo 62.597 km en 215 horas de vuelo.

La primera mujer en navegar alrededor del mundo (en solitario, sin paradas) Kay Cottee (Australia) zarpó de Sydney (Australia), el 29 de noviembre de 1987 en su yate de 11 m de eslora *First Lady*, y volvió allí 189 días después, el 5 de junio de 1989.

★ RÉCORD NUEVO
● RÉCORD ACTUALIZADO

Cuando la expedición partió de las islas Molucas, dos barcos se quedaron, pero sólo el *Vittoria* de Elcano, con 18 de los 270 tripulantes originales, logró regresar a España.

VUELTA AL MUNDO EN AVIÓN EN SOLITARIO

Wiley Post (EE. UU.) realizó el primer vuelo en solitario alrededor del mundo entre el 15 y 22 de julio de 1933 en un

Lockheed Vega llamado *Winnie Mae*. Post iba acompañado en el vuelo por el navegante Harold Gatty (Australia). La pareja hizo 14 paradas en un viaje que cubrió 25.089 km, empezando y acabando en Roosevelt Field, en Long Island (Nueva York, EE. UU.), y tardaron 8 días 15 h y 51 min en completarlo.

VUELTA AL MUNDO POR SUPERFICIE PASANDO POR LOS DOS POLOS

Sir Ranulph Fiennes y Charles Burton (ambos de Reino Unido), de la British Trans-Globe Expedition, viajaron al sur desde Greenwich (Londres, Reino Unido), el 2 de septiembre de 1979, cruzaron el Polo Sur el 15 de diciembre de 1980, el Polo Norte el 10 de abril de 1982, y volvieron a Greenwich el 29 de agosto de 1982. Su viaje cubrió 56.000 km.

MÁS RÁPIDA...

VUELTA AL MUNDO EN BARCO A MOTOR

El *Cable & Wireless Adventurer* dio la vuelta al mundo en 74 días 20 h 58 min 30 s, entre el 19 de abril y el 3 de julio de 1998. El velero, de 35,05 m de eslora, estaba capitaneado por Ian Bosworth (Reino Unido), y recorrió más de 41.841 km.

★ LA PRIMERA VUELTA AL MUNDO EN HELICÓPTERO PASANDO POR LOS DOS POLOS

El récord de la primera (y la **más rápida**) vuelta al mundo pasando por los dos polos en helicóptero lo consiguieron Jennifer Murray y Colin Bodill (ambos del Reino Unido), del 5 de diciembre de 2006 al 23 de mayo de 2007, en un helicóptero Bell 407. El viaje empezó y acabó en Fort Worth (Texas, EE. UU.).

MENOS COMBUSTIBLE EN UNA VUELTA AL MUNDO EN COCHE

Usando la nueva fórmula de combustible económico de Shell y al volante de un coche sin modificar, John y Helen Taylor (ambos de Australia) dieron la vuelta al globo entre el 17 de enero y el 4 de abril de 2006 –cubriendo un mínimo de 28.970 km– en tan sólo 24 repostajes.

● VUELTA AL MUNDO POR MAR EN SOLITARIO (MUJER)

Ellen MacArthur (Reino Unido) navegó en solitario y sin paradas alrededor del mundo en 71 días 14 h 18 min 33 s, desde el 28 de noviembre de 2004 hasta el 7 de febrero de 2005, en el trimarán *B&Q*. Se hizo a la mar en Ushant (Francia), dobló el cabo de Buena Esperanza (Sudáfrica), navegó al sur de Australia y dobló el cabo de Hornos (Argentina), antes de regresar a Ushant por el Atlántico.

VUELTA AL MUNDO EN COCHE

El récord de la primera y más rápida vuelta al mundo en coche establecido por un hombre y una mujer, atravesando seis continentes conforme a las reglas vigentes en 1989 y 1991, y con un recorrido total superior a la longitud del ecuador (40.075 km), lo poseen Saloo Choudhury y su esposa Neena Choudhury (ambos de India). El viaje, con principio y fin en Delhi (India), duró 69 días 19 h 5 min, desde el 9 de septiembre hasta el 17 de noviembre de 1989. La pareja conducía un Hindustan «Contessa Classic».

VUELTA AL MUNDO EN AVIÓN PASANDO POR LOS DOS POLOS

Un Boeing 747 SP pilotado por el capitán Walter H. Mullikin (EE. UU.) completó una vuelta aérea al mundo pasando por los dos polos geográficos en 54 h 7 min 12 s (incluidas las paradas de repostaje) entre el 28 y el 31 de octubre de 1977. El viaje empezó y acabó en San Francisco, EE. UU., con paradas en Ciudad del Cabo (Sudáfrica) y Auckland (Nueva Zelanda).

● VUELTA AL MUNDO MÁS RÁPIDA EN BICICLETA

Mark Beaumont (Reino Unido) dio la vuelta al mundo en bicicleta en 194 días 17 h, cubriendo una distancia de 29.445,81 km. El viaje empezó y acabó en París (Francia), desde el 5 de agosto de 2007 hasta el 15 de febrero de 2008, y pasó por Europa, Pakistán, Malasia, Australia, Nueva Zelanda y EE. UU.

VIAJES ÉPICOS

BEBÉ DE AGUA

Como parte de la tripulación de cuatro miembros del *All Relative*, Martin Adkin (Reino Unido, nacido el 7 de enero de 1986) se convirtió en la **persona más joven en cruzar a remo un océano**. Atravesó el Atlántico (de este a oeste), tras salir de las islas Canarias el 30 de noviembre de 2005 y llegar a Antigua el 8 de enero de 2006. Martin tenía 19 años 327 días cuando empezó la travesía.

★EL BOTE DE REMOS MÁS PEQUEÑO EN ATRAVESAR UN OCÉANO

Graham Walters (Reino Unido) cruzó el Atlántico, de este a oeste, entre el 3 de febrero y el 13 de mayo de 2007 con su barco de remos *Puffin*, de 4,65 m de eslora y una manga de 1,65 m.

★EL CRUCE A NADO DE IDA Y VUELTA MÁS RÁPIDO DEL CANAL DE LA MANCHA EN RELEVOS (FEMENINO)

Lo hizo en 18 h 59 min el equipo de seis mujeres Altamar 66K (todas de México), el 10 de agosto de 2007.

CAMPEONES DEL CANAL

La persona más joven en cruzar a nado el canal de la Mancha es Thomas Gregory (Reino Unido, nacido el 6 de octubre de 1976); tenía 11 años 336 días cuando consiguió la proeza en 11 h 54 min, el 6 de septiembre de 1988.

La **mujer más joven en cruzar a nado el canal de la Mancha** es Samantha Druce (Reino Unido, nacida el 22 de abril de 1971); completó el cruce en 15 h 27 min, con 12 años 118 días, el 18 de agosto de 1983. *(Nota: la legislación actual establece que la edad mínima para cruzar a nado el canal de la Mancha es de 16 años).*

La **persona más mayor en cruzar a nado el canal de la Mancha** fue George Brunstad (EE. UU., nacido el 25 de agosto de 1934), que tenía 70 años 4 días cuando nadó desde Dover (Reino Unido), a Sangatte (Francia), en 15 h 59 min, el 29 de agosto de 2004.

Linda Ashmore (Reino Unido, nacida el 21 de octubre de 1946) es la ●**mujer más mayor en cruzar a nado el canal de la Mancha**. Nadó de Inglaterra a Francia en 15 h 11 min, con 60 años 302 días, el 19 de agosto de 2007.

El ★**mayor número de cruces a nado del canal de la Mancha completados por un nadador masculino** es de 34; la proeza la realizó Kevin Murphy (Reino Unido) entre 1968 y 2006.

La reina del canal de la Mancha, es decir, la ★**nadadora que ha cruzado el canal de la Mancha más veces** es Alison Streeter (Reino Unido), con 43 cruces desde 1982 hasta el 24 de julio de 2004 (incluida la cifra récord de siete veces en un año, en 1992). También ostenta el récord de ★**mayor número de travesías del canal de la Mancha de una persona**.

●LA TRAVESÍA MÁS LARGA A NADO

Entre el 10 de junio y el 30 de julio de 2004, Martin Strel (Eslovenia) recorrió a nado todo el río Yangtsé en China, cubriendo una distancia récord de 4.003 km.

●LA TRAVESÍA A REMO MÁS RÁPIDA DEL ATLÁNTICO

Dirigida por Leven Brown (Reino Unido), la tripulación de *La Mondiale*, formada por 14 hombres de Reino Unido e Irlanda, atravesó el Atlántico en 33 días 7 h 30 min. El equipo remó de este a oeste, saliendo de Puerto Mogan (Gran Canaria, España), el 15 de diciembre de 2007 y llegando a Port St. Charles (Barbados), el 17 de enero de 2008.

EL MARAVILLOSO WEBB

La **primera persona en cruzar a nado el canal de la Mancha** de orilla a orilla (sin chaleco salvavidas) fue el capitán de la marina mercante Matthew Webb (Reino Unido), que nadó 61 km para recorrer la distancia de 33 km de Dover (Reino Unido) a las playas de Calais (Francia) en 21 h 45 min, desde las 12.56 h hasta las 10.41 h, los días 24 y 25 de agosto de 1875. Unas fuertes corrientes junto al cabo Gris Nez retrasaron la llegada de Webb a Francia cinco horas.

★ RÉCORD NUEVO
● RÉCORD ACTUALIZADO

LOS MÁS RÁPIDOS EN CRUZAR A NADO EL CANAL DE LA MANCHA

El ●cruce a nado más rápido del canal de la Mancha y el ●cruce a nado más rápido de la **ruta Inglaterra-Francia** es de 6 h 57 min 50 s, y lo realizó Petar Stoychev (Bulgaria), que atravesó desde Shakespeare Beach (Reino Unido) hasta cabo Gris Nez (Francia), el 24 de agosto de 2007.

El ●cruce a nado en un único sentido más rápido del canal de la Mancha de una mujer (7 h 25 min) es de Yvetta Hlavacova (República Checa), de Inglaterra a Francia, el 5 de agosto de 2006.

★ LA PERSONA MÁS MAYOR EN CRUZAR A REMO CUALQUIER OCÉANO

Pavel Rezvoy (Ucrania, nacido el 28 de noviembre de 1938) cruzó el océano Índico a remo en su barco *Ukraine*. Salió de las islas Cocos (Keeling, Australia), el 13 de septiembre de 2005, con 66 años 289 días, y llegó a las islas Mahe (Seychelles), el 9 de noviembre de 2005.

CRUCES OCEÁNICOS MÁS RÁPIDOS EN EMBARCACIONES PROPULSADAS POR ENERGÍA SOLAR

El ★cruce trasatlántico **más rápido hecho con una embarcación propulsada con energía solar** es de 29 días del *sun21* (Suiza) y su tripulación de cinco desde Las Palmas (Gran Canaria) a Le Mari (Martinica), del 4 de enero al 2 de febrero de 2007. Kenichi Horie (Japón) realizó el cruce más rápido del océano Pacífico con energía solar cuando viajó 16.092 km desde Salinas (Ecuador) a Tokio, (Japón), en 148 días, entre el 20 de marzo y el 5 de agosto de 1996.

LA TRAVESÍA A REMO MÁS RÁPIDA DEL SUR DEL PACÍFICO (DE ESTE A OESTE) EN SOLITARIO

Jim Shekhdar (Reino Unido) cruzó a remo el sur del Pacífico en solitario en 273 días 13 h 12 min, empezando en Ilo (Perú), el 29 de junio de 2000, y finalizando cerca de Brisbane (Australia), el 30 de marzo de 2001. Realizó la travesía, estimada en 14.650 km, sin apoyo exterior en su barco customizado *Le Shark*, de 10 m de eslora.

★ EL MÁS RÁPIDO EN NAVEGAR DESDE SAN FRANCISCO A TOKIO EN SOLITARIO (MASCULINO)

Peter Hogg (Nueva Zelanda) navegó sin ayuda de San Francisco (EE. UU.) a Tokio (Japón), en un tiempo de 34 días, 6 h 26 min, entre el 13 de abril de 1992 y el 19 de mayo de 1992.

★ LA TRAVESÍA MÁS LARGA SIN PARADAS EN UN BARCO PLANO

La travesía más larga sin paradas por el océano en un barco plano (una embarcación de fondo plano con extremos cuadrados) fue de 1.245,63 km. La realizaron Ralph y Robert Brown (ambos de EE. UU.), que viajaron desde St. George (Bermuda) hasta el puerto de Nueva York (EE. UU.), del 9 al 11 de mayo de 2007.

PRIMER CRUCE DEL CANAL (FEMENINO)

La primera mujer que cruzó a nado con éxito el canal de la Mancha fue Gertrude Caroline Ederle (EE. UU., nacida el 23 de octubre de 1906), quien nadó desde cabo Gris Nez (Francia) hasta Deal (Reino Unido), el 6 de agosto de 1926, en un tiempo de 14 h 39 min.

VIAJES ÉPICOS

EN EL ALA

El **vuelo pilotado sin escalas más largo** fue realizado por Steve Fossett (EE. UU.), que voló 42.469,4 km en el *Virgin Atlantic GlobalFlyer*. Fossett despegó del Kennedy Space Center, Florida (EE. UU.), el 8 de febrero de 2006, y aterrizó 76 h 45 min después en Bournemouth, Dorset (Reino Unido), el 11 de febrero de 2006. Con esta proeza batió el récord anterior, conseguido por el globo aerostático *Breitling Orbiter 3*, por 165,4 km.

● EL VIAJE MÁS LARGO EN UN RICKSHAW MOTORIZADO

Susi Bemsel y Daniel Snaider (ambos de Alemania) recorrieron 37.410 km de Bangkok (Tailandia) a Eichstätt (Alemania), entre el 8 de febrero y el 17 de diciembre de 2005. Visitaron Tailandia, Laos, Camboya, Japón, Rusia, Mongolia, Kazakistán, Kirguistán, Uzbekistán, Turkmenistán, Irán, Turquía, Siria, Jordania, Egipto, Libia, Túnez, Italia, Francia, España y Alemania.

● EL PEREGRINAJE MÁS LARGO

La mayor distancia recorrida en un peregrinaje «alrededor del mundo» es de 60.353 km, recorrida por Arthur Blessitt (EE. UU.), desde el 25 de diciembre de 1969. Ha visitado los siete continentes, ha atravesado 310 «naciones, grupos de islas y territorios» portando una cruz de madera de 3,7 m de altura y predicando con la Biblia a lo largo de todo el camino.

EL VIAJE MÁS LARGO EN TAXI

El viaje en taxi más largo del que se tiene constancia cubrió 34.908 km y costó 64.645 dólares. Jeremy Levine, Mark Aylett (ambos de Reino Unido) y Carlos Arrese (España) viajaron desde Londres (Reino Unido) a Ciudad del Cabo (Sudáfrica) y vuelta en taxi, del 3 de junio al 17 de octubre de 1994.

EL TRAYECTO MÁS LARGO EN MOTOCICLETA (DISTANCIA)

Emilio Scotto de Buenos Aires (Argentina) completó el viaje más largo a bordo de una motocicleta, cubriendo más de 735.000 km y 214 países y territorios, del 17 de enero de 1985 al 2 de abril de 1995.

● EL VIAJE MÁS LARGO EN AUTOMÓVIL

Emil y Liliana Schmid (ambos de Suiza) han recorrido 617.359 km en su Toyota Land Cruiser, desde el 16 de octubre de 1984, cruzando 156 países y territorios en el trayecto.

★ EL PRIMER CRUCE POR TIERRA DEL AGUJERO DE DARIÉN

Richard E. Bevir (Reino Unido) y Terence John Whitfield (Australia) realizaron el primer cruce por tierra del agujero de Darién en su Land Rover *La Cucaracha* durante la expedición Trans Darien. El agujero, que consiste en una densa jungla y numerosos ríos, es famoso por ser la porción «perdida» de la carretera panamericana que une Norteamérica y Sudamérica. Salieron de Chepo (Panamá), el 3 de junio, y llegaron a Quibdo (Colombia), el 17 de junio de 1960.

MAYOR DISTANCIA RECORRIDA EN GLOBO

El récord de distancia oficial de la Fédération Aéronautique Internationale (FAI) de un globo aerostático pilotado es de 40.814 km. Fue establecido por Bertrand Piccard (Suiza) y Brian Jones (Reino Unido), quienes pilotaron el *Breitling Orbiter 3*, del 1 al 21 de marzo de 1999.

★ RÉCORD NUEVO
● RÉCORD ACTUALIZADO

● EL VIAJE MÁS RÁPIDO A PIE POR AUSTRALIA (DE PERTH A SIDNEY)

Donnie Maclurcan (Australia) completó el viaje más rápido a pie por Australia al atravesar el territorio continental de Cottesloe Beach, Perth (Australia occidental) a Bondi Beach, Sidney (Nueva Gales del Sur), en 67 días 2 h 57 min, del 5 de enero al 13 de marzo de 2002.

DATO

Ante casi 12 millones de australianos, la carrera de Donnie Maclurcan logró recaudar 30.000 dólares australianos para la labor solidaria internacional de recuperación de la vista que lleva a cabo la Fred Hollows Foundation.

★ LA MAYOR DISTANCIA RECORRIDA EN UN MONOPATÍN EN 24 HORAS

James Peters (EE. UU.) cubrió 296,12 km en monopatín en 24 horas en Seattle (Washington, EE. UU.), el 11 de mayo de 2007.

★ LA MAYOR DISTANCIA EN UNA MOTOCICLETA EN 24 HORAS (INDIVIDUAL)

Eduardo Vergara Schaffner (Uruguay) recorrió 1.508,89 km en motocicleta en 24 horas, los días 2-3 de noviembre de 2002, en Colonia (Uruguay). Viajó a una velocidad media de 63 km/h en una moto Vince Lifan de 125 cc.

EL VIAJE MÁS LARGO EN CARAVANA

Harry B. Coleman y Peggy Larson viajaron 231.288 km en un Volkswagen Camper entre el 20 de agosto de 1976 y el 20 de abril de 1978. Su viaje les llevó por 113 países.

★ LA MAYOR DISTANCIA EN UN VEHÍCULO IMPULSADO POR EL HOMBRE (24 HORAS)

La mayor distancia recorrida en un vehículo impulsado por el hombre en un período de 24 horas es de 1.041,24 km, conseguido por Greg Kolodziejzyk (Canadá) en la Redwood Acres Raceway de Eureka, Alberta, (Canadá), el 18 de julio de 2006.

SIR RICHARD BRANSON RECUERDA A STEVE FOSSETT

Steve Fossett (EE. UU.), poseedor de múltiples récords del mundo, desapareció el 3 de septiembre de 2007, mientras volaba por el noroeste de Nevada (EE. UU.). A pesar de la búsqueda en cientos de metros cuadrados, su avioneta nunca se pudo encontrar y fue declarado oficialmente muerto el 26 de febrero de 2008. Su amigo y compañero poseedor de récords, Sir Richard Branson (Reino Unido, en la fotografía de abajo, a la derecha) comparte algunos de los recuerdos que guarda de Steve:

Conocí a Steve Fossett por primera vez una helada noche de enero en el Busch Stadium de St. Louis. Estaba a punto de intentar dar la vuelta al mundo en solitario en globo y, aunque éramos rivales, decidí considerarlo con ese espíritu de deportividad que todavía habita en el mundo de los récords. Me acerqué a su globo mientras un equipo de televisión se aproximaba y empecé a hablar con un hombre que pensé que era parte de su tripulación. Le dije que uno debía estar bastante loco para probarse a sí mismo de esa manera. El tranquilo americano que se encontraba delante de mí me miró con lástima y dijo: «Yo soy Steve Fossett».

Ése fue el principio de una larga y cercana amistad con una de las personas más generosas, con buen carácter y amables que he conocido, pero también uno de los aventureros y exploradores más valientes y decididos de todos los tiempos. Steve contaba con más récords del mundo de aventura que ningún otro ser humano. Empezó de manera modesta, atravesando a nado el canal de la Mancha en 1985. Los 22 años siguientes se hizo con más de 115 récords en aviación, vuelo sin motor, globos, navegación, montañismo, esquí, triatlón e incluso en carreras de trineos con perros. Era sinceramente el aventurero entre los aventureros.

En ningún otro proyecto que Steve puso en marcha demostró tener más habilidad que durante su vuelta al globo a bordo del *Virgin Atlantic GlobalFlyer*. Más tarde relató en su autobiografía, *Chasing the Wind*, que éste era uno de los logros de los que estaba más orgulloso. La avioneta, que se expone en el Smithsonian Institute, era un jet fabricado con fibra de carbono, que abrió las puertas de una nueva tecnología, eficiente energéticamente, y que ahora desarrollan Boeing y Airbus. Steve demostró que era posible volar con seguridad en un ultraligero a gran altura usando una mezcla de combustible con alta proporción de aire. Lo hizo sentado solo durante tres días y cuatro noches sin descanso (aparte de algunas de sus legendarias cabezadas) en condiciones meteorológicas adversas y a alturas superiores a los 50.000 pies; fuera de su minúscula cabina de Perspex la temperatura era de 80 grados bajo cero.

Steve fue un verdadero plusmarquista de récords, un hombre que se probó no sólo a sí mismo, sino que, gracias a sus intentos, probó nuevas tecnologías ecológicas y materiales hasta el límite. De verdad, se le va a echar de menos, no sólo todos aquellos que le conocíamos, sino los millones de personas en todo el mundo que se sentían intimidados por un hombre que creía que los récords mundiales estaban para ser batidos. Y eso es precisamente lo que hizo.

PIONEROS POLARES

★ EL MÁS RÁPIDO EN LLEGAR A LOS «TRES POLOS»

Adrian Hayes (Reino Unido) alcanzó los tres puntos más extremos de la Tierra, el monte Everest, el Polo Norte y el Polo Sur (también conocidos como los Tres Polos), en menos tiempo: 1 año y 217 días. Hayes coronó el Everest el 25 de mayo de 2006, llegó al Polo Norte el 25 de abril de 2007 (desde la isla de Ward Hunt, Canadá) y finalmente alcanzó el Polo Sur, partiendo desde Hercules Inlet, el 28 de diciembre de 2007.

★ LA PERSONA MÁS MAYOR EN VISITAR EL POLO NORTE

Dorothy Davenhill Hirsch (EE. UU., nacida el 11 de mayo de 1915) llegó al Polo Norte a bordo del rompehielos nuclear ruso *Yamal*, el 28 de agosto de 2004.

LA EXPEDICIÓN MÁS RÁPIDA EN SOLITARIO Y SIN AYUDA AL POLO NORTE

Børge Ousland (Noruega) llegó esquiando hasta el Polo Norte desde el archipiélago Severnaya Zemlya, situado en la Federación Rusa, sin ayuda externa en 52 días, entre el 2 de marzo y el 23 de abril de 1994. También fue la **primera persona en realizar un viaje en solitario y sin ayuda al Polo Norte desde tierra firme**.

PRIMERA EXPEDICIÓN EN SOLITARIO AL POLO SUR

Erling Kagge (Noruega) fue la primera persona en llegar al Polo Sur andando en solitario y sin asistencia, el 7 de enero de 1993, con 29 años. Su viaje de 1.400 km desde la isla de Berkner duró 50 días.

EL VIAJE MÁS RÁPIDO POR SUPERFICIE AL POLO NORTE

Una expedición formada por Tom Avery (Reino Unido), Matty McNair (Canadá), Andrew Gerber (Sudáfrica), George Wells (Reino Unido) y Hugh Dale-Harris (Canadá), acompañados por un equipo de 16 perros Husky, alcanzó el Polo Norte el 26 de abril de 2005, después de viajar durante 36 días 22 h 11 min. El equipo, que partió desde el cabo Columbia en la isla de Ellesmere, en la zona ártica de Canadá, intentaba recrear tan fielmente como fuera posible la disputada expedición del explorador americano Robert Peary (*véase página siguiente*) de 1909. Igual que Peary, la expedición hizo cuatro reabastecimientos en el camino.

EL VIAJE MÁS RÁPIDO EN SOLITARIO Y CON LA AYUDA DE UNA COMETA AL POLO SUR

Børge Ousland (Noruega) viajó al Polo Sur en esquís, con la ayuda de una cometa *parafoil*, en 34 días, entre el 15 de noviembre y el 19 de diciembre de 1996. El viaje fue en solitario y sin ayuda exterior.

★ **RÉCORD NUEVO**
● **RÉCORD ACTUALIZADO**

He dado las gracias a Dios muchas veces por un bocado de perro crudo.
Explorador polar Robert Peary (EE. UU., 1856-1920)

LA PRIMERA PERSONA EN VISITAR AMBOS POLOS

El Dr. Albert Paddock Crary (EE. UU., 1911-1987), un geofísico y glaciólogo polar, llegó al Polo Norte en un avión Dakota, el 3 de mayo de 1952. El 12 de febrero de 1961, llegó al Polo Sur en un Sno Cat con un grupo científico que había partido desde la estación de McMurdo, el 10 de diciembre de 1960.

EL PRIMER VUELO EN AVIÓN SOBRE LA ANTÁRTIDA

El primer vuelo de algo más pesado que el aire sobre la Antártida lo realizaron, el 16 de noviembre de 1928, sir Hubert Wilkins (Australia) y Carl Ben Eielson (EE. UU.), en un avión Lockheed Vega.

EL PRIMER VUELO SOBRE EL POLO SUR

El pionero aviador Richard Byrd (EE. UU.) fue el primero en sobrevolar el Polo Sur, el 29 de noviembre de 1929. El viaje de ida y vuelta desde la base de la expedición, situada en la placa de hielo Ross, duró 19 horas.

LA PRIMERA PERSONA EN LLEGAR AL POLO SUR

Encabezando un grupo noruego de cinco hombres, el capitán Roald Amundsen (Noruega, 1872-1928) alcanzó el Polo Sur el 14 de diciembre de 1911, a las 11.00 h, tras una marcha de 53 días con trineos tirados por perros desde la bahía de Whales.

LA PRIMERA PERSONA EN LLEGAR AL POLO NORTE

El título «primera persona en llegar al Polo Norte» ha sido muy polémico desde hace mucho tiempo, porque dos exploradores americanos reclamaron la hazaña a principios del s. XX. Robert Peary dirigió una expedición (*fotografía inferior*) con la que aseguró haber llegado al Polo Norte, el 6 de abril de 1909; sin embargo, Frederick Cook afirmó que había llegado un año antes, el 21 de abril de 1908.

PRIMERA EXPEDICIÓN EN SOLITARIO AL POLO NORTE

El explorador y montañista japonés Naomi Uemura (1941-1984) fue la primera persona en llegar al Polo Norte en un viaje en solitario por el hielo del mar Ártico, el 1 de mayo de 1978, a las 16.45 h. Había recorrido 725 km, desde que partió el 7 de marzo de 1978 del cabo Edward en la isla de Ellesmere, al norte de Canadá.

LOS POLOS

A menos que se especifique, los récords de estas páginas se refieren a los Polos Norte y Sur geográficos. Pero, ¿se ha dado cuenta de que, en realidad, hay ocho polos?

El **Polo Norte**, o **Polo Norte Geográfico**, es el punto más septentrional, o «Verdadero Norte». Este Polo flota en el hielo del mar, así que los exploradores deben usar un GPS (sistema de posicionamiento global) para señalar su ubicación. El **Polo Sur**, o **Polo Sur Geográfico**, es el punto más meridional de la superficie de la Tierra.

La Tierra tiene su propio campo magnético, creado por un núcleo de hierro y su movimiento giratorio. Los puntos norte y sur de este campo son el **Polo Norte Magnético** y el **Polo Sur Magnético**, respectivamente, que no son fijos y se mueven continuamente.

La Tierra, que rota en un eje inclinado de 11°, tiene un campo geomagnético que se comporta como si tuviera una barra magnética en su núcleo. El **Polo Norte Geomagnético** y el **Polo Sur Geomagnético** son los puntos más septentrional y más meridional de este campo, respectivamente.

El **Polo Norte de Inaccesibilidad** es el punto más alejado desde cualquier punto de la costa norte; es sencillamente una referencia geográfica, no un lugar geográfico. El **Polo Sur de Inaccesibilidad** marca el lugar más alejado desde cualquier costa del continente antártico.

RENDIMIENTO MÁXIMO

LAS CIMAS

TEl reto alpinista de las Siete Cumbres significa llegar a la cima de las montañas más altas de los siete continentes: África, Antártida, Asia, Norteamérica, Sudamérica, Europa y Oceanía. Pero ¿por qué hay ocho montañas y dos listas?

Según cómo se defina geográficamente un continente, hay dos montañas que se pueden considerar las más altas de Australia continental.

La Pirámide de Carstensz (o Puncak Jaya) es la montaña más alta de Oceanía, una región que incluye Australia, Nueva Zelanda y Nueva Guinea. Si Australia se considera el único país continental de la región (sin fronteras terrestres con otros países), entonces, el monte Kosciuszko, cerca de Sydney, es el pico más alto.

Para cualquier escalador es un gran reto alcanzar todas las cimas de cualquiera de las dos listas, pero a veces escogen hacer ambas para evitar suspicacias.

● EL ASCENSO MÁS RÁPIDO DE LAS SIETE CUMBRES (LISTA DE CARSTENSZ)

Daniel Griffith (Canadá) alcanzó las cimas de todos los continentes en 187 días entre el 24 de mayo de 2006, cuando subió al Everest en Nepal, y el 27 de noviembre del mismo año, cuando coronó el macizo Vinson (Antártida).

● EL CONCIERTO A MAYOR ALTURA

El 6 de agosto de 2007, Musikkapelle Roggenzell (compuesto por 10 músicos de Alemania y Bolivia) dio un concierto a 6.069 m de altura en el Monte Acotango (Bolivia).

★ LA PERSONA MÁS JOVEN EN ESCALAR LAS SIETE CUMBRES

Samantha Larson (EE. UU, nacida el 7 de octubre de 1988) se convirtió en la alpinista más joven en escalar las Siete Cumbres (lista de Kosciuszko) cuando coronó la séptima cima, el Everest, el 17 de mayo de 2007, con 18 años y 222 días. El 4 de agosto de 2007, con 18 años y 301 días, Samantha continuó ascendiendo a la Pirámide de Carstensz, y se convirtió en la ★persona más joven en realizar la versión Carstensz del desafío de las Siete Cumbres.

★ EL ASCENSO MÁS RÁPIDO DE LAS SIETE CUMBRES (LISTA DE KOSCIUSZKO)

Mastan Babu Malli (India) subió a la cumbre de cada continente en 172 días entre el 19 de enero de 2006, cuando coronó el macizo Vinson (Antártida), y el 10 de julio de 2006, cuando llegó a la cima del monte Denali (EE. UU.).

★ EL AÑO CON MÁS ASCENSOS AL EVEREST

En 2007 se llegó al récord de 526 ascensos del Everest. En total, sólo siete personas perdieron la vida.

EL ASCENSO MÁS RÁPIDO DEL EVEREST (CARA NORTE)

Hans Kammerlander (Italia) fue el más rápido en alcanzar la cima del Everest por el lado norte, realizando el ascenso desde el campo base hasta la cumbre en 16 h 45 m, los días 23 y 24 de mayo de 1996.

MACIZO VINSON
Con 4.892 m, es la montaña más alta de la Antártida; se encuentra en la cordillera Sentinel, a 1.200 km del Polo Sur.

ELBRÚS
La montaña más alta de Europa tiene una altura de 5.642 m y se encuentra en el Cáucaso (Rusia).

PIRÁMIDE DE CARSTENSZ
La montaña más elevada de Oceanía, con 4.884 m, se encuentra en la isla Indonesia de Nueva Guinea. La cima se conoce como Puncak Jaya.

EL CAPITÁN
Situado en el interior del Parque Nacional de Yosemite (California, EE. UU.), El Capitán es una gigantesca formación rocosa de 2.307 m de altitud.

KOSCIUSZKO
Bautizada en honor de un militar polaco, la montaña más alta de Australia tiene 2.228 m, y está situada en la Gran Cordillera Divisoria.

●LA MUJER MÁS MAYOR EN ESCALAR LAS SIETE CUMBRES (LISTA DE KOSCIUSZKO)

Jeanne Stawiecki (EE. UU, nacida el 24 de junio de 1950) se convirtió en la mujer más mayor en escalar las Siete Cumbres, incluido el monte Kosciuszko, cuando completó su último ascenso (Everest, Nepal) el 22 de mayo de 2007, con 57 años 36 días.

●LA ALTURA MÁXIMA ALCANZADA EN COCHE

Gonzalo Bravo y Eduardo Canales (ambos de Chile) condujeron su Suzuki Samurai de 1986 modificado a una altura de 6.688 m, por las colinas del volcán Ojos del Salado, cerca del desierto de Atacama (Chile), el 21 de abril de 2007.

DATO

En alpinismo, la «zona muerta» se refiere a la altura que sobrepasa los 8.000 m, en los que el cuerpo humano ya no se puede adaptar a las condiciones climatológicas. En otras palabras, ¡uno empieza a morir!

EL ASCENSO MÁS RÁPIDO DEL EVEREST (CARA SUR)

Pemba Dorje Sherpa (Nepal) ascendió desde el campo base hasta la cima del Everest en 8 h 10 min, el 21 de mayo de 2004. Se trata del ascenso más rápido del techo del mundo en toda la historia.

MÁS SUBIDAS AL MONTE EVEREST DE UNA MUJER

Lakpa Sherpa (Nepal) coronó la cima del monte Everest por quinta vez el 2 de junio de 2005. Lo logró junto a su marido, George Demarescu (EE. UU.), que completó a su vez su séptimo ascenso a la montaña más alta del mundo.

★ LA PRIMERA ASCENSIÓN DEL K2 (CARA OCCIDENTAL)

Los rusos Andrew Mariev y Vadim Popovich completaron el primer ascenso de la despiadada vertiente occidental del K2. La expedición, dirigida por Viktor Kozlov (Rusia), alcanzó la cima de 8.500 m el 21 de agosto de 2007, tras un agotador ascenso que duró 10 semanas.

●LA CIMA MÁS ELEVADA NO CORONADA

Con 7.570 m, el Gangkar Punsum, en Bután, en la posición número 40 de las montañas más altas del mundo, es la cumbre más elevada que todavía no ha sido alcanzada. En la década de 1980 se realizaron varios intentos infructuosos. En 1994 el país declaró una prohibición parcial de escalar montañas. Desde 2003, por motivos religiosos, el montañismo en Bután está completamente prohibido lo que significa que podría no ser coronado en muchos años.

La cima más alta todavía no coronada donde no está prohibido el montañismo es el Saser Kangri II (cara este) en la Cachemira india, que alcanza los 7.518 m.

●LA PERSONA MÁS MAYOR EN ESCALAR EL EVEREST

Katsusuke Yanagisawa (Japón, nacido el 20 de marzo de 1936), un antiguo profesor de escuela, alcanzó la cima del lado norte con el equipo Himex, el 22 de mayo de 2007, con 71 años 63 días.

★ RÉCORD NUEVO
●RÉCORD ACTUALIZADO

KILIMANJARO

Extendiéndose por encima de las llanuras africanas de Tanzania, el «Kili» tiene una altura de 5.895 m. Está considerado un estratovolcán inactivo, aunque en realidad no se tiene noticia de ninguna erupción.

DENALI

La montaña más alta de Norteamérica también se conoce como McKinley. Esta montaña de Alaska tiene una altitud de 6.194 m.

ACONCAGUA

El punto más elevado de Sudamérica está en la cordillera montañosa de los Andes argentinos, y mide 6.962 m. El primer ascenso a la cima data del 14 de enero de 1897.

K2

Con 8.611 m, el K2, en la cordillera de Karakoram en la frontera entre Pakistán y China, es la segunda montaña más alta del mundo. El primer ascenso a la cima data del 31 de julio de 1954.

EVEREST

La montaña más alta del mundo, con 8.848 m, está en la región asiática del Himalaya. También se conoce como Sagarmatha y Chomolungma.

VIDA MODERNA

SUMARIO

EL PERRO VIVO MÁS LARGO

Con una longitud de 232 cm desde el hocico hasta la punta de la cola, Mon Ami von der Oelmühle es el perro vivo más largo del mundo. El lebrel irlandés fue criado por Jürgen Rösner (en la imagen) y pertenece a Joachim y Elke Müller de Wegberg-Arsbeck (Alemania).

COLECCIONES

★ TELÉFONOS

El 20 de abril de 2007, Zhang Dafang (China) tenía una colección de más de 600 teléfonos de todas las épocas y de todo el mundo, incluido uno con la forma de una botella de whisky. Su pieza más antigua data de 1900, y la encontró en un mercadillo ruso.

★ CAMPANAS

Myrtle B. Eldridge (EE. UU.) tiene 9.638 campanas que ha coleccionado desde la década de 1980.

● JUEGOS DE MESA

El 21 de febrero de 2007, Brian Arnett (EE. UU.) tenía 1.345 juegos de mesa distintos. Empezó su colección en 1996.

★ VELAS

Kathrin Koch (Alemania) había reunido 1.820 velas diferentes, el 3 de mayo de 2007. Empezó su colección en 1993.

● TRÉBOLES DE CUATRO HOJAS

Edward Martin Sr (EE. UU.) colecciona tréboles de cuatro hojas desde 1999; en mayo de 2007 había logrado reunir 111.060 de ellos.

★ MARIQUITAS

En noviembre de 2007, Sheri Gartner (EE. UU.) había reunido una colección de 2.050 objetos relacionados con las mariquitas.

● COCHES MINIATURA

Michael Zarnock (EE. UU.) tenía una colección de 8.128 coches miniatura diferentes de Hot Wheels, el 14 de febrero de 2007. Comenzó su colección en 1968.

X-REF

En enero de 2001, profesores y estudiantes de la escuela St. Joseph en Cairo (Illinois, EE.UU.) hicieron el **rosario más grande**, que medía 52,9 m de largo. Para conocer más récords de tamaño poco común, consulte el apartado **Cosas grandes** en la p. 148.

● EL MAYOR NÚMERO DE ROSARIOS

Mohammed Yahya Al-Aseeri (Arabia Saudí) tenía una colección de 3.220 rosarios, el 31 de agosto de 2007. Aunque están muy vinculados al catolicismo, también son comunes en otras religiones.

● COLECCIÓN MÁS GRANDE DE MÁSCARAS

Gerold Weschenmoser (Alemania) poseía más de 5.121 máscaras diferentes, el 22 de enero de 2008 (¡incluso posee una con su propia cara!). Empezó a coleccionarlas en 1957.

Queríamos compartir los ángeles con más gente de la que podíamos acoger en casa...

Joyce Berg (EE. UU.), copropietaria de la colección más grande de ángeles y cofundadora del Museo de los Ángeles en Beloit (Wisconsin, EE. UU.)

TOP 20 DE LAS COLECCIONES GWR MÁS EXTRAÑAS

COLECCIÓN	CANTIDAD	POSEEDOR (NACIONALIDAD)
★ Ángeles	13.165	Joyce y Lowell Berg (EE. UU.)
★ Belenes navideños	874	Sue Koenig (EE.UU.)
★ Billetes de autobús	21.000	G. Vasanthakumar (India)
● Bolsas para el vómito	5.180	Niek Vermeulen (Países Bajos)
Cortacéspedes antiguos	790	Andrew Hall y Michael Duck (Reino Unido)
Cortauñas	505	Andrè Ludwick (Sudáfrica)
★ Etiquetas de bolsas de té	8.661	Felix Rotter (Alemania)
Etiquetas de cajas de cerillas	743.512	Teiichi Yoshizawa (Japón)
★ Fichas de casinos	374	Bruce y Sue Wunder (EE. UU.)
Huellas de pintalabios	39.537	Breakthrough Breast Cancer y Avon Cosmetics (R. U.)
★ Manzanas artificiales	2.300	Erika y Kurt Werth (Italia)
★ Parquímetros	292	Lotta Sjölin (Suecia)
Pelo de figuras históricas	115	John Reznikoff (EE. UU.)
★ Platos conmemorativos de iglesias	1.206	Tom y Barbara Southwell (EE. UU.)
★ Postales de Navidad con petirrojos	11.010	Joan Gordon (Reino Unido)
★ Reposacucharas	635	Frank Cassa (EE.UU.)
★ Sellos con barcos	6.459	Celso Fernandes (Canadá)
● Señales de «no molestar»	7.806	Jean-François Vernetti (Suiza)
★ Trols	490	Sophie Marie Cross (Reino Unido)
Vehículos blindados	229	Jacques Littlefield (EE. UU.)

● MAQUETAS DE AUTOCARES Y AUTOBUSES

El 4 de diciembre de 2007, Geoff Price (Reino Unido) tenía una colección de 10.017 maquetas de autocares y autobuses, que había empezado en 1959.

★ MATRÍCULAS

El 31 de agosto de 2007 Mohammed Yahya Al-Aseeri (Arabia Saudí) poseía una colección de 80 matrículas diferentes.

★ MUÑECAS DE PAPEL

Malin Fritzell (Suecia) ha coleccionado muñecas de papel desde la década de 1960. El 23 de marzo de 2006 su colección contaba con 4.720.

★ SACAPUNTAS

Demetra Koutsouridou (Grecia) ha reunido 8.514 sacapuntas diferentes desde 1997.

★ OBJETOS RELACIONADOS CON SANTA CLAUS

Desde 1988, Jean-Guy Laquerre (Canadá) ha reunido una colección de 13.014 objetos relacionados con Papá Noel.

★ OBJETOS RELACIONADOS CON LOS SIMPSONS

Cameron Gibbs (Australia) poseía una colección de 951 objetos diferentes de los Simpsons, el 23 de abril de 2007, que ha reunido en cinco años.

★ MUÑECOS DE NIEVE

El 23 de marzo de 2007, Kathleen G. Sauk (EE. UU.) tenía una colección de 1.693 objetos diferentes relacionados con los muñecos de nieve. Su colección tiene nueve años.

★ MASCOTAS DEPORTIVAS

Soeren Christian Hesse (Alemania) presentó su sorprendente colección de 161 mascotas deportivas en el AOL Arena de Hamburgo (Alemania), el 28 de marzo de 2007.

● TETERAS

La colección más grande de teteras pertenece a Tang Yu (China), quien ha reunido 30.000 teteras diferentes, que datan desde la dinastía Song hasta la actualidad. Empezó su colección en 1955.

RASCADORES DE ESPALDA

Manfred S. Rothstein (EE. UU.) posee 518 rascadores de espalda, situados en su clínica dermatológica de Fayetteville (Carolina del Norte, EE.UU.). Empezó su colección en la década de 1970.

★ RÉCORD NUEVO
● RÉCORD ACTUALIZADO

COCINA SIN LÍMITES

★MÁS FUENTES DE MENTOS Y SODA

El 3 de octubre de 2007, varios habitantes del sudeste de Missouri hicieron un total de 973 fuentes de caramelos Mentos y soda, en Arena Park (Cape Girardeau, Missouri, EE. UU.). Cada erupción tenía una altura media de 4 m.

●EL CÓCTEL MÁS CARO

El Bar Skyview, en el Hotel Burj Al Arab de Dubai (EAU) ofrece un cóctel llamado «27321» que cuesta 27.321 dirhams (7.439 dólares). Es una versión ultralujosa de un tradicional y antiguo cóctel, y contiene whisky de 55 años, hielo hecho con el agua utilizada en su destilería, unas gotas de exclusiva cerveza amarga de frutas deshidratadas y azúcar con aroma de maracuyá. Se agita con una varilla hecha de barril de whisky Macallan y se sirve en un vaso de cristal hecho en la ciudad francesa de Baccarat.

A CONTRARRELOJ

MÁS MANZANAS RECOGIDAS EN 8 HORAS

El mayor peso de manzanas recolectadas es de 7.180,3 kg, recogidas en ocho horas por George Adrian de Indianápolis (Indiana, EE. UU.), el 23 de septiembre de 1980.

★RÉCORD NUEVO
●RÉCORD ACTUALIZADO

●MENOS TIEMPO EN COMER UNA CEBOLLA CRUDA

Samuel Grazette (Barbados) tardó 48 s en comer una cebolla cruda, en el Barbados World Records Festival de 2007, que tuvo lugar en el National Stadium (Barbados), el 31 de marzo de 2007.

★MENOS TIEMPO EN ABRIR 2.000 CERVEZAS

Krunoslav Budiselic (Croacia) abrió 2.000 botellas de cerveza en 37 min 39 s. El récord se batió en Karlovac (Croacia), el 25 de agosto de 2007.

●MÁS TORTITAS HECHAS EN 8 HORAS (EN EQUIPO)

Los miembros del Fargo Kiwanis Club de Fargo (Dakota del Norte, EE. UU.) hicieron 34.818 tortitas en ocho horas en el 50th Annual Pancake Karnival, que tuvo lugar en el Fargo Civic Auditorium, el 9 febrero de 2008. Todas las tortitas fueron contadas y servidas a los visitantes del evento.

●MENOS TIEMPO EN PELAR Y COMER UN LIMÓN

Ashrita Furman (EE. UU.), que ya ostenta varios récords, peló y comió un limón en tan sólo 10,97 segundos en el Panorama Cafe de Jamaica (Nueva York, EE. UU.), el 24 de agosto de 2007.

●MÁS COCOS PARTIDOS EN UN MINUTO

Con una sola mano, Muhamed Kahrimanovic (Alemania) consiguió partir un total de 81 cocos, en un minuto, en Hamburgo (Alemania), el 6 de diciembre de 2007.

●MÁS CONOS DE HELADO PREPARADOS EN UN MINUTO

Mitch Cohen (EE. UU.), de la cadena de helados Baskin-Robbins, logró el récord del mayor número de helados preparados en un minuto, un total de 19. Batió el récord en el programa de Food Network, *Paula's Party*, el 28 de junio de 2007.

●MÁS GRANOS DE ARROZ COMIDOS EN TRES MINUTOS

Rob Beaton (EE. UU.) comió 78 granos de arroz, uno por uno, utilizando sólo unos palillos chinos, en tres minutos, en el Ocean Gate (Nueva Jersey, EE. UU.), el 9 de noviembre de 2007.

★ ATRAPAR MALTESERS

El récord del mayor número de Maltesers (bolitas crujientes de malta cubiertas de chocolate) lanzados a 2 m y atrapados con la boca en un minuto es de 19. Lo batieron Ranald Mackechnie (en la imagen izquierda), que los lanzaba, y Stuart Hendry (ambos del Reino Unido), que los atrapaba con la boca, en las oficinas del Guinness World Record de Londres (Reino Unido), el 28 de septiembre de 2007.

MÁS ALTOS...

★ TORRE DE GALLETAS

Miembros de las Girl Scouts – Seal of Ohio Council, Inc. lograron construir una torre de galletas de 1,57 m de altura en Columbus (Ohio, EE. UU.), el 15 de septiembre de 2007.

★ TORRE DE DÓNUTS

Miembros de la Twentieth Century Fox y Capital Radio montaron una torre de dónuts de 110,5 cm para celebrar el estreno de *Los Simpsons: La película* (EE. UU., 2007), en Londres (Reino Unido), el 25 de julio de 2007.

● FUENTE DE CHAMPÁN

Luuk Broos (Países Bajos) y su equipo hicieron una fuente piramidal de champán, con 41.664 copas dispuestas en 62 pisos, en Zeelandhallen (Goes, Países Bajos), el 12 de septiembre de 2007.

MISC.

★ EL QUESO MÁS PELIGROSO

El queso más peligroso para la salud humana es el *casu marzu* («queso podrido»), hecho a partir de leche de oveja. Está considerado una *delicatessen* en Cerdeña (Italia), aunque sea ilegal comprarlo. El *casu marzu* es esencialmente un queso Pecorino que se ha dejado pudrir. Las moscas pueden poner sus huevos en él, dando lugar a miles de larvas. Las enzimas producidas por estas larvas favorecen el proceso de fermentación del queso, que supuestamente añade el sabor deseado. Si las larvas sobreviviesen a los jugos gástricos en el estómago humano, podrían provocar vómitos, dolor abdominal y diarrea sangrante.

★ MENOR TIEMPO EN ABRIR 100 MEJILLONES

Kannha Keo (Nueva Zelanda) consiguió abrir 100 mejillones en un tiempo récord de 2 min 11 s, en el Havelock Mussel Festival (Havelock, Nueva Zelanda), el 17 de marzo de 2007.

★ MÁS GENTE LANZANDO HUEVOS

La Wrangell Chamber of Commerce (EE. UU.) logró reunir a 338 personas para lanzar huevos en Wrangell (Alaska, EE. UU.), el 3 de julio de 2007.

★ MÁS COPAS DE VINO EN UNA MANO

El mayor número de copas de vino sostenidas en una mano (sin ningún tipo de accesorio de apoyo) es 39. El artífice de este récord fue Reymond Adina (Filipinas) en el restaurante Quatre Gats de Barcelona (España), el 24 de octubre de 2007. Existe una gran competitividad entre camareros en la Ciudad Condal para batir este increíble récord.

★ MÁS POLLOS ASADOS SIMULTÁNEAMENTE

En un asador de 20 m de largo y 5 m de alto, el chef Jiang Bing (China) consiguió asar 2.008 pollos tipo *rotisserie* de forma simultánea, en Nanning (Guangxi, China), el 24 de octubre de 2007.

COMESTIBLES INCREÍBLES

●EL BOCADILLO MÁS CARO

Comprende pan fermentado durante 24 horas, jamón ibérico, pollo de Bresse, trufas blancas, huevos de codorniz y tomates italianos semisecos, el bocadillo más caro disponible en el mercado, el Von Essen Platinum Club, creado por Daniel Galmiche (Reino Unido) para el menú en Cliveden (Buckinghamshire, Reino Unido). Cuesta 200 dólares y fue añadido a la carta en marzo de 2007.

★MÁS CAPAS EN UNA TARTA

Jayn Parenti (EE. UU.) hizo una tarta de capas que contenía 230 capas, el 4 de julio de 2006. La patriótica creación de Jayn, de color rojo, azul y blanco fue preparada y mostrada en el Springdale Country Club (Springdale, Arkansas, EE.UU).

●MEJOR LANZAMIENTO DE UNA TORTITA

Bill Weir (EE. UU.), uno de los presentadores del show televisivo Good Morning America! (ABC, EE. UU.), lanzó una tortita a 4,2 m fuera de los estudios de la cadena televisiva ABC en Times Square (Nueva York, EE. UU.), el 7 de agosto de 2006.

★EL MAYOR TURRÓN

El cocinero Paolo Attili (Italia) hizo, en colaboración con la Associazione Turistica Pro Camerino, una barra de turrón que medía 408,61 m de largo, para celebrar el Día del Turrón en Camerino (Italia), el 7 de enero de 2007.

★EL CORDÓN DE CEBOLLAS MÁS LARGO

El cordón de cebollas más largo medía 4.518 km y fue realizado por 48 personas de Pericei (Condado de Salaj, Rumanía) como parte de la Fiesta de la Cebolla de Pericei, el 8 de septiembre de 2007.

★EL HELADO MÁS LARGO

Para celebrar el xxv aniversario del popular helado Viennetta, el creador Unilever-Wall's, preparó una Viennetta que medía 22,75 m de longitud, en la fábrica Barnwood de la empresa, en Gloucester (Reino Unido), el 11 de julio de 2007.

★EL BOL DE CEREALES MÁS GRANDE

El bol de cereales más grande del mundo contenía 1.000 kg de cornflakes de Kellogg's y fue elaborado por Kellogg's South Africa, Sync Communications y Automatic en Johannesburgo (Sudáfrica), el 2 de julio de 2007. Solamente el bol medía 2,6 m de diámetro y 1,5 m de altura.

●EL CORDÓN DE AJOS MÁS LARGO

Se realizó un cordón de ajos que medía 255 m para el Festival anual de Mako (Hungría), el 8 de septiembre de 2006.

●EL SALAMI MÁS LARGO

El salami de una longitud de 718,9 m fue elaborado por San Donà di Piave (Venecia, Italia) el 4 de diciembre de 2005. El exitoso intento fue organizado por Giuseppe Vidotto (Italia).

GRAN COMIDA

TIPO DE COMIDA	TAMAÑO	NOMBRE (NAC.)	AÑO
★Cabrito estofado	208,904 kg	Garstang and District Partnership (Reino Unido)	2007
●Dulce de leche	1.419,65 kg	Rosario Olvera (México)	2007
●Dulce turrón (tableta)	2,29 toneladas	Chantelle Gorham de la Northwest Fudge Factory (Canadá)	2007
★Ensalada	10.260 kg	Asociación agrícola Sde Warburg (Israel)	2007
●Galleta jengibre	593,53 kg	Cámara de comercio de Smithville (EE.UU.)	2006
★Huevo escocés	5,435 kg	Revista Loaded (Reino Unido)	2007
★Okonomiyaki	1,6 toneladas	Cooperativa Kamigata Okonomiyaki Takoyaki (Japón)	2002
★Pastelillo pescado	106,59 kg	Dover Downs Hotel & Casino y Handy International (EE.UU.)	2006
★Popusa	3,09 m	Cámara de comercio de El Salvador-California y Liborio Markets, Inc. (EE.UU.)	2007
●Porción de guacamole	1.819,7 kg	APEAM, A.C. (Ind. aguacate México) y FECADEMI (Fed. Com. Michoacán, California)	2007
★Ravioli	16 kg	16 cocineros en Sáas-Fee (Suiza)	2007
●Sopa (plato)	15.000 litros	Ministerio del Poder Popular para la Alimentación (Venezuela)	2007
★Sopa gulasch (plato)	7.200 litros	Orizont TV (Rumanía)	2007
●Tableta chocolate	3.580 kg	Elah Dufour - Novi (Italia)	2007
●Taza de café	3.613 litros	Vinacafe Bien Hoa (Vietnam)	2007
★Tiramisú	305,95 kg	Grupo Alpini de Caronno Pertusella y Bariola (Italia)	2007
★Turrón	1.300 kg	Jerome Guigon y Bernard Morin (ambos de Francia)	2005

★ EL HELADO SUNDAE MÁS CARO

El Frrrozen Haute Chocolate, que cuesta 25.000 dólares, fue añadido al menú del restaurante Serendipity 3 (Nueva York, EE. UU.), el 7 de noviembre de 2007. Realizado junto con la joyería de lujo Euphoria de Nueva York, el sundae utiliza una fina mezcla de 28 cacaos, incluyendo 14 de los más caros del mundo. Está decorado con 5 g de oro comestible de 23 quilates y se sirve en una copa cubierta de oro también comestible. La base de la copa tiene un brazalete de oro de 18 quilates con un 1 quilate de diamantes blancos. Este postre se come con una cucharilla de oro y diamantes, que puede llevarse a su casa.

★ LA MAYOR TORRE DE POPPADOMS

Richard Bradbury, Kristopher Growcott, Marley Bradbury y Millie Bradbury (todos del Reino Unido) confeccionaron una torre de poppadoms de 1,42 m de alto para la institución benéfica Flood Relief, en el restaurante La Porte Des Indes (Londres, Reino Unido), el 8 de noviembre de 2007.

★ LA MAYOR ENSALADA

El 10 de noviembre de 2007, la Sde Warburg Agricultural Association de Sde Warburg (Israel) logró el récord de la mayor ensalada, de 10.260 kg de peso. Contenía 9.000 kg de lechuga, 1.500 kg de zanahorias, 500 kg de tomates cherry y 800 litros de aliño.

★ LA PIZZA MÁS CARA

La pizza más cara disponible en el mercado es una pizza cocinada en horno de leña y de masa fina cuyos ingredientes son pasta de cebolla, pasta de trufa blanca, queso fontina, *mozzarella baby*, panceta, bacon, champiñones y lechuga fresca *mizuna*, decorada con raspaduras de una rara variedad de trufa fresca italiana cuyo precio es de 2.800 dólares por kg.

Dependiendo de la cantidad de trufas disponibes en cada época, la pizza se vende normalmente a 200 dólares a los clientes que la soliciten en el restaurante londinense Maze de Gordon Ramsay (Reino Unido).

★ EL TAMAL MÁS GRANDE

El tamal más grande, de 15,78 m (masa de maíz al vapor), fue cocinado en El Chico, en Jackson (Tennessee, EE. UU.), el 5 de mayo de 2006.

● LA HEBRA DE PASTA MÁS LARGA

Gewerbe-Verein Siblingen (asociación comercial Siblingen, Suiza) creó una hebra de pasta que medía 3.333 m de largo en Siblingen (Suiza), el 12 de septiembre de 2004.

★ RÉCORD NUEVO
● RÉCORD ACTUALIZADO

● LA MAYOR HAMBURGUESA

Por 350 dólares se puede comprar un hamburguesa de 60,78 kg en el Mallie's Sports Grill & Bar de Michigan (EE. UU.). Son necesarias tres personas para dar la vuelta a esta «hamburguesa absolutamente disparatada», que lleva 12 horas prepararla y pesa lo mismo que un hombre adulto.

GIGANTES DEL JARDÍN

FRUTAS Y VERDURAS MÁS GRANDES

FRUTA/VERDURA	PESO	NOMBRE/NACIONALIDAD	AÑO
Aguacate	1,99 kg	Anthony Llanos (Australia)	1992
Apio	28,7 kg	Scott y Mardie Robb (EE. UU.)	2003
Arándano	7 g	Brian Carlick (Reino Unido)	2005
Boniato	37 kg	Manuel Pérez Pérez (España)	2004
Brécol	15,87 kg	John y Mary Evans (EE. UU.)	1993
Cabeza de ajo	1,19 kg	Robert Kirkpatrick (EE. UU.)	1985
Calabacín	62 kg	Mark Baggs (Reino Unido)	2005
Calabacín (inglés)	29,25 kg	Bernard Lavery (Reino Unido)	1990
●Calabaza	766,12 kg	Joseph Jutras (EE. UU.)	2007
Cebolla	7,49 kg	John Sifford (Reino Unido)	2005
Cereza	21,69 g	Gerardo Maggipinto (Italia)	2003
●Chirivía	4,95 kg	Joe Atherton (Reino Unido)	2007
Col de Bruselas	8,3 kg	Bernard Lavery (Reino Unido)	1992
Col lombarda	19,05 kg	R. Straw (Reino Unido)	1925
●Col rizada	48,04 kg	Scott Robb (EE. UU.)	2007
Coliflor	24,6 kg	Alan Hattersley (Reino Unido)	1999
Colinabo	43,98 kg	Scott Robb (EE. UU.)	2006
Granada	1,04 kg	Katherine Murphy (EE. UU.)	2001
Grosella	61,04 g	Kelvin Archer (Reino Unido)	1993
Jaca	34,6 kg	George y Margaret Schattauer (EE. UU.)	2003
Jícaro (güira)	42,8 kg	Robert Weber (Australia)	2001
Limón	5,26 kg	Aharon Shemoel (Israel)	2003
Mango	3,1 kg	Tai Mok Lim (Malasia)	2006
Manzana	1,84 kg	Chisato Iwasaki (Japón)	2005
Melocotón	725 g	Paul Friday (EE. UU.)	2002
Melón cantalupo	29,4 kg	Scott y Mardie Robb (EE. UU.)	2004
Membrillo	2,34 kg	Edward Harold McKinney (EE. UU.)	2002
Nectarina	360 g	Tony Slattery (Nueva Zelanda)	1998
Patata	3,5 kg	K. Sloane (Reino Unido)	1994
Pepino	12,4 kg	Alfred J. Cobb (Reino Unido)	2003
Pera	2,1 kg	Warren Yeoman (Australia)	1999
Piña	8,06 kg	E. Kamuk (Papua Nueva Guinea)	1994
Pomelo	4,86 kg	Seiji Sonoda (Japón)	2005
●Pomelo rojo	3,21 kg	Cloy Dias Dutra (Brasil)	2006
Puerro	8,1 kg	Fred Charlton (Reino Unido)	2002
Rábano	31,1 kg	Manabu Oono (Japón)	2003
Remolacha	71,05 kg	Piet de Goede (Holanda)	2005
Repollo	56,24 kg	Bernard Lavery (Reino Unido)	1989
Zanahoria	8,61 kg	John Evans (EE. UU.)	1998

●LA COL RIZADA MÁS PESADA

El 29 de agosto de 2007, Scott Robb (EE. UU.) exhibió una col rizada con un peso récord de 48,04 kg, en el Alaska State Fair (Palmer, Alaska, EE. UU.).

★LA PLANTA DE PEPINO MÁS GRANDE

Abarcando un área de 56,7 m², la planta de pepino más grande se consiguió en el proyecto Epcot Science del Walt Disney World Resort, en el Lago Buena Vista (Florida, EE. UU.). La planta fue medida en julio de 2006. El proyecto Epcot Science también contiene la planta de tomate más grande del mundo, cuya área era de 56,7 m² cuando se midió el 27 de marzo de 2007. Ambas plantas han crecido en un entramado rectangular de 6,1 x 9,3 m.

★LA MAYOR CANTIDAD DE PEPINOS RECOGIDA EN UNA PLANTA EN UN AÑO

La planta de pepinos del Epcot Science project (ver récord anterior) produjo una cosecha de 943 kg. La cosecha comenzó el 24 de marzo de 2006 y terminó el 5 de julio de 2006.

●LA ZANAHORIA MÁS LARGA

La zanahoria plantada por Joe Atherton (Reino Unido) medía 5,841 m, y se pudo ver en el Campeonato Nacional inglés de vegetales gigantes de Somerset (Reino Unido), el 2 de septiembre de 2007. Joe cultivó su zanahoria campeona en un tubo especial inclinado 45 grados.

●LA CALABAZA MÁS PESADA

Con un increíble peso de 766,12 kg, la calabaza más pesada fue presentada por Joseph Jutras (EE. UU.) en la Feria de Topsfield de la calabaza gigante de New England (Topsfield, Massachusetts, EE. UU.), el 29 de septiembre de 2007. Esta calabaza batió el récord anterior, al superarlo en 84,8 kg.

● EL JÍCARO MÁS LARGO

Un jícaro cultivado en el jardín Beidaihe Jifa Agriculture Sightseeing, de Beidaihe (China), medía 4,05 m de largo, el 12 de octubre de 2006.

★ MÁS FLORES EN UN ELÉBORO

El 4 de mayo de 2006, Anna Maclean (Reino Unido) contó el récord de 66 flores en un eléboro (*Helleborus*) que crecía en su jardín de Richmond (Surrey, Reino Unido).

★ MÁS ESPECIES INJERTADAS EN UNA PLANTA

El 23 de noviembre de 2007, se mostró en la 9.ª Exhibición China de Crisantemos de Xiaolan (Xiaolan, China) un crisantemo con un récord de 513 variedades injertadas en la planta.

LA MAYOR RAÍZ DE GINSENG

La raíz de ginseng más grande pesó 0,92 kg, el 1 de julio de 1999, y fue cultivada por Don y Joy Hoogesteger (ambos de EE. UU.) en Ridgefield (Washington, EE. UU.).

EL TOPIARIO MÁS ALTO

Desde 1983, Moirangthem Okendra Kumbi, de Manipur (India), ha estado dando forma a las raíces de la planta tala blanco (*Duranta repens variegata*) en su jardín «Hedge to Heaven» (seto hacia el cielo), que ha crecido una altura de 18,59 m. En total, con la ayuda de una escalera especial, ha cortado 41 formas estructurales, repitiendo el diseño de un paraguas redondeado seguido de dos discos. Según la información de que disponía, no era probable que su planta creciese por encima de los 6 m, pero gracias a sus dos podas diarias, ahora ya dispone de un récord.

● LA COL MÁS ALTA

La planta de col (miembro de la familia del repollo, con hojas verdes) más alta midió 4,06 m de altura, el 24 de mayo de 2007, en Leesburg (Florida, EE. UU.). Fue cultivada por Woodrow Wilson Granger (EE. UU.).

● LA MAYOR COLECCIÓN DE SEMILLAS

El proyecto Millennium Seed Bank, con sede en el edificio Wellcome Trust Millennium de Wakehurst Place (West Sussex, Reino Unido), constaba de 20.495 especies recogidas hasta el 10 de enero de 2008. Las semillas se encuentran almacenadas en cámaras de congelación subterráneas y forman parte de un proyecto de conservación internacional gestionado por el Royal Botanical Gardens de Kew (Reino Unido), cuyo fin es asegurar la supervivencia de miles de especies. El proyecto depositó su billonésima semilla, un tipo de bambú africano denominado *Oxytenanthera abyssinica*, en abril de 2007.

EL MAYOR HONGO COMESTIBLE

El 15 de octubre de 1990, Giovanni Paba, de Broadstone (Dorset, Reino Unido), encontró un champiñón comestible denominado «pollo de los bosques» (*Laetiporus sulphureus*) con un peso de 45,35 kg, en New Forest (Hampshire, Reino Unido).

● EL TRÉBOL CON EL MAYOR NÚMERO DE HOJAS

Shigeo Obara, de Hanamaki (Iwate, Japón), descubrió, el 25 de mayo de 2002, un trébol de 18 hojas (*Trifolium repens*). Este trébol, que confiere mucha más suerte que cualquier otro trébol, batió el antiguo récord y lo superó en cuatro hojas.

PLANTAS MÁS ALTAS

PLANTA	ALTURA	NOMBRE/NACIONALIDAD	AÑO
● Algodón	9,04 m	D. M. Williams (EE. UU.)	2007
Altramuz de Texas	1,64 m	Margaret Lipscomb y Arthur Cash (EE. UU.)	2005
● Amaranto	7,06 m	Brian Moore (EE. UU.)	2007
Apio	2,74 m	Joan Priednieks (Reino Unido)	1998
Berenjena	5,5 m	Abdul Masfoor (India)	1998
Cactus (casero)	21,3 m	Pandit S. Munji (India)	2004
Caña de azúcar	9,5 m	M. Venkatesh Gowda (India)	2005
Cinia	3,81 m	Everett Wallace Jr y Melody Wagner (EE. UU.)	2004
Cistanche	1,95 m	Yongmao Chen (China)	2006
● Col	4,06 m	Woodrow Wilson Granger (EE. UU.)	2007
Col de Bruselas	2,8 m	Patrice y Steve Allison (ambos de EE. UU.)	2001
Cóleo	2,5 m	Nancy Lee Spilove (EE. UU.)	2004
Cosmos	3,75 m	Comité Ejecutivo de Cosmos (Okayama, Japón)	2003
Crisantemo	4,34 m	Bernard Lavery (Reino Unido)	1995
● Diente de león	1,28 m	Jeppe, Elise y Simon Hvelplund (Dinamarca)	1991
Fucsia (trepadora)	11,40 m	Reinhard Biehler (Alemania)	2005
Girasol	7,76 m	Martien Heijms (Países Bajos)	1986
Maíz	9,4 m	D. Radda (EE. UU.)	1946
Narciso	1,55 m	M. Lowe (Reino Unido)	1979
Papayo	13,4 m	Prasanta Mal (India)	2003
Paragüitas	8,22 m	Konstantinos Xytakis y Sara Guterbock (EE. UU.)	2002
● Perejil	1,82 m	Herbert Jonas (Alemania)	2007
Petunia	5,8 m	Bernard Lavery (Reino Unido)	1994
Pimiento	4,87 m	Laura Liang (EE. UU.)	1999
Planta de la judía	14,1 m	Staton Rorie (EE. UU.)	2003
Rosa (trepadora)	27,7 m	Anne y Charles Grant (EE. UU.)	2004
Rosal (sin soporte)	4,03 m	Paul y Sharon Palumbo (EE. UU.)	2005
Tomate	19,8 m	Nutriculture Ltd, Lancashire, (Reino Unido)	2000
Vincapervinca	2,19 m	Arvind, Rekha, Ashish y Rashmi Nema (India)	2003

VIDA MODERNA
MASCOTAS

LOS PERROS MÁS ALTOS Y MÁS BAJOS

El **perro vivo más alto** es Gibson, un Gran Danés arlequín, que midió 107 cm de alto, el 31 de agosto de 2004. Su dueño es Sandy Hall de California (EE. UU.).

El ●**perro vivo más bajo** es una Chihuahua de pelo largo llamada Boo Boo, que midió 10,16 cm de alto, el 12 de mayo de 2007. Su dueña es Lana Elswick de Kentucky (EE. UU.).

●MÁS SALTOS DE UN PERRO EN UN MINUTO

Sweet Pea, un cruce de Border Collie con pastor, realizó un total de 75 saltos a la comba, ayudado por su dueño Alex Rothaker

(EE. UU.), en el plató del *Live with Regis and Kelly*, en Nueva York (EE. UU.), el 8 de agosto de 2007.

★MÁS LLAVES EXTRAÍDAS DE UN LLAVERO POR UN LORO EN DOS MINUTOS

Smudge, el loro de Mark Steiger (Suiza), quitó 20 llaves de un llavero en dos minutos en el plató del *Circo Massimo Show*, en Roma (Italia), el 23 de mayo de 2007.

★EL ANIMAL PUESTO EN CUARENTENA MÁS VECES

Smarty, un gato rojizo, fue puesto en cuarentena por 40.ª vez en Larnaca (Chipre), después de su 79.º vuelo al Cairo (Egipto), el 28 de junio de 2005. Smarty, cuyos dueños son Peter y Carole Godfrey (Reino Unido), vive en el Cairo (Egipto) y también tiene el récord del **del mayor número de vuelos de un gato**.

★LOS GEMELOS EQUINOS MÁS MAYORES

Taff y Griff, caballos gemelos idénticos de la raza Cremello, nacieron en 1982. Miden 1,16 m y pertenecen a la Veteran Horse Society de Gales (Reino Unido). Han pasado toda su vida juntos, paseando a niños por el Zoo de Londres antes de jubilarse en Gales.

DATO

Tanto el conejo enano polaco como el holandés tienen un peso de sólo 0,9-1,13 kg. Estas dos razas comparten el récord de la **raza más pequeña de conejos**.

★EL CONEJO MÁS LARGO

Amy, un conejo Flamenco gigante, perteneciente a Annette Edwards (Reino Unido), midió 81,5 cm desde la punta de la nariz a la punta de la cola, el 23 de marzo de 2008. El Flamenco gigante es la **raza de conejo más larga**, y llega a pesar hasta 8 kg. *Nota: los récords de peso de los animales no han sido supervisados por GWR.*

●EL LORO EN CAUTIVIDAD MÁS VIEJO

Sandra LaFollette de Chariton (Iowa, EE. UU.) compró a su loro Fred en 1968 cuando tenía seis meses. Fred todavía estaba vivito y coleando en 2007, con 39 años.

★ RÉCORD NUEVO
● RÉCORD ACTUALIZADO

EL HÁMSTER DOMÉSTICO MÁS PEQUEÑO

El hámster doméstico Roborovski (*Phodopus roborovskii*) crece normalmente hasta una longitud de 4,5 cm. Estos hámsters son originarios de Mongolia y el norte de China.

LA MAYOR LENGUA CANINA

La lengua canina más larga pertenecía a un Bóxer llamado Brandy, y medía 43 cm. Esta perra vivió con su dueño, John Scheid, en St Clair Shores (Michigan, EE. UU.), hasta su muerte en septiembre de 2002.

EL CANARIO EN CAUTIVIDAD MÁS VIEJO

Un canario en cautividad llamado Joey vivió hasta la respetable edad de 34 años bajo el cuidado de su dueña, la Sra. Ross, de Hull (Reino Unido), que compró a Joey en Calabar (Nigeria), en 1941. Murió el 8 de abril de 1975.

●LA MAYOR ARAÑA DOMÉSTICA

Rosi, una araña tarántula comepájaros (*Theraphosa blondi*) de 12 años, pesó 175 g y tenía una longitud de cuerpo de 12 cm, una envergadura de 26 cm y una mandíbula de 2,5 cm, el 27 de julio de 2007. Su dueño es Walter Baumgartner, de Andorf (Austria).

LA MAYOR RAZA DE PERRO

El Mastiff inglés y el San Bernardo comparten el récord de la raza más pesada de perro doméstico (*Canis familiaris*), con machos de un peso medio de 78 kg.

LA COLA MÁS LARGA DE UN GATO DOMÉSTICO

Furball, un gato doméstico que vive con su dueño, Jan Acker (EE. UU.), en Battle Creek (Michigan, EE. UU.), tenía una cola de 40,6 cm cuando se midió el 21 de marzo de 2001.

LA PALOMA MÁS GRANDE

Una paloma gigante canadiense llamada Doc Yeck, perteneciente a Leonard Yeck de Brantford (Ontario, Canadá), pesó 1,8 kg, un peso sin precedentes, y el ancho de su pecho midió 12,7 cm, el 6 de marzo de 1999.

MASCOTAS MÁS VIEJAS...

★ GALLINA

En 2007, la gallina más vieja era Blacky, un ejemplar negro de Bantam, que nació en 1986 y que pertenece a Veronika y Ladislav Seljak, de Geelong (Australia).

PÁJARO DOMÉSTICO

Excluyendo al avestruz, cuya vida media es de 68 años, el pájaro doméstico més longevo es el ganso (*Anser a. domesticus*), que suele vivir una media de 25 años. El 16 de diciembre de 1976, un ganso llamado George, perteneciente a Florence Hull de Thornton (Lancashire, Reino Unido), murió a la edad de 49 años 8 meses. Había roto el cascarón en abril de 1927.

★ CERDO

Un cerdo llamado Cedric nació en 1988 y vivió junto a su dueño, Faye Fyfe, en Nimbin (Australia), hasta que murió el 5 de octubre de 2006, a una edad de 18 años.

★ RÉCORD NUEVO
● RÉCORD ACTUALIZADO

●EL PERFUME MÁS CARO

Un frasco de 30 ml de «Clive Christian No.1 for Men» o de «No.1 for Women» suele costar 2.355 dólares. En noviembre de 2005, Clive Christian creó «No.1 Imperial Majesty», una edición limitada de 10 botellas de la colección de Clive Christian N.º.1, que costaba 205.000 dólares el frasco de 500 ml. El precio incluía el reparto en un Bentley.

EL KIMONO MÁS GRANDE

El 23 de marzo de 2001 se confeccionó el kimono más grande del mundo, que participó en el National Kimono Festival de la ciudad de Cho Kagoshima (Japón). El gigantesco kimono tenía una amplitud de 11,72 m, medía 12,8 m de alto, y pesaba 100 kg.

●EL VESTIDO MÁS GRANDE

Creado por la Association de la Femme Artisane Agadir y expuesto en el espectáculo Kaftan de Agadir (Marruecos), del 7 al 11 de julio de 2006, el vestido más grande medía 11,2 m de altura.

●LA CAMISETA MÁS GRANDE

El detergente OMO Safe creó una camiseta que medía 57,19 m de largo y 40,88 m de ancho en Ho Chi Minh City (Vietnam). Se expuso el 9 de marzo de 2006.

¿SABÍA QUE...?

El sujetador más caro del mundo es el «Millennium Bra» producido por Victoria's Secret, que lució por primera vez en The Tonight Show la modelo Heidi Klum, el 11 de noviembre de 1999. El sujetador cuesta 10 millones de dólares y tiene 3.024 piedras preciosas, entre las que hay diamantes y 1.988 zafiros.

●LOS CALZONCILLOS MÁS GRANDES

El 15 de noviembre de 2007, la compañía de trajes de baño y de ropa interior aussieBum confeccionó unos calzoncillos que medían 15,9 m de cintura y 10,5 m desde la pretina hasta la entrepierna. Los expuso en los Royal Botanic Gardens de Sydney (Nueva Gales del Sur, Australia).

que utilizó modelos reales para enseñar sus obras a los clientes, y también se le considera el **primer modisto de alta costura.**

★LA SESIÓN FOTOGRÁFICA MÁS GRANDE DE GENTE EN BIKINI

Las revistas Cosmopolitan y Venus Breeze (ambas de Australia) organizaron una sesión fotográfica en la que participaron 1.010 chicas. El acto se celebró en Bondi Beach (Sydney, Australia), el 26 de septiembre de 2007.

PRIMER DISEÑADOR CON MARCA

Charles Frederick Worth, que murió en 1895, fue el primer diseñador que firmó su obra con una etiqueta y el primero en mostrar sus prendas en modelos humanos. Nacido en Lincolnshire, Reino Unido, se trasladó a París (Francia), en 1845, donde las señoras de la corte de Napoleón III vestían sus ropas. Fundó su propio negocio y en 1871 ya ganaba 80.000 dólares al año. Fue el primer diseñador

EL MODISTO DE ALTA COSTURA MÁS JOVEN

Yves (-Mathieu) Saint-Laurent (Francia, 1936-2008), que se convirtió en el ayudante de Christian Dior con 17 años, fue nombrado jefe de la casa Dior a la muerte de éste en 1957. En 1962 abrió su propia firma de moda y en la década de 1970 creó líneas de ropa, ropa de hogar y fragancias.

Nunca he ido al gimnasio. No hago nada.

Adriana Lima (Brasil), la modelo más joven de la lista
de las 100 celebridades de Forbes, hablando de su dieta

★LA MODELO MÁS JOVEN EN LA LISTA FORBES

Adriana Lima (Brasil, nacida el 12 de junio de 1981) tenía 26 años y 2 días cuando apareció por primera vez en la lista Forbes de las 100 celebridades (forbes.com), el 14 de junio de 2007. Conocida por sus contratos con Maybelline y Victoria's Secret (ambas de EE. UU.), Lima figuraba en la posición número 99, con una fortuna estimada de 4 millones de dólares.

★LA MODELO DE MÁS EDAD EN LA LISTA FORBES

Heidi Klum (Alemania, nacida el 1 de junio de 1973) tenía 34 años y 13 días cuando apareció en la lista Forbes de las 100 celebridades (forbes.com), el 14 de junio de 2007. Klum figuraba en la posición número 84 de la lista, con una fortuna estimada de 8 millones de dólares.

INGRESOS ANUALES MÁS ELEVADOS DE UNA MODELO

La modelo brasileña Gisele Bündchen ganó 30 millones de dólares en 2006, según la lista Forbes. La modelo, descubierta a los 14 años mientras comía en un McDonald's, ha trabajado para marcas tan famosas como Ralph Lauren, Dolce & Gabbana, Versace, Valentino, Celine y Gianfranco Ferré.

LA MUJER MÁS RICA

Liliane Bettencourt (Francia) es la heredera de 85 años de la fortuna L'Oréal cosmetics (e hija de la fundadora Eugene Schueller), que se estima en 22.900.000 dólares.

★EL SARI MÁS CARO

El sari más caro se vendió por 100.021 dólares, el 5 de enero de 2008. Hecho de seda, lo fabricó Chennai Silks (India), y muestra reproducciones de 11 cuadros del celebrado artista indio Raja Ravi Varma.

LA PASARELA MÁS LARGA

Un grupo de 111 modelos desfiló por una pasarela de 1,111 km construida en un parking del centro comercial de Seacon Square (Sri Nakarin Road, Tailandia), entre el 27 y el 30 de mayo de 1998.

EL MARATÓN DE PASARELA MÁS LARGO

Como parte de los premios de moda de la revista *More* 2005 (Reino Unido), se celebró un maratón de pasarela de 10 horas en el Commonwealth Club de Londres (Reino Unido), el 4 de febrero de 2005. El espectáculo incluyó exhibiciones de 24 minoristas con más de 530 conjuntos veraniegos, zapatos y accesorios.

RIQUEZA Y POBREZA

VALOR DE BILLETES

EL MÁS ALTO

Los **billetes de mayor valor en circulación** son los de 10.000 dólares emitidos por la Reserva Federal estadounidense entre 1865 y 1945. Los billetes de alta denominación dejaron de emitirse en EE. UU. en 1969, pero los 200 billetes de 10.000 dólares que siguen en circulación son todavía de curso legal.

EL MÁS BAJO

El billete indonesio de un sen (la centésima parte de una rupia) tenía una tasa de cambio de 358.624 a libras esterlinas en julio de 1996, lo que lo convertía en el **billete de curso legal de menor valor.**

●EL MAYOR GASTO PRESUPUESTARIO

Se ha estimado que en 2007 el gobierno de EE. UU. gastó 2.731 billones de dólares, incluidos los gastos de capital, el mayor gasto gubernamental de un país.

●LA MAYOR RNB PER CÁPITA

Según las cifras del Banco Mundial de septiembre de 2007, el país con la mayor Renta Nacional Bruta (RNB)

EL MAYOR Y EL MENOR PRESUPUESTO EN EDUCACIÓN

El país con el **●mayor porcentaje de Producto Interior Bruto (PIB) empleado en educación** es Cuba, con un 9,8%, según las cifras anuales de 2000-2005. Guinea Ecuatorial ostenta el **★ menor porcentaje de PIB empleado en educación**, con sólo el 0,6 % en el mismo período.

per cápita fue Luxemburgo, con 76.040 dólares. La Renta Nacional Bruta es el valor total de bienes y servicios producidos por un país en un año, dividido por su población. La RNB per cápita muestra qué cantidad de RNB del país tendría cada persona si ésta se dividiese ecuánimemente.

●EL MENOR RNB PER CÁPITA

Según las cifras del Banco Mundial de septiembre de 2007, el país con la Renta Nacional Bruta (RNB) per cápita más baja de 2006 fue Burundi, con 100 dólares.

★EL MENOR GASTO PRESUPUESTARIO

En diciembre de 2003 las islas Pitcairn, en el océano Pacífico, tenían presupuestado un gasto de 878.119 dólares, incluyendo gastos de capital.

★EL MENOR INGRESO PRESUPUESTARIO

En diciembre de 2003, Tokelau, en el Pacífico Sur, tenía un ingreso presupuestario de 430.830 dólares.

★EL MENOR TIEMPO EN GANAR UN BIG MAC

El gigante bancario UBS (Suiza) ha creado el Índice Big Mac para estimar la media de tiempo de una persona, de 70 países diferentes, en ganar el dinero necesario para comprar un Big Mac. La media mundial es de 35 minutos, pero en Japón la media de tiempo es de sólo 10 minutos. El índice mide el poder adquisitivo eliminando ciertas variables como las tasas de cambio. En Bogotá (Colombia), los trabajadores deben trabajar una media de 97 minutos para poder comprar un Big Mac, lo que demuestra que el poder adquisitivo de América Central y Sudamérica es la tercera parte del de una ciudad norteamericana.

●LA MAYOR DEUDA NACIONAL

A 17 de marzo de 2008, la deuda nacional estadounidense ascendía a 9.379.249.299.253,81 dólares. Esta cantidad le convertía en el mayor deudor de la historia. Es posible observar *online* el progreso de la deuda en directo en la página web del Departamento del Tesoro norteamericano: www.treasurydirect.gov/NP/BPDLogin?application=np.

●LA MAYOR TASA DE DESEMPLEO

Macedonia es el país con la mayor tasa de desempleo. El 37,2% de la mano de obra no tiene trabajo, a pesar de estar disponible para trabajar.

★EL PAÍS CON EL MAYOR PORCENTAJE DE PIB GRAVADO

En relación con el porcentaje del PIB, el país que gravó la mayor cantidad (de renta per cápita) en 2006 fue Suecia, con un 50%.

●EL MAYOR COSTE DE LA VIDA

De acuerdo con la Encuesta del Coste de la Vida Mundial de la Unidad de Inteligencia del Grupo The Economist, la ciudad más cara del mundo es Oslo, Noruega (datos analizados en marzo de 2007).

LA MAYOR Y LA MENOR TASA DE INFLACIÓN

El país con la ●**mayor tasa de inflación anual** anual es Zimbabwe (arriba, a la izquierda), con un valor de 349,8% entre 2001 y 2006.

Entre 2001 y 2005, el país con la ●**tasa anual del precio al consumo más baja** fue Libia (arriba, a la derecha) con un valor de –3,1%.

★LA CIUDAD MÁS CARA PARA COMER EN RESTAURANTES

De acuerdo con las guías de restaurantes de Zagat, Londres es la ciudad más cara para cenar fuera. En 2007, el precio medio de una comida de tres platos y una copa de vino era de 79,66 dólares, prácticamente el doble que en Nueva York (EE. UU.), cuyo precio sería de 39,33 dólares.

●EL CLUB DE FÚTBOL MÁS RICO

De acuerdo con el Estudio Económico Anual de Deloitte, para la temporada 2006/2007, el Real Madrid (España) fue el club de fútbol más rico del mundo. Los campeones españoles tuvieron unos ingresos totales de 318,2 millones de euros en esa temporada.

★EL CHIMPANCÉ MÁS POPULAR EN WALL STREET

Raven, un chimpancé de seis años, se convirtió en el administrador financiero de más éxito de EE. UU. después de elegir sus acciones lanzando dardos a una lista de 133 empresas de Internet. El primate creó su propio índice, apodado MonkeyDex, que en 1999 presentaba unas ganancias del 213%, superando a más de 6.000 *brokers* profesionales de Wall Street. «Cuadruplicó el rendimiento del Dow y dobló el rendimiento del Nasdaq composite», afirmó Roland Perry, editor de *Internet Stock Review*.

EL MAYOR TESTAMENTO A UN ANIMAL

El caniche Toby fue el beneficiario del mayor testamento legado hasta ahora a un animal. A su muerte, en 1931, Ella Wendel, de Nueva York (EE. UU.), dejó 15 millones de dólares a su mascota favorita. Utilizando el Índice de Precios al Consumo como indicador, actualmente la herencia de Toby tendría un valor de 220 millones de dólares.

CRIMEN Y CASTIGO

★ EL MAYOR PRODUCTOR DE OPIO

Afganistán es el principal productor de opio del mundo, con 193.000 ha cultivadas en 2007, lo que supone un incremento del 17% con respecto a 2006. Este país destrozado por la guerra produjo 8.200 toneladas de opio en 2007, que representan el 93% del mercado mundial de esta sustancia estupefaciente.

★ EL PRIMER ASESINATO POR RADIACIÓN

El 23 de noviembre de 2006, Alexander Litvinenko, ex miembro de los servicios de seguridad rusos, murió envenenado por radiación en Londres, convirtiéndose así en la primera víctima conocida del síndrome de radiación aguda causado por el polonio 210. El caso continúa sin resolver.

★ EL PRIMER SECUESTRO DE UN AVIÓN COMERCIAL

El primer secuestro de un avión comercial ocurrió el 17 de julio de 1948 cuando unos terroristas intentaron hacerse con el control de un hidroavión de la compañía Cathay Pacific Airways que cubría la ruta Macao-Hong Kong y acabaron hundiéndolo en el mar frente a las costas de Macao. De las 26 personas que viajaban a bordo, entre pasajeros y tripulantes, sólo sobrevivió una.

★ LA INDEMNIZACIÓN MÁS ELEVADA POR ABUSOS SEXUALES

La suma más elevada que se ha entregado a una víctima de abusos sexuales ascendió a 660 millones de dólares. El 15 de julio de 2007, la archidiócesis católica de Los Ángeles (EE. UU.) acordó pagar esta cantidad a 508 personas que habían sufrido abusos sexuales por sacerdotes a lo largo de un período de 50 años.

¿SABÍA QUE...?

La provincia de Helmand, en el sur de Afganistán, escenario de muchos de los combates que hoy libran las fuerzas de la OTAN contra los talibanes, produce el 50% de la cosecha de opio de todo el país.

★ LA INCIDENCIA MÁS ALTA DE PIRATERÍA NAVAL (REGIÓN)

La zona que registra la mayor incidencia de piratería aérea es el sudeste asiático, y en particular las aguas indonesias, donde en 2007 se produjeron 43 ataques de un total de 263 perpetrados en todo el mundo.

★EL PRIMER SECUESTRO DE UN AVIÓN

El primer secuestro de un avión ocurrió el 21 de febrero de 1931 en Arequipa (Perú) cuando Byron Rickards (EE. UU.), que pilotaba un Ford Tri-motor desde Lima (Perú), aterrizó en Arequipa (Perú) y se vio rodeado de soldados que le dijeron que se había convertido en prisionero de una organización revolucionaria. Su liberación se produjo el 2 de marzo del mismo año.

★LA CARRERA MÁS LARGA COMO OFICIAL DE POLICÍA

El teniente Andrew F. Anewenter (EE. UU., nacido el 12 de enero de 1916) trabajó ininterrumpidamente para el Departamento de Policía de Milwaukee (Wisconsin) desde el 1 de junio de 1942 hasta su jubilación, el 15 de mayo de 2003.

●MÁS ASESINATOS POR AÑO (PAÍS)

Según Naciones Unidas, el país con mayor número de asesinatos es Filipinas, con 3.515 homicidios en 2004, último año del que se disponen datos.

★PRIMER ANÁLISIS FORENSE DEL MODO DE ANDAR EMPLEADO COMO PRUEBA EN UN TRIBUNAL

La primera vez que el análisis forense de la manera de andar de una persona se admitió como método de identificación y prueba válida durante un proceso penal fue en el caso de R. contra Saunders, juzgado en el Old Bailey de Londres (Reino Unido) el 12 de julio de 2000. El podólogo Haydn Kelly (Reino Unido), llamado a testificar por su condición de experto, identificó en un vídeo de la policía al ladrón de joyas John Saunders (Reino Unido) como la persona que intentaba robar en una tienda. A pesar de que Saunders llevaba dos pantalones, máscara y guantes, Kelly pudo confirmar que menos del 5% de la población de Reino Unido caminaba de un modo similar al del sospechoso, prueba que contribuyó a poner fin a la lucrativa carrera delictiva de Saunders.

★LA TASA MÁS ALTA DE ASESINATOS PER CÁPITA (PAÍS)

Según el noveno estudio sobre tendencias criminales y operaciones de sistemas de justicia penal llevado a cabo por Naciones Unidas, el país que registró la tasa más elevada de asesinatos per cápita en 2004 fue Ecuador, con 18,87 muertes por cada 100.000 personas.

★LA MAYOR POBLACIÓN RECLUSA (MUJERES)

Según la lista de mujeres encarceladas en todo el mundo que elabora el Centro Internacional de Estudios Penitenciarios del King's College de Londres (Reino Unido), el país con la población reclusa femenina más numerosa es EE. UU., que sumaba 183.400 presidiarias en abril de 2006. Esta cifra representa el 8,6% del total de reclusos de EE. UU.

●LA MAYOR POBLACIÓN DE RECLUSOS REGISTRADOS

Según datos facilitados por el Departamento de Estadística Legal de EE. UU., Estados Unidos es el país del mundo con más presos per cápita. A finales de 2006, nada menos que 2.258.983 personas, una cifra récord, se hallaban reclusas en cárceles federales, estatales o locales de ese país.

★RÉCORD NUEVO
●RÉCORD ACTUALIZADO

★EL MAYOR FRAUDE COMETIDO POR UN EMPLEADO DE BANCA

El 24 de enero de 2008, la Societé Générale, una de las principales entidades financieras de Francia, declaró haber descubierto un fraude que había acarreado unas pérdidas totales de 4.900 millones de euros (7.160 millones de dólares) por operaciones irregulares de uno de sus empleados. El 26 de enero de 2008, Jérôme Kerviel (Francia) quedó bajo custodia policial y, según trascendió posteriormente, admitió haber ocultado sus actitividades a sus superiores.

EL MUNDO EN GUERRA

★ LA EDAD MÁS JOVEN PARA ALISTARSE EN EL EJÉRCITO

En Laos, la edad mínima para alistarse en el ejército es de 15 años.

★ EL MAYOR EXPORTADOR DE ARMAS

Según la Stockholm International Peace Research Institute's Arms Transfers Database (actualizada en marzo de 2008), en los últimos 10 años, EE. UU. ha exportado un promedio anual de armas (grandes armas o sistemas convencionales) por valor de 9.392.100.000 dólares.

★ LA MAYOR FUERZA FEMENINA DE PAZ

Por primera vez, las Naciones Unidas han desplegado una unidad de mantenimiento de la paz únicamente formada por mujeres, para ayudar a reconstruir la fuerza policial de Liberia, que se había ganado una mala reputación a causa de la corrupción. El gobierno indio ha cedido esta unidad de 103 mujeres.

● EL PAÍS CON EL PORCENTAJE MÁS ALTO DE PERSONAL MILITAR

En 2007, el 4,75% de los 23.301.725 habitantes de Corea del Norte participaba en el servicio militar activo.

★ EL MAYOR IMPORTADOR DE ARMAS

Durante los últimos 10 años, China ha encabezado la lista de los mayores importadores de armas, con un promedio de gasto anual de 2.392.300.000 dólares.

★ EL MAYOR FABRICANTE DE ARMAS

Excluyendo a las empresas chinas, sobre las que se dispone de pocos datos, el mayor fabricante de armas (no sólo fabricación, sino también investigación y desarrollo, mantenimiento, servicio y reparación de equipos usados por los militares) es Boeing (EE. UU.). En 2005, vendió 54.845.000.000 dólares en concepto de aviones, equipos electrónicos, misiles y *hardware* espacial.

● LA MAYOR FLOTA DE SUBMARINOS ARMADOS

La Marina de EE. UU. cuenta con 71 submarinos atómicos armados (14 submarinos con misiles balísticos estratégicos y 57 submarinos tácticos).

★ EL PAÍS MÁS PELIGROSO PARA LOS MEDIOS DE COMUNICACIÓN

Según Reporteros Sin Fronteras, desde el comienzo de la guerra de Iraq, en marzo de 2003, han muerto 210 periodistas y ayudantes de medios de comunicación, más que en la guerra de Vietnam (1955-1975).

★ RÉCORD NUEVO
● RÉCORD ACTUALIZADO

Se cree que las mujeres policía son mucho menos intimidantes, pero pueden ser tan duras como los hombres.

Seema Dhundiya, comandante de la primera unidad femenina de la ONU

la cesión de los territorios cachemires de Pakistán a China en 1964, y recientemente ha afirmado que China ha transferido armas nucleares a Pakistán. En cualquier momento, podemos encontrar hasta 1 millón de tropas enfrentándose en la línea de control que separa la parte india de Cachemira de la paquistaní.

●LA MAYOR FLOTA SIN COSTAS

En 2007, la flota de Bolivia contaba con 4.800 empleados, de los cuales 1.700 son marinos (incluidos los 1.000 miembros de la Policía Naval Militar) que patrullan los ríos del país y el Lago Titicaca. El cuartel general de la Marina se encuentra en Puerto Guayaramerín.

X-REF
Si te interesa el tema militar, consulta nuestra sección de **Armamento** en la p. 158.

procedentes del tráfico de drogas de entre 200 y 300 millones de dólares.

★ LA MAYOR DISPUTA TERRITORIAL MILITARIZADA

Según el World Factbook de la CIA, la disputa entre China, India y Pakistán por la región de Cachemira constituye la mayor disputa territorial militarizada del planeta, a pesar del enorme terremoto que devastó la zona en 2005 y que mató a 80.000 personas.

Se disputan el antiguo estado indio desde el final del gobierno británico en la India y la partición de 1947. India también se niega a reconocer

★ LA MAYOR FUERZA DE INVASIÓN ANFIBIA

La invasión aliada de Francia durante la Segunda Guerra Mundial –Operación Overlord– es la mayor operación de guerra anfibia que jamás se haya realizado. Más de 155.000 hombres desembarcaron en las playas de Normandía (Francia) en las primeras 24 horas del ataque de una fuerza de asalto de 176.000 hombres. La invasión comenzó el 6 de junio de 1944, y la campaña inicial de Normandía duró hasta el 21 de agosto del mismo año.

EL TERRORISTA MÁS BUSCADO

Osama bin Laden (Arabia Saudí), líder de la organización terrorista Al-Qaeda, es el único terrorista que aparece en la lista de los «diez más buscados» de la Oficina Federal de Investigación de EE. UU. (FBI), y también se le persigue en otras naciones por sus presuntas actividades terroristas.

★ EL GRUPO REVOLUCIONARIO MÁS RICO

Las Fuerzas Armadas Revolucionarias de Colombia (FARC) es el grupo revolucionario más rico del mundo, gracias a los beneficios obtenidos mediante el tráfico de drogas, la extorsión y los secuestros.

El Council on Foreign Relations norteamericano estima que sus fondos ascienden a 1.000 millones de dólares, con unos beneficios anuales

●LA MAYOR OPERACIÓN DE LAS FUERZAS DE PAZ

El 31 de julio de 2007, las Naciones Unidas (ONU) autorizaron el despliegue de una fuerza ONU/Unión Africana para apoyar el acuerdo de paz de Darfur, en Sudán (África). Será la mayor misión de las fuerzas de paz desplegada en una sola operación, con casi 26.000 miembros.

CIENCIA E INGENIERÍA

EL VEHÍCULO TERRESTRE MÁS GRANDE

La máquina más grande capaz de moverse por tierra es la excavadora de rueda RB293, una máquina fabricada por TAKRAF GmbH, de Leipzig (Alemania). Actualmente, se utiliza en una mina de carbón a cielo abierto perteneciente a RWE Rheinbraun, situada en Hambach (Alemania).

El vehículo tiene 18 cubos que van enganchados a la enorme rueda frontal. Al girar la rueda, los cubos recogen la tierra y luego la transportan mediante una cinta hasta unos contenedores.

- **PESO**: 14.196 toneladas; tres veces más pesada que una lanzadera espacial.
- **LONGITUD**: 220 m; equivalente a dos campos de fútbol.
- **ALTURA**: 94,5 m; un poco más alta que la estatua de la Libertad y su pedestal.
- **ALTURA DE LA RUEDA**: 21,6 m; ¡equivalente a un edificio de cuatro pisos!
- **VOLUMEN DE LOS CUBOS**: 6.600 litros; cada cubo podría llenar 80 bañeras.
- **TIERRA TRANSPORTADA POR DÍA**: 240.000 m³; ¡suficiente para llenar el *Hindenburg*, el dirigible más grande de todos los tiempos!

SUMARIO

FRONTERAS CIENTÍFICAS

★ LAS PILAS AA MÁS DURADERAS

Las pilas alcalinas EVOLTA de Panasonic, producidas por Matsushita Battery Industrial Co., Ltd., y Matsushita Electric Industrial Co., Ltd., (ambas de Japón) son las pilas AA disponibles de mayor duración, con una durabilidad un 20% superior a la de las otras pilas. Para valorarlas se realizaron pruebas de descarga siguiendo las directrices de la International Electrotechnical Commission (IEC).

★ LA BOBINA DE TESLA MÁS POTENTE

La bobina de Tesla del Mid-America Science Museum en Hot Springs, Arkansas (EE. UU.), puede producir 1.500.000 voltios de electricidad (en comparación, un mando a distancia cualquiera funciona a 1.500 voltios). Está encerrada en una caja de acero Faraday para proteger a los visitantes de los «relámpagos» (descargas eléctricas).

● LA SUSTANCIA MÁS OSCURA

La sustancia sintética más oscura es una matriz de nanotubos de carbono de baja densidad creada por investigadores de las universidades americanas Rensselaer Polytechnic Institute (Zu-Po Yang, James A. Bur, Prof. Shawn-Yu Lin) y Rice University (Dr. Lijie Ci, Prof. P. M. Ajayan). La pintura negra normal refleja entre un 5 y un 10% de luz (absorbe el resto), pero este nuevo baño es tan oscuro que tan sólo reflejó el 0,045% de luz cuando se probó en el Rensselaer Polytechnic Institute, el 24 de agosto de 2007.

● EL RELOJ ATÓMICO MÁS PRECISO

El National Institute of Standards and Technology de Boulder, Colorado, (EE. UU.), creó un reloj óptico de mercurio que, si funcionara de manera continuada, ni ganaría ni perdería un segundo en 400 millones de años.

● EL NÚMERO PRIMO CONOCIDO MÁS LARGO

El número primo conocido más largo es el $2^{32.582.657} -1$. Fue descubierto por un equipo de la Central Missouri State University en septiembre de 2006. Con la asombrosa cantidad de 9.808.358 dígitos, este último primo de Mersenne está cerca del premio de 100.000 dólares que se llevará quien descubra el primer número primo de 10 millones de dígitos.

★ EL TORBELLINO ARTIFICIAL MÁS GRANDE

El museo Mercedes-Benz de Stuttgart (Alemania) cuenta con un sistema único de eliminación de humos. Al detectar fuego, se inyecta aire en el patio interior del museo de manera que genera un tornado artificial de 34,4 m de alto; éste recoge el humo, que se descarga al exterior a través de un ventilador de eliminación de humos situado en la parte superior del edificio.

★ EL ALTAVOZ ELECTROACÚSTICO MÁS POTENTE

El Hyperspike HS-60, inventado por Curt Graber de Wattre Corporation (EE. UU.), es un dispositivo acústico de llamadas (AHD, *Acoustic Hailing Device*) capaz de producir un haz coherente de sonido, como un haz láser en el registro de la voz humana. En pruebas de campo certificadas realizadas en marzo de 2007, el haz fue coherente durante 264 m; el sonido producido tenía una potencia de 140,2 decibelios (dB) a una distancia de 128 m, usando menos de 3 kW de electricidad. El sonido producido es equivalente a 182 dB desde una distancia de 1 m y, en condiciones óptimas, puede transmitir comunicaciones de voz audibles a una audiencia situada a una distancia de más de 3 km.

★ EL MAYOR DETECTOR DE PARTÍCULAS

El detector ATLAS, parte del gran colisionador de hadrones HLC del CERN, situado en la frontera entre Francia y Suiza, mide 46 m de largo, 25 m de ancho y 25 m de alto. Pesa 7.000 toneladas y contiene 100 millones de sensores que miden partículas producidas en colisiones protón-protón en el solenoide de muones compacto, que se puede ver más arriba. La última pieza de ATLAS, parte del espectrómetro de muones del instrumento, fue instalada en marzo de 2008.

¿SABÍA QUE...?

Con un coste de más de 6.000 millones de dólares y una circunferencia de 27 km, el HLC se ha diseñado para romper partículas juntas a casi la velocidad de la luz. Los científicos esperan que estudiando los resultados de estas colisiones se pueda saber más sobre cómo funciona la materia.

● LA FUENTE DE ESPALACIÓN DE NEUTRONES PULSADOS MÁS POTENTE

La fuente de espalación de neutrones del Oak Ridge National Laboratory (EE. UU.) es la más poderosa de su clase en todo el mundo. Usando un rayo de protones para romper un objetivo con más de 300 kW de energía, es capaz de producir $4,8 \times 10^{16}$ neutrones por segundo. Finalmente, estos neutrones se centrarán en rayos que permitirán el análisis molecular de materiales avanzados.

★ EL OBJETO MÁS PEQUEÑO FILMADO EN MOVIMIENTO

En febrero de 2008, científicos suecos anunciaron que tenían imágenes de un electrón sobre una onda de luz justo después de ser arrancado de un átomo.

★ RÉCORD DE DISTANCIA DE COMUNICACIÓN CUÁNTICA

En marzo de 2008, unos científicos anunciaron que habían detectado e identificado fotones individuales de luz rebotando alrededor de un satélite en órbita a unos 1.485 km por encima de la Tierra. Este logro es un paso crítico hacia el establecimiento de un canal de comunicaciones cuántico basado en el espacio, el santo grial de las comunicaciones digitales seguras e imposibles de interceptar.

★ EL LÁSER MÁS POTENTE

En cuanto a potencia, el láser Texas Petawatt de la Universidad de Texas (EE. UU.) es el más potente del mundo. El 31 de marzo de 2008 logró una potencia de 1 petawatt, o 1.000.000.000.000.000 de vatios, cuando fue encendido durante la décima parte de una trillonésima de segundo (0,0000000000001 segundos).

● EL ROBOT HUMANOIDE MÁS PEQUEÑO

Be-Robot, que mide 153 mm de alto, puede caminar, dar patadas y realizar flexiones. El robot fue fabricado por GeStream (Taiwán) y presentado en la convención global SMEs 2007, el 6 de septiembre de 2007 en Kuala Lumpur (Malasia).

100%

★ RÉCORD NUEVO
● RÉCORD ACTUALIZADO

● EL LÁSER PORTÁTIL MÁS POTENTE

Probado tres veces en duraciones de cinco minutos usando dos instrumentos separados de medición de fotones, el Hércules 500 produjo un pico de 1 W y 940 mW (+/− 20 mW) de media de luz láser verde-brillante (532 nm).

Fabricado por Laserglow Technologies de Ontario (Canadá), el dispositivo portátil Class IV, alimentado con pilas, tiene cinco conectores de seguridad independientes para hacer legal su uso en todo el mundo. Sus aplicaciones a largo plazo incluyen la construcción y la alineación de antenas.

CIENCIA E INGENIERÍA
GENÉTICA

★ LA EVOLUCIÓN MÁS RÁPIDA

El *Sphenodon punctatus*, reptil conocido como tuátara, evoluciona casi 10 veces más rápido que la media animal. Un informe de marzo de 2008 reveló que esta especie realiza 1,37 sustituciones de par de bases cada millón de años, en comparación con la media de 0,2.

★ EL RATÓN MÁS FUERTE MODIFICADO GENÉTICAMENTE

En noviembre de 2007, científicos estadounidenses anunciaron la creación de un ratón modificado genéticamente con extraordinarias capacidades físicas. En las pruebas, el ratón asombró a los científicos corriendo sin parar a 20 m por minuto durante cinco horas. También puede vivir más que un ratón común y es 10 veces más activo.

EL MAYOR FELINO HÍBRIDO

El mayor felino híbrido de la familia de los gatos (Felidae) es el liger (sin nombre científico), que es el producto del cruce de un león y una tigresa. Normalmente crecen más que sus padres, alcanzando los 3-3,6 m. El tamaño y la apariencia del liger pueden variar, dependiendo de la subespecie de león o tigre que tome parte en el proceso. Aunque estos híbridos se crean en la naturaleza, donde los leones y los tigres conviven en el mismo territorio (por ejemplo, en el bosque de Gir, en la India), estos cruces normalmente ocurren en zoológicos o los realizan particulares.

EL PRIMER PERRO CLONADO

El primer perro clonado que sobrevivió al parto fue Snuppy, un Galgo Afgano propiedad de Hwang Woo-Suk (Corea del Sur) y su equipo de la Universidad Nacional de Seúl (SNU) en Corea del Sur, al que sólo pusieron nombre después del exitoso parto. El crecimiento de Snuppy se estimuló fusionando un óvulo de una donante con ácido desoxirribonucleico (ADN) del oído de un macho de Galgo Afgano de tres años, de nombre Tie, antes de ser transferido a una hembra «de alquiler» de 60 días de gestación. Snuppy nació el 25 de abril de 2005.

LAS PERSONAS MÁS DIVERSAS GENÉTICAMENTE

Los pigmeos y los bosquimanos de África son las personas más diferentes genéticamente. Tienen hasta 17 variantes genéticas, mientras que la mayoría de gente tiene dos o tres. Posiblemente hace unos 200.000 años nuestros ancestros se extendieron por el mundo aunque algunos podrían haberse resistido a dejar su región.

EL PRIMER RECEPTOR DE UNA TERAPIA GENÉTICA

En septiembre de 1990 se intentó curar por primera vez un desorden genético en un ser humano: Ashanthi DeSilva (EE. UU.), una niña de cuatro años que sufría una deficiencia de adenosin deaminasa (ADA). Como resultado de su débil sistema inmunológico, Ashanthi había sido una enferma crónica durante toda su vida. Los doctores que la trataron, pioneros en esta terapia, le proporcionaron copias sanas del gen que produce ADA, que insertaron en un virus modificado que pudo entonces infectar sus células sanguíneas. Ashanthi vive ahora con una calidad de vida normal.

★ EL MAYOR PRODUCTOR DE SEMILLAS MODIFICADAS GENÉTICAMENTE

Monsanto (EE. UU.) domina actualmente entre el 70 y el 100% del mercado global de semillas modificadas genéticamente. En 2006, su empresa obtuvo unos ingresos globales de 7.344 millones de dólares.

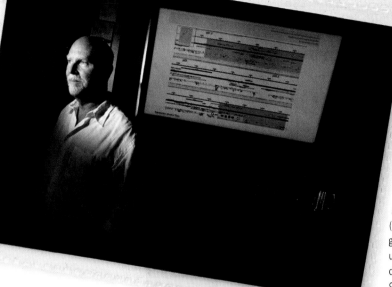

★ **RÉCORD NUEVO**
● **RÉCORD ACTUALIZADO**

el perfil de ADN. El asesino real, Colin Pitchfork (Reino Unido), que envió una muestra de la sangre de otro hombre durante las pruebas realizadas a 5.000 hombres del lugar, fue finalmente acusado. El ADN de Pitchfork coincidía con el del asesino y fue sentenciado a cadena perpetua en 1988.

EL MAYOR ÁRBOL GENEALÓGICO POR ADN

Adrian Targett, un profesor de Cheddar (Somerset, Reino Unido) puede trazar su árbol genealógico de hasta 300 generaciones. Es un descendiente directo, por parte de madre, del Hombre de Cheddar, un esqueleto de 9.000 años hallados en el Reino Unido.

● EL ADN MÁS ANTIGUO

En julio de 2007, varios científicos anunciaron el descubrimiento de un ADN de 800.000 años de antigüedad presente en muestras tomadas de las capas de hielo de Groenlandia. El ADN revela que en aquel tiempo tan caluroso eran abundantes las mariposas y polillas en los bosques de abetos y pinos de Groenlandia.

DATOS CLAVE

1859 – Charles Darwin publica *El origen de las especies*

1882 – Walter Fleming descubre los cuerpos tubulares que llama «cromosomas»

1906 – Se utiliza la palabra «genética» por primera vez

1952 – Martha Chase y Alfred Hershey demuestran que los rasgos heredados se transmiten por el ADN

1953 – James Watson y Francis Crick descubren la forma de doble hélice del ADN

1977 – Fred Sanger desarrolla un método innovador de secuenciado del ADN

1984 – Alec Jeffreys inventa la técnica de la huella genética

1990 – Comienza el proyecto Genoma Humano

1997 – Ian Wilmut crea la oveja Dolly, el primer mamífero clonado

2001 – La empresa Advanced Cell Technologies clona embriones humanos por primera vez

2003 – Se completa y publica el proyecto Genoma Humano

★ LA PRIMERA PUBLICACIÓN DE UN GENOMA HUMANO

En septiembre de 2007, el científico y empresario Dr. Craig Venter (EE. UU.) publicó su propio genoma (código genético) en su totalidad. Este completo registro de su estructura genética contenía 6.000 millones de letras y tuvo un coste estimado de 35 millones de dólares.

DATO

El genoma del Dr. Venter confirma el color azul de sus ojos y revela que tiene un grado genético de protección contra la adicción al tabaco. Algunas de las secuencias de este genoma se han asociado con un incremento del riesgo de un comportamiento antisocial, Alzheimer o enfermedades cardiovasculares.

PERFIL DE ADN UTILIZADO POR 1.ª VEZ EN UNA CONDENA

La primera persona condenada por un crimen gracias a las pruebas de ADN fue Robert Melias (Reino Unido), culpable de violación y condenado por el Tribunal británico el 13 de noviembre de 1988. Poco después, en EE. UU., Tommy Lee Andres (EE. UU.) se convirtió en el primer americano en ser condenado gracias a las pruebas del ADN.

PERFIL DE ADN UTILIZADO POR 1.ª VEZ PARA REVOCAR UNA CONDENA

La primera persona cuya condena fue revocada gracias al perfil de ADN fue Gary Dotson (EE. UU.), que fue acusado de violar a Cathleen Crowell (Reino Unido) y sentenciado a 25-50 años de prisión en julio de 1979. En 1988, las pruebas de ADN (no disponibles anteriormente) probaron su inocencia. Esto, además de la falta de credibilidad de la víctima, exoneró a Dotson del delito el 14 de agosto de 1989, después de haber cumplido ocho años de su sentencia.

PERFIL DE ADN UTILIZADO POR 1.ª VEZ PARA EXONERAR A UN SOSPECHOSO

La primera búsqueda de un delincuente basada en las pruebas de ADN tuvo lugar entre 1986 y 1988 en Enderby (Leicestershire, Reino Unido) durante la investigación de un doble asesinato y violación. El primer sospechoso, Richard Buckland (Reino Unido) confesó el segundo asesinato, pero el perfil de ADN en las víctimas reveló que no coincidía con el del asesino. Buckland se convirtió así en el primer sospechoso en ser exonerado utilizando

★ RÉCORD NUEVO
● RÉCORD ACTUALIZADO

★ EL PAÍS CON EL PORCENTAJE MÁS ELEVADO DE MÚSICA DESCARGADA ILEGALMENTE

Según un informe realizado por la Federación Internacional de la Industria Fonográfica en enero de 2008, el 99% de todos los archivos de música digital distribuidos en China están pirateados de Internet. Descritos como «la mayor población potencial de compradores de música», los chinos sólo se gastaron oficialmente 76 millones de dólares en descargas de música en línea en 2007.

● PRIMERA EMBAJADA VIRTUAL REAL

El 30 de mayo de 2007, Suecia abrió en *Second Life* una copia virtual de su embajada en Washington DC (EE. UU.). El avatar del ministro de Asuntos Exteriores Carl Bildt (Suecia) «cortó la cinta» de inauguración de la embajada virtual, cuyo cometido es dar información sobre Suecia a los jugadores.

★ EL JUEGO MMORPG MÁS POPULAR

En términos de número de suscriptores en línea, *World of Warcraft* es el Juego de rol multijugador masivo online (MMORPG) más popular, con 10 millones de suscriptores en enero de 2008. Según sus creadores, Blizzard Entertainment, *World of Warcraft* tiene más de 2 millones de suscriptores en Europa, más de 2,5 millones en Norteamérica y alrededor de 5,5 millones en Asia.

★ LA MAYOR FUENTE DE CORREOS BASURA

La empresa Sophos, expertos en correos basura y virus, ha revelado que durante el último trimestre de 2007, el 28,4% de todos los correos basura procedían de EE. UU. Corea del Sur ocupaba el segundo lugar, con un 5,2% de correo basura en todo el mundo.

★ EL MAYOR ALMACÉN DE DATOS

Sybase, Inc. y Sun Microsystems (ambas de EE. UU.) operan un almacén de datos que contiene 1 *petabyte* (1.000 *terabytes*) de datos en bruto. Su capacidad es tal que podría rastrear cualquier transacción de tarjetas de crédito y de débito que haya tenido lugar en todo el mundo en los últimos siete años.

● LA PERSONA MÁS BUSCADA EN INTERNET

En 2007, la persona más buscada en Internet fue Britney Spears (EE. UU.). La cantante se pasó el año entrando y saliendo de centros de rehabilitación de drogas y alcohol, perdió la custodia de sus hijos, se afeitó el pelo con una maquinilla eléctrica, fue acusada de darse a la fuga en un accidente de tráfico y de conducir sin permiso, y su regreso a los escenarios en los premios MTV Video Music Awards (con «Gimme More») fue duramente criticado, pero un gran éxito comercial.

★ PRIMER *PODCAST* DE UNAS NAVIDADES REALES

Por primera vez en diciembre de 2006, el mensaje navideño de la reina Isabel II estuvo disponible en un *podcast*. La reina tiene un iPod mini 6GB plata. También tiene su propio canal en YouTube, lanzado 50 años después de su primer mensaje navideño televisado en 1957. Un portavoz del Palacio de Buckingham dijo que la reina «siempre se mantiene al corriente de los nuevos sistemas de comunicación entre las personas».

★ EL PEOR APAGÓN EN INTERNET

En enero de 2008 se rompieron cuatro cables submarinos de Internet en una misma semana, lo que provocó la pérdida de conexión para millones de usuarios en Asia, Oriente Próximo y el norte de África. Algunos expertos han culpado a los barcos que arrastran sus anclas por el lecho marino, mientras que otros sospechan que fue un sabotaje de agentes desconocidos.

★ LA CONEXIÓN DE INTERNET PARTICULAR MÁS RÁPIDA

Sigbritt Lothberg (Suecia) tiene una conexión doméstica de banda ancha de 40 Gbps –miles de veces más rápida que la banda ancha media. Su conexión es un equipo de demostración configurado por su hijo, el gurú sueco de Internet Peter Lothberg, que permite descargar un DVD de alta definición en unos dos segundos.

★ MÁS PERSONAS EN DESCARGAR A PROPÓSITO UN VIRUS INFORMÁTICO

En un experimento realizado por el experto informático belga Didier Stevens en 2007, 409 personas se descargaron a propósito un virus en su ordenador. Stevens había estado haciendo una campaña Google Adwords durante seis meses que ofrecía a los usuarios un virus gratis a través del eslogan «¿Tu PC está libre de virus? ¡Inféctate aquí!».

★ PRIMERA COMPETICIÓN DE *SPEEDCABLING*

La primera competición mundial de *speedcabling* se celebró en Los Ángeles (California, EE. UU.) en enero de 2008. El objetivo de este nuevo «deporte», inventado por el experto informático Steven Schkolne (EE. UU.), es desenredar una maraña de cables en el menor tiempo posible y de manera que los cables puedan seguir emitiendo una señal de red. El ganador de la final, en la que los participantes tuvieron que desenredar 12 cables *ethernet* de hasta 7,5 m de largo y luego ponérselos encima de la cabeza, fue el diseñador de páginas web Matthew Howell (EE. UU.).

★ LA PRIMERA BOMBA GOOGLE

El bombardeo Google es una técnica en la que los usuarios de Internet manipulan los resultados de búsqueda de Google usando términos específicos para enlazar a otra página. El primero importante ocurrió en 1999, cuando los resultados de búsqueda para «más malo que Satanás» enlazaban a la página de Microsoft. En 2005, otro enlazó las búsquedas de «fracaso miserable» a la biografía oficial del presidente de EE. UU. George W. Bush.

★ LA PELÍCULA MÁS DESCARGADA

En 2007, la película más descargada usando el protocolo BitTorrent (P2P) fue *Transformers* (EE. UU., 2007), que sólo en Mininova fue accedido 569.259 veces. Teniendo en cuenta el gran número de sitios web P2P, la cifra real será mucho mayor.

2007 TOP 10 DESCARGAS DE PELÍCULAS

PELÍCULA (NAC., AÑO)	DIRECTOR	NÚMERO
1. *Transformers* (EE. UU., 2007)	Michael Bay	569.259
2. *Un lío embarazoso* (EE. UU., 2007)	Judd Apatow	509.314
3. *El tirador* (EE. UU., 2007)	Antoine Fuqua	399.960
4. *Piratas del Caribe: En el fin del mundo* (EE. UU., 2007)	Gore Verbinski	379.749
5. *Ratatouille* (EE. UU., 2007)	Brad Bird & Jan Pinkava	359.904
6. *300* (EE. UU., 2006)	Zack Snyder	358.226
7. *Next* (EE. UU., 2007)	Lee Tamahori	354.044
8. *Arma fatal* (Reino Unido, 2007)	Edgar Wright	352.905
9. *El ultimátum de Bourne* (EE. UU., 2007)	Paul Greengrass	336.326
10. *Zodiac* (EE. UU., 2007)	David Fincher	334.699

Fuente: www.mininova.org

TECNOLOGÍA MÓVIL

PRIMERAS PALABRAS FAMOSAS

● El teléfono fue inventado por Alexander Graham Bell (Reino Unido), que obtuvo su patente el 14 de febrero de 1876. La **primera llamada inteligible** ocurrió en marzo de 1876 en Boston (Massachusetts, EE. UU.) cuando Bell telefoneó a su ayudante que estaba en una habitación contigua: «Sr. Watson, venga aquí, le necesito».

● El concepto de teléfono portátil apareció por primera vez en 1947 en los laboratorios Bell de Lucent Technologies (EE. UU.), pero el **primer teléfono móvil** fue inventado por Martin Cooper (EE. UU.) de Motorola. Hizo su **primera llamada por móvil** el 3 de abril de 1973 a su rival, Joel Engel, investigador jefe de los laboratorios Bell. La **primera red comercial de teléfonos móviles** surgió en Japón en 1979.

● El 28 de abril de 1999, a las 10:30 a.m. (GMT), se hizo la **primera llamada entre polos** por los empleados de la NASA Mike Comberiate y Andre Fortin (ambos de EE. UU.).

●EL COCHE TELEDIRIGIDO MÁS RÁPIDO

La velocidad más alta alcanzada por un coche teledirigido con batería es de 216,29 km/h. El coche era un Associated Nitro TC3 a una escala de 1:10, dirigido y construido por Nic Case (EE. UU.) en el Auto Club Dragway (Fontana, California, EE. UU.) el 20 de julio de 2007.

TELÉFONOS MÓVILES

★RED DE BANDA ANCHA DE MÓVILES NACIONALES MÁS RÁPIDA

El Next G, presentado por Telstra (Australia) en febrero de 2007, puede conseguir un pico de velocidad de 14,4 Mbps; en otras palabras, puede ir hasta 250 veces más rápido que una conexión de línea conmutada estándar.

●EL MÓVIL MÁS GRANDE

Una versión a gran escala del W810i de Sony Ericsson midió 2,5 x 1,14 x 0,49 m, cuando fue examinado en el MTN ScienCenter de Ciudad del Cabo, Sudáfrica, el 20 de septiembre de 2007.

El teléfono es completamente funcional y está hecho de los mismos materiales que los de la versión normal.

●EL MÓVIL MÁS DELGADO

En febrero de 2008 se constató el récord del móvil más fino, el Samsung Ultra Edition II, de sólo 5,9 mm de ancho. El móvil tiene cámara de 3 mp y dispone de 11 horas de tiempo de reproducción. La Ultra Edition 8.4 de Samsung es el **móvil 3G más fino del mercado**, con una cámara de 2 mp en un teléfono de 8,4 mm.

LA CÁMARA DE MÓVIL DE MAYOR RESOLUCIÓN

En marzo de 2006, Samsung presentó el SCH-B600, un móvil con la cámara de mayor resolución del mundo, de 10 mp, mayor que la de las cámaras digitales. La pantalla LCD puede reproducir 16 millones de colores y los usuarios pueden ver también la TV en directo mediante la función satélite DMB (sintonización de televisión digital).

●EL NÚMERO DE TELÉFONO MÁS ANTIGUO

David Contorno de Lemont (Illinois, EE. UU.), ha tenido y usado el mismo número de móvil desde el 2 de agosto de 1985. Su primer teléfono móvil fue un Ameritech AC140 y su empresa de telefonía era Ameritech Mobile Communications, la primera empresa estadounidense en ofrecer un servicio de telefonía móvil al público.

EL MÓVIL MÁS CARO

Un teléfono móvil diseñado por GoldVish (Ginebra, Suiza) se vendió por 1 millón de euros en la Millionnaire Fair de Cannes (Francia), el 2 de septiembre de 2006.

★EL CHIP GPS MÁS PEQUEÑO

En febrero de 2008, NXP Semiconductors (Países Bajos) anunció el lanzamiento de su chip receptor de GPS GNS7560. Diseñado para integrarse en los móviles y PDA, mide sólo 3,6 x 2,4 x 0,6 mm y consume menos de 15 mW de potencia.

17-12-2007 - 18:02

100%

★LA MAYOR PANTALLA DE UN MÓVIL

El Readius, de la empresa holandesa Polymer Vision, tiene previsto su lanzamiento a finales de 2008. Además de ser un teléfono móvil, puede navegar por Internet y leer *e-books*. Su revolucionaria pantalla flexible mide 13 cm de diagonal y puede plegarse sobre el teléfono cuando no esté en uso.

★ EL TELÉFONO MÓVIL MÁS LIGERO

Hecho por modu Ltd (Israel) y lanzado el 11 de febrero de 2008, el modu pesa sólo 40,1 g y mide 72,1 x 37,6 x 7,8 mm. Lleva una pantalla a todo color y tiene 1 Gb de memoria interna.

100%

★ LA CARCASA DE PSP MÁS CARA

Una carcasa para la PSP hecha con oro de 14 quilates y diamantes amarillos y negros de 8 quilates, en la parte delantera, está a la venta por 35.000 dólares. Esta cara carcasa, realizada por Simmons Jewelry Co. (EE. UU.), realizó su debut en el Pacific Design Center (West Hollywood, California, EE. UU.), el 14 de marzo de 2005.

DATO

La carcasa de PSP, cubierta de piel de caimán, fue diseñada por Kimora Lee Simmons, como parte del acto de la pasarela de jugadores elegantes, para una variedad de diseñadores y celebridades, entre los que se incluían Marc Jacobs, Nicole Richie y Jennifer López.

MEDIOS PORTÁTILES

★ EL CARGADOR WIRELESS MÁS VERSÁTIL

El WildCharger, de la empresa estadounidense Wildcharge, es una alfombrilla capaz de cargar unidades portátiles sin cables. Cualquier unidad que disponga de un adaptador especial puede recargarse al apoyarlo en la alfombrilla WildCharger. Pueden recargarse hasta cinco unidades a la vez. Los adaptadores están disponibles para Motorola RAZR V3, iPod nano 2G, iPhone, Blackberry Pearl, Blackberry 8800 e iPod.

★ EL PORTÁTIL MÁS BARATO

El programa «un portátil para cada niño», creado por Nicholas Negroponte (EE. UU.), es un proyecto para proporcionar portátiles muy baratos para uso educativo en el mundo en vías de desarrollo. En febrero de 2008, el programa tenía una tasa de producción de 110.000 portátiles al mes, con un precio de 187 dólares.

PANTALLA DE ALTA DEFINICIÓN EN UN RELOJ DE PULSERA

La imagen más nítida se ha conseguido en una pantalla de televisión integrada en un reloj, el NHJ TV, con 130.338 píxeles. La pantalla de TV a color de 1,5 pulgadas y con tecnología TFT ofrece una imagen de alta resolución.

★ EL FORMATO MÁS POPULAR PARA MÚSICA

El disco compacto (CD) es el formato más popular para escuchar música, con unos ingresos globales por ventas de unos 17.000 dólares en 2005, aunque esta cifra representa una caída del 6% con respecto al año anterior.

★ SMARTPHONE MÁS VENDIDO

Según la empresa analista iSuppli, el iPhone de Apple se vendió más que el resto de smartphones en EE. UU., en julio de 2007, su primer mes de ventas. En los últimos cuatro meses de 2007, la empresa vendió 2.315.000 de iPhones. Con ello incrementó sus beneficios netos trimestrales en 1.580 millones de dólares –el trimestre más rentable de Apple– y convirtió al iPhone en el teléfono más vendido de todos los tiempos.

★ **RÉCORD NUEVO**
● **RÉCORD ACTUALIZADO**

★ EL MAC MÁS FINO

Actualmente el MacBook Air, lanzado por Apple Inc. (EE. UU.) en enero de 2008, es el Mac más delgado en producción. En su punto más ancho mide 1,94 cm, y en el más delgado, 0,4 cm. La pantalla de MacBook Air mide 33,7 cm y pesa 1,63 kg. Apple afirma que el MacBook Air es tan fino gracias al uso de varias innovaciones, como un disco duro más delgado y una batería de bajo perfil.

100%

CIENCIA E INGENIERÍA
COSAS GRANDES

LOS MÁS GRANDES...

NAVIDADES A LO GRANDE

● El ●**mayor calcetín con regalos navideños** medía 32,56 m de largo y 14,97 m de ancho (del talón a los dedos) y lo confeccionó la Children's Society (Reino Unido) en Londres (Reino Unido), el 14 de diciembre de 2007.

● El ●**mayor árbol de Navidad flotante** mide 85 m de altura y se erigió en Río de Janeiro (Brasil) durante las Navidades de 2007, con el patrocinio de la compañía Bradesco Seguros e Previdência.

●CALENDARIO DE ADVIENTO

Con motivo del reacondicionamiento de la estación de St Pancras (Londres, Reino Unido), en diciembre de 2007, se creó un gigantesco calendario de adviento que medía 71 m de altura y 23 m de ancho.

●HOGUERA

La hoguera más grande tenía un volumen de 1.715,7 m³, la construyó ŠKD mladi Boštanj y se encendió el 30 de abril de 2007 en Boštanj (Eslovenia) para celebrar el Día del Trabajo.

Sus 43,44 m de altura la convierten también en la ★**hoguera más alta**.

●CAJA DE CARTÓN

El 30 de octubre de 2007, los alumnos de la Escuela de Ciencias Empresariales de Aarhus (Dinamarca) diseñaron y fabricaron una caja de cartón con unas medidas de 11,53 x 4,61 x 2,31 m.

★LAS TIJERAS MÁS GRANDES

Con ocasión del vigésimo congreso nacional de la Asociación de Enfermeras de Quirófano de Canadá (ORNAC), celebrado en Victoria (Canadá), el 24 de abril de 2007, se expusieron unas tijeras que medían 1,78 m desde la punta hasta los ojos, fabricadas por Michael Fish (Canadá) y su equipo de la empresa Keir Surgical Ltd.

●BOLA DE DISCOTECA

Raf Frateur (Bélgica), de la empresa Frateur Events, creó una bola de discoteca con espejos de 7,35 m de diámetro, y la expuso en una fiesta celebrada en el club Studio 54 de Amberes (Bélgica), el 20 de julio de 2007.

●BALÓN DE FÚTBOL

MTN Sudan hizo un balón de fútbol de 10,54 m de diámetro en Jartum (Sudán), el 23 de agosto de 2007.

●CASA DE PAN DE JENGIBRE

Roger A. Pelcher (EE. UU.) contruyó una casa de pan de jengibre con un volumen interior de 1.036 m³ en el centro comercial Mall of America de Bloomington (Minnesota, EE. UU.), el 22 de noviembre de 2006. La casa medía 13,86 m de largo, 10,81 m de ancho y aproximadamente 18,28 m en su punto más alto.

★MONEDA DE ORO

La moneda de oro más grande pesa 100 kg, mide 50 cm de diámetro, tiene 3 cm de grueso y está hecha a partir de un lingote con una pureza del 99,999%.

La moneda, de curso legal, fue puesta en circulación el 3 de mayo de 2007 por la Real Casa de la Moneda de Canadá con un valor oficial de 1 millón de dólares canadienses (900.375 dólares de EE. UU.).

★EL BOLÍGRAFO MÁS LARGO

El bolígrafo más largo mide 3,33 m de largo, pesa 8 kg y lo fabricó en 2005 Olaf Fügner (Alemania) en Sachsen (Alemania).

★EL CASTILLO DE ARENA MÁS ALTO

Camp Sunshine creó un castillo de arena de 9,6 m de altura en el Point Sebago Resort de la localidad de Casco (Maine, EE. UU.), el 1 de septiembre de 2007.

www.kulisammler-online.de

Hicimos que pareciera una carroza.
Maria Reidelbach (EE. UU.), hablando del gnomo de jardín más grande

●MARIONETA

Una marioneta de 15,21 m llamada Zozobra fue presentada por el Kiwanis Club de Santa Fe (Nuevo México, EE. UU.), con ocasión de las fiestas de la ciudad, el 7 de septiembre de 2007.

★SELLO CONMEMORATIVO

Con unas medidas de 600 mm x 493 mm, el sello conmemorativo más grande fue fabricado por Koninklijke Joh. Enschedé y emitido por TNT Post para el Team Nationaal Schoolontbijt, en los Países Bajos, el 6 de noviembre de 2007.

●SUÉTER

Dalang Woollen Trade Center (China) confeccionó un suéter con un ancho de pecho de 8,6 m, un largo de cuerpo de 5 m y un largo de manga de 4,3 m, en la ciudad de Dongguan (provincia de Guangdong, China), el 18 de octubre de 2007.

★PANTALONES

El 27 de diciembre de 2006, Value Planning Co., Ltd. fabricó unos pantalones de 10,83 m de largo y un ancho de cintura de 6,48 m, y los expuso en el Gimnasio Central de la ciudad de Kobe (Japón).

The World's Largest Garden Gnome
Kelder's Farm, Route 209, Kerhonkson, NY

EL MAYOR GNOMO DE JARDÍN

Creado por Maria Reidelbach con la ayuda de Ken Brown y John Hutchison (todos de EE. UU.), el gnomo de jardín más grande mide 4,11 m de altura y está instalado en el Gnome on the Grange Mini Golf Range de Kedler's Farm, en Kerhonkson (Nueva York, EE. UU.).

★EL MAYOR PATO DE PLÁSTICO

Como parte del proyecto Estuario del Loira 2007, que preveía una serie de instalaciones artísticas a lo largo de la orilla del río desde junio hasta septiembre de 2007, el puerto de Saint-Nazaire (Francia) exhibió un pato de plástico de 25 m de alto.

★CLIP DE PAPEL

El 12 de julio de 2007 se mostró al público un clip de acero de 4,62 m de altura creado por el pueblo de Kipling (Saskatchewan, Canadá).

★ÁLBUM FOTOGRÁFICO

Dodge Brand (EE. UU.) elaboró un álbum de fotos que medía 3,6 x 2,7 m en Orlando (Florida, EE. UU.), el 6 de septiembre de 2007. Tenía 21 páginas y todas las fotografías eran a escala.

¿SABÍA QUE...?

La mayor colección de patitos de goma pertenece a Charlotte Lee (EE. UU.). Charlotte comenzó su colección en 1996 cuando compró un kit de patitos de goma para su baño. Sus amigos pronto empezaron a regalarle patitos. El 3 de abril de 2006, Charlotte había reunido 2.583 patitos, que tiene expuestos en cajas de cristal por toda su casa.

★POMPÓN

Los niños, padres y profesores de la escuela primaria de la Iglesia anglicana en Ribby with Wrea confeccionaron y exhibieron en Preston (Reino Unido) un pompón de 90 cm de diámetro y 256 cm de circunferencia, el 16 de marzo de 2007.

★MAPA IMPRESO

En diciembre de 2006, Stiefel Eurocart (Alemania) elaboró un mapa impreso que medía 4,35 x 3,09 m en Lenting (Alemania).

●EL MONOPATÍN MÁS GRANDE

El 17 de agosto de 2007, los alumnos (todos de EE. UU.) del curso de Solución de Problemas en Equipo impartido por Jerry Havill en el Bay de Noc Community College de la ciudad de Escanaba (Michigan, EE. UU.) diseñaron y fabricaron un monopatín de 9,4 m de largo, 2,4 m de ancho y 1,19 m de alto.

INGENIERÍA ÉPICA

CASTILLO DE CARTAS

El 12 de diciembre de 2004, Bryan Berg (EE. UU.) construyó una réplica del castillo de Walt Disney utilizando sólo cartas de la baraja. Con 4,22 m de alto, 3,6 m de ancho y 2,61 m de fondo, el castillo, construido en el Walt Disney World de Orlando (Florida, EE. UU.), necesitó 162.000 cartas.

★ RÉCORD NUEVO
● RÉCORD ACTUALIZADO

●LA CASA DE CARTAS MÁS ALTA

Bryan Berg (EE. UU.) construyó una casa de cartas que se sostenía por sí misma y que medía 7,86 m de alto. La terminó el 15 de octubre de 2007, como parte del State Fair de Texas (Dallas, Texas, EE. UU.).

★ EL MAYOR DIQUE

El Saemangeum Seawall se encuentra en la costa del sudoeste de Corea del Sur. Mide 33 km de longitud, une dos cabos cercanos al puerto industrial de Gunsan y ha creado 400 km² de nuevas tierras de cultivo, además de ser una reserva de agua de río situada en el antiguo estuario Saemangeum. Su construcción terminó en abril de 2006.

LA RED DE METRO MÁS LARGA

La red de metro de la ciudad de Nueva York (EE. UU.) mide un total de 1.355 km, incluyendo 299 km de vías secundarias de talleres y cocheras.

EL MAYOR ARCHIPIÉLAGO ARTIFICIAL

El archipiélago World Islands (islas del Mundo), a 4 km de la costa de Dubai, es un proyecto para construir más de 300 islas dispuestas en forma de mapamundi. Cuando esté completado, abarcará un área de 9 x 6 km, y cada isla medirá entre 23.000 m² y 86,000 m². En diciembre de 2006, se había completado ya el 90% de reservas de tierra para cada isla.

PUENTE DE PLÁSTICO MÁS LARGO

El puente de plástico reforzado de mayor envergadura se encuentra en el Aberfeldy Golf Club (Perth y Kinross, Reino Unido). La zona de mayor amplitud mide 63 m y el puente tiene en total 113 m de longitud.

EL TÚNEL DE CARRETERA MÁS LARGO

El túnel de doble carril Lærdal situado en la carretera principal entre Bergen y Oslo (Noruega) mide 24,5 km de longitud. El túnel se abrió al público en 2001, con un coste oficial de 113,1 millones de dólares.

LA MAYOR RED FERROVIARIA

Estados Unidos es el país con la mayor red ferroviaria del mundo, con 227.236 km de vías.

EL PUENTE MÁS ANCHO

El puente de mayor anchura es el Sydney Harbour Bridge (Australia), con una longitud de 503 m y 48,8 m de ancho. Sirve de soporte para dos vías de tren elevado, ocho carriles de carretera, pasos peatonales y un carril bici. Se abrió al público oficialmente el 19 de marzo de 1932.

●EL MAYOR AEROGENERADOR

La mayor turbina de energía eólica es la Enercon E-126, con una altura de 135 m y un diámetro de rotor de 127 m. Se estima que su capacidad es de 6 MW (o 20 millones de kilovatios/hora cada año), suficiente para abastecer 5.000 hogares de cuatro personas. El aerogenerador fue fabricado por Enercom GmbH (Alemania), y se instaló en el Rysumer Nacken (Emden, Alemania). Empezó a funcionar en noviembre de 2007.

Algo más de 2.200 años después de que se nombrasen las Siete Maravillas del Mundo Antiguo, en el 200 a. C., en el año 2000 el productor de cine y aviador Bernard Weber (Canadá) ha lanzado la campaña de las 7 Nuevas Maravillas del Mundo. Su objetivo era seleccionar siete nuevas maravillas del mundo como celebración de los logros humanos de los últimos dos milenios.

El proceso de selección fue anunciado como la «primera campaña de elección global del mundo», en la que cualquier persona podía participar a través de Internet o desde un teléfono móvil.

Después de siete años de campaña y 100 millones de votos recibidos, el 7 de julio de 2007 se anunciaron los resultados de la votación global en Lisboa (Portugal). Durante una espectacular gala en el «Estadio da Luz», en presencia de 50.000 espectadores y millones de personas de todo el mundo viéndolo por TV, se desvelaron las nuevas 7 maravillas: la pirámide de Chichén Itzá (antes del 800 d. C.) (península de Yucatán, México); Cristo Redentor (1931) (Río de Janeiro, Brasil); Coliseo (70-82 d. C.) (Roma, Italia); Gran Muralla China (220 a. C. y 1368-1644 d. C.) (China); Machu Picchu (1460-1470) (Perú); Petra (9 a.C.-40 d. C.) (Jordania) y Taj Mahal (1630 d. C.) (Agra, India).

De estos increíbles monumentos, tres están reconocidos oficialmente por Guinness World Record. La Gran Muralla China es la **muralla** más larga del mundo; su brazo principal mide 3.460 km, más 3.530 km de ramificaciones y construcciones secundarias; Machu Picchu está reconocido como el **mayor descubrimiento inca**; fue «descubierto» en 1911 gracias a una expedición de la Universidad de Yale liderada por el historiador estadounidense Hiram Bingham; y, finalmente, GWR coloca en su lista al Cristo Redentor de Brasil como la **mayor estatua de Jesús** (ver derecha).

★ LA MAYOR ESTATUA DE CRISTO

La estatua de cemento armado del Cristo Redentor, en Río de Janeiro (Brasil), mide 39,6 m y pesa más de 700 toneladas. Su construcción terminó en 1931.

EL MAYOR PROYECTO DE IRRIGACIÓN

El Great Manmade River Project se inició en 1984. Su objetivo era transportar agua desde los acuíferos naturales del subsuelo a las ciudades costeras de Libia. En 2007 se habían completado 5.000 km de tuberías, capaces de transportar 6,5 millones de m³ de agua al día desde unos 1.000 pozos del desierto de Libia.

LA MAYOR RED FERROVIARIA DE ALTA VELOCIDAD

Según la Unión Internacional de Ferrocarriles (UIC), Japón posee la mayor red ferroviaria de alta velocidad del mundo, con 2.700 km de vías de alta velocidad en funcionamiento y en construcción. En 1964, el país abrió la primera línea de alta velocidad dedicada del mundo, entre Tokio y Osaka.

★ LA MAYOR LÍNEA DE ALTA TENSIÓN

El proyecto de transmisión eléctrica Inga-Shaba es un sistema de una línea de alta tensión que se extiende desde la central hidroeléctrica de la desembocadura del río Congo hasta las lejanas regiones mineras de cobre de la República Democrática del Congo, a 1.700 km. Su construcción tardó 10 años y finalizó en 1982.

★ LA BOMBA DE AGUA MÁS POTENTE

En 2004, Nijhuis Pumps construyó la bomba de agua más potente en Winterswijk (Países Bajos). Funciona a una velocidad de 60.000 l/s.

EL TÚNEL FERROVIARIO MÁS LARGO

El túnel ferroviario Seikan mide 53,85 km de largo y une Tappi Saki, en la principal isla japonesa de Honshu, con Fukushima, en la norteña isla de Hokkaido. El 13 de marzo de 1988 se realizaron las primeras pruebas.

LA MAYOR PRESA DE GOMA

La presa de goma (*rubber dam*) Xiaobudong se encuentra en el río Yihe (provincia de Shandong, China). Su construcción terminó el 1 de julio de 1997, con una longitud de 1.135 m y 16 secciones de 70 m de largo cada una.

EL PUENTE LEVADIZO MÁS LARGO

El puente de Quebec (Pont de Quebec) sobre el río St Lawrence, en Canadá, tiene un entramado voladizo de una envergadura de 549 m entre los muelles y 987 m en total. El puente sirve de soporte para una vía férrea y una carretera de dos carriles. Su construcción empezó en 1899 y se abrió al tráfico el 3 de diciembre de 1917.

HOTELES

EL MÁS ALTO

El Burj Al Arab (la Torre Árabe), situado 15 km al sur de Dubai (Emiratos Árabes Unidos), es el hotel más alto del mundo, con 320,94 m desde el suelo hasta la punta de su mástil, cuando se midió el 26 de octubre de 1999. Construido en una isla artificial, el hotel, que tiene forma de barco, cuenta con 202 suites, 28 pisos de doble altura y cubre una superficie total de 111.480 m².

★ EL GRUPO MÁS GRANDE

InterContinental Hotels es el operador hotelero más grande del mundo por número de habitaciones, con 537.500 estancias divididas entre 3.606 hoteles. En el año 2005, hasta el 31 de diciembre, el grupo facturó 2.425 millones de dólares en casi 100 países.

EL MÁS GRANDE

El First World Hotel tiene 6.118 habitaciones. Forma parte del Genting Highlands Resort de Pahang Darul Makmur (Malasia), y se terminó en 2005.

A MAYOR ALTITUD

El Hotel Everest View, por encima de Namche, Nepal, el pueblo más cercano al campamento base del Everest, está situado a una altitud récord de 3.962 m.

EL TRASLADO MÁS PESADO

El Hotel Fairmount (construido en 1906) de ladrillo y de tres plantas, situado en San Antonio (Texas, EE. UU.), que pesaba 1.451 toneladas, fue trasladado en 36 plataformas rodantes con neumáticos por las calles de la ciudad aproximadamente cinco manzanas y pasó por encima de un puente, que debió ser reforzado. El traslado duró seis días, desde el 30 de marzo hasta el 4 de abril de 1985.

● LA HABITACIÓN MÁS CARA

En julio de 2006, la habitación de hotel más cara era la suite presidencial del Hotel Martinez, Cannes (Francia), que costaba 37.200 dólares la noche. Esta suite insonorizada, situada en la séptima planta, tiene cuatro habitaciones y una terraza privada con jacuzzi.

★ EL HOTEL CON MÁS RESTAURANTES

El Venetian Resort Hotel Casino, inaugurado en mayo de 1999 en Las Vegas (Nevada, EE. UU.), tiene 17 restaurantes distintos.

DATO

El Peninsula Group gestiona ocho hoteles en Hong Kong, Nueva York, Chicago, Beverly Hills, Tokio, Bangkok, Pekín y Manila. El Peninsula Shanghai (China) abrirá en 2009.

LA MAYOR FLOTA HOTELERA DE ROLLS-ROYCE

El Peninsula Group ha comprado un total de 50 Rolls-Royces desde su primera adquisición de siete Brewster Green Silver Shadows en 1970.

★ LA BIBLIOTECA MÁS ALTA

La biblioteca, situada en la planta 60 del Hotel J. W. Marriott, en Tomorrow Square, en Shanghai (China), está a 230,9 m por encima del nivel de la calle. La afiliación está abierta al público, y las 103 estanterías de la biblioteca contienen una colección cada vez mayor de libros chinos e ingleses.

EL HOTEL CON EL MAYOR NÚMERO DE FUENTES

Hay más de 1.000 fuentes en el lago artificial de 12 hectáreas del hotel Bellagio de Las Vegas (EE. UU).

★ RÉCORD NUEVO
● RÉCORD ACTUALIZADO

EL MÁS VIEJO

El Hoshi Ryokan, en el pueblo de Awazu (Japón) es el hotel más viejo del mundo; data del año 717, cuando Taicho Daishi construyó una posada cerca de un manantial termal que se decía que tenía poderes de curación milagrosos. Las aguas todavía se consideran curativas y el Ryokan en la actualidad tiene 100 habitaciones.

LA MAYOR DENSIDAD DE HABITACIONES DE HOTEL

Las Vegas (Nevada, EE. UU.) dispone de 120.000 habitaciones de hotel y motel, es decir, casi una para cada cuatro de sus 456.000 habitantes. La ciudad acoge casi una tercera parte de todas las habitaciones hoteleras de EE. UU.

EL MÁS SEPTENTRIONAL

El hotel más septentrional es el Radisson SAS Polar, en Longyearbyen (Svalbard, Noruega). Svalbard tiene varias islas, desde Bjornoya en el sur hasta Rossoya en el norte, el punto más septentrional de Europa. Un 60% del archipiélago está cubierto de hielo.

EL MAYOR SUELO DE AZULEJOS DE MÁRMOL PULIDO

El Venetian Resort Hotel Casino de Las Vegas (EE. UU.), que abrió al público el 3 de mayo de 1999, tiene una superficie total de suelo de 139.354 m² cubierto de azulejos de mármol de colores crema, marrón y negro, importados de Italia y España. Este espacio es equivalente a la superficie de 535 pistas de tenis.

● EL CASINO MÁS GRANDE

El casino más grande es la zona de juego de 51.100 m² del Venetian Macau, un complejo hotelero-casino propiedad de Las Vegas Sands Corporation (EE. UU.), inaugurado en Macao (China), el 27 de agosto de 2007. Los huéspedes pueden divertirse en las 3.400 máquinas tragaperras o en las 870 mesas de juego, mientras se alojan en una de sus 3.000 suites.

★ LA PUERTA GIRATORIA MÁS ALTA

La puerta giratoria más alta mide 4,8 m y está situada en el hotel Novotel Citygate Hong Kong, en Tung Chung (Hong Kong). La puerta se midió durante la inauguración oficial, el 12 de junio de 2006.

LA SUITE PRESIDENCIAL MÁS GRANDE

La suite presidencial hotelera más grande es la Villa Salaambo, junto al Hotel Hasdrubal Thalassa, en Yasmine Hammamet (Túnez). Mide un total de 1.542 m².

EL HOTEL DE HIELO MÁS GRANDE

El Hotel Ice, en Jukkasjärvi (Suecia), tiene una superficie total de entre 4.000 y 5.000 m², y en el invierno de 2004-2005 disponía de 85 habitaciones, además de un bar y una iglesia de hielo. Situado 200 km al norte del círculo ártico, el hotel se ha rediseñado (y agrandado) cada diciembre desde 1990.

EL CONSERJE MÁS REMOTO

Anna Morris trabaja a 130 km del hotel donde está empleada como conserje. Los huéspedes del Hotel Westin de Santa Clara (California, EE. UU.), pueden hablar con ella a través de una *webcam*, mientras Anna puede ver a los clientes a través de una cámara situada en el hotel.

LA MAYOR DEMOLICIÓN

El 26 de mayo de 1972, el Hotel Traymore, en Atlantic City (New Jersey, EE. UU.), de 21 plantas, fue destruido. Este establecimiento de 600 habitaciones tenía una capacidad de 181.340 m³.

MEGAMOTORES

COCHES CLÁSICOS

- El **mayor coche producido para uso privado** fue el Bugatti «Royale» Tipo 41, conocido en el Reino Unido como el «Bugatti de oro». Construido en 1927, medía unos 6,7 m de longitud.

- El **mayor precio pagado por un coche** es de 15 millones de dólares, y el modelo es el Bugatti Tipo 41 «Royale» Sports Coupe Kellner de 1931, vendido por Nicholas Harley (Reino Unido) a la Meitec Corp. (Japón), el 12 de abril de 1990.

- El **coche de producción más cara** es el Mercedes Benz CLK/LM, que costaba 1.547.620 de dólares en el momento de su lanzamiento en 1997. Alcanza una velocidad punta de 320 km/h y puede acelerar de 0 a 100 km/h en 3,8 segundos.

- La MTT Turbine Superbike, con un motor de turbina de gas Rolls-Royce Allison, costaba 185.000 dólares en 2004, lo que la convertía en la **moto de producción más cara**. Su motor de turbina tiene una potencia de 286 CV en la rueda trasera.

- El 15 de octubre de 1997, Andy Green (Reino Unido) logró una velocidad de 1.227,985 km/h en una distancia de una milla en su coche Thrust SSC. Esta hazaña, que tuvo lugar en el desierto de Black Rock (Nevada, EE. UU.), convirtió al Thrust SSC en el **coche más rápido** y estableció un nuevo **récord oficial de velocidad**.

★ EL PRIMER COCHE DEPORTIVO COMPLETAMENTE SUMERGIBLE

El Rinspeed sQuba, fabricado por Rinspeed (Suiza), puede conducirse por tierra y flotar en la superficie del agua o sumergirse a una profundidad de 10 m. Incluye un respirador para el conductor.

★ EL COCHE MÁS RÁPIDO CON PILAS SECAS

El Oxyride Racer es el coche más rápido alimentado con batería seca. Consiguió una velocidad media de 105,95 km/h, el 4 de agosto de 2007, utilizando un *pack* de 194 pilas AA. Este récord fue establecido por el Oxyride Speed Challenge Team, integrado por Matsushita Electric Industrial Co., Ltd. y la Universidad de Osaka Sangyo (ambas de Japón) en Ibaraki (Japón). El ligero bastidor del Oxyride Racer está hecho de plástico reforzado con fibra de carbono y pesa sólo 38 kg.

EL CAMIÓN DE BOMBEROS MÁS RÁPIDO

El camión de bomberos más rápido del mundo es el *Hawaiian Eagle* impulsado por un reactor, propiedad de Shannen Seydel (Navarre, Florida, EE. UU.), que consiguió una velocidad de 655 km/h en Ontario (Canadá), el 11 de julio de 1998.

● EL COCHE MÁS RÁPIDO EN PRODUCCIÓN

El Super Car Ultimate Aero TT, construido por Shelby Supercars (EE. UU.), es el coche más rápido actualmente en producción. Consiguió una velocidad cronometrada bidireccional de más de 412 km/h en la Autopista 221 (Washington, EE. UU.), el 13 de septiembre de 2007.

● LA FURGONETA MÁS RÁPIDA EN PRODUCCIÓN

La furgoneta VZ HSV Maloo R8 («ute»), conducida por el piloto de coches de carreras HSV, de 39 años, Mark Skaife (Australia), alcanzó los 271,44 km/h en una carretera de la Woomera Prohibited Area (Australia), el 25 de mayo de 2006.

★ EL MOTOR DE COCHE EN PRODUCCIÓN MÁS GRANDE

El mayor motor estándar instalado en un coche actualmente en producción es el motor V10 de 8,275 litros del Dodge Viper SRT-10. Tiene una potencia de 500 CV y 712 Nm de par motor, suficiente para impulsar al Viper a 96,5 km/h en menos de cuatro segundos.

★ EL MOTOR CON MÁS CILINDROS

Simon Whitelock (Reino Unido) ha construido una moto con un motor de dos tiempos con 48 cilindros y una capacidad de 4,200 cc. Consiste en 16 motores Kawasaki KH250 de tres cilindros colocados en seis grupos de ocho. Su uso es legal.

DATO

El SSC Ultimate Aero TT se vende a un precio de 585.000 dólares. En un principio quiso producirse una edición limitada de 25 vehículos. Monta un motor Chevrolet V8 *twinturbo* de 1.183 bhp, puede acelerar de 0 a 35 km/h en sólo 2,78 segundos y en las pruebas recorre 0,4 m en 9,9 segundos, a una velocidad de 89,4 km/h.

EL MOTOR MÁS POTENTE

El motor de turbina de gas Rolls-Royce Allison de la MTT Turbine Superbike cuesta 185.000 dólares y, según su fabricante, tiene una potencia de 286 CV en su rueda trasera, con un par motor de 577 Nm a 2.000 rpm, lo que convierte a la Superbike en la moto de producción en serie más potente.

★ EL COCHE MÁS ANTIGUO

La Marquise, un coche de cuatro asientos y cuatro ruedas, a vapor, fue fabricado por De Dion (Bouton et Trépardoux, Francia) en 1884; tres años después ganó la primera carrera automovilística del mundo, celebrada en una pista de 30,5 km a una velocidad media de 42 km/h, de París a Neuilly (Francia). Fue vendido por subasta, a un precio de 3.520.000 dólares, el 19 de agosto de 2007.

★ LA MOTO MÁS PESADA

La moto más pesada es la Harzer Bike Schmiede, creada por Tilo Niebel (Zilly, Alemania), que pesó 4,749 toneladas, el 23 de noviembre de 2007. En esta masiva máquina, de 5,28 m de largo y 2,29 m de alto, impulsada por un motor ruso, tuvieron que trabajar soldadores y mecánicos durante casi un año para construirla.

★ MAYOR CONVOY DE CAMIONES

Un total de 416 camiones, todos conducidos por mujeres, formaron parte de un enorme convoy en Dronten (Países Bajos), el 6 de noviembre de 2004, para el acto organizado por VTL.

AVIONES

★ EL MAYOR CONTRATO PARA FABRICAR MOTORES MILITARES

El programa de producción Eurojet EJ200 tiene un contrato para fabricar más de 1.400 motores para el avión de caza Eurofighter Typhoon, ★**el avión de combate polivalente más avanzado** del mundo. Es ★**el mayor programa de fabricación de motores militares** de la actualidad. Cada motor proporciona 90 kilonewtons de potencia con posquemador y 60kN sin él.

★ EL PILOTO AUTOMÁTICO MÁS PEQUEÑO

El Kestrel Autopilot, que sólo pesa 16,65 g y mide 5 x 3,4 x 1,2 cm, es el piloto automático más pequeño y ligero del mercado. Fabricado por Procerus Technologies (EE. UU.), el Kestrel Autopilot ha sido diseñado para vehículos aéreos no tripulados con aplicaciones de supervisión y reconocimiento.

★ EL PRIMER VUELO EN MONOPLANO

El primer monoplano que logró volar fue Traian Vuia 1, construido por Trajan Vuia, un inventor romano que vivía en París (Francia). Vuia recorrió 12 m con su monoplano a una altitud de 1 m en Montesson (París, Francia), el 18 de marzo de 1906.

★ EL JET PRIVADO MÁS GRANDE DEL MUNDO

En noviembre de 2007, se anunció que Su Alteza Real el Príncipe Waleed Bin Talai de Arabia Saudí había encargado el primer Airbus A-380 privado por unos 300 millones de dólares. Con una envergadura alar de 79,8 m y un peso máximo de despegue de 560 toneladas, es el jet privado más grande del mundo.

VUELOS TRANSATLÁNTICOS

EL PRIMERO

El teniente comandante Albert Cushing Read (1887-1967) y su tripulación volaron con un hidroavión Curtiss NC-4 del Ejército de EE. UU. desde Newfoundland (actual Canadá), hasta Lisboa (Portugal), del 16 al 27 de mayo de 1919.

EL PRIMER VUELO SIN PARADAS

John William Alcock y Arthur Whitten Brown (Reino Unido) volaron con un biplano Vickers Vimy desde St. John's (Newfoundland, actual Canadá) hasta Clifden (Irlanda), el 14 de junio de 1919.

EL MÁS RÁPIDO

El 1 de septiembre de 1974, el Mayor James V. Sullivan y el Mayor Noel F. Widdifield (EE. UU.) volaron con un Lockheed SR-71A Blackbird rumbo al este cruzando el Atlántico en 1 h 54 min 56,4 s.

★ EL AVIÓN COMERCIAL VENDIDO MÁS DEPRISA

El nuevo Boeing 787 Dreamliner es el avión comercial más rápidamente vendido de la historia, con un total de 857 encargos de 56 clientes en todo el mundo, tras un pedido de 16 Boeing 787 por parte de Gulf Air a principios de 2008.

La empresa lanzó el avión en abril de 2004, y está previsto que entre en servicio en mayo de 2008. El Dreamliner transportará entre 210 y 250 pasajeros (aunque los últimos modelos tendrán una capacidad mayor) y volará a una velocidad de Mach 0.85 (912 km/h).

★ EL JET CORPORATIVO MÁS RÁPIDO

El 13 de junio de 2005, el Bombardier Global 5000 logró un nuevo récord transcontinental para un jet corporativo. Voló 3.510 millas náuticas (6.500 km) desde el aeropuerto de Palwaukee (Chicago, EE. UU.) hasta Le Bourget (París, Francia), en 7 h 15 min a Mach 0.88. El avión entró en servicio el 18 de abril de 2005.

★ EL CARGUERO MÁS LARGO

Con objeto de transportar grandes componentes del avión Boeing 787 Dreamliner desde los centros de producción de todo el mundo para montarlos en las instalaciones de la empresa en Everett (EE. UU.), el 12 de junio de 2006 Boeing presentó el carguero más largo del mundo. Diseñado por TLD (Quebec, Canadá), mide 35,96 m de largo y se usará junto con el carguero Boeing 747-400 apodado «Dreamlifter».

N780BA

★ RÉCORD NUEVO
● RÉCORD ACTUALIZADO

● EL AVIÓN COMERCIAL DE MÁS CAPACIDAD

El Airbus 380 de dos pisos (fabricado por EADS [Airbus S.A.S.]), cuyo vuelo inaugural se realizó en Toulouse (Francia), el 27 de abril de 2005, tiene una capacidad nominal de 555 asientos, pero dependiendo de la configuración interior, puede llegar a transportar 853 pasajeros.

★ LA MAYOR DISTANCIA DE VUELO LOGRADA POR UN AVIÓN NO TRIPULADO (NO APROBADO POR LA FAI)

Durante las pruebas realizadas en el polígono de misiles norteamericano White Sands de Nuevo México, el 10 de septiembre de 2007, el Zephyr (vehículo aéreo no tripulado de gran altitud y resistencia) de la empresa de tecnología de defensa británica QinetiQ, impulsado por energía solar, logró un tiempo de vuelo de 54 horas a una altitud de

X-REF

El Airbus 380 tiene una envergadura alar de 79,8 m, un alcance de 8.000 millas náuticas (15.000 km) y una velocidad de crucero de Mach 0.85 (1.049 km/h). Para más información sobre **Grandes Obras de Ingeniería**, ver las páginas 150-51.

17.786 m. Pero como no había ningún funcionario de la FAI (Federación Aeronáutica Internacional) presente durante la prueba, no puede considerarse un récord mundial oficial.

La **mayor distancia de vuelo lograda por un avión no tripulado y aprobada por la FAI** la logró el Northrop Grumman Global Hawk *Southern Cross II*, que despegó de la Base Aérea Edwards en California (EE. UU.), el 22 de abril de 2001, y aterrizó en RAAF Base Edinburgh de Edinburgo (Australia del Sur, Australia) 23 h 23 min después, el 23 de abril de 2001. Recorrió una distancia total de 13.840 km.

★ EL VUELO MÁS LARGO DE UN MICRO VEHÍCULO AÉREO NO TRIPULADO

El «Pterosoar», un microvehículo aéreo no tripulado que forma parte de un proyecto conjunto entre las universidades de Oklahoma y California (ambas de EE. UU.), voló 120 km en Lancaster (California,

EE. UU.) y sólo consumió 16 de los 64 g de hidrógeno que llevaba a bordo en un tanque de hidrógeno comprimido. La distancia recorrida fue un récord en sí misma. Sin embargo, el vehículo aéreo no tripulado podría aumentar esta distancia de forma significativa a casi 500 km dada su capacidad de combustible.

EL VUELO MÁS LARGO DE UN AVIÓN COMERCIAL

Un Boeing 777-200LR Worldliner voló 11.664 millas náuticas (21.601,7 km) sin hacer paradas y sin repostar desde Hong Kong (China) hasta Londres (Reino Unido), del 9 al 10 de noviembre de 2005, en 22 h 42 min. Es el vuelo más largo de un avión comercial no modificado. El 777-200LR funciona con dos General Electric GE90-115B, los **motores más potentes del mundo**. El primer avión fue entregado a una línea aérea comercial a principios de 2006.

LOS PRIMEROS ECO FUEL

ELECTRICIDAD

El 23 de diciembre de 2006, un avión monoplaza de madera y tela (el Electra F-WMDJ, imagen superior), con un motor británico eléctrico de 18 kW (a menudo usado para poner en marcha carritos de golf), voló 50 km durante 48 minutos por el sur de los Alpes franceses, convirtiéndose en el ★ **primer avión con motor eléctrico**.

GAS NATURAL

El 1 de febrero de 2008, un Airbus A-380 MSN004 completó el ★ **primer vuelo de un avión comercial usando un combustible líquido procesado a partir del gas** (combustible GTL). El vuelo desde Filton (Reino Unido) hasta Toulouse (Francia) duró tres horas.

BIODIÉSEL

El 2 de octubre de 2007, un Delfín L-29 Albatross checo (imagen inferior) logró el ★ **primer vuelo de un avión de caza propulsado con un 100% de combustible biodiésel** en Reno (Nevada, EE. UU.).

ARMAMENTO

★MÁS TANQUES DE COMBATE EN UN EJÉRCITO

En 2006, a la Federación Rusa se le atribuían al menos 22.831 tanques de combate principales (MBT), lo que le convierte en el ejército con el mayor número de tanques del mundo. Se cree que China tiene unos 7.580 tanques, y EE. UU. posee unos 7.620.

★LA CLASE MÁS NUEVA DE SUBMARINO NUCLEAR

La clase más nueva de submarino nuclear marítimo se presentó con la botadura del HMS *Astute* de la Armada Real Británica, el 8 de junio de 2007. Junto con otros cuatro encargados, esta nueva clase representa los submarinos más grandes y más potentes de la Armada Británica, que cuentan con torpedos Spearfish y misiles crucero Tomahawk.

★PRIMER PORTAAVIONES DE PROPULSIÓN NUCLEAR

El USS *Enterprise*, que fue botado en 1960 y encargado por la Marina estadounidense en 1961, fue el primer portaaviones de propulsión nuclear. El barco ha participado en numerosas misiones, incluida la crisis de Cuba de 1962 y operaciones durante la Guerra de Vietnam (1959-1975); fue el primer barco nuclear que pasó por el canal de Suez y ha dado apoyo a operaciones en Afganistán e Iraq. Al parecer, permanecerá en activo hasta 2015.

★EL MISIL ANTITANQUE MÁS VELOZ

Es el llamado LOSAT (antitanque en la línea de mira) de Lockheed Martin, que puede alcanzar velocidades superiores a 154 m/s. Con una autonomía de 8 km, no necesita explosivos pero, por otro lado, depende de la fuerza de su energía cinética para guiar una barra penetradora hasta los tanques enemigos. La prueba del misil guiado se hizo en el campo de misiles de Arenas Blancas (Nuevo México, EE. UU.), en junio de 2003.

EL PRIMER SUBMARINO NUCLEAR

El primer submarino nuclear fue el USS *Nautilus* del ejército estadounidense, botado en Groton (Connecticut, EE. UU.), el 21 de enero de 1954. Construido por General Dynamics Electric Boat, el *Nautilus* tenía 98,7 m de eslora y un rayo de luz de 26,8 m. El *Nautilus* también fue el ★**primer submarino que viajó bajo el hielo en dirección al Polo Norte**, donde llegó el 3 de agosto de 1958 a las 11.15 horas.

DATO

El HMS *Astute*, de 7.800 toneladas, propulsado por el reactor de agua presurizada Rolls-Royce PWR 2, podrá alcanzar velocidades superiores a 20 nudos (37 km/h). La embarcación ha sido diseñada para navegar sin necesidad de recargar combustible en sus 25 años de vida útil.

★EL ARMA DE RAÍLES ELECTROMAGNÉTICA MÁS POTENTE

Las armas de raíles electromagnéticas utilizan un flujo de corriente muy elevado para crear una fuerza electromagnética que pueda propulsar proyectiles a velocidades superiores a siete veces la velocidad del sonido (Mach 7), y destrozar objetivos a través de una fuerza de impacto total (es decir, sin utilizar explosivos), con un alcance de más de 200 millas náuticas (370 km). El 16 de enero de 2007, se realizó una prueba de tiro en el Naval Warfare Center Dahlgren Division estadounidense, con una energía inicial de 7,4 megajoules y una velocidad de 2.146 m/s.

●LA MAYOR ARMA CONVENCIONAL NO NUCLEAR EXISTENTE

Según se informó, el arma convencional no nuclear más grande fue probada con éxito por Rusia, el 11 de septiembre de 2007. La destrucción se consiguió con una onda de choque y temperaturas muy elevadas; se dice que esta arma es cuatro veces más potente que la poseedora del anterior récord, la US Massive Ordnance Air Blast Bomb (MOAB), más conocida como «la madre de todas las bombas» (un arma guiada de precisión que pesaba 9.752 kg).

★ EL BUQUE DE GUERRA MÁS AVANZADO

El HMS *Daring* de la Marina Británica, que entrará en servicio en 2009, es el barco de defensa aérea más poderoso del mundo. Está equipado con el sistema principal de misiles antiaéreos PAAMS, un sistema de misiles tierra-aire que permite al barco una defensa propia (y a otros) de aviones o misiles enemigos que se aproximen a velocidades subsónicas o supersónicas.

★ EL PRIMER HELICÓPTERO DE COMBATE LÁSER

Fue construido en la Base de las Fuerzas Aéreas de Kirkland (Nuevo México, EE. UU.), el 4 de diciembre de 2007, cuando la compañía Boeing instaló un láser químico de elevada energía en un avión Hércules C-130H. Está considerado un paso adelante en el desarrollo del láser táctico avanzado, que será capaz de destruir objetivos terrestres con mayor precisión y con menos daños colaterales que las armas o los misiles convencionales.

LA MAYOR TRIPULACIÓN EN UN BUQUE DE GUERRA

Cada uno de los portaaviones de propulsión nuclear de la Marina estadounidense de clase Nimitz lleva al menos 5.680 tripulantes a bordo cuando está preparado para la batalla, de los cuales unos 3.200 son de la compañía del barco y al menos 2.280 pertenecen al ejército del aire. Cinco portaaviones de clase Nimitz, incluido el estadounidense Ronald Reagan, tienen un desplazamiento de 102.000 toneladas completamente llenos, 317 m de largo y un rayo de luz de 40,8 m, lo que los convierte en los **mayores buques de guerra** a flote.

★ PRIMERA PRUEBA EXITOSA DE VEHÍCULOS AÉREOS NO TRIPULADOS EN VUELO COOPERATIVO

La primera demostración exitosa de vehículos aéreos no tripulados (UAV) que volaron de forma completamente autónoma en un vuelo cooperativo fue lograda por la Fuerza Aérea de EE. UU. (USAF), bajo el control operativo del Laboratorio de Batalla USAF UAV en la Base de las Fuerzas Aéreas de Creech, Nevada (EE. UU.), entre el 1 y el 11 de julio de 2007. Los UAV SkyWatcher y SkyRaider volaron en estas pruebas de vuelos cooperativos, cada uno tripulado por un piloto virtual a bordo, pero controlado por el SkyForce Distributed Management System (DMS), que permitía a un operador controlar cuatro aviones a la vez.

PRIMERAS ARMAS

CAÑÓN

El **cañón más antiguo de la historia** ies el Dardanelles Gun, creado en 1464 para el sultán Mehmet II de Turquía. Es de bronce, pesa 16,8 toneladas y mide 5,2 m de largo.

TANQUE

El Lincoln n.° 1 fue construido por la William Foster Co., Ltd, de Lincoln, Lincolnshire (Gran Bretaña), y tras alguna modificación, se conoce como «Little Willie». Fue utilizado por primera vez el 6 de septiembre de 1915 y aunque nunca estuvo en servicio activo, se le considera el **primer tanque real**.

COHETES

La primera vez que se usaron cohetes verdaderos fue en 1232, cuando los chinos y los mongoles estaban en guerra. Durante la batalla de Kai-Keng, los chinos repelieron a los invasores mongoles con una descarga de «flechas de fuego voladoras».

PISTOLA

Las primeras evidencias documentadas de pistolas datan de 1326. Sin embargo, **el primer ejemplo conocido de pistola** se encontró en las ruinas del castillo de Monte Varino, en Italia. El castillo fue destruido en 1341.

ENTRETENIMIENTO

●LANZAMIENTO DE MAYOR ÉXITO DE UN PRODUCTO DE ENTRETENIMIENTO

El 29 de abril de 2008, el lanzamiento del polémico videojuego de Rockstar, *Grand Theft Auto IV*, generó 310 millones de dólares en su primer día de ventas en todo el mundo. Es cinco veces más que los 60 millones de dólares de los ingresos generados por las primeras 24 horas de una película, *Spider-Man 3* (EE. UU., 2007). El lanzamiento de «Midnight Madness» en miles de tiendas de todo el mundo convirtió al *GTA IV* en el **lanzamiento de mayor éxito de un producto de entretenimiento** de la historia.

SUMARIO

LOS DIEZ MEJORES VIDEOJUEGOS DE LA HISTORIA

POSICIÓN	JUEGO	PLATAFORMA	EDITOR
01	Space Invaders (1978)	Arcade	Midway
02	PAC-MAN (1980)	Arcade	Namco
03	The Legend of Zelda: Ocarina of Time (1998)	N64	Nintendo
04	Super Mario World (1992)	SNES	Nintendo
05	Donkey Kong (1981)	Arcade	Nintendo
06	Tetris (1985)	Varios	Varios
07	Halo: Combat Evolved (2001)	Xbox	Microsoft
08	Grand Theft Auto IV (2008)	Varios	Take 2/Rockstar
09	Tomb Raider (1996)	Playstation	Eidos
10	Half-Life (1998)	PC	Sierra

Tablas compuestas con datos extraídos de The NPD Group, Famitsu, Chart Track, The GFK Group y VG Chartz.

ARTE Y ESCULTURA

MOSAICOS ESPLÉNDIDOS

DIBUJOS

El ★ **mosaico más grande** del mundo fue creado como parte de una competición de Liberty Life que pidió a niños de entre 3 y 12 años que dibujasen una imagen de un sueño. Los 8.064 dibujos resultantes se colocaron en un mosaico que midió 1.005 m² y reproducía la bandera de Sudáfrica. Se mostró en la escuela de educación primaria Sharonlea (Johannesburgo, Sudáfrica). El título del mosaico, presentado el 12 de marzo de 2007, rezaba: «Lo que puedes hacer con tus sueños».

FRUTAS

El 25-26 de septiembre de 2007, se utilizaron 341.969 manzanas para hacer el ★ **mosaico de frutas más grande**, que midió 1.500 m². Fue creado para el acto organizado por el Gobierno de Zhaoyang (ciudad de Zhaotong, provincia de Yunnan, China).

PALILLOS

El ★ **mosaico de palillos más grande** fue realizado por Saimir Strati (Albania) y midió 8 m². Fue expuesto en Tirana (Albania), el 4 de septiembre de 2007.

MAYOR TAMAÑO...

★ ESCULTURA DE UN ANIMAL

Milka (Alemania) creó la mayor escultura de un animal con forma de vaca. Medía 14,18 m de altura, 11,77 m de ancho y tenía una longitud total de 21,24 m, cuando se midió en Berlín (Alemania), el 11 de noviembre de 2007.

★ MURAL REALIZADO POR UN ARTISTA

Pontus Andersson (Suecia) pintó un mural que medía 696,3 m² en una pared de hormigón en Gothenburg (Suecia). Muestra el puerto y la costa de Gothenburg y tuvo que trabajar durante 250 días (a lo largo de seis años) para completarlo.

● ESCULTURA DE PALOMITAS

Utilizando palomitas, 50 miembros del Centro Sri Chinmoy de Jamaica (Nueva York, EE. UU.) crearon una escultura de una tarta de cinco capas que medía 6,35 m de alto por 3,88 m de ancho y pesaba 5.301,59 kg, cuando se expuso el 27 de agosto de 2006.

★ CUADRO DE CLAVIJAS LITE-BRITE

Mark Beekman (EE. UU.) utilizó 124.418 clavijas Lite-Brite para crear el cuadro de Leonardo da Vinci *La última cena*. Fue expuesto en Malvern (Pennsylvania, EE. UU.), el 6 de noviembre de 2006.

★ LA MAYOR ESCULTURA DE BOLSAS DE PLÁSTICO

El 16 de febrero de 2007, una escultura de un dinosaurio de 4 m de alto y 15 m de largo, hecha con 16.651 bolsas de plástico recicladas, fue expuesta en Thinktank (Millennium Point, Birmingham, Reino Unido).

★ LA OBRA DE ARTE CON LOS MATERIALES MÁS CAROS

For the Love of God de Damien Hirst (Reino Unido) fue creado en 2007 a partir de materiales por un valor de 23,7 millones de dólares. Esta calavera humana de un hombre europeo que vivió entre 1720 y 1810 contenía 2.156 g de platino y estaba adornada con 8.601 diamantes perfectos, obtenidos de forma ética (con un peso de 1.106,18 quilates). Incluía un diamante rosa con forma de pera de 52,4 quilates, rodeado de 14 diamantes blancos con forma de pera y de corte brillante (con un peso de 37,81 quilates) situados en la frente. También se insertaron los dientes originales en las mandíbulas de la calavera. Este trabajo se presentó en la galería The White Cube (Londres, Reino Unido), el 1 de junio de 2007.

● LA MAYOR ESCULTURA DE NIEVE

Un equipo de 600 escultores de 40 países utilizó 3.398 m³ de nieve para crear un paisaje de tema francés, que incluía una catedral y una doncella de hielo, titulado *Romantic Feelings*. Medía 35 m de altura y 200 m de largo y formó parte del Festival Internacional Anual de Harbin de esculturas de hielo y nieve, inaugurado en la provincia de Heilongjiang (China), el 20 de diciembre de 2007.

Liz mostró las maravillas que se pueden hacer con Blu-Tack para modelar todo lo que puedas imaginar. Creadores de Bostik Blu-Tack

★ RÉCORD NUEVO
● RÉCORD ACTUALIZADO

★ LA MAYOR ESCULTURA DE BLU-TACK

Spiderus Biggus es un modelo gigante de una araña común, creado por Elizabeth Thompson (Reino Unido, aquí posando cerca de su creación). Se expuso como parte de la exhibición BUGS! del Zoo de Londres (Reino Unido), en octubre de 2007, para inaugurar una competición de *Spider-Man 3*. El artista utilizó 4.000 paquetes de Blu-Tack (también llamado «Blue-ey») para hacer la escultura. Pesa 2.000 kg y tiene una envergadura de 1,2 m.

MAYOR LONGITUD...

● DIBUJO

El dibujo titulado *The Longest Train* fue creado por 3.573 participantes de las ciudades de Kinokawa e Iwade (Japón). Esta obra de arte comenzó a realizarse el 6 de mayo y se terminó el 5 de agosto de 2007, cuando medía 4.662,6 m de largo.

★ DIBUJO DE NÚMEROS

El 17 de julio de 2007, la escuela Knights Templar de Baldock (Reino Unido) terminó un dibujo realizado con números que medía 144 m de largo.

● CUADRO

El Círculo Artístico e Cultural Artur Bual y la ciudad de Amadora en Portugal pintaron un cuadro de 4.001,8 m de largo, el 15 de septiembre de 2007.

¿SABÍA QUE...?

Para soportar el peso de la escultura de Blu-Tack (el equivalente al peso de tres hombres adultos), Liz tuvo que hacer primero una estructura fina de acero. Luego utilizó un aparato para hacer pasta para obtener tiras de Blu-Tack con las que cubrió la estructura.

★ NEGATIVO DE UNA FOTOGRAFÍA

Utilizando una cámara panorámica, Shinichi Yamamoto (Japón) desveló una fotografía de 145 m de largo y 35,6 cm de ancho, después de producir un negativo de 30,5 m de largo y 7 cm de ancho, el 18 de diciembre de 2000.

★ GRABADO EN MADERA

Christopher Brady (EE. UU.) expuso un grabado en madera de 85,87 m de largo en el Estadio Vaught-Hemingway (Mississippi, EE. UU.), el 29 de marzo de 2007. Esta obra de arte pasó a formar parte del proyecto de la tesis del autor, que empleó cuatro meses para terminarlo.

★ LA MAYOR ESTRUCTURA DE PERCHAS

Silver Back es una composición de David Mach (Reino Unido) hecha enteramente con perchas. David creó una escultura de un gorila macho, de 2,1 m de alto, 2,7 m de largo y 1,5 m de ancho, utilizando 7.500 perchas de metal. Se emplearon 2.705 horas de trabajo para crear esta obra, que se expuso por primera vez en la feria de arte FIAC de París (Francia) en octubre de 2007.

● EI MAYOR DESNUDO EN UNA FOTOGRAFÍA

El 6 de mayo de 2007, un total de 18.000 personas desnudas posaron de forma voluntaria en la plaza del Zócalo (Ciudad de México, México). El fotógrafo Spencer Tunick (EE. UU.) quería que el mundo viese cómo es posible tratar los cuerpos desnudos como arte y no como pornografía.

HITOS DEL CINE

★2007: PRIMERA PELÍCULA DE ALTA DEFINICIÓN PIRATEADA Y DESCARGADA

Serenity (EE. UU., 2005) fue el primer largometraje HD DVD en ser pirateado. El archivo de 19,6 GB se puso disponible para descarga en BitTorrent en formato .evo, confirmando que la protección del *copyright* en las películas HD DVD había sido vulnerada.

1893: PRIMER ESTUDIO CINEMATOGRÁFICO

«Black Maria» de Thomas Edison, un edificio de madera cubierto con papel de color negro, se construyó en los Edison Laboratories de West Orange, New Jersey (EE. UU.); las obras costaron 637,67 dólares y finalizaron el 1 de febrero de 1893.

★2007: MAYOR ESTRENO EN 3D

Beowulf de Robert Zemeckis (EE. UU., 2007) se estrenó el 16 de noviembre de 2007 en 1.000 cines equipados con tecnología 3D, superando a la anterior poseedora del récord, *The Polar Express* (EE. UU., 2004), también de Zemeckis. Entre el lanzamiento de las dos películas, el número de cines con tecnología 3D ha aumentado notablemente a más de 1.100, sin incluir las 120 pantallas IMAX y los 80 cines Dolby 3D Digital.

1925: PRIMERA PELÍCULA EN VUELO

La primera película pasada en un avión fue *The Lost World* (EE. UU., 1925), de First National, proyectada durante un vuelo de Imperial Airways en un bombardero Handley-Page convertido, en el trayecto entre Londres y París, en abril de 1925.

2007: PELÍCULA CON MAYOR RECAUDACIÓN (DÍA DE ESTRENO)

Spider-Man 3 (EE. UU., 2007), protagonizada por Tobey Maguire (EE. UU.), recaudó 59,8 millones de dólares el día de su estreno en EE. UU., el 4 de mayo de 2007.

1935: PRIMER USO DEL TECNICOLOR

Becky Sharp (EE. UU., 1935) de Rouben Mamoulian (Rusia), una adaptación de la novela escrita en 1847 por William Thackeray protagonizada por Cedric Hardwicke y Miriam Hopkins, ha pasado a la historia como el primer largometraje rodado en tecnicolor, un proceso de filmación en color que dio a las películas ese característico «aspecto saturado».

GUINNESS WORLD RECORDS CONTRA LA PIRATERÍA CINEMATOGRÁFICA

Es ilegal fabricar, vender o distribuir películas de cine o programas de televisión sin el consentimiento del propietario del copyright. Si quiere descargar películas debe usar portales que ofrezcan descargas legales. **La piratería se puede denunciar en http://www.mpaa.org/**

FROM THE CREATOR OF 'BUFFY' & 'ANGEL'

They aim to misbehave.

SERENITY

1954: PRIMERA PELÍCULA BASADA EN UNA SERIE DE TV

Dragnet (EE. UU., 1954), con Jack Webb (EE. UU.) como el sargento Joe Friday, papel creado en la serie de TV de la NBC (1951-1959) del mismo nombre.

1971: PRIMERA PELÍCULA CON SONIDO DOLBY

El Dolby, un sistema de reducción de ruido que elimina el silbido del sonido grabado, se empleó por primera vez en la obra maestra de Stanley Kubrick *La naranja mecánica* (Reino Unido, 1971).

1975: PRIMER GRAN ÉXITO DE TAQUILLA

Tiburón (EE. UU., 1975) de Steven Spielberg se considera el primer gran éxito de verano. No sólo porque se formaron enormes colas para verla, sino porque fue la **primera película que recaudó 100 millones de dólares** en taquilla.

1985: PRIMER PERSONAJE GENERADO POR ORDENADOR

Fue caballero de cristales de colores que toma vida en *El joven Sherlock Holmes* (EE. UU./ Reino Unido, 1985) fue el primer personaje generado completamente por ordenador en un largometraje. Lo diseñó John Lasseter (EE. UU.), creador de *Toy Story* (EE. UU., 1995).

1994: PRIMERA PELÍCULA QUE COSTÓ MÁS DE 100 MILLONES DE DÓLARES

Mentiras arriesgadas (EE. UU., 1994), protagonizada por Arnold Schwarzenegger (Austria) y Jamie Lee Curtis (EE. UU.), fue la primera película que costó más de 100 millones de dólares. Ingresó 365 millones de dólares.

★ RÉCORD NUEVO
● RÉCORD ACTUALIZADO

CRONOLOGÍA DE LOS OSCAR

1929: Primera ceremonia de los Oscar Los primeros Premios de la Academia se celebraron en el Hollywood Roosevelt, el 16 de mayo de 1929.

1936: Primera persona en rechazar un Oscar Dudley Nichols (EE. UU.), guionista de *El delator* (EE. UU., 1935) rechazó su premio por un boicot del sindicato a la ceremonia de ese año.

1949: Primera persona en dirigir una película y en obtener el Oscar al mejor actor El primer actor en dirigirse a sí mismo y ganar un Oscar es Laurence Olivier (Reino Unido), quien se dirigió en el papel de *Hamlet* (Reino Unido, 1948) y ganó el Oscar al mejor actor y a la mejor película (convirtiéndose en la **primera película no americana en ganar un Oscar a la mejor película**).

1953: Más Oscars ganados en un año Walter (Walt) Elias Disney (EE. UU.) consiguió cuatro Oscars de la Academia en 1953.

1959: Más Oscars ganados *Ben Hur* (EE. UU., 1959) consiguió 11 de sus 12 nominaciones. Otras películas que han ganado 11 estatuillas han sido *Titanic* (EE. UU., 1997) con 14 nominaciones, y *El Señor de los Anillos: El Retorno del Rey* (Nueva Zelanda/EE. UU., 2003), con 11 nominaciones.

1977: Primer actor póstumo en ganar un Oscar al mejor actor Peter Finch (Reino Unido) murió el 14 de enero de 1977 mientras promocionaba la película *Network* (EE. UU., 1976), por la que había sido nominado al Oscar.

1999: Ceremonia más larga de los Oscars La 71 edición de los premios, conducida por Whoopie Goldberg (EE. UU.), el 21 de marzo de 1999, y retransmitida por la ABC, duró 4 h 2 min.

2003: Primer film de dibujos animados en conseguir un Oscar *El viaje de Chihiro* (Japón, 2001), consiguió el Oscar a la mejor película de dibujos animados, el 23 de marzo de 2003.

1997: PELÍCULA CON MAYOR RECAUDACIÓN DE TODOS LOS TIEMPOS

Tanto si gusta como si no, la película con mayor recaudación es *Titanic* (EE. UU., 1997), que logró unos ingresos de 1.834.165.466 dólares en las taquillas de todo el mundo (y también se convirtió en la **primera película en recaudar 1.000 millones de dólares**).

2006: FRANQUICIA CINEMATOGRÁFICA CON MAYORES INGRESOS

Las 21 películas de Bond, desde *Dr. No* (Reino Unido, 1962) hasta *Casino Royale* (Reino Unido/EE. UU., 2006), han recaudado más de 4.490 millones de dólares en todo el mundo. El estreno de la número 22, *Quantum of Solace* (2008, imagen inferior), está previsto para noviembre de 2008.

2004: PRIMERA PELÍCULA PRODUCIDA POR COMPLETO CON ESCENARIOS GENERADOS POR ORDENADOR

La primera película en la que el material de fondo estaba creado completamente por ordenador, usando imágenes generadas por computadora (CGI), fue *Able Edwards* (EE. UU., 2004). La película combinaba actores reales con una pantalla verde.

2003: EL MENOR TIEMPO EN INGRESAR 1.000 MILLONES DE DÓLARES

El Señor de los Anillos: El Retorno del Rey (Nueva Zelanda/EE. UU., 2003) ingresó 1.000 millones de dólares ¡en tan sólo 9 semanas y 4 días! Además, logró ganar 11 Oscars de la Academia, igualando el récord de estatuillas conseguidos por una película (*véase a la derecha*).

1895: PRIMER CINE

El Cinématographe Lumière en el Salon Indien, un antiguo salón de billar en el Grand Café, 14 Boulevard de Capucines, París (Francia), permitió el acceso del público por primera vez, el 28 de diciembre de 1895. En la representación inaugural, que contó con 35 asistentes, se pudo ver *La llegada del tren a la estación* (Francia, 1895) de los hermanos Lumière.

DIVAS DEL POP

★ MEJOR INICIO PARA UN ÁLBUM (EE. UU.)

La neoyorquina Alicia Keys (EE. UU., cuyo nombre verdadero es Alicia Cook) ha lanzado 4 álbumes desde 2001 y cada uno ha conseguido las primeras posiciones de las listas de éxitos norteamericanas. **Es el mejor inicio en las listas de álbumes estadounidenses de una artista femenina.**

★ EL 1.ER SENCILLO BRITÁNICO SÓLO PARA DESCARGA QUE HA LLEGADO AL N.º 1

El 6 de octubre de 2007, «About You Now», de Sugababes (Reino Unido), fue la 1.ª canción de las listas de las más vendidas como descargas de pago, y la **●mejor en acceder al n.º 1 en las listas de éxitos de Reino Unido.**

● LA SUBIDA MÁS LENTA AL HOT 100

El 2 de junio de 2007 «Before He Cheats», del ganador de *American Idol* Carrie Underwood (EE. UU.), finalmente alcanzó el Top 10 estadounidense en la semana 38 en el Hot 100.

★ LA PERSONA MÁS JOVEN EN ENTRAR EN LAS LISTAS DE ÉXITOS DE REINO UNIDO

Connie Talbot (Reino Unido, nacida el 20 de noviembre de 2000), subcampeona en la 1.ª edición del concurso televisivo *Britain's Got Talent* (ITV, Reino Unido), fue la artista más joven en llegar a las listas de éxitos de Reino Unido con su disco de presentación *Over The Rainbow* (8 de diciembre de 2007), 18 días después de cumplir 7 años.

★ EL MEJOR INICIO EN LA LISTA DE ÉXITOS NORTEAMERICANA DANCE CLUB PLAY

El 8 de diciembre de 2007 la cantante Rihanna (Barbados, nacida como Robyn Rihanna Fenty) alcanzó la 1.ª posición de la lista de éxitos norteamericana Dance Club Play con su 7.º lanzamiento, «Shut Up And Drive».

★ EL ÁLBUM DE DEBUT DE UNA MUJER MÁS VENDIDO EN LAS LISTAS DE ÉXITOS BRITÁNICAS

Dido (Reino Unido) vendió 3 millones de copias de su álbum *No Angel* (2000) en el Reino Unido, en noviembre de 2006.

★ MÁS TIEMPO DE UNA MUJER EN LAS LISTAS DE ÉXITOS BRITÁNICAS

Shirley Bassey (Reino Unido) alcanzó el Top 50 el 4 de agosto de 2007 con «Get The Party Started» con 70 años y 208 días, más de 50 años después de conseguirlo por primera vez en febrero de 1957 con «The Banana Boat Song».

★ RÉCORD NUEVO
● RÉCORD ACTUALIZADO

★ 1.ª MUJER EN ESCRIBIR UN ÁLBUM DE DEBUT QUE VENDE UN MILLÓN DE COPIAS

En 2007, la cantante y compositora de country de 17 años, Taylor Swift (EE. UU.) escribió o coescribió todos los sencillos de un álbum de presentación que vendió un millón de copias (*Taylor Swift*).

GRAMMY WINEHOUSE

Amy Winehouse (Reino Unido) consiguió cinco premios Grammy en la edición 50 celebrada en Los Angeles, California (EE. UU.), el 10 de febrero de 2008. Es **★el mayor número de premios Grammy conseguidos por una artista británica en un sólo año.** Fueron: Disco del Año, Mejor Artista Novel, Canción del Año, Mejor Álbum Pop Vocal y Mejor Vocalista Pop Femenina.

★ MÁS SEMANAS EN LA LISTA DE ÉXITOS NORTEAMERICANA DE MÚSICA CONTEMPORÁNEA ADULTA

La grabación de la cantante británica Natasha Bedingfield de «Unwritten» llegó a la cima de la lista estadounidense Adult Contemporary el 3 de marzo de 2007, en su semana 51 en la lista.

★ EL MAYOR NÚMERO DE ENTRADAS DE UNA MUJER EN LA LISTA DE ÉXITOS NORTEAMERICANA DE COUNTRY

El 29 de septiembre de 2007, la veterana estrella del country Dolly Parton (EE. UU.) consiguió su entrada número 105 con «Better Get To Livin», de en su álbum *Backwoods Barbie*; 24 de sus 105 éxitos han alcanzado la posición número 1 en la lista de country.

¿SABÍA QUE...?

En 1978, Kate Bush (Reino Unido) lanzó su álbum de presentación, *The Kick Inside*, completamente escrito por ella, y que vendió más de un millón de copias sólo en el Reino Unido, convirtiéndose en la **primera mujer en la historia de la música pop en publicar un álbum de presentación y vender un millón de copias.**

★ MÁS TOP 10 CONSECUTIVOS DE UN GRUPO FEMENINO EN EL REINO UNIDO

Girls Aloud (Reino Unido), ganador de la edición del 2002 del programa televisivo *Popstars: The Rivals* (ITV, Reino Unido), fue el primer grupo femenino en conseguir 17 entradas consecutivas en el Top 10 del Reino Unido, cuando «Call The Shots» logró la proeza, el 1 de diciembre de 2007.

★ LA PELÍCULA DE UNA GIRA DE CONCIERTOS QUE MÁS DINERO HA RECAUDADO

La película más exitosa a escala comercial de una gira de conciertos es *Hannah Montana/ Miley Cyrus: Best of Both Worlds Concert Tour*, protagonizada por Miley Cyrus (EE. UU., alias Hannah Montana). Ganó la inaudita cantidad de 53,4 millones de dólares en tan sólo dos semanas, en febrero de 2008.

★ LA PERSONA CON MÁS EDAD EN ALCANZAR EL N.º 1 DE LAS LISTAS DE ÉXITOS ESTADOUNIDENSES DANCE CLUB

Con 73 años y 321 días, Yoko Ono, esposa del Beatle John Lennon, se convirtió en la persona de más edad en alcanzar la primera posición cuando «No, No, No» llegó a la cima, el 5 de enero de 2007.

★ EL ÁLBUM DESCARGADO MÁS VENDIDO EN EL REINO UNIDO

En enero de 2008, *Back To Black*, de Amy Winehouse (Reino Unido), se convirtió en el álbum más descargado, con unas ventas de más de 80.000 unidades.

UN ÁLBUM CON FACTOR X

Leona Lewis (Reino Unido) ganó el concurso de talento de la ITV (Reino Unido) *The X Factor* en 2006, y desde entonces no ha parado de batir récords. De *Spirit*, se vendieron 375.872 copias en su primera semana, en noviembre de 2007, convirtiéndose en el **★álbum de presentación de una mujer más vendido en el Reino Unido en una semana.** El disco llegó a alcanzar el millón de unidades en el Reino Unido en tan sólo 29 días, convirtiéndose en el **★álbum de una mujer que más rápidamente ha vendido un millón de copias en el Reino Unido.**

ATLETAS DEL ROCK

★MÁS SEMANAS EN EL N.º 1 DE LA LISTA DE ROCK MODERNO DE EE. UU.

El 29 de diciembre de 2007, el sencillo «The Pretender», del grupo de rock de Seattle (EE. UU.) The Foo Fighters, completó un récord de 18 semanas en la cima de la lista de éxitos de rock moderno de EE. UU.

★MÁS DEMANDA DE ENTRADAS EN UN CONCIERTO DE MÚSICA

Hubo más de 20 millones de solicitudes de entradas para el concierto único que la banda de rock Led Zeppelin dio en el 02 Arena de Londres (Reino Unido), el 10 de diciembre de 2007. Fue tal la demanda, que las entradas se vendieron al precio récord de 1.783 dólares en la reventa, una cifra siete veces superior al precio original de 244 dólares.

DESCARGAS

●MÁS DESCARGAS DE MÚSICA VENDIDAS EN UNA SEMANA EN EE. UU.

En la semana que acababa el 30 de diciembre de 2007 se descargaron legalmente casi 43 millones de canciones en EE. UU., lo que representa un 42,5% más que el récord establecido la misma semana del año anterior. En total, en 2007 se consiguió un récord de 844,1 millones de descargas (un 45% más que el récord del año anterior); en esta cifra se incluyen los 50 millones de descargas completas de álbumes, que logró superar la cifra total de 2006 en un 53,5%.

★MÁS VENTAS DE DESCARGA DE UN ÁLBUM EN EE. UU.

Sleep Through The Static, el quinto álbum del cantante y compositor Jack Johnson (EE. UU.), logró la cifra récord de 139.000 descargas en EE. UU. en la semana que acababa el 16 de febrero de 2008.

●MÁS VENTAS DE DESCARGA DE UN SENCILLO EN EE. UU. EN UNA SEMANA

El rapero norteamericano Flo Rida (nacido como Tramar Dillard) vendió 467.000 descargas del sencillo «Low» durante la semana que acababa el 24 de diciembre de 2007. Esa misma semana, la cifra récord de 27 canciones vendieron más de 100.000 descargas.

DATO

The White Stripes (Jack y Meg White, ambos de EE. UU.) interpretaron el ★concierto de música más corto de todos los tiempos cuando, el 16 de julio de 2007, tocaron tan sólo una nota en St. John's, en Newfoundland (Canadá). Esta breve actuación fue la culminación de una gira canadiense que llevó al dúo por todas las provincias y el territorio de Canadá.

MÁS TIEMPO EN LA LISTA DE ÉXITOS

★EL COMPOSITOR MÁS EXITOSO

En términos de número de canciones que se han aupado a las listas de éxitos de sencillos de Reino Unido desde su lanzamiento en 1952, el compositor más exitoso es Sir Paul McCartney (Reino Unido) quien ha escrito/coescrito 188 sencillos que han entrado en la lista, 129 de los cuales son canciones diferentes. De estos récords, 91 alcanzaron el Top 10, y 33 llegaron a ser número 1. En total, las canciones han estado 1.662 semanas en la lista (hasta finales de 2007).

LOS MÁS VENDIDOS

EL DISCO MÁS VENDIDO

El año 2007 se celebró el 25º aniversario del primer lanzamiento en 1982 del álbum *Thriller* de Michael Jackson. En ese momento, Sony y la Recording Industry Association of America (RIAA) estimaron que se habían vendido más de 55 millones de copias, aunque los mánager de Jackson afirman que las ventas internacionales han hecho aumentar la cifra total a más de 100 millones. Sigue siendo el álbum más vendido de todos los tiempos.

EL LADO OSCURO DE LA LUNA

El 12 de abril de 2008, el álbum *The Dark Side Of The Moon* de Pink Floyd (Reino Unido) pasó su semana 1.600 en la lista de los más vendidos de EE. UU., más de 35 años después de su debut en el número 95 el 17 de marzo de 1973, con lo que se convirtió en **el álbum que más tiempo ha permanecido en la lista de los más vendidos de EE. UU.** *The Dark Side Of The Moon* se encuentra en dos listas de éxitos: el Top 200 del Billboard y la lista de lo mejor del pop, a la que se mueven los álbumes cuando tienen más de 18 meses y se han colocado por debajo de la posición 100 en el Top 200 del Billboard. Se estima que se han vendido más de 40 millones de copias del álbum en todo el mundo.

★ MÁS ENTRADAS EN LA LISTA DE ÉXITOS DEL REINO UNIDO EN UN AÑO DEL MISMO ARTISTA

En 2006, Michael Jackson (EE. UU.) colocó 19 canciones en la lista de éxitos del Reino Unido, más que ningún otro artista en un mismo año. Los sencillos se pusieron a la venta entre el 25 de febrero y el 1 de julio de 2006. Las 19 canciones alcanzaron el Top 40.

● EL INTERVALO MÁS LARGO ENTRE DOS SENCILLOS N.º 1 EN EL REINO UNIDO

Un relanzamiento de «It's Now or Never» de Elvis Presley llegó al n.º 1 en la lista de éxitos del Reino Unido en 2005, 48 años después de que «All Shook Up» liderara la lista en 1957.

EL SENCILLO MÁS VENDIDO DESDE QUE EMPEZARON LAS LISTAS DE ÉXITOS

«Candle In The Wind 1997/Something About The Way You Look Tonight» de Elton John (Reino Unido) ha sido el sencillo más vendido desde que empezaron las listas de éxitos de Reino Unido y EE. UU. en la década de 1950 (33 millones de copias en todo el mundo). El 20 de octubre de 1997, el sencillo también había alcanzado el n.º 1 en 22 países. *(El **sencillo más vendido de todos los tiempos** fue lanzado antes de que empezaran las primeras listas de éxitos; ver pp. 14-15.)*

★ MÁS VENTAS DE DESCARGA DE UN SENCILLO EN EE. UU. EN UN AÑO

«Crank That (Soulja Boy)» del rapero de 17 años de Chicago (EE. UU.) Soulja Boy Tellem (nacido como DeAndre Cortez Way) vendió la inaudita cantidad de 2,7 millones de copias de descargas en 2007.

EL ÁLBUM MÁS VENDIDO DE UN GRUPO NOVEL

El álbum *Millennium* de The Backstreet Boys (EE. UU.), lanzado en 1999, había vendido 13 millones de copias en marzo de 2001. El disco alcanzó el número 1 en la lista del Top 200 del Billboard de EE. UU. en junio de 1999. Vendió 1.134.000 copias en su primera semana, haciendo añicos el récord mundial de ventas en una semana de Garth Brooks.

LA PALABRA IMPRESA

PAULO COELHO

● LA REVISTA MÁS GRANDE

La editorial española Bayard Revistas S.A. produjo una versión ampliada de 36 páginas de la revista *Caracola* que midió 90,5 x 102,1 cm. Se presentó en el Palacio de Congresos de Madrid (España), el 19 de mayo de 2007.

● EL LIBRO PUBLICADO MÁS GRANDE

Es una edición de 128 páginas de *El Principito*, de Antoine de Saint Exupéry (Francia) que medía 2,01 m de alto y 3,08 m de ancho cuando estaba abierto. Fue creado por Eidouro Publicaçoes S.A. (Brasil) y presentado en la XIII Feria Bianual del Libro de Río de Janeiro (Brasil), el 13 de septiembre de 2007.

100%

● EL PERIÓDICO MÁS PEQUEÑO

El periódico más diminuto mide tan sólo 32 x 22 mm. Lo creó el diario *First News* en West Horsley, Surrey (Gran Bretaña) y se publicó el 8 de noviembre de 2007 para conmemorar el Día Mundial de los Récords Guinness.

● MAYOR ÁLBUM DE FOTOS

El mayor álbum de fotos, titulado «Mujeres de Vietnam», tiene unas medidas récord de 4 m x 3 m. Fue creado por Canon Singapore y muestra fotografías de Hitomi Toyama (Japón). Se presentó en Hanoi (Vietnam), el 7 de abril de 2008.

El alquimista, de Paulo Coelho (Brasil), se había traducido a 67 idiomas diferentes en marzo de 2008, confiriendo a Coelho el récord de ★ **autor vivo más traducido**.

El éxito de *El alquimista* sorprendió al propio autor. Dijo a GWR que no sabía por qué este libro en particular, que él considera como «mi propio viaje», se hizo tan popular.

EL LIBRO PUBLICADO MÁS PEQUEÑO

Con una medida de tan sólo 0,9 x 0,9 mm, el libro publicado más pequeño es una edición de *El Camaleón* del escritor ruso Antón Chéjov. El libro fue producido y publicado por Anatoliy Konenko, de Omsk, Siberia, (Rusia), en 1996. Cada libro tiene 30 páginas.

● EL AUTOR MÁS TRADUCIDO

Las obras de William Shakespeare (Inglaterra, 1564-1616) habían sido traducidas a por lo menos 116 lenguas en octubre de 2005.

Coelho admira a un gran número de escritores, desde el visionario poeta inglés William Blake («porque privilegia la inspiración, no la memoria») hasta el controvertido autor estadounidense del siglo XX Henry Miller («porque hay sangre, sudor y lágrimas en sus palabras») y al también brasileño Jorge Amado («porque entiende el alma brasileña»).

¿Y cómo se siente este autor de *best-sellers* por haber conseguido un Récord Guinness del Mundo? «Es un punto de referencia, el más respetado, para todo aquel que quiere superar sus límites».

¿SABÍA QUE...?

La **autora más joven que ha visto un libro publicado en el ámbito comercial** es Dorothy Straight (EE. UU., nacida el 25 de mayo de 1958), quien escribió *How the World Began* en 1962, con cuatro años. Fue publicado en agosto de 1964 por Pantheon Books.

MÁS CARTAS PUBLICADAS

Subhash Chandra Agrawal (India) ha conseguido publicar 3.699 cartas al director en varios periódicos de India. Es el ★ **mayor número de cartas publicadas en periódicos en toda una vida**.

Su esposa, Madhu Agrawal (India), también en la imagen, publicó 447 cartas durante 2004 en 30 periódicos indios con tiradas de más de 50.000 ejemplares: es el ●**mayor número de cartas publicadas en periódicos en un año**.

★ RÉCORD NUEVO
● RÉCORD ACTUALIZADO

EL LIBRO CON COPYRIGHT MÁS VENDIDO

Excluyendo obras sin *copyright* como la *Biblia* y el *Corán*, el **libro de no ficción más vendido de todos los tiempos**, del que se cree que se han llegado a comercializar más de 6.000 millones de copias, es el *Guinness World Records* (anteriormente *The Guinness Book of Records*). Desde que se publicó por primera vez en octubre de 1955, las ventas totales en unas 37 lenguas habían superado los 100 millones de copias en octubre de 2003.

● LA TIENDA *ONLINE* MÁS GRANDE

Amazon.com, fundada en 1994 por Jeff Bezos (EE. UU.), abrió sus puertas virtuales en julio de 1995. Doce años después, tiene 69 millones de cuentas abiertas por clientes activos.

En 2006, la compañía envió productos a más de 200 países. Su catálogo de más de 40 millones de objetos la convierte en la tienda en línea más grande.

● LA TIRADA MÁS ELEVADA DE UN PERIÓDICO DIARIO

Fundado en 1874 y editado en Tokio (Japón), el *Yomiuri Shimbun* tenía una tirada total de mañana y de tarde de 14.532.694 en 2005.

★ EL MAYOR NÚMERO DE CÓMICS PUBLICADOS POR UN AUTOR

Shotaro Ishinomori (Japón) publicó 770 títulos de cómic y en la actualidad se conoce como «el rey del manga».

NOVELA

El griego Caritón fue el autor de *Quéreas y Calírroe*, subtitulada «Historia de amor en Siracusa», escrita en el s. I d. C. *El asno de oro*, o *Metamorfosis*, escrita al parecer por Apuleo en 123 d. C., es la única novela en latín que ha sobrevivido íntegramente.

PERIÓDICO DIARIO

El *Wiener Zeitung*, el periódico oficial del gobierno de Austria, fue publicado por primera vez en 1703.

AUTOR MASCULINO

En febrero de 2003, Constantine Kallias (Grecia, nacido el 26 de junio de 1901) publicó una primera edición en rústica, de 169 páginas, titulada *A Glance of My Life*.

AUTORA FEMENINA

El segundo libro de Louise Delany (EE.UU.), *The Delany Sisters' Book of Everyday Wisdom*, coescrito con su hermana A. Elizabeth Delany, fue publicado por Kodansha America.

★ EL CÓMIC MENSUAL DE MAYOR DURACIÓN

DC Comics ha publicado *Detective Comics* cada mes en EE. UU. desde marzo de 1937. El cómic presentó el personaje de Batman en el número 27, publicado en mayo de 1939.

MÁS ANTIGUOS...

LIBRO IMPRESO CON UNA MÁQUINA

Está ampliamente aceptado que el primer libro completo impreso con una máquina fue la *Biblia* de Gutenberg, realizada en Mainz (Alemania) alrededor del 1455 por Johann Henne zum Gensfleisch zur Laden, conocido como zu Gutenberg.

No. 27 — 64 PAGES OF ACTION! — MAY, 1939
Detective COMICS
STARTING THIS ISSUE THE AMAZING AND UNIQUE ADVENTURES OF THE BATMAN!

UNOS TOMOS ALTÍSIMOS

Michele logró montar una torre de 3,78 m de alto con los libros que había tecleado hacia atrás, colocando el más grande, una copia del *Libro Egipcio de los Muertos*, en la parte inferior de la pila. Este libro pesa 78,8 kg y tiene 610 enormes páginas de 104,5 x 66 cm.

MÁS LIBROS TECLEADOS HACIA ATRÁS

Usando un ordenador y cuatro teclados en blanco, y sin mirar a la pantalla, Michele Santelia (Italia, en la fotografía de la derecha) ha tecleado 64 libros (3.361.851 palabras - 19.549.382 caracteres) hacia atrás en sus idiomas originales, incluidas *La Odisea* y *Macbeth*. Completó la escritura hacia atrás de los pergaminos del mar Muerto, en hebreo clásico, el 26 de julio de 2007.

PARAÍSO TELEVISIVO

MAYORES AUDIENCIAS DE TV DE TODOS LOS TIEMPOS

COMEDIA

Se calcula que el último episodio de M*A*S*H (CBS, EE. UU.), *Goodbye, Farewell and Amen*, tuvo una audiencia de 125 millones de personas durante su emisión, el 28 de febrero de 1983.

EMISIÓN EN DIRECTO

Unos 2.500 millones de personas vieron el funeral de la princesa Diana de Gales (Reino Unido, 1961-1997) desde la abadía de Westminster (Londres, Reino Unido), el 6 de septiembre de 1997.

SERIES

La serie *Los vigilantes de la playa* (NBC, luego sindicada, EE. UU.) tenía una audiencia de más de 1.100 millones de espectadores en 142 países en 1996.

FÚTBOL

Unos 300 millones de espectadores vieron cómo Italia derrotó a Francia en la final de la Copa del Mundo FIFA 2006, en Alemania, el 9 de julio.

FÚTBOL AMERICANO

138,5 millones de espectadores vieron la transmisión de la NBC de la Super Bowl XXX, el 28 de enero de 1996.

MAYORES INGRESOS ANUALES DE UN ACTOR DE TV

Jerry Seinfeld ganó 267 millones de dólares en 1998, según la lista Forbes' Celebrity 100 de 1999, los mayores ingresos anuales jamás ganados por un actor de televisión o de cine.

MAYORES INGRESOS ANUALES DE UNA ACTRIZ DE TV

Helen Hunt, la estrella de *Loco por ti* (1992-99) se convirtió en la actriz de TV más rica del mundo, con unos ingresos anuales de 31 millones de dólares en 1999, según la lista Forbes 2000.

EL PRODUCTOR DE TV MEJOR PAGADO

En enero de 2000, el creador de *Ally McBeal*, David E. Kelley (EE. UU.), se convirtió en el productor mejor pagado de la TV tras firmar un contrato de seis años por 300 millones de dólares con la Twentieth Century Fox Television (EE. UU.).

EL REPARTO DE TELEVISIÓN MEJOR PAGADO

Según Forbes' Celebrity 100, el reparto de *Los Soprano* (HBO, EE. UU.) ganó un salario total de 52 millones de dólares por la séptima temporada. James Gandolfini (EE. UU.), que interpreta al jefe mafioso Tony Soprano, ganó 1 millón de dólares por cada uno de los últimos ocho episodios.

MAYORES INGRESOS ANUALES PARA EL PRESENTADOR DE UN PROGRAMA DE ENTREVISTAS

Oprah Winfrey (EE. UU.) sigue a la cabeza de la lista de los presentadores de programas de entrevistas mejor pagados: según Forbes, Oprah ganó 225 millones de dólares en 2005.

EL MAYOR PRESUPUESTO DE PRODUCCIÓN DE TV

El presupuesto de producción del programa piloto de *Perdidos* (ABC, EE. UU.), que duraba dos horas y se emitió por primera vez el 22 de septiembre de 2004, fue de 12 millones de dólares, mucho más que el coste de la mayoría de programas de televisión. Esto hizo que Disney despidiera a Lloyd Braun (EE. UU.), presidente de Espectáculos de ABC, por dar luz verde al programa, que luego se convirtió en uno de los más populares de esa cadena de TV.

MAYOR TIEMPO EN ANTENA DE UN PROGRAMA DE TV

El programa de noticias *Meet the Press* (NBC, EE. UU.) se emitió por primera vez el 6 de noviembre de 1947, y luego semanalmente desde el 12 de septiembre de 1948.

¿SABÍA QUE...?

El **mayor número de votos recibidos por teléfono** ocurrió durante la final de la sexta temporada de *American Idol*, cuando los telespectadores enviaron 74.030.147 votos por teléfono y SMS para elegir al ganador del concurso musical. Los resultados fueron anunciados el 22 de mayo de 2007, y la ganadora fue Jordin Sparks (EE. UU.).

★ EL PROGRAMA DE TV MÁS VISTO EN EE. UU.

Los episodios de los miércoles por la noche de *American Idol* emitidos en 2007 fueron vistos por el 17,3% de los hogares norteamericanos. Esto hizo que el programa se convirtiera en el programa regular de TV más popular hasta la fecha (a diferencia del programa más popular votado por la audiencia).

★ EL PROGRAMA DE TELEVISIÓN MÁS DESCARGADO

Según los datos del sitio web P2P Mininova, el programa de TV que más a menudo se descargó en 2007 a través de BitTorrent es *Héroes* (NBC), que fue descargado 2.439.154 veces. Teniendo en cuenta que Mininova es sólo uno de los numerosos sitios P2P, el número real de descargas debe de ser mucho más elevado.

Puedes tenerlo todo, pero no puedes tenerlo todo de una sola vez.

Oprah Winfrey, citada en gala.com

★MÁS VICTORIAS EN LOS AUTOS LOCOS

Cuatro de los competidores habituales de la serie de dibujos animados de Hannah-Barbera *Los autos locos*, emitida entre 1968 y 1970, comparten el récord al mayor número de victorias, con cuatro primeros puestos cada uno: Penélope Glamour (que conduce el *Compact Pussycat*), la Mafia del Hormiguero (que conduce *La Antigualla Blindada*), Lucas el granjero y el Oso Miedoso (*El Alambique Veloz*), y Pedro Bello (*El Superheterodino*). Por supuesto, Pierre Nodoyuna y Patán (*El Súper Ferrari*) nunca consiguieron ganar ninguna carrera, y siempre tenían dificultades para llegar a la meta.

●EL PROGRAMA DE TV MÁS POPULAR EN LA ACTUALIDAD

Según TV.com, un sitio web de CNET Networks Entertainment, el programa de TV más popular en febrero de 2008 –con una puntuación de 9,4 sobre 10– es *House* (Fox, EE. UU.), la serie médica protagonizada por Hugh Laurie (Reino Unido), que interpreta al original e inconformista médico Gregory House.

EL ANUNCIO DE TV MÁS LARGO

Un anuncio de televisión de Lipton Icea Tea Green (Unilver Bestfoods, Países Bajos) duró 24 minutos y fue emitido por el canal de TV Yorin (Países Bajos), el 27 de marzo de 2005.

MÁS PERSONAJES DE UNA SERIE DE DIBUJOS ANIMADOS DOBLADOS POR UN SOLO ACTOR

Kara Tritton (Reino Unido) prestó su voz a 198 personajes de dibujos animados del mismo programa de TV, el mayor número de personajes doblados por un único actor. Los personajes aparecieron en *Blues Clues* (Nick Jr., Reino Unido), una serie de 75 episodios emitida durante seis temporadas. El episodio 75 se emitió por primera vez en el Nickelodeon Channel, el 15 de marzo de 2003.

EL CULEBRÓN MÁS FAMOSO DE TODOS LOS TIEMPOS

Dallas (CBS, EE. UU.) comenzó a emitirse en 1978 como una miniserie y llegó a convertirse en el culebrón más famoso de todos los tiempos. Se calcula que en 1980 contaba con 86 millones de espectadores en EE. UU., lo que en aquella época supuso un *share* récord del 76% de la audiencia televisiva, y se ha visto en más de 90 países. El último episodio se emitió en EE. UU. el 3 de mayo de 1991.

●EL TELEMARATÓN DE ENTREVISTAS MÁS LARGO

Kristijan Petrovic (Croacia) entrevistó y presentó durante 36 h 15 min, los días 27-28 de agosto de 2007. El telemaratón de entrevistas se celebró en VTV Televisión, en Varazdin (Croacia).

MÁS HORAS DE TV EN DIRECTO EN UNA SEMANA

Mino Monta (Japón) es el presentador habitual de un total de 11 programas semanales en directo. Aparece en TV durante un total de 21 horas y 42 minutos semanales, y se ha ganado el apodo de «presentador entre presentadores».

★EL PROGRAMA DE TV ONLINE MÁS VISTO

Un estudio de la consultora Hitwise revela que *Deal or No Deal* (NBC, en la imagen) es el programa de TV online más visto, con un 15,46% de la audiencia total de televisión online.

www.

HABILIDADES CIRCENSES

MÁS...

★ VELAS APAGADAS CON UN LÁTIGO EN UN MINUTO

El 2 de noviembre de 2007, Jai Wancong (China) apagó 22 velas con un látigo en un minuto sin tocar la cera, en el plató de *Zheng Da Zong Yi – Guinness World Records Special*, en Pekín (China).

★ VECES EN ATRAPAR UN DIÁBOLO EN UN MINUTO

El 20 de septiembre de 2007, Wang Yueqiu (China) lanzó y atrapó 16 veces en un minuto un diábolo a un mínimo de 6 m de altura, en Pekín (China).

★ HULA HOOPS ATRAPADOS Y GIRADOS EN UN MINUTO

El 17 de septiembre de 2007, Liu Rongrong (China) atrapó e hizo girar 236 *hula hoops* en el plató de *Zheng Da Zong Yi - Guinness World Records Special*, en Pekín (China).

● CUCHILLOS LANZADOS EN UN MINUTO

El récord al mayor número de cuchillos lanzados a un blanco humano en un minuto es 102 y lo logró David Adamovich (EE. UU.), en Freeport (Nueva York, EE. UU.), el 26 de diciembre de 2007. Adamovich, que se apoda Great Throwdini, lanzó sus cuchillos al blanco humano Dick Haines.

¿SABÍA QUE...?

El 5 de diciembre de 2001, los contorsionistas Daniel Smith, Bonnie Morgan y Leslie Tipton (todos de EE. UU.) se subieron juntos a una caja que medía 66,04 x 68,58 x 55,88 cm en su interior y lograron permanecer dentro durante 2 min 55 s, en Madrid (España).

★ LA ESCAPATORIA MÁS RÁPIDA DE UNA MALETA

El 27 de diciembre de 2007, Leslie Tipton (EE. UU.) escapó de una maleta cerrada en 13,31 segundos, en las oficinas de Guinness World Records de Londres (Reino Unido).

● PERSONAS EN MONOCICLOS

El 12 de junio de 2005, 1.142 personas se montaron simultáneamente en monociclos en un acto organizado por Andrea Hardy (Alemania), en Dultplatz (Regensburg, Alemania).

★ ARPONES ATRAPADOS CON UN ARPÓN SUBMARINO EN UN MINUTO

El 16 de septiembre de 2007, Anthony Kelly (Australia) logró atrapar cinco arpones disparados con un arpón submarino bajo el agua de la piscina de la Universidad de Nueva Inglaterra, en Armidale (Nueva Gales del Sur, Australia).

★ RÉCORD NUEVO
● RÉCORD ACTUALIZADO

● EL SALTO MÁS ALTO EN UNA PISCINA POCO PROFUNDA

El 25 de julio de 2007, Darren Taylor (EE. UU.) saltó a una piscina poco profunda desde una altura de 10,7 m en el plató de *Kiteretsu Superman Award 2007*, en Tokyo (Japón).

> *Lo que principalmente hacemos los contorsionistas es... ¡sentarnos sobre nuestras cabezas!*
>
> Leslie Tipton (EE. UU.), contorsionista profesional y artista circense

★ MENOS TIEMPO EN PINCHAR TRES GLOBOS CON LA ESPALDA

El 23 de noviembre de 2007, Julia Gunthel, alias «Zlata» (Alemania), pinchó tres globos con la espalda en 12 segundos en el plató de *Guinness World Records: Die Größten Weltrekorde*, en Colonia (Alemania).

★ ESPADAS TRAGADAS SIMULTÁNEAMENTE

El 2 de septiembre de 2005, un total de nueve miembros de la Sword Swallowers Association International (ocho hombres y una mujer, todos de EE. UU.) se tragaron un total de 52 espadas simultáneamente en la Sideshow Gathering and Sword Swallowers Convention de 2005, en Wilkes-Barre (Pennsylvania, EE. UU).

★ EL DOMADOR DE LEONES MÁS JOVEN

Jorge Elich (España) es el domador de leones más joven del mundo, y lleva aprendiendo este oficio desde los cinco años de edad. En enero de 2008, a los ocho años, actuó con el Circus París en El Ejido, cerca de Almería (España).

★ CAMINAR SOBRE UNA CUERDA FLOJA: LA CUESTA MÁS EMPINADA

El 24 de agosto de 2007, Abulaiti Maijun (China) completó un recorrido de 58,24 m con una pendiente media de 34,15 grados caminando sobre una cuerda floja en Xinjiang (China). El intento de récord tuvo lugar en *Zheng Da Zong Yi – Guinness World Records Special*, en Pekín (China).

PRIMER...

DOBLE SALTO MORTAL HACIA ATRÁS

Eddie Silbon (Reino Unido) logró el primer doble salto mortal hacia atrás en el trapecio volante del Paris Hippodrome (París, Francia), en 1879.

FLECHA HUMANA

Tony Zedoras (EE. UU.), alias «Alar», realizó su primer número como flecha humana en el Barnum & Bailey Circus de EE. UU., en 1896.

BALA DE CAÑÓN HUMANA

La primera bala de cañón humana fue «Zazel», que fue lanzado a una distancia de 6,1 m en el Westminster Aquarium (Londres, Reino Unido), en 1877.

NÚMERO EN UN TRAPECIO VOLANTE

El 12 de noviembre de 1859, Jules Léotard (Francia) realizó el primer número en un trapecio volador en el circo Napoleón de París (Francia).

El 10 de agosto de 1995, Mike Howard (Reino Unido) realizó el **número de trapecio a más altura** al colgarse de un globo de aire caliente sobre Glastonbury and Street (Somerset, Reino Unido), a 6.000 m y 6.200 m de altura.

TRIPLE SALTO MORTAL EN EL TRAPECIO

La primera actuación pública de este número se realizó en 1920 en el Chicago Coliseum (EE. UU.).

CIRCO DE TRES PISTAS

El primer circo de tres pistas fue presentado por «Lord» George Sanger (Reino Unido) en 1860.

★ MÁS TIEMPO EN MANTENER LA POSE DE UNA BANDERA HUMANA

El 23 de noviembre de 2007, Dominic Lacasse (Canadá) mantuvo la pose de una bandera humana durante 39 segundos en el plató de *Guinness World Records: Die Größten Weltrekorde*, en Colonia (Alemania).

DEPORTES

BRETT FAVRE

A pesar de una temporada de debut desfavorable en la Liga Nacional de Fútbol estadounidense (NFL) con los Atlanta Falcons (EE. UU.) en 1991, Brett Favre (EE. UU.) se convirtió en uno de los jugadores de fútbol americano más famoso de todos los tiempos. En su primera temporada, Favre sólo hizo cuatro intentos de pase, de los cuales no completó ninguno. Sin embargo, en 1992 Favre fichó con los Green Bay Packers (EE. UU.) y, tras una lesión de su *quarterback* titular, comenzó el cuarto partido de la temporada el 27 de septiembre de 1992. Desde ese partido hasta que anunció su retirada el 4 de marzo de 2008, Favre jugó 275 partidos consecutivos (incluidos *play offs*), el ★**mayor número de partidos jugados por un *quarterback* de la NFL**. Durante su carrera con los Packers, Favre logró toda una serie de récords, entre los cuales figuran: el ★**mayor número de pases de *touchdown*** (442); el ★**mayor número de intentos de pase** (8.758); el ★**mayor número de pases completados** (5.377); el ★**mayor número de yardas pasando** (61.655); y el ★**mayor número de victorias como *quarterback* titular** (160).

DEPORTES DE ACCIÓN

MÁS DESCENSOS EN PARACAÍDAS

En 2007, Cheryl Stearns (EE. UU.) contaba con el ●mayor número de descensos en paracaídas de una mujer, conde 16.000.

Entre 1961 y 2003, Don Kellner (EE. UU.) ejecutó 34.000 acrobacias en caída libre: el mayor número de descensos de un hombre.

★LAS ESCALADAS DE 15 METROS MÁS RÁPIDAS

La escalada de 15 m más rápida organizada por la Federación Internacional de Escalada Deportiva y conseguida por un hombre duró 8,76 segundos, que fue el tiempo empleado por Qixin Zhong (China) en Avilés (España), el 21 de septiembre de 2007.

La escalada de 15 m más rápida de una mujer quedó fijada en 12,90 segundos y la consiguió Li Chun-Ha (China) en Macao (China), el 30 de octubre de 2007.

★MÁS VELOCIDAD EN UN ULTRALIGERO EN UNA PISTA RECTA DE 15/25 KM POR UN EQUIPO DE DOS

El 19 de octubre de 2005, Jiri Unzeitag y Vera Vavrinova (ambos de la República Checa) consiguieron una velocidad media de 274,78 km/h a bordo de un ultraligero en una pista de 15/25 km en Horovice (República Checa).

★LA CAÍDA MÁS RÁPIDA EN ESTILO CAÍDA LIBRE

El paracaidista más veloz en estilo caída libre es Marco Pflueger, quien consiguió un tiempo de 5,18 segundos (Alemania) sobre Eisenach (Alemania) el 15 de septiembre de 2007. En el estilo de caída libre, los paracaidistas deben completar una secuencia de maniobras predeterminada en el menor tiempo posible.

La mejor marca de una paracaidista en estilo caída libre es de 6,10 segundos, anotados por Tatiana Osipova (Rusia) sobre Bekescsaba (Hungría), el 19 de septiembre de 1996.

●EL VUELO A MÁS DISTANCIA DE UN PARAPENTISTA

Tres pilotos –Frank Brown, Marcelo Prieto y Rafael Monteiro Saladini (todos de Brasil)– recorrieron volando en parapente una distancia de 461,6 km.

●EL PILOTO DE VUELO SIN MOTOR MÁS RÁPIDO

Es Klaus Ohlmann (Alemania), que alcanzó los 306,8 km/h sobre prefijado y retorno de 500 km, el 22 de diciembre de 2006 en Zapala (Argentina), en un Schempp–Hirth Nimbus 4DM, estableciendo un récord oficial de la Federación Aeronáutica Internacional

LA CAMPEONA DE *KITESURF* MÁS JOVEN

Gisela Pulido (España, arriba y a la izquierda) ganó su primer campeonato del mundo Kiteboard Pro World Tour (KPWT), el 4 de noviembre de 2004, a la edad de 10 años 294 días; su primer campeonato profesional lo conquistó el 26 de agosto de 2007, cuando contaba 13 años 224 días.

★MONOPATÍN: EL SALTO EN RAMPA SOBRE AGUA A MÁS ALTURA

El 17 de septiembre de 2007, en Los Ángeles (California, EE. UU.), el monopatinador profesional Rob Dyrdek (EE. UU.) consiguió saltar en rampa sobre el agua a 3,29 m de altura, récord que se emitió en *The Rob & Big Show* de la MTV.

★EL MAYOR SALTO DE LONGITUD EN RAMPA CON UNA MOTONIEVE

El récord mundial de salto de longitud en rampa con una motonieve quedó establecido en 80,31 m por Ross Mercer (Canadá) en Steamboat Springs (Colorado, EE. UU.), el 10 de marzo de 2007.

●LA MAYOR FORMACIÓN DE PARACAIDISTAS CABEZA ABAJO

El 3 de agosto de 2007, una formación de 69 paracaidistas de todo el mundo saltaron en vuelo libre cabeza abajo sobre Chicago (Illinois, EE. UU.).

★MÁS VICTORIAS DE UN EQUIPO EN LOS CAMPEONATOS DEL MUNDO DE MOTONÁUTICA CLASE 1

Bjorn Rune Gjelsten (Noruega) y Steve Curtis (Reino Unido) han ganado el Campeonato del Mundo de motonáutica clase 1 en cinco ocasiones: 1998, 2002-2004 y 2006.

★MÁS VICTORIAS DE UN DEPORTISTA EN EL CAMPEONATO DEL MUNDO DE MOTONÁUTICA CLASE 1

Steve Curtis (Reino Unido) ha ganado seis ediciones del Campeonato del Mundo de motonáutica clase 1: en 1998 y en 2002-2006. Curtis compitió con Bjorn Rune Gjelsten (Noruega) en 1998, 2002-2004 y 2006, y con Bard Eker (Noruega) en 2005.

★LA CAÍDA LIBRE MÁS LARGA EN UN ESPACIO CUBIERTO

Duró 1 h 18 min 22 s, récord establecido por Andy Scott (Reino Unido) en el túnel de viento Airkix del Xscape Centre (Milton Keynes, Reino Unido), el 8 de marzo de 2007.

●EL *STREET LUGE* MÁS VELOZ

Joel «Gravity» King (Reino Unido) alcanzó una velocidad de 181,37 km/h en su *street luge* (trineo callejero) propulsado por un motor a reacción en el aeródromo de Bentwaters (Reino Unido), el 28 de agosto de 2007, pulverizando así el récord anterior de 157 km/h, que se hallaba en posesión de Billy Copeland (EE. UU.) desde mayo de 2001.

★MÁS VICTORIAS EN LA RED BULL AIR RACE

El Campeonato del Mundo de acrobacias aéreas Red Bull Air Race World Series se ha celebrado en tres ocasiones, y en dos de ellas, 2005 y 2007, el vencedor ha sido Mike Mangold (EE. UU.).

FÚTBOL AMERICANO

● MÁS VICTORIAS CONSECUTIVAS EN PARTIDOS DE LA NFL

Los New England Patriots (EE. UU.) ganaron 19 partidos consecutivos desde el 17 de diciembre de 2006 hasta el 29 de diciembre de 2007. La marca incluía un tanteo récord de 16-0 en 2007, año en que se convirtieron en el ★ **primer equipo de la Liga Nacional de Fútbol (NFL) que conseguía una temporada regular sin encajar una derrota** desde que la liga pasó a constar de 16 partidos en 1978.

★ EL JUGADOR DE LA NFL QUE LLEGA ANTES A LAS 400 RECEPCIONES

Anquan Boldin (EE. UU.) necesitó tan sólo 67 partidos para llegar a las 400 recepciones en su carrera profesional, proeza que completó el 24 de diciembre de 2007.

● MÁS PARTIDOS CONSECUTIVOS JUGADOS EN LA NFL

El despejador (*punter*) Jeff Feagles (EE. UU.) ha jugado la cantidad récord de 320 partidos consecutivos de la NFL. Su larga carrera se ha desarrollado sucesivamente con los New England Patriots (1988-1989), los Philadelphia Eagles (1990-1993),

★ MÁS YARDAS DE PASE DE UN *QUARTERBACK ROOKIE* EN UN PARTIDO EN LA NFL

Jugando con los Arizona Cardinals (EE. UU.), el *quarterback rookie* Matt Leinart (EE. UU.) pasó para 370 metros totales (405 yardas) contra los Minnesota Vikings (EE. UU.) en el Metrodome de Minneápolis (Minnesota, EE. UU.), el 26 de noviembre de 2006.

★ LA PAREJA MÁS VETERANA DE *QUARTERBACKS* TITULARES

La pareja más veterana de *quarterbacks* titulares en la historia de la NFL estuvo formada por Vinny Testaverde (arriba, a la derecha), de 44 años, jugador de los Carolina Panthers, y Brett Favre, de 38 años, de los Green Bay Packers (todos de EE. UU.), el 18 de noviembre de 2007.

los Arizona Cardinals (1994-1997), los Seattle Seahawks (1998-2002) y los New York Giants (2002-2007).

Cuando Feagles apareció con los New York Giants en la Super Bowl XLII, el 3 de febrero de 2008, a la edad de 41 años y 333 días, se convirtió en el ● **jugador más veterano en la historia de la Super Bowl**.

DATO

A los 44 años y 19 días de edad, Vinny Testaverde (EE. UU.) se convirtió en el *quarterback titular más veterano que ganaba un partido* cuando condujo a los Carolina Panthers a vencer a los San Francisco 49ers (EE. UU.) por 31-14 en el estadio Bank of America de Charlotte (Carolina del Norte, EE. UU.), el 2 de diciembre de 2007.

● LA PUNTUACIÓN MÁS ALTA EN UNA WORLD BOWL DE LA NFL EN EUROPA

Cuando los Hamburg Sea Devils derrotaron al Frankfurt Galaxy (ambos de Alemania) por 37-28 en la World Bowl XV disputada en la Commerzbank-Arena de Fráncfort (Alemania), el 23 de junio de 2007, su puntuación combinada de 65 hizo de este partido el de más alto tanteo en la historia de la World Bowl.

★ RÉCORD NUEVO
● RÉCORD ACTUALIZADO

Si quieres que tu equipo gane, tienes que jugar mejor que el otro quarterback.

Peyton Manning, quarterback plusmarquista

★MÁS RECEPCIONES DE *TOUCHDOWN* EN 1 TEMPORADA DE LA NFL

Randy Moss (EE. UU.) consiguió 23 recepciones de *touchdown* para los New England Patriots durante la temporada 2007 de la NFL. El récord anterior de 22 lo había establecido Jerry Rice (EE. UU.), de los San Francisco 49ers, en 1987.

●MÁS PASES DE *TOUCHDOWN* EN UNA CARRERA EN LA NFL

Brett Favre (EE. UU.) completó 442 pases de *touchdown* a lo largo de su carrera deportiva desde 1992 hasta 2008.

●MÁS YARDAS DE CARRERA EN UNA TEMPORADA DE LA NFL

Eric Dickerson (EE. UU.) consiguió el mayor número de yardas de carrera en una temporada de la NFL: 1.924 m (2.105 yardas) cuando jugó con Los Angeles Rams (EE. UU.) en la temporada 1984.

●MÁS PARTIDOS DE LA NFL JUGADOS POR UN INDIVIDUO

Morten Andersen (Dinamarca) ha jugado 382 partidos con los New Orleans Saints, los Atlanta Falcons, los New York Giants, los Kansas Chiefs y los Minnesota Vikings (todos de EE. UU.) desde 1982.

★MAYOR PROMEDIO NETO DE DESPEJE (TEMPORADA)

Shane Lechler (EE. UU.) alcanzó un promedio neto de despeje de 37,58 m jugando con los Oakland Raiders (EE. UU.) en 2007.

★MÁS PLACAJES (SACKS) A LO LARGO DE UNA CARRERA EN LA NFL

John Elway (EE. UU.) fue placado 516 veces a lo largo de su carrera con los Denver Broncos (EE. UU.) desde 1983 hasta 1998.

●MÁS TEMPORADAS PASANDO DE LAS 4.000 YARDAS EN UNA CARRERA EN LA NFL

Peyton Manning (EE. UU.), de los Indianapolis Colts (EE. UU.), estableció un récord de la NFL en 2007 al pasar de las 4.000 yardas en una temporada por octava vez en su gloriosa carrera deportiva.

★MÁS PUNTOS EXTRA CONSECUTIVOS DE UN INDIVIDUO EN LA NFL

Jeff Wilkins (EE. UU.) ha anotado 371 puntos extra consecutivos desde 1999, igualando así el récord fijado por Jason Elam (EE. UU.) desde 1993 hasta 2002.

●MÁS PASES DE *TOUCHDOWN* EN UNA TEMPORADA DE LA NFL

Tom Brady (EE. UU.) lanzó 50 pases de *touchdown* jugando con los New England Patriots durante la temporada 2007, con lo cual superó la puntuación anterior de 49 conseguida por Peyton Manning (EE. UU.) en 2004.

★EL PRIMER PARTIDO DE TEMPORADA REGULAR DE LA NFL JUGADO EN EUROPA

El 28 de octubre de 2007, los Miami Dolphins (EE. UU.) se enfrentaron a los New York Giants en el estadio de Wembley (Londres, Reino Unido) en lo que fue el primer partido de temporada regular de la NFL que se disputaba en Europa. Los New York Giants vencieron por 13-10 en un partido al que asistieron 81.176 aficionados.

●MÁS GOLES DE CAMPO DE UN INDIVIDUO EN UN PARTIDO DE LA NFL

Rob Bironas (EE. UU.) anotó ocho goles de campo para los Tennessee Titans en un partido de la NFL jugado contra los Houston Texans (ambos de EE. UU.), el 21 de octubre de 2007.

LA SUPERBOWL EN NÚMEROS

ASISTENCIA DE PÚBLICO

La mayor asistencia de espectadores en una Super Bowl fue de 103.985 personas en la Super Bowl XIV, jugada entre los Pittsburgh Steelers (EE. UU.) y los LA Rams, en el Rose Bowl de Pasadena (California, EE. UU.), el 20 de enero de 1980.

VICTORIAS

El récord de victorias en Super Bowl anotadas por un jugador son cinco, conseguidas por Charles Hayley (EE. UU.) jugando con los San Francisco 49ers en 1989-1990 y con los Dallas Cowboys (EE. UU.) en 1993-1994 y 1996.

PREMIOS MVP

El *quarterback* de los San Francisco 49ers, Joe Montana (EE. UU.), fue elegido el jugador más valioso (MVP) en tres Super Bowls: 1982, 1985 y 1990.

SPRINT

Cuando Usain Bolt (Jamaica) corrió los 100 m en 9,72 segundos en 2008 (*ver abajo*), su velocidad media fue de 37,03 km/h. Cuando Michael Johnson (EE. UU.) corrió los 200 m en 19,32 segundos en 1996, su velocidad media fue de 37,26 km/h. Esto convierte a Johnson en el **hombre más rápido de la historia**, al menos en teoría.

★ **RÉCORD NUEVO**
● **RÉCORD ACTUALIZADO**

●LOS MÁS RÁPIDOS EN 100 M (MASCULINO)

Usain Bolt (Jamaica) corrió los 100 m en 9,72 segundos en el Reebok Grand Prix celebrado en el Icahn Stadium de Nueva York (EE. UU.), el 31 de mayo de 2008. Batió el récord anterior, que ostentaba su compatriota jamaicano Asafa Powell, por 0,02 segundos.

PISTA Y CAMPO

RELEVOS 4 X 800 M EN PISTA CUBIERTA (FEMENINO)

Las representantes de la región Moskovskaya (Anna Balakshina, Natalya Pantelyeva, Anna Emashova, Olesya Chumakova; todas de Rusia) corrieron los relevos 4 x 800 en 8 min 18,54 s en pista cubierta, en un acto celebrado en Volgograd (Rusia), el 11 de febrero de 2007.

●LA MÁS RÁPIDA EN 1.500 M EN PISTA CUBIERTA

Yelena Soboleva (Rusia) corrió los 1.500 m en 3 min 57,71 s en pista cubierta en un acto celebrado en Valencia (España), el 9 de marzo de 2008, recortando en un cuarto de segundo el récord anterior de 3 min 58,05 s, que ella misma había batido sólo 28 días antes.

●LA MÁS RÁPIDA EN 3.000 M EN PISTA CUBIERTA

Meseret Defar (Etiopía) corrió los 3.000 m en pista cubierta en 8 min 23,72 s en la Sparkassen Cup celebrada en Stuttgart (Alemania), el 3 de febrero de 2007.

●LA MÁS RÁPIDA EN 5.000 M

Meseret Defar (Etiopía) corrió los 5.000 m en 14 min 16,63 s en Oslo (Noruega), el 15 de junio de 2007, batiendo en casi ocho segundos el récord que había logrado el año anterior.

EL LANZAMIENTO DE MARTILLO MÁS LEJANO (FEMENINO)

Tatiana Lysenko (Rusia) logró un lanzamiento de martillo de 77,8 m en un acto celebrado en Tallin (Estonia), el 15 de agosto de 2006.

●LA MAYOR DISTANCIA RECORRIDA EN UNA HORA (MASCULINO)

Haile Gebrselassie (Etiopía) corrió 21,285 m en una hora en Ostrava (República Checa), el 27 de junio de 2007. Mientras intentaba lograr el récord de una hora, Gebrselassie batió el récord de los ●**los 20.000 m más rápidos**, que consiguió en un tiempo de 56 min 26 s.

●EL MAYOR SALTO CON PÉRTIGA EN PISTA CUBIERTA (FEMENINO)

Yelena Isinbayeva (Rusia) realizó un salto con pértiga de 4,95 m en pista cubierta, en un acto celebrado en Donetsk (Ucrania), el 16 de febrero de 2008.

RUTA

●EL MÁS RÁPIDO EN 20 KM MARCHA

Vladimir Kanaykin (Rusia) completó una marcha de 20 km en 1 h 17 min 16 s en la final de la Race Walking Challenge IAAF celebrada en Saransk (Rusia), el 29 de septiembre de 2007.

●MÁS VICTORIAS EN EL CAMPEONATO MUNDIAL DE *CROSS COUNTRY* (MASCULINO)

Kenenisa Bekele (Etiopía) ha ganado el Campeonato del Mundo de *Cross Country* de larga distancia en seis ocasiones: en 2002-2006 y 2008. Bekele también ha ganado el título de distancia corta un récord de cinco veces: 2002-2006.

●LA MÁS RÁPIDA EN 5.000 M EN PISTA CUBIERTA

Tirunesh Dibaba (Etiopía) corrió los 5.000 m en pista cubierta más rápidos al lograr un tiempo de 14 min 27,42 s, en los Boston Indoor Games (Boston, EE. UU.), el 27 de enero de 2007.

★MÁS VICTORIAS POR EQUIPO EN LOS CAMPEONATOS DEL MUNDO DE MEDIO MARATÓN (FEMENINO)

El equipo femenino de Rumanía ha ganado el Campeonato del Mundo de medio maratón de la IAFF en siete ocasiones: en 1993-1997, 2000 y 2005.

★MÁS VICTORIAS DE UN EQUIPO EN EL CAMPEONATO DEL MUNDO DE CARRERAS DE RUTA

Kenia ganó las carreras masculina y femenina en el Campeonato del Mundo de carreras de ruta en 2006 y 2007.

CROSS COUNTRY

MÁS VICTORIAS EN EL CAMPEONATO DEL MUNDO DE CROSS COUNTRY (FEMENINO)

Grete Waitz (Noruega) ha ganado el Campeonato del Mundo de cross country, larga distancia, en cinco ocasiones: en 1978-1981 y 1983.

VALLAS EN PISTA DESCUBIERTA

FEMENINO

Yordanka Donkova (Bulgaria) corrió 100 m vallas en 12,21 s, el 20 de agosto de 1988.

MASCULINO

Xiang Liu (China) corrió 110 m vallas en 12,88 s, el 11 de julio de 2006.

LA MÁS RÁPIDA EN 20 KM MARCHA

Olimpiada Ivanova (Rusia) completó una marcha de 20 km en 1h 25 min 41 s, en Helsinki (Finlandia), el 7 de agosto de 2005.

★MÁS VICTORIAS EN LA COPA DEL MUNDO DE MARCHA DE 50 KM (MASCULINO)

Desde su inauguración en 1961, dos marchadores han ganado la Copa

X-REF

¿Le inspira el compromiso y la dedicación que exige convertirse en un atleta que bate récords mundiales? ¿Por qué no consulta las **págs. 98-99** para leer sobre una serie de **Actos Edificantes**?

●MÁS VICTORIAS EN LA COPA DE EUROPA (FEMENINO)

Rusia ha ganado la Copa de Europa femenina en 13 ocasiones: en 1993, 1995, y cada año desde 1997 a 2007.

del Mundo de marcha 50 km en tres ocasiones: Christoph Hohne (Alemania Oriental) ganó en 1965, 1967 y 1970; y Raúl González (México) fue campeón en 1977, 1981 y 1983.

●MÁS VICTORIAS EN LA COPA DE EUROPA (MASCULINO)

Alemania ha ganado la Copa de Europa masculina en siete ocasiones: en 1994-1996, 1999, 2002 y 2004-2005.

●LA CARRERA MÁS RÁPIDA DE 20 KM EN RUTA (FEMENINO)

Lornah Kiplagat (Países Bajos) corrió 20 km en 1 h 2 min 57 s, en Udine (Italia), el 14 de octubre de 2007.

●LA MÁS RÁPIDA EN 60 M VALLAS EN PISTA CUBIERTA

Susanna Kallur (Suecia) corrió los 60 m vallas en 7,68 segundos en Karlsruhe (Alemania), el 10 de febrero de 2008.

MARATONES

★MENOS TIEMPO EN COMPLETAR UN MARATÓN EN ÓRBITA

La astronauta de la NASA Sunita Williams (EE. UU.) ostenta el récord al menor tiempo en completar un maratón en órbita sobre la Tierra a bordo de la *International Space Station*. La señorita Williams, que corrió los 42 km atada con una cuerda elástica a una cinta de correr, compitió como participante oficial del 111.º Maratón de Boston (EE. UU.), celebrado el 16 de abril de 2007, y lo completó en 4 h 24 min.

★EL DISFRAZ MÁS ALTO

El 22 de abril de 2007, Tim Rogers (Reino Unido) corrió el Flora London Marathon (Londres, Reino Unido), destinado a recaudar fondos para WellChild, con un disfraz que medía 4,27 m de altura.

★MÁS TRIATLONES COMPLETADOS

El récord al mayor número de triatlones completados por un atleta es 250 y corresponde a James «Flip» Lyle (EE. UU.), el 18 de marzo de 2006.

EL MARATÓN MÁS RÁPIDO POR UNA MUJER

Paula Radcliffe (Reino Unido) corrió el Maratón de Londres en 2 h 15 min 25 s, el 13 de abril de 2003, en Londres (Reino Unido).

●LOS MEDIO MARATONES MÁS RÁPIDOS

Lornah Kiplagat (Países Bajos) corrió el medio maratón femenino en 1 h 6 min 25 s en Udine (Italia), el 14 de octubre de 2007. El récord al **medio maratón masculino** lo ostenta Samuel Wanjiru Kamau (Kenia), en 58 min 35 s en La Haya (Países Bajos), el 17 de marzo de 2007.

MARATONES EN CADA UNO DE LOS SIETE CONTINENTES

El ●**menor tiempo en completar un maratón en cada uno de los siete continentes por un hombre** es 29 días 16 h 17 min y lo ostenta Richard Takata (Canadá), entre el 4 de febrero y el 6 de marzo de 2007.

El ●**menor tiempo en completar un maratón en cada continente por una mujer** es 48 días 15 h 49 min 38 s y corresponde a Dawn Hamlin (EE. UU.), que lo completó entre el 18 de enero y el 5 de marzo de 2008.

El **menor tiempo total en correr un maratón en cada continente por un hombre** es 34 h 23 min 8 s y corresponde a Tim Rogers (Reino Unido), entre el 13 de febrero y el 23 de mayo de 1999.

El ●**menor tiempo total por una mujer** es 28 h 41 min 24 s y corresponde a Jeanne Stawiecki (EE. UU.), entre el 8 de octubre de 2006 y el 26 de febrero de 2007.

●EL MARATÓN MÁS RÁPIDO

Haile Gebrselassie y Gete Wami (ambos de Etiopía) celebran sus victorias en el 34.º Maratón de Berlín celebrado el 30 de septiembre de 2007 en Berlín (Alemania). Gebrselassie se convirtió en el **corredor de maratón más rápido del mundo** tras completar la carrera en 2 h 4 min 26 s. Inaugurada en 2006, la **World Marathon Majors** es una competición que incluye los cinco maratones anuales de Berlín (Alemania), Londres (Reino Unido), Nueva York, Boston y Chicago (EE. UU.), en la cual los atletas se anotan puntos por obtener los cinco primeros puestos durante dos años. También se incluyen los maratones olímpicos y los del Campeonato del Mundo en los años en que se corren. La ganadora del primer campeonato femenino en 2006-2007 fue Gete Wami, con 80 puntos.

★ VESTIDO DE PAYASO

Jason Westmoreland (Reino Unido) corrió el Flora London Marathon 2008 (Londres, Reino Unido), celebrado el 13 de abril de 2008, vestido de payaso, y lo completó en 3 h 24 min 4 s.

★ RÉCORD NUEVO
● RECORD ACTUALIZADO

FLORA LONDON MARATHON

Otros Guinness World Records incluyen:

El maratón más rápido...

★ **por un equipo encadenado:** Oliver Holland, James Kennedy, James Wrighton, Eoghan Murray y Nathan Jones: 3 hr 38 min 24 s.

★ **vestido como un personaje de cine:** James McComish (Darth Maul): 3 h 55 min 22 s.

★ **vestido de Papá Noel:** Ian Sharman: 3 h 12 min 27 s.

● **vestido de superhéroe:** Christina Tomlinson (Supergirl): 3 h 13 min 33 s.

★ **en uniforme de bombero:** Mark Rogers y Paul Bartlett: 5 h 36 min 12 s.

★ **por un grupo de guerreros Masai:** 5 h 24 min 47 s.

● EL MARATÓN MÁS RÁPIDO EN ZANCOS

Michelle Frost (Reino Unido) corrió el Flora London Marathon 2008 sobre zancos. Completó la carrera, celebrada 13 de abril de 2008 en Londres (Reino Unido), en 8 h 25 min.

● EN UNIFORME MILITAR

El récord al maratón más rápido vestido con uniforme militar es de 5 h 11 min 42 s y corresponde a Myles Morson (Reino Unido), en el Flora London Marathon 2008 de Londres (Reino Unido).

★ DRIBLANDO UNA PELOTA DE BALONCESTO

Jean-Yves Kanyamibwa (Reino Unido) corrió el Flora London Marathon 2008 driblando con una pelota de baloncesto en 4 h 30 min 29 s.

● MÁS CORREDORES UNIDOS

Un grupo de 24 agentes de la policía metropolitana corrieron el Flora London Marathon 2008 encadenados con cadenas de plástico. Permanecieron unidos durante toda la carrera, celebrada en Londres (Reino Unido), el 13 de abril de 2008.

● TEJIENDO UNA BUFANDA

La bufanda más larga tejida por un corredor de maratón mientras corría midió 1,62 m y la logró Susie Hewer (Reino Unido) en el Flora London Marathon, celebrado el 13 de abril de 2008.

AUTOMOVILISMO

¿Quién habría imaginado que llegaría a ser el número dos del mundo en mi primer año de Fórmula 1?

Lewis Hamilton

●LEWIS HAMILTON

La temporada de 2007 vio despegar al piloto Lewis Hamilton (Reino Unido) en la Fórmula 1.

Aunque no consiguió el título de la F1, Hamilton estableció varios récords.

En cuanto a *pole positions*, Hamilton batió un nuevo récord del ★**mayor número de *pole positions* en la primera temporada de un piloto**; y al ganar cuatro carreras, compartió el récord del ●**mayor número de victorias en una temporada de un piloto novato**, con Jacques Villeneuve (Canadá), que logró la hazaña en 1996.

●MÁS TEMPORADAS CONSECUTIVAS GANANDO CARRERAS MÚLTIPLES DE NASCAR DESDE EL INICIO DE UNA CARRERA DEPORTIVA

Tony Stewart (EE. UU.) ha ganado múltiples carreras de la Nascar a lo largo de nueve temporadas consecutivas, desde 1999 a 2007, el mejor comienzo para la carrera deportiva de un piloto en la National Association for Stock Car Auto Racing (NASCAR).

NASCAR

●MAYORES INGRESOS EN LA NASCAR

Ascienden a 89.397.060 dólares. El protagonista, Jeff Gordon (EE. UU.), ha obtenido esta cifra desde sus comienzos hasta ahora, incluyendo la temporada 2007.

★MÁS VICTORIAS CON PLACAS RESTRICTORAS (CARRERA DEPORTIVA)

Hasta la temporada 2007, Jeff Gordon (EE. UU.) ha conseguido un récord de 12 victorias en carreras con placas restrictoras. Gordon superó la marca previa de Dale Earnhardt (EE. UU.) de 11 victorias, al ganar en la Talladega Superspeedway de Talladega (Alabama, EE. UU.), el 7 de octubre de 2007. Las placas restrictoras son dispositivos instalados en los coches, en ciertas pistas, para incrementar la seguridad reduciendo la potencia del motor.

★MÁS *TOP TEN* CONSEGUIDOS EN UN AÑO

En la NASCAR, Jeff Gordon ostenta el récord del mayor número de *top ten* (acabar entre los diez primeros puestos) conseguidos en un año, en la era moderna (1972 hasta la actualidad), con un total de 30. Richard Petty (EE. UU.) ostenta el récord de todos los tiempos, con 43, desde 1964.

DATO

El **mayor margen de victoria para un campeón de la Busch Series** es de 824 puntos, conseguido por Kevin Harvick (EE. UU.) en 2006. En aquella temporada, Harvick se hizo con el título cuando restaban cuatro carreras, **batiendo el récord anterior en un campeonato**, el 13 de octubre de 2006.

●MAYORES INGRESOS EN LA NASCAR (CAMIONES)

Jack Sprague (EE. UU.) ostenta el récord en la categoría de camiones, con unas ganancias de 6.762.094 dólares, hasta ahora e incluyendo la temporada 2007.

●MÁS *POLES* EN UNA CARRERA DEPORTIVA (CAMIONES)

Mike Skinner (EE. UU.) ha conseguido más *poles* en la NASCAR (categoría de camiones) que cualquier otro piloto, con 43 *poles*, incluyendo la temporada 2007.

●MÁS VICTORIAS EN UNA CARRERA DEPORTIVA (CAMIONES)

Ron Hornaday Jr (EE. UU.) ha conseguido 33 victorias en la NASCAR (categoría de camiones) a lo largo de su carrera, incluyendo la temporada 2007.

INDYCAR

★ MÁS INICIOS DE CARRERA

Scott Sharp (EE. UU.) comenzó 146 carreras en la IndyCar Series a lo largo de su carrera deportiva, entre 1996 y 2007.

★ MÁS VICTORIAS EN LA INDYCAR SERIES

Sam Hornish Jr (EE. UU.) ha logrado 19 victorias en la IndyCar Series a lo largo de su carrera, que comenzó en 2000.

● MÁS VICTORIAS CONSECUTIVAS EN LA NASCAR

Ocho pilotos han conseguido cuatro victorias consecutivas en la era moderna de la NASCAR (desde 1972); la más reciente pertenece a Jimmie Johnson (EE. UU., arriba) en 2007. Desde 1967, Richard Petty (EE. UU.) ostenta el récord con un total de 10.

★ MÁS *POLES* EN UNA CARRERA DEPORTIVA

El récord de la IndyCar Series para el mayor número de *poles* conseguidas es de 23, perteneciente a Helio Castroneves (Brasil). Las consiguió entre 2001 y 2007.

★ LÍDER DE CARRERA DURANTE MÁS VUELTAS

Dario Franchitti (Escocia) consiguió el récord del mayor número de vueltas, 242, liderando una carrera (*single race*), en la Richmond International Raceway de Richmond (Virginia, EE. UU.), el 30 de junio de 2007.

DRAG RACING

● MÁS VICTORIAS EN LA NATIONAL HOT ROD ASSOCIATION (NHRA) DE *DRAG RACING*

John Force (EE. UU.) ha conseguido más victorias en su carrera que cualquier otro piloto de *drag racing*, con 125 victorias hasta ahora e incluyendo la temporada 2007.

★ MAYOR VELOCIDAD EN COCHES PRO STOCK, NHRA *DRAG RACING*

El 18 de marzo de 2007, Jason Line (EE. UU.) alcanzó la velocidad terminal más alta con un coche de gasolina y motor de pistón (Pro Stock), 340,61 km/h, en Gainesville (Florida, EE. UU.).

★ MAYOR VELOCIDAD EN FUNNY CAR, NHRA *DRAG RACING*

El 13 de abril de 2007, Mike Ashley (EE. UU.) alcanzó la velocidad terminal récord de 537,02 km/h con un Dodge Charger en Las Vegas (Nevada, EE. UU.).

● MÁS VICTORIAS CONSECUTIVAS EN LA INDYCAR SERIES

Tres pilotos han conseguido tres victorias consecutivas en la IndyCar Series: Scott Dixon (Nueva Zelanda, arriba) en 2007, Dan Wheldon (Reino Unido) en 2005 y Kenny Brack (Suecia) en 1998.

DEPORTES
DEPORTES DE PELOTA

23 años en la Liga de fútbol canadiense que comenzó en 1985.

★ MÁS GOLES EN EL CAMPEONATO DEL MUNDO DE *KORFBALL*

Australia logró el mayor número de goles en el octavo Campeonato del Mundo de *korfall* celebrado en 2007, con 615. En el mismo periodo, los Países Bajos marcaron el mayor número de goles, con 1.109.

★ MÁS COPAS SULTÁN AZLAN SHAH

La Copa Sultán Azlan Shah es un torneo anual internacional de hockey sobre hierba que se celebra en Malasia. Australia es el país que más copas ha ganado: en 1983, 1998, 2004, 2005 y 2007.

CAMPEONES DE BALONMANO

Túnez posee el récord de ★ **más campeonatos africanos de balonmano ganados por un equipo masculino**: 7. El de ★ **más campeonatos asiáticos de balonmano ganados por un equipo masculino** (7) corresponde a Corea del Sur.

● MÁS APARICIONES EN PARTIDOS DE HOCKEY INTERNACIONAL (MASCULINO)

Jeroen Delmee (Países Bajos) logró un récord de 373 apariciones internacionales para los Países Bajos desde 1994 hasta 2008.

● MÁS VICTORIAS EN EL TROFEO DE CAMPEONES MASCULINO

El Trofeo de Campeones se celebró por primera vez en 1978 y desde 1980 se viene disputando

● MÁS CAMPEONATOS MUNDIALES DE BALONMANO FEMENINO

Tres equipos han ganado tres campeonatos del mundo femeninos: la RDA en 1971, 1975 y 1978, la URSS en 1982, 1986 y 1990 y Rusia en 2001, 2005 y 2007. En la imagen aparece la jugadora rusa Irina Bliznova.

todos los años entre los seis mejores equipos masculinos de hockey sobre hierba del mundo. El mayor número de trofeos (ocho) pertenece a Australia, conseguidos en 1983-1985, 1989-1990, 1993, 1999 y 2007.

★ EL MAYOR TORNEO DE HOCKEY CALLEJERO

Un total de 2.010 jugadores de 192 equipos tomaron parte en un torneo de hockey callejero en Ladysmith (British Columbia, Canadá), el 3 de junio de 2007.

● MÁS PASES DE UN MARISCAL DE CAMPO EN FÚTBOL CANADIENSE

El mariscal de campo (*quarterback*) Damon Allen (EE. UU.) logró un nuevo récord en el fútbol profesional al mayor número de pases, con 5.158 en la temporada 2007. Allen ha jugado para siete equipos durante una carrera de

● MÁS *TOUCHDOWNS* EN UNA CARRERA DE FÚTBOL CANADIENSE

Entre 1995 y 2007, Milt Stegall (EE. UU.) anotó 144 *touchdowns* para el equipo de fútbol canadiense The Winnipeg Blue Bombers.

●MAYOR PREMIO EN UN CIRCUITO MUNDIAL DE VOLEIBOL DE PLAYA

El circuito mundial 2007 de voleibol playa de la Federación Internacional de Voleibol dispuso de la cifra récord de 7,37 millones de dólares en premios.

MAYORES INGRESOS EN UNA CARRERA, CIRCUITO AVP, VOLEIBOL PLAYA

Holly McPeak (EE. UU.) había ganado 1.466.396 millones de dólares en el circuito oficial de la AVP al final de la temporada 2007, los ●mayores ingresos de una jugadora de la AVP en una carrera.

●MÁS PREMIOS COMO MEJOR JUGADOR DEFENSIVO DE LA AVP

Dos jugadores han ganado en cuatro ocasiones el título al mejor jugador defensivo del año en el circuito profesional de voleibol playa de la Asociación de Voleibol Profesional (AVP): Mike Dodd (EE. UU.) en 1994-1997 y Todd Rogers (EE. UU., en la imagen) en 2004-2007.

X-REF

Si le interesan los temas australianos, eche una ojeada al apartado de **Australia** en nuestra sección de **Geografía** en la **p. 276**. Si lo que busca es más deportes de pelota, entonces ¿por qué no consulta nuestras cuatro páginas sobre **fútbol**, que comienzan en la **pág. 200**.

Karch Kiraly (EE. UU.) había ganado 3.198.748 millones de dólares en circuitos oficiales de la AVP al final de la temporada 2007, los ●mayores ingresos de un jugador de la AVP en una carrera.

●MÁS VICTORIAS EN LA MEDALLA BROWNLOW

El mayor número de victorias para conseguir la medalla Brownlow de la Liga de fútbol australiano es tres, y corresponde a cuatro jugadores: Haydn Bunton en 1931, 1932 y 1935; Dick Reynolds en 1934, 1937 y 1938; Bob Skilton en 1959, 1963 y 1968; e Ian Stewart en 1965, 1966 y 1971 (todos de Australia).

●MÁS VICTORIAS EN FINALES ALL-IRELAND DE FÚTBOL GAÉLICO

El equipo Ferry ha ganado 35 Campeonatos All-Ireland, entre 1903 y 2007.

MÁS PARTIDOS CONSECUTIVOS JUGADOS EN LA AFL DESDE EL INICIO DE UNA CARRERA

Jared Crouch (Australia) jugó 194 partidos consecutivos de la Liga de fútbol australiano (AFL) para el Sydney Swans desde su debut el 10 de mayo de 1998, hasta que una lesión le obligó a abandonar el equipo en julio de 2006.

●MÁS VICTORIAS EN FINALES DE *HURLING ALL-IRELAND*

Dos equipos han ganado 30 campeonatos de *Hurling All-Ireland*: Cork entre 1890 y 2005; y Kilkenny entre 194 y 2007.

★ EL CLUB DE *NETBALL* MÁS ANTIGUO

Poly Netball Club (Londres, Reino Unido) es el club de *netball* más antiguo en funcionamiento. Fue fundado en 1907 y celebró su centenario en 2007.

●MÁS VICTORIAS EN LA COPA NATIONAL BANK

La Copa National Bank es el torneo de *netball* nacional de élite de Nueva Zelanda. El Melbourne Southern Sting (Nueva Zelanda) ha ganado la copa en siete ocasiones: cada temporada desde 1999 a 2004 y de nuevo en 2007.

●MÁS TÍTULOS MUNDIALES DE *NETBALL*

Australia ha ganado los Campeonatos del Mundo de *netball* un récord de nueve veces: 1963, 1971, 1975, 1979 (compartido), 1983, 1991, 1995, 1999 y 2007. Los únicos otros equipos que han ganado el título son Nueva Zelanda en 1967, 1979 (compartido), 1987 y 2003; y Trinidad & Tobago, que compartió el título en 1979. En la fotografía, la jugadora australiana Mo'onia Gerrard.

★ **RÉCORD NUEVO**
● **RÉCORD ACTUALIZADO**

DEPORTES
BÉISBOL

MÁS *HOME RUNS*...

●**En su carrera deportiva**
Barry Bonds (EE. UU.) ha anotado 762 *home runs* jugando con los Pittsburgh Pirates (EE. UU.) y los San Francisco Giants (EE. UU.), desde 1986 hasta 2007.

En un solo partido, el jugador Robert Lincoln «Bobby» Lowe (EE. UU.) consiguió cuatro *home runs* para Boston jugando contra Cincinnati, el 30 de mayo de 1894, hazaña que desde entonces sólo se ha logrado otras 11 veces.

★**Como bateador designado** Frank Thomas (EE. UU.) ha anotado 261 de promedio, jugando con los Chicago White Sox (EE. UU.), los Oakland Athletics (EE. UU.) y los Toronto Blue Jays (Canadá) desde 1990 hasta 2007.

★**Durante los *play-off*** Manny Ramírez (República Dominicana) ha conseguido 24 jugando con los Cleveland Indians (EE. UU.) y los Boston Red Sox (EE. UU.) desde 1995.

●**Desde el principio de su trayectoria deportiva y con un mismo entrenador** Chipper Jones (EE. UU.) registró 386 jugando para el entrenador Bobby Cox (EE. UU.) de los Atlanta Braves (EE. UU.) desde 1993 hasta 2007.

★ PRIMER LANZADOR RELEVISTA QUE SALVA 500 JUEGOS EN UNA TRAYECTORIA DEPORTIVA

El primer lanzador relevista en la historia de la MLB que salvó 500 juegos a lo largo de su carrera es Trevor Hoffman (EE. UU.) jugando con los Florida Marlins (EE. UU.) y los San Diego Padres (EE. UU.) desde 1993 hasta 2007.

★ LA FRANQUICIA DE BÉISBOL MÁS VALIOSA

Según un informe publicado por la revista *Forbes* en 2007, los New York Yankees están valorados en 1.026.000 de dólares, lo cual los convierte en el primer equipo de la Major League Baseball (MLB) de EE. UU. –y la primera franquicia de béisbol– que supera la barrera de los 1.000 millones de dólares.

★ PRIMERA FRANQUICIA PROFESIONAL QUE PIERDE 10.000 PARTIDOS

Los Philadelphia Phillies (EE. UU.) se convirtieron en la primera franquicia de la historia del deporte profesional que perdía 10.000 partidos cuando cayeron vencidos por 10-2 ante los St Louis Cardinals (EE. UU.), el 15 de julio de 2007. La franquicia arrastra un largo historial de derrotas, puesto que jugó –y perdió– su primer partido en mayo de 1883. Los Phillies sólo han ganado una World Series (1980) en 125 años.

★ MÁS PONCHES DE UN BATEADOR EN UN PARTIDO

El récord de ponches en un partido de la MLB son cinco, y lo han conseguido muchos jugadores, el más reciente de los cuales es Craig Monroe (EE. UU.), de los Detroit Tigers, que se los anotó el 14 de junio de 2007.

● MÁS JUEGOS SALVADOS POR UN LANZADOR

El récord de la MLB asciende a 524 y lo estableció Trevor Hoffman (EE. UU.) jugando con los Florida Marlins y los San Diego Padres desde 1993 hasta 2007.

★ MÁS PREMIOS «GUANTE DE ORO»

El récord de la MLB de más premios «Guante de Oro» se sitúa en 17, ganados por Greg Maddux (EE. UU.) desde 1990, jugando con los Chicago Cubs (EE. UU.), los Atlanta Braves (EE. UU.), los Dodgers de Los Angeles (EE. UU.) y los San Diego Padres (EE. UU.), hasta 2007.

★ EL JUGADOR MÁS JOVEN QUE ANOTA 500 *HOME RUNS*

Con 32 años 8 días de edad, Alex Rodríguez (EE. UU., nacido el 27 de julio de 1975) se convirtió en el jugador más joven de la historia del béisbol que alcanzaba los 500 *home runs* a lo largo de su carrera cuando le bateó un cuadrangular a Kyle Davies (EE. UU.) lanzando para los Kansas City Royals (EE. UU.) en el Yankee Stadium del Bronx (Nueva York, EE. UU.), el 4 de agosto de 2007.

★ MÁS EXPULSIONES EN UNA TRAYECTORIA DEPORTIVA

Bobby Cox (EE. UU.) fue expulsado 132 veces de un partido mientras estuvo entrenando a los Toronto Blue Jays (Canadá) y los Atlanta Braves (EE. UU.) desde 1978 hasta 2007.

★ MÁS BASES ROBADAS EN LOS *PLAY OFF*

El récord de más bases robadas a lo largo de los *play off* es de 34 y lo conquistó Kenny Lofton (EE. UU.) jugando con varios equipos. Lofton superó la marca anterior de 33, fijada por Rickey Henderson (EE. UU.). Véase «Premios» abajo, a la derecha, para saber más sobre las increíbles proezas de Lofton.

★ EL PORCENTAJE MÁS ALTO DE *SLUGGING* DE UN *ROOKIE*

Ryan Braun (EE.. UU.) alcanzó un porcentaje de *slugging* de 0,634 mientras jugó con los Milwaukee Brewers en 2007.

★ MÁS *TURNOS AL BATE* EN UNA TEMPORADA

El récord se sitúa en 778 y se halla en poder de Jimmy Rollins (EE. UU.), cuando jugó con los Philadelphia Phillies en 2007.

★ EL JUGADOR MÁS JOVEN QUE ANOTA 50 *HOME RUNS* EN UNA TEMPORADA

Con 23 años 139 días de edad, Prince Fielder (EE. UU., nacido el 9 de mayo de 1984) se convirtió en el jugador más joven de la Major League que alcanzó los 50 *home runs* en una temporada, cuando sacó la pelota del campo jugando con los Milwaukee Brewers contra los St Louis Cardinals en Miller Park en Milwaukee (Wisconsin, EE. UU.), el 25 de septiembre de 2007.

★ EL JUGADOR DE MAYOR EDAD QUE CONSIGUE UN *HOME RUN*

A los 48 años 254 días de edad, Julio Franco (República Dominicana, nacido el 23 de agosto de 1958) se convirtió en el jugador más viejo en la historia de la MLB que conseguía un *home run* cuando se la sacó del campo a Randy Johnson (EE. UU.) lo que ayudó a los New York Mets a ganar por 5–3 a los Arizona Diamondbacks en el Chase Field de Phoenix (Arizona, EE. UU.), el 4 de mayo de 2007.

★ EL DIAMANTE (CAMPO) DE BÉISBOL MÁS ANTIGUO

El diamante más antiguo es Labatt Park, en London (Ontario, Canadá), que fue inaugurado en 1877 y no ha cesado de acoger partidos de béisbol hasta la fecha.

★ MÁS BATEADORES ELIMINADOS CONSECUTIVAMENTE POR UN LANZADOR

El récord en la MLB de más bateadores consecutivos eliminados se cifra en 41 y lo estableció Bobby Jenks (EE. UU.) lanzando con los Chicago White Sox en varios partidos que se disputaron desde el 17 de julio de 2007 hasta el 12 de agosto de 2007. Este récord lo comparte con Jim Barr (EE. UU.), que lanzó dos *no hit no run* con los San Francisco Giants, en 1972, jugando contra los Pittsburgh Pirates, el 23 de agosto de 1972, y contra los St Louis Cardinals, el 29 de agosto de 1972. Barr eliminó a los 21 últimos Pirates y a los 20 primeros Cardinals con los que se enfrentó.

● MÁS VECES ALCANZADO POR UN LANZAMIENTO EN UNA CARRERA

Craig Biggio (EE. UU.) fue alcanzado en 285 ocasiones jugando con los Houston Astros desde 1988 hasta 2007, lo que supone el récord de veces a lo largo de una carrera profesional.

● MÁS BASES POR BOLAS CONSEGUIDAS POR UN JUGADOR DE LA MAJOR LEAGUE BASEBALL

El récord se eleva a 2.558 y lo batió Barry Bonds (EE. UU.) jugando con los Pittsburgh Pirates y los San Francisco Giants desde 1986 hasta 2007.

● EL CROMO DE BÉISBOL MÁS CARO

Un cromo de béisbol, el T206 Honus Wagner y emitido por la American Tabacco Company en 1909, se vendió a un coleccionista por 2,8 millones de dólares en una subasta organizada por SCP Auctions (EE. UU.) en septiembre de 2007.

PREMIOS

Kenneth Lofton es un *free agent*, jugador de campo exterior (jardinero) de la MLB, que ha cosechado numerosos galardones gracias a su talento jugando a béisbol:

- Seis premios All-Star (1994-1999)
- Cuatro premios «Guante de Oro» (1993-1996)
- Cinco como líder de la liga en bases robadas (1992-1996)

● EL MARATÓN DE BÉISBOL MÁS LARGO

El St Louis Chapter de la Men's Senior Baseball League jugó un maratón de béisbol que duró 32 h 29 min 25 s, en el TR Hughes Ballpark, sede de los River City Rascals, en O'Fallon (Misuri, EE. UU.), los días 13-14 de octubre de 2007. Tras 92 entradas agotadoras, los St Louis Browns se impusieron a los St Louis Stars por 119-81.

DEPORTES
BALONCESTO

★ MÁS MATES SALTANDO EN CAMA ELÁSTICA CON VOLTERETA HACIA DELANTE EN 30 SEGUNDOS

El equipo The Crazy Dunkers (Willy Martinon, Lilian Martinon, Jimmy Gougaud, Mickael Richard y Florian Januel, todos de Francia) logró 17 mates en el plató de L'Été De Tous Les Records en La Tranche sur Mer (Francia), el 28 de julio de 2005.

NBA

★ EL JUGADOR MÁS VETERANO DE LA HISTORIA

El jugador más veterano en la historia de la NBA es Nat Hickey (EE. UU.), quien, en 1948, con 46 años jugó un partido siendo entrenador de los Providence Steamrollers (EE. UU.).

★ MÁS PARTIDOS CONSECUTIVOS ANOTANDO 50 PUNTOS O MÁS

Wilt Chamberlain anotó al menos 50 puntos en siete partidos consecutivos como jugador de los Philadelphia Warriors (EE. UU.) en diciembre de 1961.

● MÁS PARTIDOS DE PLAY-OFF GANADOS POR UN ENTRENADOR DE LA NBA

Phil Jackson (EE. UU.) ostenta el récord de partidos de play-off ganados por un entrenador de la NBA. Ganó 179 partidos de play-off como entrenador de los Chicago Bulls (1989-1997) y Los Angeles Lakers (1999-2003 y 2005-2007).

¿SABÍA QUE...?

Christopher Eddy (EE. UU.) anotó un tiro desde 27,49 m –el **tiro a mayor distancia lanzado en un partido de baloncesto**– en un encuentro entre Fairview High School e Iroquois High School en Erie (Pennsylvania, EE. UU.) el 25 de febrero de 1989. Eddy anotó el tiro justo al final de la prórroga, ganando así el partido para Fairview por 51-50.

● MÁS TRIPLES EN UN PARTIDO (EQUIPO)

El récord de la NBA al mayor número de triples anotados por un equipo en un partido es 21 y corresponde a los Toronto Raptors (Canadá), el 13 de marzo de 2005.

★ PRIMER JUGADOR EUROPEO NOMBRADO EL JUGADOR MÁS VALIOSO (MVP) EN LAS FINALES DE LA NBA

Tony Parker (Francia) fue nombrado el jugador más valioso de las finales de la NBA cuando jugaba para los San Antonio Spurs (EE. UU.) en 2007.

El ★ **primer jugador europeo en ser nombrado el jugador más valioso en la temporada de la NBA** fue Dirk Nowitzki (Alemania). Recibió este galardón mientras jugaba para los Dallas Mavericks (EE. UU.) en la temporada 2006/2007.

★ EL JUGADOR MÁS JOVEN EN CONSEGUIR 3.000 REBOTES

A los 21 años 343 días de edad, Dwight Howard (EE. UU., nacido el 8 de diciembre de 1985) es el jugador más joven de la historia de la NBA en conseguir 3.000 rebotes. Logró este récord como jugador de los Orlando Magic (EE. UU.), el 16 de noviembre de 2007.

★ EL JUGADOR MÁS JOVEN EN LOGRAR 20.000 PUNTOS (EN UNA CARRERA)

El 23 de diciembre de 2007, Kobe Bryant (EE. UU., nacido el 23 de agosto de 1978), jugador de Los Angeles Lakers (EE. UU.), alcanzó los 20.000 puntos anotados en una carrera a los 29 años 122 días de edad.

★ RÉCORD NUEVO
● RÉCORD ACTUALIZADO

WNBA

★ LA MAYOR REMONTADA

La mayor remontada en un *play-off* en la historia de la Women's National Basketball Association (WNBA) es 22 puntos y corresponde al equipo Indiana Fever (EE. UU.). Lograron remontar una diferencia de 39-17 en el segundo cuarto de partido y acabaron venciendo a los Connecticut Sun (EE. UU.) por 93-88 en la prórroga de un partido de *play-off* de la Conferencia Este, celebrado el 27 de agosto de 2007.

MÁS...

• ● **Partidos jugados (en una carrera).** Vicky Johnson (EE. UU.) ha jugado en 246 partidos durante su carrera con los New York Liberty

(EE. UU.) entre 1997 y 2005 y los San Antonio Stars (EE. UU.) en 2006 y 2007.

• ● **Minutos jugados (en una carrera).** Johnson también ha jugado un récord de 10.805 minutos en su carrera en la WNBA.

• ★ **Minutos jugados por partido (en una carrera).** Katie Smith (EE. UU.) ha jugado una media de 34,9 minutos por partido en el transcurso de su carrera para los Minnesota Lynx (EE. UU.) desde 1995 hasta 2005 y para los Detroit Shock (EE. UU.) entre 2005 y 2007.

• ● **Puntos anotados (en una carrera).** Lisa Leslie anotó 5.412 puntos para Los Angeles Sparks (EE. UU.) de 1997 a 2006.

• ● **Tiros de campo encestados (en una carrera).** Durante su carrera con Los Angeles Sparks (EE. UU.), Leslie encestó 2.000 tiros de campo.

• ● **Triples.** Katie Smith anotó 598 triples como jugadora de los Minnesota Lynx (EE. UU.) entre 1995 y 2005, y de los Detroit Shock (EE. UU.) entre 2005 y 2007.

• ● **Rebotes.** Lisa Leslie logró 2.863 rebotes como jugadora de Los Angeles Sparks.

★ EL JUGADOR MÁS JOVEN EN LOGRAR 9.000 PUNTOS

A los 22 años 252 días de edad, LeBron James (EE. UU, nacido el 30 de diciembre de 1984) es el jugador más joven de la historia de la NBA en haber anotado 9.000 puntos en su carrera profesional. Consiguió este récord como jugador de los Cleveland Cavaliers (EE. UU.) el 18 de diciembre de 2007.

• ● **Asistencias.** Ticha Penicheiro (Portugal) dio 1.851 asistencias en 306 partidos para los Sacramento Monarchs (EE. UU.) entre 1998 y 2007.

• ● **Balones robados (en una carrera).** El mayor número de balones robados en una carrera de la WNBA es 589 en 262 partidos y corresponde a Sheryl Swoopes (EE. UU.), como jugadora de los Houston Comets (EE. UU.) entre 1998 y 2007.

• ● **Bloqueos (en una carrera).** Margo Dydek (Polonia) logró 877 bloqueos en 321 partidos como jugadora de los Utah Starzz (1998-2002), los San Antonio Silver Stars (2003-2004) y los Connecticut Sun (2005-2007).

★ EL PRIMER ENTRENADOR EN GANAR TÍTULOS EN LA NBA Y LA WNBA

Paul Westhead (EE. UU.) es el primer y –hasta la fecha– el único entrenador en ganar campeonatos tanto en la NBA como en la WNBA. Westhead llevó a Los Angeles Lakers (EE. UU.) al título de la NBA en 1980 y a los Phoenix Mercury (EE. UU.) al título de la WNBA en 2007.

ESTRELLAS DE LA NBA - JAM SESSION

PRESENTED BY adidas

La Jam Session de estrellas de la NBA proporciona a los aficionados la experiencia única de participar en toda la emoción del baloncesto de las estrellas de la NBA, donde la oportunidad de conocer y conseguir autógrafos de los jugadores es sólo el comienzo. La Jam Session es un espectáculo de baloncesto ininterrumpido en el que los aficionados pueden lanzar, hacer mates, driblar y encestar todo el día, competir contra sus amigos en diferentes retos de habilidades, o recibir consejos de los jugadores y leyendas de la NBA. ¡La Jam Session de las estrellas de la NBA permite a los fans acceder al mundo del baloncesto como nunca antes había sido posible!

★ MÁS REBOTES DE UNA PELOTA EN UN MINUTO

Jordan Farmar (EE. UU.), de Los Angeles Lakers, botó una pelota con un récord de 228 veces en un minuto en la Jam Session de estrellas de la NBA celebrada en Nueva Orleans (Louisiana, EE. UU.), el 16 de febrero de 2008.

★ EL MATE MÁS ALTO SALTANDO EN TRAMPOLÍN CON VOLTERETA HACIA DELANTE

El miembro del equipo de alto impacto Jerry Burrell (EE. UU.) logró un mate de 3,22 m de altura al saltar en trampolín con voltereta hacia delante en la Jam Session de estrellas de la NBA celebrada en Nueva Orleans (Louisiana, EE. UU.), el 17 de febrero de 2008.

★ MÁS TIEMPO GIRANDO UNA PELOTA CON UN DEDO (USANDO UNA SOLA MANO)

Joseph Odhiambo (EE. UU.) giró una pelota con un dedo usando una sola mano durante 37,46 segundos en la Jam Session de estrellas de la NBA celebrada en Nueva Orleans (Louisiana, EE. UU.), el 13 de febrero de 2008.

★ MÁS TIEMPO GIRANDO UNA PELOTA CON UN DEDO DEL PIE

Jack Ryan (EE. UU.) lo hizo durante 9,53 s en la Jam Session de estrellas de la NBA de Nueva Orleans (Louisiana, EE. UU.), el 13 de febrero de 2008.

★ MÁS TIEMPO GIRANDO UNA PELOTA CON LA NARIZ

Jack Ryan (EE. UU.) giró una pelota con la nariz durante 4 segundos en la Jam Session de estrellas de la NBA celebrada en Nueva Orleans (Louisiana, EE. UU.), el 13 de febrero de 2008.

★ MÁS TIROS LIBRES DE ESPALDAS EN UN MINUTO

Dos personas han conseguido tres tiros libres lanzados de espaldas en un minuto: Melvin Banks (con el disfraz de la mascota Harry the Hawk) y Nicole Joseph Dumas (un espectador de la Jam Session de estrellas de la NBA). Ambos lograron esta hazaña en la Jam Session de estrellas de la NBA celebrada en Nueva Orleans (Louisiana, EE. UU.), el 17 de febrero de 2008.

★ MÁS TIROS DE MEDIA DISTANCIA EN UN MINUTO

Chris Paul (EE. UU.), del New Orleans Hornets, logró cuatro tiros de media distancia en un minuto en la Jam Session de estrellas de la NBA celebrada en Nueva Orleans (Louisiana, EE. UU.), el 16 de febrero de 2008.

★MÁS MATES CON TRAMPOLÍN EN 30 SEGUNDOS

Los jugadores del Milwaukee Bucks Rim Rockers' (imagen principal) John Schwartz, Trie Gamez, Marcus Tyler y Matt Marzo (todos de EE. UU.) completaron 21 mates con trampolín en 30 segundos en la Jam Session de estrellas de la NBA celebrada en Nueva Orleans (Louisiana, EE. UU.), el 14 de febrero de 2008. Cada jugador salta del trampolín y pasa la pelota al siguiente, que repite el movimiento y acaba el ciclo con un mate.

★MÁS TIROS LIBRES EN UN MINUTO DESDE UNA SILLA DE RUEDAS

Los jugadores de la National Wheelchair Basketball Association (NWBA) Trooper Johnson, del Golden Gate Warriors, y Jeff Griffin, del Utah Wheelin' Jazz (ambos de EE. UU.), lograron 25 tiros libres cada uno en un minuto en la Jam Session de estrellas de la NBA celebrada el 14 de febrero de 2008.

★MÁS TIROS LIBRES EN UN MINUTO (FEMENINO)

Becky Hammon (EE. UU.), del San Antonio Silver Stars, hizo 38 tiros libres en un minuto en la Jam Session de estrellas de la NBA celebrada en Nueva Orleans (Louisiana, EE. UU.), el 16 de febrero de 2008.

★EL MATE MÁS LARGO SALTANDO EN TRAMPOLÍN CON VOLTERETA HACIA DELANTE

El jugador del Milwaukee Bucks Rim Rockers Kevin Vandervolk (EE. UU.) logró un mate de 5,84 m de longitud saltando en trampolín con voltereta hacia delante en la Jam Session de estrellas de la NBA celebrada en Nueva Orleans (Louisiana, EE. UU.), el 14 de febrero de 2008.

★MÁS TIROS DE MEDIA DISTANCIA POR DEBAJO DEL HOMBRO EN UN MINUTO

Jason Kidd (EE. UU.), de los Dallas Mavericks, logró dos tiros de media distancia por debajo del hombro en un minuto en la Jam Session de estrellas de la NBA, en Nueva Orleans (Louisiana, EE. UU.), el 16 de febrero de 2008.

★MÁS TIROS LIBRES CON LOS OJOS VENDADOS EN UN MINUTO

Jack Ryan (EE. UU.) consiguió cinco tiros libres con los ojos vendados en un minuto en la Jam Session de estrellas de la NBA celebrada en Nueva Orleans (Louisiana, EE. UU.), el 17 de febrero de 2008.

★MÁS TIROS LIBRES POR DEBAJO DEL HOMBRO EN UN MINUTO

La leyenda de la NBA Rick Barry (EE. UU.) hizo 24 lanzamientos libres por debajo del hombro en un minuto en la Jam Session de estrellas de la NBA celebrada en Nueva Orleans (Louisiana, EE. UU.), el 13 de febrero de 2008.

★MÁS TIROS DE TRES PUNTOS EN DOS MINUTOS

Jason Kapono (EE. UU.), del Toronto Raptors, marcó 43 tiros de tres puntos en dos minutos en Jam Session de estrellas de la NBA celebrada en Nueva Orleans (Louisiana, EE. UU.), el 17 de febrero de 2008.

★RÉCORD NUEVO
●RÉCORD ACTUALIZADO

CRÍQUET

SEIS SEISES

INTERNACIONAL

Herschelle Gibbs (Sudáfrica) se convirtió en el **primer jugador en conseguir seis seises en un over en un partido internacional**, al jugar contra los Países Bajos en Basseterre (St. Kitts), el 16 de marzo de 2007.

EL MÁS JOVEN

Anthony McMahon (Reino Unido) se convirtió en el **jugador más joven en conseguir seis seises en un over** al jugar para Chester-le-Street contra Eppleton en el Eppleton Cricket Club de Durham (Reino Unido), el 24 de mayo de 2003, a los 13 años 261 días de edad.

★RÉCORD NUEVO
●RÉCORD ACTUALIZADO

★ MÁS *WICKETS* EN TWENTY20 INTERNACIONALES

El mayor número de *wickets* conseguidos en una carrera de Twenty20 Internacional es 15 y los lograron dos jugadores, Nathan Bracken (Australia) jugando para Australia en 12 partidos entre 2006 y 2008, y Shaun Pollock (Sudáfrica) jugando para Sudáfrica entre 2005 y 2008.

★ MÁS SEISES EN PARTIDOS DE *TEST*

El jugador australiano Adam Gilchrist consiguió 100 seises durante los 96 partidos de test de su carrera entre 1999 y 2008, el mayor número de seises logrados por un solo bateador.

PARTIDOS DE *TEST*

●MÁS *WICKETS* EN PARTIDOS DE *TEST*

Muttiah Muralitharan (Sri Lanka) es el primer *wicket-taker* en partidos de test, con 723 *wickets* (21,77 carreras de promedio por *wicket*) en 118 partidos, de agosto de 1992 al 22 de diciembre de 2007.

●MÁS *CENTURIES* EN PARTIDOS DE *TEST*

Sachin Tendulkar (India) ha logrado 39 *centuries* en partidos de test entre 1989 y 2008.

EL PROMEDIO MÁS ALTO DE BATEO EN PARTIDOS DE *TEST*

Sir Donald Bradman (Australia) consiguió un promedio de 99,94 carreras jugando para Australia en 52 partidos de test entre 1928 y 1948. (Bradman logró un total de 6.996 carreras en 80 entradas).

★ MÁS ENTRADAS CONSECUTIVAS SIN UN *DUCK* EN PARTIDOS DE *TEST*

David Gower (Reino Unido) bateó durante 119 entradas consecutivas sin ser descalificado por un *duck* (cero carreras) entre 1982 y 1990.

●*WICKET-KEEPERS*: MÁS PARADAS EN CRÍQUET DE TEST

Mark Boucher (Sudáfrica) realizó 376 paradas en 109 *tests* jugando para Sudáfrica entre 1997 y 2008.

●MÁS ARBITRAJES EN PARTIDOS DE *TEST*

Steve Bucknor (Jamaica) ha arbitrado un total de 120 partidos de test entre 1989 y 2008.

★ MÁS PREMIOS *MAN OF THE MATCH* EN CRÍQUET DE *TEST*

Jacques Kallis (Sudáfrica) ha ganado 10 premios Man of the Match en críquet de *test* entre 1995 y 2008.

●MÁS *EXTRAS* EN ENTRADAS DE *TEST*

India concedió 76 *extras* en la primera entrada de Pakistán en Bangalore (India), del 8 al 12 de diciembre de 2007. La figura consistió en 35 *byes*, 26 *leg byes* y 15 *no-balls*.

★ MÁS PARADAS DE UN RECEPTOR EN TWENTY20 INTERNACIONALES

El mayor número de paradas en críquet Twenty20 Internacional es 11 y los logró Ross Taylor (Nueva Zelanda) en 12 partidos entre 2006 y 2008.

Nunca me enseñaron a coger un bate.

Sir Donald Bradman, *el mayor test batsman de la historia*

★ MÁS CARRERAS EN TWENTY20 INTERNACIONALES

Graham Smith (Sudáfrica) es el jugador que ha logrado más carreras en Twenty20 Internacionales, con un total de 364, jugando para Sudáfrica en 12 partidos entre 2005 y 2008.

● EL TOTAL MÁS ALTO DE *OVERS* LIMITADOS

Surrey County Cricket Club (Reino Unido) logró 496-4 en 50 *overs* en el partido contra Gloucestershire County Cricket Club (Reino Unido) en el Brit Oval (Londres, Reino Unido), el 29 de abril de 2007.

★ MÁS CARRERAS EN PARTIDOS DE COPA DEL MUNDO DE CRÍQUET (MUJERES)

Debbie Hockley (Nueva Zelanda) logró 1.501 carreras en 45 juegos entre 1982 y 2000, el mayor número de carreras logradas por una jugadora en partidos de la Copa del Mundo de críquet femenino.

¿SABÍA QUE...?

Deborah Hockley (Nueva Zelanda) también ostenta el récord al mayor **número de partidos internacionales de críquet femenino**: jugó 126 partidos (19 tests y 107 internacionales de un día) entre 1979 y 2000.

OVERS LIMITADOS

● MENOS ENTRADAS EN LA COPA DEL MUNDO POR UN EQUIPO

El menor número de carreras es 36 y corresponde a Canadá, que jugó contra Sri Lanka en Boland Park (Paarls, Sudáfrica), el 19 de febrero de 2003.

● EL CENTURY MÁS RÁPIDO EN UNA COPA DEL MUNDO

Matthew Hayden (Australia) se anotó 101 carreras con 68 pelotas durante el partido de la Copa del Mundo 2007 contra Sudáfrica, en Warner Park (Basseterre, St. Kitts), el 24 de marzo de 2007.

● MÁS VICTORIAS EN LA COPA DEL MUNDO DE CRÍQUET FEMENINO

Este récord lo tiene la selección nacional de Australia, que la ha ganado en cinco ocasiones: 1978, 1982, 1988, 1997 y 2005.

DEPORTES
CICLISMO

★MÁS VICTORIAS DE ETAPA EN EL GIRO DE ITALIA

Entre 1989 y 2003, Mario Cipollini (Italia) ganó 42 etapas del Giro de Italia, el mayor número de victorias de etapa logrado por un solo corredor.

CICLISMO EN CARRETERA

●MÁS VICTORIAS EN LA VUELTA A ESPAÑA

Dos ciclistas han ganado la Vuelta a España en tres ocasiones: Tony Rominger (Suiza), que ganó desde 1992 a 1994, y Roberto Heras Hernández (España), que ganó en 2000, 2003 y 2004. Hernández también ganó la carrera en 2005, pero dio positivo en el control por la sustancia prohibida eritropoyetina (EPO) y el título fue para Denis Menchov (Rusia).

★MÁS VICTORIAS DE ETAPA EN LA VUELTA A ESPAÑA

Delio Rodríguez (España) ganó 39 etapas de la Vuelta a España entre 1941 y 1947.

★MÁS TIEMPO TRANSCURRIDO ENTRE VICTORIAS EN EL TOUR DE FRANCIA

Gino Bartali (Italia) ganó su primer Tour de Francia en 1938, a los 24 años de edad, y el segundo en 1948. La diferencia de 10 años transcurridos entre una y otra victoria es el tiempo más largo entre victorias en la historia de esa carrera, que comenzó en 1903.

LA VELOCIDAD MEDIA MÁS RAPIDA EN EL TOUR DE FRANCIA

Lance Amstrong (EE. UU.) acabó primero en el Tour de Francia de 2005 –el último Tour de su carrera– con una velocidad media de 41,654 km/h. Hizo el Tour, de 3.607 km, en 86 h 15 min 2 s.

★MÁS VICTORIAS EN LA VUELTA A GRAN BRETAÑA

Malcolm Elliot (Reino Unido) ha ganado la Vuelta a Gran Bretaña en tres ocasiones: en 1987 (pro-am), 1988 y 1990.

●LA CARRERA MÁS RÁPIDA DE 500 M CONTRARRELOJ CON SALIDA PARADA (FEMENINO)

Anna Meares (Australia) acabó una carrera contrarreloj de 500 m en 33,588 segundos en el Palma Arena (Palma de Mallorca, España), el 31 de marzo de 2007.

●MÁS TÍTULOS MUNDIALES DE CICLOCROSS FEMENINO

Hanka Kupfernagel (Alemania) ha ganado los Campeonatos del Mundo de ciclocross femenino, creados en 2000, en cuatro ocasiones: 2000, 2001, 2005 y 2008.

●MÁS COPAS DEL MUNDO DE *MOUNTAIN BIKE* CAMPO A TRAVÉS (MASCULINO)

Dos hombres han ganado la Copa del Mundo de *mountain bike* campo a través en tres ocasiones: Thomas Frischknecht (Suiza) en 1992, 1993 y 1995; y Julien Absalon (Francia) en 2003, 2006 y 2007.

BMX

★RÉCORD NUEVO
●RÉCORD ACTUALIZADO

●MÁS CAMPEONATOS DEL MUNDO (FEMENINO)

Dos ciclistas han ganado dos Campeonatos del Mundo de BMX de la Unión Ciclista Internacional en dos ocasiones cada una: Gabriela Díaz (Argentina) en 2001 y 2002; y Willy Kanis (Países Bajos) en 2005 y 2006.

●MÁS CAMPEONATOS DEL MUNDO (MASCULINO)

Kyle Bennett (EE. UU.) ha ganado los Campeonatos del Mundo de BMX de la Unión Ciclista Internacional en tres ocasiones: en 2002, 2003 y 2007.

MÁS COMPETIDORES EN LOS CAMPEONATOS DEL MUNDO DE BMX

Los Campeonatos del Mundo BMX de la UCI 2005, celebrados en París (Francia), atrajeron a 2.560 competidores de 39 países, entre el 29 y el 31 de julio de ese año.

●MÁS TÍTULOS MUNDIALES DE TRIAL (MASCULINO)

Benito Ros Charral (España) ha ganado los Campeonatos del Mundo de trial en la categoría rueda de 20 pulgadas cuatro veces: desde 2003 a 2005 y en 2007.

●MÁS TÍTULOS MUNDIALES DE *MOUNTAIN BIKE* DE DESCENSO (FEMENINO)

Anne-Caroline Chausson (Francia) ha ganado 12 títulos mundiales de *mountain bike* de descenso: tres en el campeonato junior entre 1993 y 1995 y nueve en clase senior entre 1996 y 2005.

X-REF

El **ganador más veterano del Tour de Francia** fue Firmin Lambot (Bélgica), con 36 años 4 meses en 1922. Para más récords logrados por viejas glorias, consulte nuestras páginas **Más veteranos** en la sección de Azañas Humanas en las **pp. 90-91.**

MOUNTAIN BIKE

★MÁS COPAS DEL MUNDO DE *FOUR-CROSS* (MASCULINO)

Brian Lopes (EE. UU.) ha ganado tres Copas del Mundo de *mountain bike four-cross*, en 2002, 2005 y 2007.

★MÁS TÍTULOS MUNDIALES EN *TEAM RELAY*

España ha ganado tres Campeonatos del Mundo de mountain bike *team relay*, en 1999, 2000 y 2005.

●MÁS TÍTULOS MUNDIALES DE CAMPO A TRAVÉS (FEMENINO)

Gunn-Rita Dahle Flesjaa (Noruega) ha ganado los Campeonatos del Mundo de *mountain bike* de campo a través en cuatro ocasiones: en 2002 y desde 2004 a 2006.

★CONTRARRELOJ DE 500 M MÁS RÁPIDA CON SALIDA LANZADA (MASCULINO)

Chris Holy (Reino Unido) logró un tiempo de 24,758 s en la contrarreloj de 500 m con salida lanzada en La Paz (Bolivia), el 13 de mayo de 2007.

FÚTBOL

★ EL ENTRENADOR MEJOR PAGADO

El seleccionador nacional de Inglaterra Fabio Capello (Italia) firmó un contrato de cuatro años y medio con la Asociación Inglesa de Fútbol que, según se informó, le reportará 12 millones de dólares al año. Capello ocupó el puesto el 7 de enero de 2008.

CAMPEONES INTERNACIONALES

● MÁS VICTORIAS EN LA COPA AFRICANA DE NACIONES

Egipto ha ganado la Copa Africana de Naciones en seis ocasiones: 1957, 1959, 1986, 1998, 2006 y 2008.

● MÁS VICTORIAS EN LA COPA DEL MUNDO FEMENINA

La selección alemana obtuvo su segunda Copa del Mundo femenina de la Federación Internacional de Fútbol Asociación (FIFA) en Shanghai (China) en 2007, después de haberla ganado en 2003; de esta manera igualó a EE. UU., que fue la selección vencedora en 1991 y 1999.

MÁS GOLES EN EUROPA

El ★ mayor número de goles marcados en competiciones entre clubes europeos asciende a 63, anotado por Filippo Inzaghi (Italia) mientras jugó con el AC Milan hasta el 4 de diciembre de 2007.

★ EL PORTERO IMBATIDO EN MÁS PARTIDOS DE LA PRIMERA DIVISIÓN INGLESA

David James (Reino Unido) ha logrado mantenerse imbatido en 159 partidos jugando con los equipos Liverpool, Aston Villa, West Ham, Manchester City y Portsmouth entre 1992 y el 20 de abril del 2008.

★ MÁS VICTORIAS EN LOS CAMPEONATOS (FEMENINOS) DE LA CONCACAF

El mayor número de victorias en el Campeonato Femenino de la CONCACAF (Confederación de Fútbol Asociación de América del Norte, Central y el Caribe) son seis, conquistadas por EE. UU. en 1991, 1993, 1994, 2000, 2002 y 2006.

● MÁS VICTORIAS EN LA COPA DE ORO (MASCULINA) DE LA CONCACAF

Dos selecciones han ganado la Copa de Oro de la CONCACAF en cuatro ocasiones: México en 1993, 1996, 1998 y 2003; y EE. UU. en 1991, 2002, 2005 y 2007.

MÁXIMOS ANOTADORES

★ COPA AFRICANA DE NACIONES

El mayor número de goles marcados en torneos de la Copa Africana de Naciones se eleva a 16, anotados por Samuel Eto'o (Camerún) jugando con Camerún entre 1996 y 2008.

★ COPA AMÉRICA

El récord de goles marcados en torneos de la Copa América se sitúa en 17, conseguidos por dos futbolistas: Zizinho (Brasil) entre 1941 y 1953, y Norberto Méndez (Argentina) entre 1945 y 1956.

★ EL JUGADOR EN METER GOLES PARA MÁS CLUBES EN LA LIGA DE CAMPEONES DE LA UEFA

Hernán Crespo (Argentina, imagen de la izquierda) marcó goles entre 1997 y 2008 en partidos de la Liga de Campeones para cinco clubes diferentes: Parma, Lazio, Inter Milan (todos de Italia), Chelsea (Reino Unido) y AC Milan (Italia).

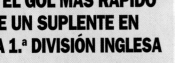

★EL GOL MÁS RÁPIDO DE UN SUPLENTE EN LA 1.ª DIVISIÓN INGLESA

Jugando con el Arsenal, Nicklas Bendtner (Dinamarca) marcó un gol seis segundos después de haber entrado en el campo como suplente contra el Tottenham Hotspur en un partido de la Primera División inglesa disputado en el estadio Emirates de Londres (Reino Unido), el 22 diciembre de 2007.

★EL JUGADOR MÁS CARO (PROFESIONAL)

La cifra más elevada desembolsada por sucesivos traspasos de un futbolista es de 169 millones de dólares por Nicolas Anelka (Francia). Anelka ha jugado en el Paris St Germain (Francia), el Arsenal (Reino Unido), el Real Madrid (España), el Liverpool, el Manchester City (Reino Unido), el Fenerbahçe (Turquía), el Bolton Wanderers y el Chelsea (Reino Unido) entre 1997 y 2008.

MÁS... EN LA LIGA DE CAMPEONES

●VICTORIAS

El equipo que ha ganado más partidos en la Liga de Campeones es el Real Madrid (España): 73 victorias entre 1992 y el 11 de diciembre de 2007, con la cifra récord de 263 goles.

★PARTIDOS IMBATIDO

Más partidos consecutivos de la Liga de Campeones ganados por un equipo sin recibir un gol: son 10, récord conseguido por el Arsenal (Reino Unido) en 2006.

●PARTIDOS COMO ENTRENADOR

Sir Alex Ferguson (Reino Unido) es quien ha dirigido más encuentros de la Liga de Campeones. Llegó al partido 140 como entrenador del Manchester United en la final de 2008, en Moscú, el 21 de mayo.

★COPA DEL MUNDO FEMENINA DE LA FIFA

Brigit Prinz (Alemania) ha marcado un total de 14 goles en partidos de la Copa del Mundo femenina de la FIFA, cifra récord que incluye el gol anotado en la final de este torneo, disputada en el estadio Hongkou de Shanghai (China), el 30 de septiembre de 2007.

★MAJOR LEAGUE SOCCER

El récord de goles anotados a lo largo de una carrera profesional en la Major League Soccer (MLS) se halla en poder de Jaime Moreno (Bolivia), que marcó 115 hasta mayo de 2008.

MISC.

EL TRASPASO MÁS ELEVADO

Zinedine Zidane (Francia) fue traspasado de la Juventus al Real Madrid por 13.033 millones de pesetas (66,36 millones de dólares), el 9 de julio de 2001.

LA FUTBOLISTA CONVOCADA MÁS VECES

Kristine Lilly (EE. UU.) ha jugado en 340 partidos internacionales con la selección femenina de EE. UU.

●MÁS ALINEACIONES EN LA LIGA DE CAMPEONES

Raúl González Blanco (España) ha sido alineado 118 veces en la Liga de Campeones desde que debutó en esta competición en 1994 hasta el 5 de marzo de 2008, y siempre jugando con el Real Madrid. Raúl posee también el récord de ●más goles en partidos de la Liga de Campeones de la Unión de Asociaciones de Fútbol Europeas (UEFA), con un total de 61.

DEPORTES
FÚTBOL

TRUCOS DE LA CABEZA A LOS PIES

El **mayor número de bamboleos de un balón rodándolo por la frente** es de 50 y los consiguió Víctor Rubilar (Argentina) durante el Guinness World Records Tour 2007 en el ICA Maxi de Haninge (Suecia), el 2 de noviembre de 2007.

El récord de **más tiempo controlando un balón con las plantas de los pies** se sitúa en 6 min 1 s y lo estableció Tomas Lundman (Suecia), en el Nordstan Shopping Mall de Gotemburgo (Suecia), el 24 de noviembre de 2007.

MALABARISMOS CON MÁS BALONES

Víctor Rubilar (Argentina) hizo juegos malabares con cinco balones de reglamento durante 10 segundos, que era el tiempo mínimo exigido, en el Gallerian Shopping Centre de Estocolmo (Suecia), el 4 de noviembre de 2006.

★ RÉCORD NUEVO
● RÉCORD ACTUALIZADO

MÁS TIEMPO CONTROLANDO UN BALÓN

Martinho Eduardo Orige (Brasil) hizo malabarismos con un balón de reglamento durante 19 h 30 min utilizando los pies, las piernas y la cabeza, y sin que el balón tocara el suelo en ningún momento, en el gimnasio Padre Ezio Julli de Araranguá (Brasil), los días 2 y 3 de agosto de 2003.

MÁS GOLES MARCADOS DIRECTAMENTE DESDE LA POSICIÓN DE CÓRNER

Los dos futbolistas que han marcado más goles en un partido, desde la posición de córner y en tiro directo, son Steve Cromey (Reino Unido), jugando con el Ashgreen United contra el Dunlop FC, el 24 de febrero de 2002, en Bedworth (Warwickshire, Reino Unido), y Daniel White (Reino Unido), del Street and Glastonbury sub-11, en el encuentro disputado contra el Westfield Boys, el 7 de abril de 2002.

EL MAYOR COMPLEJO FUTBOLÍSTICO (CAMPOS)

El National Sports Center de Blaine (Minnesota, EE. UU.) tiene 57 campos de fútbol.

LA PARIDAD MÁS LARGA EN UNA COPA DE INGLATERRA

La paridad entre el Alvechurch y el Oxford City (Reino Unido) en la cuarta ronda clasificatoria para la Copa de Inglaterra (noviembre de 1971) duró seis partidos y 11 horas. Los resultados fueron: 2-2, 1-1, 1-1, 0-0, 0-0, y al final ganó el Alvechurch por 1-0.

MÁS PAÍSES VISITADOS EN UNA GIRA DE FÚTBOL

El Lenton Griffins FC (Reino Unido) visitó 12 países desde el 3 de julio hasta el 3 de agosto de 2004: Gales, Bélgica, Luxemburgo, Alemania, Austria, Liechtenstein, Italia, Suiza, Francia, Andorra, España y Marruecos.

● EL MAYOR TORNEO DE FÚTBOL

La Copa Telmex, celebrada en México entre febrero y octubre de 2007, contó con la participación de 8.600 equipos y un total de 148.714 jugadores. El torneo se organizó con el objetivo de mejorar la calidad de vida de los jóvenes mexicanos.

★ MÁS TRUCOS DE CONTROL DE BALÓN «VUELTA AL MUNDO» EN UN MINUTO

John Farnworth (Reino Unido) consiguió hacer 83 trucos de balón «vuelta al mundo» durante un minuto en el plató de Zheng Da Zong Yi – Guinness World Records Special instalado en Pekín (China), el 2 de noviembre de 2007.

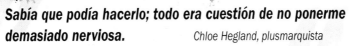

●MÁS TIEMPO CONTROLANDO UN BALÓN TUMBADO EN EL SUELO

Tomas Lundman (Suecia) controló un balón sin usar las manos y tumbado en el suelo durante 10 min 4 s en el Nordstan Shopping Mall de Gotemburgo (Suecia), el 24 de noviembre de 2007.

●EL MARATÓN MÁS LARGO CON CINCO POR EQUIPO

El Rossendale Mavericks y el Fearns Community Sports College (ambos de Reino Unido) jugaron durante 24 h 30 min en el Fearns Community Sports College Hall de Waterfoot Rossendale (Lancashire, Reino Unido), el 23-24 de noviembre de 2007.

MÁS TARJETAS AMARILLAS EN UN PARTIDO DE FÚTBOL

En el partido de copa local entre el Tongham Youth Club de Surrey y el Hawley de Hants (ambos de Reino Unido), disputado el 3 de noviembre de 1969, el árbitro sacó tarjeta amarilla a los 22 jugadores, y también a un juez de línea. El encuentro, que al final ganó el Tongham por 2-0, fue descrito por un jugador como «un partido bueno y duro».

El 1 de junio de 1993, durante un partido de liga entre el Sportivo Ameliano y el General Caballero celebrado en Paraguay, el árbitro William Weiler expulsó a 20 jugadores. El alboroto estalló cuando dos jugadores del Sportivo fueran expulsados; la decisión arbitral desencadenó una pelea de 10 minutos, tras la cual Weiler echó a 18 jugadores más, incluidos los del Sportivo que aún quedaban en el campo. Al final, y como era de esperar, el partido fue anulado.

VIRGUERÍAS

●MÁS GENTE MANTENIENDO UN BALÓN EN EL AIRE (EN EL MISMO SITIO)

El mayor número de personas que han mantenido a la vez un balón en el aire asciende a 627. El récord, organizado por el Stadt Wien, quedó fijado durante el Vienna Recordia en Viena (Austria), el 30 de septiembre de 2007.

●MÁS TOQUES AL BALÓN CON LA CABEZA EN UN MINUTO

El mayor número de toques a un balón durante un minuto, manteniéndolo en el aire y empleando sólo la cabeza, son 341, récord conseguido por Gao Chong (China) en Pekín (China), el 3 de noviembre de 2007.

EL SAQUE DE BANDA MÁS LARGO

Michael Lochner (EE. UU.) realizó el saque de banda más largo conocido hasta la fecha al lanzar el balón a una distancia de 48,17 m en la Bexley High School (Ohio, EE. UU.), el 4 de junio de 1998.

MÁS CONTROL DE UN BALÓN CON LA CABEZA ESTANDO SENTADO

Sentado en el suelo y utilizando sólo la cabeza, Tomas Lundman (Suecia) consiguió mantener un balón en el aire durante 4 h 9 min 26 s en Märsta (Estocolmo, Suecia), el 20 de abril de 2007.

MÁS TOQUES DE BALÓN

El récord femenino de ●**más toques de balón durante 30 segundos manteniéndolo en el aire** se cifra en 163, conseguidos por Chloe Hegland (Canadá) en el plató de *El Show de los Récords* en Madrid (España), el 23 de febrero de 2008; también posee el récord de **más toques de balón durante un minuto**, que estableció al efectuar 339, y sin que el balón llegara al suelo, en el plató de *Zheng Da Zong Yi – Guinness World Records Special* en Pekín (China), el 3 de noviembre de 2007.

★MÁS GENTE MANTENIENDO UN BALÓN EN EL AIRE (MUCHOS SITIOS)

El mayor número de personas que han mantenido un balón en el aire sin valerse de las manos –simultáneamente y en varios lugares– son 634: los personajes de The Likeaballs y los alumnos de 21 escuelas de Reino Unido, en apoyo de Sport Relief 2008, el 4 de marzo de 2008.

●MÁS JUGADORES EN UN TORNEO SUBMARINO

Cinco jugadores que seguían las reglas habituales de golf participaron en un torneo disputado en un tanque de agua a 15 m de profundidad en el acuario de Zuohai, en Fuzhou (provincia de Fujian, China), el 28 mayo de 2007.

EL CAMPO DE GOLF MÁS ALTO

Según una medición efectuada el 10 de octubre de 2006, el campo de golf más elevado es el de Yak, en Kupup (Sikkim Oriental, India), que se halla a 3.970 m sobre el nivel del mar.

MÁS HOYOS EN UN AÑO

Leo Fritz, de Youngstown (Ohio, EE. UU.), jugó 10.550 hoyos en 1998, lo que supone una media de 28,9 hoyos por año.

EL RECORRIDO MÁS RÁPIDO DE UN SOLO JUGADOR

El recorrido de 18 hoyos más rápido (permitiendo que la pelota descanse antes de cada nuevo golpe) se sitúa en 27 min 9 s y se lo anotó James Carvill (Reino Unido) en el Warrenpoint Golf Course del condado de Down, en Irlanda (18 hoyos; 5.628 m), el 18 de junio de 1987.

EL MAYOR RANGE DE GOLF

El SKY72 Golf Club Dream Golf Range tiene 300 *bays* individuales, lo cual lo convierte en el *range* de golf más grande del mundo. Estas instalaciones se inauguraron en Joong-Ku (Incheon, Corea), el 9 de septiembre de 2005.

GOLF EXTREMO

MÁS JÓVENES...

ANOTADOR DE UN *HOLE-IN-ONE*

Christian Carpenter (EE. UU.), con 4 años 195 días, en el Mountain View Golf Club de Hickory (Carolina del Norte, EE. UU.), el 18 de diciembre de 1999.

★ JUGADORA DE LA COPA CURTIS

Michelle Wie (EE. UU.), con 14 años 244 días, en el Formby Golf Club de Merseyside (Reino Unido), los días 11-12 de junio de 2004.

●MENOS TIEMPO EN JUGAR UN RECORRIDO DE GOLF EN CADA UNO DE LOS SEIS CONTINENTES

Heinrich du Preez (Sudáfrica) tardó 119 h 48 min en jugar un recorrido completo de 18 hoyos en uno, en los seis continentes, entre el 22 y el 27 de mayo de 2007.

LAS MAYORES INSTALACIONES DE GOLF

El Mission Hills Golf Club (China) disponía de 12 campos de 18 hoyos, en diciembre de 2006.

GOLF PROFESIONAL

EL MAYOR MARGEN DE VICTORIA EN UN *MAJOR*

Tiger Woods (EE. UU.) ganó en 2000 el Open de EE. UU. por 15 golpes; terminó con un recorrido de 67 que se sumó a recorridos de 65, 69 y 71 para un total de 12 bajo par de 272, lo que representa el mayor margen de victoria en los cuatro principales torneos de golf (Masters, Open Championship, Open de EE. UU. y PGA de EE. UU.).

★ MÁS CAMPOS DE GOLF DE 18 HOYOS EN UN AÑO

Glenn Turner (Reino Unido) jugó en 381 campos de golf de 18 hoyos, todos ellos situados en el Reino Unido y España, entre el 1 de abril de 2006 y el 31 de marzo de 2007.

Oaks Course
Woodbury Park

8

207 YARDS
PAR 3   S.I. 16

149 YARDS
PAR 3   S.I. 16

129 YARDS
PAR 3   S.I. 16

111 YARDS
PAR

LOS MAYORES INGRESOS...

●CARRERA: GIRA EUROPEA PGA

Colin Montgomerie (Reino Unido) ganó 22.912.717 euros (34.455.227 dólares) en la gira europea de la PGA entre 1986 y 2008.

●CARRERA: GIRA LPGA POR EE. UU.

Annika Sorenstam (Suecia) acumuló unos ingresos totales de 21.069.392 dólares durante la gira estadounidense de la LPGA entre 1993 y 2008.

●TEMPORADA: GIRA EUROPEA PGA

Ernie Els (Sudáfrica) ganó 4.061.905 euros (6.011.002 dólares) durante la gira europea de la PGA en 2004.

●TEMPORADA: GIRA EUROPEA DE MUJERES

Laura Davies (Reino Unido) ganó 471.727 euros (698.084 dólares) durante la gira europea de mujeres en 2006.

●MÁS INGRESOS EN UNA TEMPORADA (PGA EE. UU.)

Vijay Singh (Fiji) ganó 10.905.166 $ en premios durante la gira estadounidense de la PGA (2004).

★EL MAYOR TORNEO DE GOLF DE UN DÍA

Nada menos que 614 golfistas participaron en el mayor torneo de golf celebrado en un día, que se disputó en la Cala Resort de Mijas (Málaga, España), el 22 de julio de 2007.

●MÁS CAMPEONATOS WORLD MATCH PLAY

Ernie Els (Sudáfrica) ha ganado más campeonatos World Match Play que ningún otro golfista, al triunfar en 1994-1996, 2002-2004 y 2007, ganando un total de siete títulos.

MÁS TÍTULOS DE TORNEOS *MAJOR* DE UN HOMBRE

Jack Nicklaus (EE. UU.) triunfó en 18 torneos *major* entre 1962 y 1986. Nicklaus ganó los Master seis veces, el Open Championship tres veces, el Open de EE. UU. cuatro veces y el campeonato de la PGA de EE. UU. cinco veces.

MÁS VICTORIAS DE UNA MUJER EN EL OPEN BRITÁNICO

Karrie Webb (Australia), en 1995, 1997 y 2002, y Sherri Steinhauer (EE. UU.) en 1998, 1999 y 2006, han ganado el Open británico en tres ocasiones. El Open británico no se convirtió en un major de la LPGA hasta 2006.

LOS MASTER

Nick Price (Zimbabwe) en 1986, y Greg Norman (Australia) en 1996, lanzaron 63 golpes, la **puntuación más baja de un solo recorrido en los Master**, en el Augusta National Golf Course de Georgia (EE. UU.). La **puntuación total más baja de los cuatro recorridos de los Master** es de 270 (70, 66, 65, 69), obtenida por Tiger Woods (EE. UU.) en 1997.

EL GOLFISTA QUE MÁS HA GANADO

Tiger Woods (EE. UU.) acumuló 78.865.376 dólares en premios en la gira por EE. UU. de la PGA entre 1996 y 2008, que son los ●**ingresos más elevados ganados por un golfista en una carrera profesional.**

Hasta junio de 2007, y según cifras de Forbes, se calcula que Tiger ganó 100 millones de dólares, que son los ●**ingresos más elevados, promociones incluidas, obtenidos por un golfista en un año.**

HOCKEY SOBRE HIELO

★ MÁS PUNTOS EN UNA CARRERA (HOCKEY FEMENINO)

Cammi Granato (EE. UU.) era la máxima anotadora de su equipo, con 343 puntos (186 goles, 157 asistencias) en enero de 2006. Gracias a Granato, su equipo consiguió su primera medalla de oro de hockey olímpico femenino en 1998 y la plata en 2002.

★ EL JUGADOR MÁS VETERANO DE LA NHL

Gordie Howe (Canadá, 31 de marzo de 1928) era el jugador más mayor en la historia de la NHL al retirarse en 1980, con 52 años. En 1997, firmó un contrato con los Detroit Vipers para jugar un único partido de la Liga Internacional de Hockey, con casi 70 años.

★ MEJOR INICIO DE TEMPORADA EN LA NHL

El mejor inicio de un equipo en la historia de la National Hockey League (NHL) es de los Ottawa Senators (Canadá) con 26 puntos en los primeros 14 juegos de la temporada 2007–2008. Los Senators empezaron la temporada con un récord de 13 victorias y una derrota.

★ MÁS PARTIDOS ARBITRADOS EN UNA CARRERA EN LA NHL

Kerry Fraser (Canadá) ha arbitrado más de 1.550 partidos de temporada de la NHL desde 1979, más que ningún otro árbitro de hockey.

GOL MÁS RÁPIDO EN HOCKEY SOBRE HIELO

Per Olsen (Dinamarca) marcó dos segundos después del inicio del partido entre Rungsted y Odense en la Primera División danesa, el 14 de enero de 1990. Jorgen Palmgren Erichsen (Noruega) consiguió tres goles en 10 segundos jugando para Frisk contra Holmen en un partido de la liga júnior noruega, el 17 de marzo de 1991.

★ PRIMERA PERSONA EN MARCAR EN UNA TANDA DE PENALTIS EN LAS FINALES DE LA STANLEY CUP

Chris Pronger (Canadá) de los Edmonton Oilers (Canadá) fue el primer jugador en marcar en una tanda de penaltis en las finales de la Stanley Cup, batiendo al portero Cam Ward (Canadá) de los Carolina Hurricanes (EE. UU.), en el primer partido de las finales de la Stanley Cup, el 6 de junio de 2006. Era el noveno intento de tanda de penaltis en la historia de las finales de la Stanley Cup.

★ MAYOR ASISTENCIA A UN PARTIDO DE LA NHL

Una cifra récord de 71.217 personas presenciaron el partido de la NHL entre los Pittsburgh Penguins (EE. UU.) y los Buffalo Sabres (EE. UU.) en el Ralph Wilson Stadium en Orchard Park de Nueva York (EE. UU.), el 1 de enero de 2008.

● SUSPENSIÓN MÁS SEVERA POR UNA INFRACCIÓN DURANTE UN PARTIDO

El récord de suspensión más larga de la National Hockey League es de 30 partidos, impuesta a Chris Simon (Canadá) de los New York Islanders (EE. UU.) como castigo por pisar la pierna de Jarkko Ruutu (Finlandia), de los Pittsburgh, con su patín, el 15 de diciembre de 2007.

★ MAYOR PORCENTAJE DE PARADAS EN LAS FINALES DE LA STANLEY CUP

Terry Sawchuk (Canadá), jugando para los Detroit Red Wings (EE. UU.) en 1952, consiguió el mejor porcentaje de paradas en una serie final de la Stanley Cup. Sawchuk consiguió un porcentaje de 981, parando 104 de los 106 tiros que afrontó.

★ EL MÁXIMO GOLEADOR DE LA NHL DE MÁS EDAD

Bill Cook (Canadá, nacido el 9 de octubre de 1986) tenía 37 años cuando se convirtió en el máximo goleador de la liga, mientras jugaba para los New York Rangers (EE. UU.), en la temporada 1932-1933. Cook anotó 50 puntos con 28 goles y 22 asistencias.

AstraZeneca

Todos los jugadores de hockey son bilingües. Conocen el inglés y la blasfemia.

Gordie Howe, leyenda de la NHL

★ RÉCORD NUEVO
● RÉCORD ACTUALIZADO

★ MÁS TEMPORADAS DE UN JUGADOR EN LOS *PLAY-OFFS* DE LA STANLEY CUP

Chris Chelios (EE. UU.), jugando para los Montreal Canadiens (Canadá), los Chicago Blackhawks (EE. UU.) y los Detroit Red Wings (EE. UU.), ha participado en los *play-offs* de la Stanley Cup en 22 ocasiones desde 1984, perdiéndose sólo dos temporadas como jugador de la NHL.

● EL MAYOR TORNEO DE HOCKEY SOBRE HIELO, JUGADORES

Con 510 equipos participantes, y un total de 8.145 jugadores, el mayor torneo de hockey sobre hielo fue la Bell Capital Cup, celebrada en Ottawa (Ontario, Canadá), del 28 de diciembre de 2006 al 1 de enero de 2007.

★ MÁS PARTIDOS JUGADOS EN UNA CARRERA EN LA NHL

Gordie Howe (Canadá) jugó 1.767 partidos para los Detroit Red Wings (EE. UU.) y los Hartford Whalers (EE. UU.) entre 1946 y 1980, un récord en la historia de la NHL.

★ MÁS PARTIDOS DE *PLAY-OFF* CONSECUTIVOS JUGADOS POR UN PORTERO

El portero de los New Jersey Devils, Martin Brodeur (Canadá), ostenta el récord de partidos de *play-off* jugados hasta la Stanley Cup de 2007.

EL *HAT-TRICK* MÁS RÁPIDO DE LA NHL

Bill Mosienko (Canadá) anotó tres goles en 21 segundos jugando para los Chicago Blackhawks contra los New York Rangers, el 23 de marzo de 1952.

MÁS PUNTOS MARCADOS POR UN ÚNICO JUGADOR EN UN PARTIDO DE HOCKEY PROFESIONAL

El récord de 10 puntos anotados por un único jugador en un partido de hockey profesional lo comparten Jim Harrison (Canadá) (tres goles, siete asistencias) para el Alberta, después llamado Edmonton Oilers, en un partido de la WHA celebrado en Edmonton (Canadá), el 30 de enero de 1973; y Darryl Sittler (Canadá) (seis goles, cuatro asistencias) para los Toronto Maple Leafs contra los Boston Bruins, en un partido de la NHL jugado en Toronto (Canadá), el 7 de febrero de 1976.

SIDNEY CROSBY

La sensación del hockey sobre hielo, Sidney Crosby (Canadá, nacido el 7 de agosto de 1987) ha batido récords con facilidad desde su primer partido profesional de la NHL para los Pittsburgh Penguins (EE. UU.), el 5 de octubre de 2005. Con 18 años y 253 días, Crosby marcó su punto número 100 de la temporada en un partido contra los New York Islanders en Pittsburg, el 17 de abril de 2006, convirtiéndose en el ● **jugador más joven en la historia de la NHL en conseguir 100 puntos en una temporada**, Crosby acabó la temporada 2005-2006 con 102 puntos.

Con 19 años y 245 días, Crosby se convirtió en el ● **jugador más joven en la historia de la NHL en ganar el título de máximo goleador de la liga**, cuando se jugó el partido final de la temporada 2006-2007, el 9 de abril de 2007. Y tan sólo 52 días después, con 19 años y 297 días, Crosby se convirtió en el ★ **jugador más joven en la historia de la NHL en ser nombrado capitán del equipo**.

★ PRIMER PARTIDO DE LA TEMPORADA REGULAR DE LA NHL JUGADO EN EUROPA

Los primeros partidos de la temporada regular de la National Hockey League (NHL) celebrados en Europa jugaron Los Angeles Kings (EE. UU.) y los Anaheim Ducks (EE. UU.) en el O2 Arena de Londres (Reino Unido), el 29 y el 30 de septiembre de 2007. Los Kings ganaron el primer partido 4-1 y los Ducks el segundo con el mismo resultado. La NHL ha comenzado la temporada fuera de Norteamérica otras tres veces: en Japón en 1997, 1998 y 2000, pero éste fue el primer partido de liga jugado en Europa.

ARTES MARCIALES

●MÁS TÍTULOS MUNDIALES DE JUDO (MUJERES)

La *judoka* japonesa Ryoko Tani (cuyo nombre es Tamura) ha ganado siete títulos mundiales de judo en categoría femenina, de 48 kg, entre 1993 y 2007.

EL ATLETA ACTUAL DE MÁS PESO

El luchador de sumo Emmanuel «Manny» Yarborough, de Rahway (Nueva Yersey, EE. UU.), mide 2,03 m de alto y tiene un peso colosal de 319,3 kg. Empezó a practicar sumo aconsejado por su entrenador de judo y terminó convirtiéndose en el número uno de la categoría Open de sumo amateur.

●LUCHADOR DEL UFC DE MÁS PESO

El récord del contrincante más pesado del Ultimate Fighting Championship lo comparten cinco luchadores: Sean Gannon, Gan McGee, Tim Sylvia, Scott Junk y Brock Lesnar (todos de EE. UU.), todos ellos con un peso de 120 kg.

Los ●contrincantes de menos peso del UFC son Thiago Alves (Brasil), Jeff Curran y Jens Pulver (ambos de EE. UU.), todos ellos de 63,5 kg.

CAMPEONATOS MUNDIALES EN KATA POR EQUIPOS

El equipo nacional femenino que ★más campeonatos mundiales en kata ha ganado es el equipo de Japón, con siete victorias, entre 1988 y 2004.

El equipo nacional masculino que ●más campeonatos mundiales en kata ha ganado es el equipo de Japón, con ocho victorias, entre 1986 y 2002.

★MÁS ENCUENTROS DE SUMO GANADOS

Yokozuna Mitsugu Akimoto (Japón), alias Chiyonofuji Mitsugu, ostenta el récord del mayor número de victorias a lo largo de su carrera profesional, con 1.045, entre septiembre de 1970 y mayo de 1991. También ha ganado el mayor número de encuentros *Makunouchi* (primera división), con 807 victorias.

CAMPEONATO DE LA WWE

Bruno Sammartino (Italia) fue campeón de la World Wrestling Entertainment (WWE) durante 2.803 días, entre el 17 de mayo de 1963 y el 18 de enero de 1971, el ●reinado más largo de la WWE.

Andre the Giant (Francia) fue campeón de la WWE sólo durante 45 segundos, el 5 de febrero de 1988, el ●reinado más corto de la WWE. Derrotó a Hulk Hogan en un combate polémico, pero inmediatamente vendió el título al luchador Ted Dibiase. El presidente de la World Wrestling Federation (WWF), Jack Tunney, anuló inmediatamente la transacción y el título quedó vacante.

★MÁS VICTORIAS EN EL CAMPEONATO DEL UFC DE PESO PESADO

Tito Ortiz (EE. UU., izquierda) ha ganado seis combates del Campeonato de peso pesado del UFC (Ultimate Fighting Championship) entre 2000 y 2002.

haces de paja con una espada en 36 min 4 s. Esta hazaña tuvo lugar en el programa *The Best House 123*, en Tokio (Japón).

EL GOLPE MÁS ALTO EN UN ARTE MARCIAL

Jessie Frankson (USA) dio una patada de 2,94 m de altura en el programa del *Guinness World Records Primetime*, el 21 de diciembre de 2000.

MÁS PATADAS DE ARTES MARCIALES EN UN MINUTO (CON AMBAS PIERNAS)

En 1989, en el programa *Record Breakers*, en Londres (Reino Unido), Scott Reave (Reino Unido), de 14 años, consiguió realizar 218 patadas en un minuto. Fue alternando las piernas durante la prueba, comenzando y terminando con su pierna derecha.

¿SABÍA QUE...?

En 2001, el Fondo Mundial para la Naturaleza (WWF) demandó a la Federación de Lucha Libre Profesional (World Wrestling Federation) por utilizar las iniciales WWF. Como resultado, la Federación tuvo que cambiar el nombre por WWE (World Wrestling Entertainment) en 2002.

●MÁS LUCHADORES EN UNA COMPETICIÓN DE LA WWE ROYAL RUMBLE

En dos ocasiones, 30 jugadores participaron en una competición de la WWE Royal Rumble. La primera vez fue el 28 de enero de 2007, en San Antonio (Texas, EE. UU.), en la que se alzó con la victoria *el Enterrador* (*Undertaker*, EE. UU.). En la segunda ocasión, el 27 de enero de 2008 en Nueva York (EE. UU.), John Cena (EE. UU.) consiguió la victoria.

●CAMPEONATOS MUNDIALES DE JUDO

Cuatro *judokas* han ganado cuatro títulos del Campeonato Mundial de Judo: Naoya Ogawa (Japón), entre 1987 y 1991; Shozo Fujii (Japón), entre 1971 y 1979; Yasuhiro Yamashita (Japón), entre 1979 y 1983; y David Douillet (Francia), entre 1993 y 1997.

MÁS LANZAMIENTOS DE ARTES MARCIALES EN UNA HORA

Dale Moore y Nigel Townsend (ambos del Reino Unido) consiguieron realizar 3.786 técnicas de lanzamiento de judo en una hora en el Esporta Health Club de Chiswick Park (Londres, Reino Unido), el 23 de febrero de 2002.

★LOS 1.000 GOLPES DE ESPADA MÁS RÁPIDOS

El 19 de septiembre de 2007, Isao Machii (Japón) realizó un total de 1.000 cortes de

●MÁS CAMPEONATOS DEL UFC DE PESO PESADO

Randy Couture (EE. UU.) ganó seis combates correspondientes al campeonato del UFC de peso pesado entre 1997 y 2007, un récord para un luchador individual.

★ RÉCORD NUEVO
● RÉCORD ACTUALIZADO

★ MÁS ENSAYOS EN UN TORNEO MUNDIAL DE RUGBY

En la historia de la Copa del Mundo de rugby, dos jugadores han conseguido la marca récord de ocho ensayos en las fases finales del torneo. Jonah Lomu (Nueva Zelanda) realizó la proeza en 1999, y Bryan Habana (Sudáfrica, fotografía de la derecha) igualó la hazaña de Jonah durante la edición de 2007.

RUGBY A 15

★ MÁS ALINEACIONES DE UN JUGADOR EN EL CAMPEONATO DE LAS CINCO NACIONES

Mike Gibson (Irlanda) jugó 56 veces con Irlanda en el Campeonato de las Cinco Naciones entre 1964 y 1979. (Las Cinco Naciones pasaron a ser las Seis Naciones en 2000.)

● MÁS ALINEACIONES DE UN JUGADOR EN PARTIDOS DE LA PREMIERSHIP INGLESA

Neal Hatley (Reino Unido) jugó en 193 partidos de la Premiership inglesa entre 1998 y 2007 con su club, el London Irish. La Premiership (hoy conocida como la Guinness Premiership) es la división de honor de la liga inglesa de rugby.

★ MÁS ENSAYOS EN UNA CARRERA PROFESIONAL DE SÚPER RUGBY

Doug Howlett (Nueva Zelanda, fotografía superior) anotó 58 ensayos con los Auckland Blues entre 1998 y 2007.

Desde 1996 hasta 2005, Andrew Mehrtens (Nueva Zelanda) marcó 981 puntos: **la máxima puntuación anotada por un solo jugador a lo largo de una carrera profesional de Súper Rugby**.

● MÁS VICTORIAS EN UNA SERIE DE LA LIGA DE RUGBY STATE OF ORIGIN

Queensland ha ganado la serie de la liga australiana de rugby State of Origin en 16 ocasiones entre 1980 y 2007.

★ MÁS PARTIDOS INTERNACIONALES DE RUGBY A 15 ARBITRADOS

Derek Bevan (Reino Unido) arbitró 44 partidos internacionales de rugby a 15 a lo largo de su carrera profesional, que duró desde 1985 hasta 2000.

★ MÁS PUNTOS EN UNA CARRERA PROFESIONAL DE LAS TRES NACIONES

Andrew Mehrtens (Nueva Zelanda) anotó 328 puntos jugando con los All Blacks (la selección nacional de Nueva Zelanda) en los campeonatos de las Tres Naciones celebrados entre 1995 y 2004.

¿SABÍA QUE...?

Con dos títulos cada una, Australia (en 1991 y 1999) y Sudáfrica (en 1995 y 2007) comparten el récord de **más victorias en la final de la Copa del Mundo de rugby a 15**.

● MÁS TÍTULOS EN LA SERIE MUNDIAL IRB SEVENS

La Serie Mundial IRB Sevens, que empezó a disputarse en 1999, la ha ganado Nueva Zelanda en siete ocasiones: 1999-2000, 2000-2001, 2001-2002, 2002-2003, 2003-2004, 2004-2005 y 2006-2007. Fiji rompió la racha de triunfos de Nueva Zelanda al obtener su primer título en 2005-2006.

●MÁS TÍTULOS DE LAS TRES NACIONES

El torneo de las Tres Naciones –una competición internacional de rugby a 15 instituida en 1996 y que se disputa todos los años entre Australia, Nueva Zelanda y Sudáfrica– lo ha ganado Nueva Zelanda ocho veces en 1996-1997, 1999, 2002-2003 y 2005-2007.

★MÁS TÍTULOS DE LA NRL

Los Brisbane Broncos han ganado el título de la Liga Nacional de Rugby (NRL) en tres ocasiones: 1998, 2000 y 2006. La NRL, que es la división de honor de la liga de rugby australiana, se instituyó en 1998.

RUGBY A 13

●MÁS VICTORIAS EN EL TROFEO DE LA COPA DEL MUNDO

Dos equipos han ganado el trofeo de la Copa del Mundo en tres ocasiones: el Wigan (Reino Unido) en 1987, 1991 y 1994; y los Bradford Bulls (Reino Unido) en 2002, 2004 y 2006. Este trofeo se disputa todos los años entre los ganadores de la Super Liga (Europa) y la Liga Nacional de Rugby (Australia).

★MÁS ENSAYOS ANOTADOS EN UNA CARRERA PROFESIONAL DE LA NRL

Ken Irvine (Australia) anotó 212 ensayos entre 1958 y 1973 jugando para los North Sydney Bears y los Manly-Warringah Sea Eagles, lo que representa el mayor número de ensayos anotados por un jugador en la Liga Nacional de Rugby.

●MÁS ALINEACIONES EN PARTIDOS INTERNACIONALES DE RUGBY A 15

George Gregan (Australia, nacido en Zambia) ha sido alineado en 139 ocasiones con la selección nacional australiana de rugby a 15, entre 1994 y 2007, lo que representa más participaciones en partidos internacionales que ningún otro jugador.

●MÁS PUNTOS ANOTADOS EN UNA CARRERA PROFESIONAL EN LA NRL

Andrew Johns (Australia) anotó 2.176 puntos entre 1993 y 2007, jugando con los Newcastle Knights.

EL ENSAYO MÁS RÁPIDO

Lee Jackson marcó después de 9 s para los Hull jugando contra los Sheffield Eagles en una semifinal de la Copa de Yorkshire disputada en el estadio de Don Valley (Sheffield, Reino Unido), el 6 de octubre de 1992.

LA MÁQUINA DE LOS RÉCORDS

El medio apertura de Inglaterra Jonny Wilkinson (Reino Unido) ha marcado 1.099 puntos en 75 partidos para Inglaterra (1.032 puntos en 69 partidos) y los British and Irish Lions (67 puntos en 6 partidos), del 4 de abril de 1998 al 8 de marzo de 2008: el ●mayor número de puntos anotados a lo largo de una carrera profesional de rugby a 15.

Wilkinson ha marcado 249 puntos en 15 partidos de la Copa del Mundo jugados entre 1999 y 2007: es el ●principal anotador en partidos de la Copa del Mundo, y la ★única persona que ha marcado en dos finales de la Copa del Mundo (2003 y 2007).

También ha anotado ●más puntos en el Campeonato de las Cinco/Seis Naciones: 443 en partidos jugados entre 1998 y 2008. El 23 de febrero de 2008, llevaba anotados 29 drops (chutes de bote pronto) en partidos internacionales: el ★mayor número de drops en partidos internacionales de todos los tiempos.

★RÉCORD NUEVO
●RÉCORD ACTUALIZADO

TENIS Y DEPORTES DE RAQUETA

TENIS

★ MÁS VICTORIAS DE UNA MUJER EN EL CAMPEONATO MUNDIAL DE TENIS EN SILLA DE RUEDAS

Esther Vergeer (Países Bajos) ganó el Campeonato del Mundo de Tenis en Silla de Ruedas, organizado por la Federación Internacional de Tenis (ITF), en ocho ocasiones entre 2000 y 2007.

★ LOS CABEZAS DE SERIE MÁS VIEJOS DE WIMBLEDON

El cabeza de serie más viejo de Wimbledon es Ricardo González (EE. UU., del 9 de mayo de 1928), que tenía 41 años y 45 días de edad cuando participó en este campeonato en 1969.

La ★ cabeza de serie más vieja de Wimbledon es Billie Jean King (EE. UU., del 22 de noviembre de 1943), que contaba 39 años y 210 días de edad cuando jugó en este campeonato en 1983.

TENIS DE MESA

● MÁS VICTORIAS DE UN EQUIPO (HOMBRES) EN EL CAMPEONATO DEL MUNDO

China ha ganado la Copa Swaythling 16 veces: en 1961, 1963, 1965, 1971, 1975, 1977, 1981, 1983, 1985, 1987, 1995, 1997, 2001, 2004 y 2006-2007.

MÁS OROS OLÍMPICOS EN TENIS DE MESA (MUJERES)

Deng Yaping (China) obtuvo cuatro oros olímpicos: el de individuales femeninos en 1992 y 1996, y el de dobles femeninos (conjuntamente con Qiao Hang) en 1992 y 1996.

DATO

La ★ tenista más baja que ha jugado en el Campeonato de Wimbledon fue Gem Hoahing (Reino Unido), que medía 1,46 m de estatura cuando participó en la edición de 1937.

★ EL JUGADOR MÁS ALTO DE WIMBLEDON

Ivo Karlovic (Croacia) medía 2,08 m de estatura cuando participó en el Campeonato de Wimbledon de 2003.

SQUASH

MÁS TÍTULOS DEL ABIERTO MUNDIAL

Jansher Khan (Pakistán) ganó ocho títulos del Abierto Mundial: en 1987, 1989 y 1990, y de 1992 a 1996.

El **mayor número de títulos del Abierto Mundial (mujeres)** le corresponde a Sarah Fitzgerald (Australia), quien obtuvo seis en 1996-1998 y 2001-2002.

● MÁS GANANCIAS EN UNA TEMPORADA DE TENIS

La estrella del tenis Roger Federer (Suiza) ganó 10.130.620 dólares por premios en metálico –una cifra sin precedentes– durante la temporada 2007.

MÁS VICTORIAS EN LA COPA THOMAS

Indonesia ha ganado el Campeonato Mundial por Equipos Masculinos de Badminton (para la Copa Thomas, instituida en 1948) 13 veces: en 1958, 1961, 1964, 1970, 1973, 1976, 1979, 1984, 1994, 1996, 1998, 2000 y 2002.

El ★ **mayor número de victorias consecutivas en la Copa Sudirman**, para el Campeonato Mundial Mixto por Equipos, son cuatro, obtenidas también por China entre 1995 y 2001.

●MÁS VICTORIAS EN LA COPA UBER (MUJERES)

China ha ganado el Campeonato Mundial Femenino por Equipos (para la Uber Cup, instituida en 1956) 10 veces: 1984, 1986, 1988, 1990, 1992, 1998, 2000, 2002, 2004 y 2006.

★MÁS CAMPEONATOS MUNDIALES DE DOBLES MIXTOS

Rachael Grinham (Australia) ha ganado dos Campeonatos Mundiales de squash en la categoría de dobles mixtos jugando con David Palmer (Australia) en 2004 y con Joe Kneipp (Australia) en 2006. Estos campeonatos se han celebrado en tres ocasiones: 1997, 2004 y 2006.

★MÁS TÍTULOS EN SUPER SERIES DE LA ASOCIACIÓN PROFESIONAL DE SQUASH

Peter Nicol (Reino Unido) ganó tres títulos consecutivos, durante el período 1999-2001, de las Super Series de la Asociación Profesional de Squash.

BADMINTON

●MÁS VICTORIAS EN LA COPA SUDIRMAN

China ha ganado el Campeonato del Mundo Mixto por Equipos (para la Copa Sudirman, instituida en 1989) en seis ocasiones: 1995, 1997, 1999, 2001, 2005 y 2007.

★EL PARTIDO DE DOBLES MÁS LARGO DEL GRAND SLAM

El partido de cuartos de final jugado en Wimbledon el 4-5 de julio de 2006 entre Daniel Nestor (Canadá) y Mark Knowles (Bahamas) y Simon Aspelin (Suecia) y Todd Perry (Australia) duró 6 h y 9 min. Knowles y Nestor ganaron por 5-7, 6-3, 6-7, 6-3, 23-21.

★EL PARTIDO DE INDIVIDUALES MÁS TARDÍO DE UN GRAND SLAM

Un partido del Abierto de Australia jugado entre Lleyton Hewitt (Australia) y Marcos Baghdatis (Chipre) en Melbourne (Australia), los días 19 y 20 de enero de 2008, terminó a las 4.33 de la madrugada. Al final se impuso Hewitt por 4-6, 7-5, 7-5, 6-7 (4-7), 6-3.

★RÉCORD NUEVO
●RÉCORD ACTUALIZADO

DEPORTES ACUÁTICOS

BUCEO Y SALTOS

★ BUCEO A MAYOR PROFUNDIDAD

El 10 de junio de 2005, Nuno Gomes (Sudáfrica) buceó a una profundidad de 318,25 m en el mar Rojo frente a las costas de Dahab, Egipto.

CAMPEONATOS DEL MUNDO DE SALTOS

Greg Louganis (EE. UU.) ganó cinco campeonatos mundiales de salto de plataforma (1978), y dos de salto de plataforma y trampolín (1982 y 1986), el **mayor número de campeonatos mundiales de saltos**. Orlando Duque (Colombia) ha ganado el Campeonato del Mundo de la World High Diving Federation en tres ocasiones (2000, 2001 y 2002), el **mayor número de campeonatos mundiales de saltos a gran altura**.

SALTOS

★ **Más victorias en salto de trampolín (3 m) femenino del FINA Diving Grand Prix**
Guo Jingjing (China, arriba) ha ganado tres títulos en Salto de trampolín del Diving Grand Prix de la Federación Internacional de Natación (FINA), de 1999-2000 y en 2006.

★ **Más victorias en salto de trampolín masculino del FINA Diving Grand Prix**
Dmitri Sautin (Rusia) ha ganado siete títulos en Salto de trampolín del FINA Diving Grand Prix, de 1995-2001.

REMO

● LOS 2.000 M MÁS RÁPIDOS (8 HOMBRES)

El 15 de agosto de 2004, un equipo estadounidense remó 2.000 m en 5 min 19,85 s en el Campeonato del Mundo de Atenas (Grecia).

MÁS TÍTULOS OLÍMPICOS DE WATERPOLO (MUJERES)

Ya que la prueba de waterpolo femenino fue incluida en los Juegos Olímpicos de 2000, sólo dos países han ganado este título: Australia en 2000 e Italia en 2004. En la imagen de la derecha, Alexandra Araujo de Italia y Georgia Lara de Grecia, durante el partido por la medalla de oro en Atenas (Grecia), en 2004.

● LOS 2.000 M MÁS RÁPIDOS, REMO INDIVIDUAL (FEMENINO)

Rumyana Neykova (Bulgaria) remó 2.000 m en un tiempo de 7 min 7,71 s en Sevilla (España), el 21 de septiembre de 2002.

★ MODALIDAD DOBLE PAR MÁS RÁPIDA, PESO LIGERO (MASCULINO)

Mads Rasmussen y Rasmus Quist (ambos de Dinamarca) registraron un tiempo de 6 min 10,02 s en Amsterdam (Países Bajos), el 23 de junio de 2007.

● MÁS VICTORIAS EN REMO UNIVERSITARIO

La primera regata de remo entre las universidades de Oxford y Cambridge (ambas de Reino Unido), en la que ganó

● MAYORES INGRESOS EN EL SURF

Al final de la temporada 2007 y desde comienzos de su carrera profesional, Kelly Slater (EE. UU.) había ganado 1.587.805 dólares.
Layne Beachley (Australia, arriba) había ganado 605.035 dólares al final de la misma temporada, los **● ingresos más altos para una surfista a lo largo de toda su carrera deportiva**.

Oxford, ocurrió el 10 de junio de 1829. En las 154 carreras celebradas hasta 2008, Cambridge había ganado 79 veces y Oxford 74, habiendo empatado sólo una vez, el 24 de marzo de 1877.

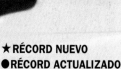

> *Sería injusto decir que alguien tiene un trabajo mejor que el mío. ¡Me gano la vida haciendo surf por todo el mundo!*
> Kelly Slater, surfista con mayores ingresos

★ RÉCORD NUEVO
● RÉCORD ACTUALIZADO

● MENOR TIEMPO EN LOS 800 M ESTILO LIBRE FEMENINO

El 12 de octubre de 2007, Kate Ziegler (EE. UU.) consiguió un tiempo de 8 min 9,68 s en Essen (Alemania), en los 800 m estilo libre femenino de natación.

NATACIÓN

MÁS MEDALLAS DE ORO OLÍMPICO INDIVIDUALES

Krisztina Egerszegi (Hungría) ha ganado cinco medallas de oro de natación, en los 100 m espalda (1992), 200 m espalda (1988, 1992 y 1996) y 400 m nado combinado (1992). Seis nadadores comparten el récord del mayor número de medallas de oro olímpicas de natación, con cuatro medallas cada uno: Charles Meldrum Daniels (EE. UU.) en 100 m estilo libre (1906 y 1908), 200 m estilo libre (1904) y 400 m estilo libre (1904); Roland Matthes (RDA) en 100 m y 200 m espalda (1968 y 1972); Mark Spitz (EE. UU.) en 100 m y 200 m estilo libre, 100 m y 200 m mariposa (1972); Tamás Daryni (Hungría) en 200 m y 400 m natación combinada (1988 y 1992); Aleksandr Popov (Rusia) en 50 m y 100 m estilo libre (1992 y 1996); y Michael Phelps (EE. UU.) en 100 m y 200 m mariposa, y 200 m y 400 m natación combinada (2004).

MÁS MEDALLAS OLÍMPICAS

Jenny Thompson (EE. UU.) ganó 12 medallas olímpicas entre 1992 y 2004: ocho de oro, tres de plata y una de bronce.

MÁS RÉCORDS MUNDIALES

Ragnhild Hveger (Dinamarca) batió 42 récords del mundo de natación desde 1936 hasta 1942.

WATERPOLO

MÁS GOLES INTERNACIONALES

Debbie Handley (Australia) marcó 13 goles en el partido Australia (16) - Canadá (10) en el Campeonato del Mundo de waterpolo disputado en Guayaquil (Ecuador), en 1982.

WATERPOLO OLÍMPICO

El récord del **mayor número de medallas de oro olímpicas en waterpolo** lo comparten cinco jugadores, cada uno con tres medallas de oro: George Wilkinson (Reino Unido) en 1900, 1908 y 1912; Paulo "Paul" Radmilovic y Charles Sidney Smith (ambos del Reino Unido) en 1908, 1912 y 1920, y Desz Gyarmati y Gyorgy Karpati (ambos de Hungría), cada uno con medallas de oro en 1952, 1956 y 1964.

Hungría ostenta el récord del **mayor número de títulos olímpicos en waterpolo (hombres)**, con ocho victorias, en 1932, 1936, 1952, 1956, 1964, 1976, 2000 y 2004.

ESQUÍ ACUÁTICO

MAYOR VELOCIDAD

Christopher Michael Massey (Australia) alcanzó una velocidad de 230,26 km/h practicando esquí acuático en el río Hawkesbury (Windsor, Nueva Gales del Sur, Australia), el 6 de marzo de 1983.

Dawna Patterson Brice (EE. UU.) alcanzó 178,8 km/h en Long Beach (California, EE. UU.), el 21 de agosto de 1977, la **mayor velocidad para una esquiadora acuática**.

★ MAYOR VELOCIDAD (SIN ESQUÍS)

Scott Michael Pellaton (EE. UU.) alcanzó los 218,44 km/h en una carrera celebrada en Chandler (Arizona, California, EE. UU.), en noviembre de 1989.

● MAYOR SALTO EN ESQUÍ ACUÁTICO

Freddy Krueger (EE. UU.) realizó un salto en esquí acuático de 74,2 m en Seffner (Florida, EE. UU.), el 5 de noviembre de 2005.

Elena Milakova (Rusia) batió el récord del **mayor salto en esquí acuático realizado por una mujer** con un salto de 56,6 m en Rio Linda (California, EE. UU.), el 21 de julio de 2002.

SURF

NOMBRE/NACIONALIDAD	RÉCORD	VICTORIAS
Nat Young (Australia)	★ Más victorias del Campeonato del Mundo de la ASP* Tour Longboard	Cuatro (1986, 1988-1990)
Layne Beachley (Australia)	Más victorias del Campeonato del Mundo de surf de la ASP* Tour Longboard (femenino)	Siete (1998-2003, 2006)
Kelly Slater (EE. UU.)	Más victorias del Campeonato del Mundo de surf (Pro)	Ocho (1992, 1994-1998, 2005-2006)
Michael Novakov (Australia)	Más victorias del Campeonato del Mundo de surf (amateur)	Tres (1982, 1984, 1986)

*Asociación de Surfistas Profesionales

PROEZAS SOBRE RUEDAS

EL SALTO MÁS LARGO EN UN MONOCICLO

David Weichenberger (Austria) saltó 2,95 m en su monociclo durante el Vienna Recordia organizado en Viena (Austria), el 16 de septiembre de 2006.

MONOPATÍN

★ EL CABALLITO MÁS LARGO SOBRE UNA RUEDA

Brent Kronmueller (EE. UU.) recorrió 40,84 m mientras realizaba un caballito sobre una rueda en *The Rob & Big Show* de la MTV en Los Angeles (California, EE. UU.), el 17 de septiembre de 2007.

★ EL CABALLITO MÁS LARGO SIN MANOS EN UNA MOTOCICLETA

A. C. Farias (Países Bajos) ejecutó un caballito de 89 m sin utilizar las manos en el MotoRAI celebrado en Amsterdam (Países Bajos), el 22 de octubre de 2004.

MAYOR DISTANCIA CONDUCIENDO UN COCHE SOBRE DOS RUEDAS

Sven-Eric Söderman (Suecia) recorrió 345,6 km sobre dos ruedas de su coche en el aeropuerto Mora Siljan de Dalarna (Suecia), el 25 de septiembre de 1999; en una prueba que duró 10 h 38 min, cubrió 108 vueltas de un circuito de 3,2 km de largo.

● MÁS *KICKFLIPS* DE 360º (EN UN MINUTO)

El mayor número de *kickflips* de 360º realizados en un minuto asciende a 23, y los anotó Kristos Andrews (EE. UU.) durante los X Games disputados en Los Ángeles (California, EE. UU.), el 4 de agosto de 2007.

★ MÁS TRUCOS DE MONOPATÍN INVENTADOS

Considerado el patinador más influyente de todos los tiempos, Rodney Mullen (EE. UU) inventó 30 trucos de monopatín entre 1997 y 2008.

DATO

David Weichenberger nació en 1985 y lleva montando en monociclo desde 1995. Su palmarés incluye el Campeonato del Mundo de descenso 2006, la medalla de bronce en el Campeonato del Mundo callejero 2006, el Campeonato del Mundo de salto de longitud 2004, la medalla de plata en el Mundial de descensos 2004 y la medalla de bronce en Triales.

MONOCICLO

● MÁS SALTOS (UN MINUTO)

Daiki Izumida (Japón), también conocido como «Shiojyari», saltó 214 veces sobre una comba con su monociclo durante un minuto en la plaza New Town de Hong Kong (China), el 12 de agosto de 2007.

★ MÁS ESCALONES SUBIDOS (30 SEGUNDOS)

El mayor número de escalones subidos sobre un monociclo en 30 segundos son 56, y lo consiguió Peter Rosendahl (Suecia) en el monumento al Milenio de Pekín (China), el 1 de noviembre de 2007.

★ *KARTS:* LA MAYOR DISTANCIA EN 24 HORAS (AL AIRE LIBRE)

El equipo Equipe Vitesse recorrió 2.056,7 km en 24 horas en la pista de Teesside Karting del Redcar & Cleveland Offroad Centre (Middlesbrough, Reino Unido), los días 20-21 de septiembre de 2007.

EL CABALLITO MÁS LARGO

Yasuyuki Kudo (Japón) recorrió 331 km sin parar montado sobre la rueda trasera de su Honda TLM220R en el campo de pruebas del Instituto de Investigaciones Automovilísticas de Japón, en Tsukuba (Japón), el 5 de mayo de 1991.

● EL MAYOR ARRANCÓN SIMULTÁNEO DE MOTOS

El récord del mayor arrancón se sitúa en 213 motos a la vez y lo batió el equipo Harleystunts and Smokey Mountain Harley-Davidson en Maryville (Tennessee, EE. UU.), el 26 de agosto de 2006.

BICICLETA

● MÁS *PINKY SQUEAKS* (UN MINUTO)

Andreas Lindqvist (Suecia) consiguió 57 *pinky squeaks* en un minuto en su BMX en Gotemburgo (Suecia), el 24 de noviembre de 2007.

★ MÁS ESCALONES SUBIDOS

Benjamin Guiraud (Francia), alias «Yoggi», subió 670 escalones montado sobre un monociclo, sin tocar el suelo con los pies ni con otra parte del cuerpo, en un tiempo de 22 min 32 s, en la Torre Eiffel de París (Francia), el 22 de noviembre de 2006.

MOTOCICLETA

★ MÁS *DONUTS* (UN MINUTO)

Axel Winterhoff (Alemania) ejecutó 21 *donuts* en un minuto en Colonia (Alemania), el 23 de noviembre de 2007. El *donut* se realiza bloqueando la rueda delantera con el freno y acelerando la trasera para que la moto gire velozmente en círculo.

● EL *RAIL GRIND* 50-50 MÁS LARGO

Rob Dyrdek (EE. UU.) consiguió ejecutar un *rail grind* 50-50 de 30,62 m con su monopatín en *The Rob & Big Show* de la MTV, en Los Ángeles (California, EE. UU.), el 17 de septiembre de 2007. Esta marca representa también el ● *slide* más largo sobre un monopatín.

★ MÁS DISTANCIA A CABALLITO SOBRE LA RUEDA DELANTERA (CON LOS PIES FUERA DE LOS PEDALES)

La máxima distancia recorrida de esta forma en bicicleta es de 154,5 m, récord batido por Andreas Lindqvist (Suecia) en Estocolmo (Suecia), el 2 de noviembre de 2007.

★ RÉCORD NUEVO
● RÉCORD ACTUALIZADO

CÓMO LO HACE...

Para elevar el coche, Terry Grant utiliza un gato mediante el cual afianza en el suelo el piso del vehículo. Estando en alto, el coche gira en torno al gato como una motocicleta cuando realiza un *donut*. Con el coche en movimiento, Terry se descuelga sobre el estribo del vehículo para acceder a las tuercas de las ruedas; también salta del coche, que deja girando, para coger las herramientas. Una vez cambiada la rueda, Terry retira el gato y se pone en marcha.

★ EL CAMBIO MÁS RÁPIDO DE RUEDA EN UN COCHE QUE GIRA

El menor tiempo empleado en cambiar la rueda de un coche mientras éste gira es de 3 min 47 s, que fue lo que tardó Terry Grant (Reino Unido) en el circuito de carreras de Santa Pod en Wellingborough (Northamptonshire, Reino Unido), el 3 de octubre de 2007.

EL HOMBRE MÁS FUERTE DEL MUNDO

ATLETISMO DE FUERZA

El primer Campeonato del Mundo del hombre más fuerte se celebró en 1977. Se trata de una competición anual y desde 2001 se le ha unido la de la mujer más fuerte del mundo.

Algunos de los actos que tienen lugar en las competiciones del hombre más fuerte son:
- Paseo del granjero
- Paseo del yugo/transportar una nevera
- Piedras de Húsafell
- Empujar un camión
- Levantar peso sobre la cabeza
- Lanzamiento del tronco
- Puñetazo hacia abajo con ambas manos
  - Transportar y arrastrar
  - Dar la vuelta a un poste
  - Pilares de Hércules
  - Escaleras de fuerza
- Competición de cuerda
- Paseo del pato
- El crucifijo
- Sentadilla con barriles
- Peso muerto
- Carga
- Transportar un coche
- Lanzamiento del barril
- Empujar un poste

★ EL OBJETO MÁS PESADO ARRASTRADO EN LA COMPETICIÓN WSM

Arrastrar un avión de 70 toneladas, además de 300 kg de anclas y cadenas, es el desafío más pesado al que se deben enfrentar los participantes de la competición del hombre más fuerte del mundo (WSM). Los atletas tienen sólo 75 segundos para arrastrar el avión 30 m, llevándose la victoria el que complete el recorrido en menos tiempo o el que recorra una mayor distancia en 30 segundos. En la imagen, Jouko Ahola (Finlandia), el campeón de 1997 y 1999.

★ MÁS REPETICIONES EN LEVANTAMIENTO DE CAJA FUERTE

En el levantamiento de caja fuerte, los competidores levantan dos cajas fuertes sujetas con una abrazadera, de 125 kg de peso total. En el tercer día de la competición del hombre más fuerte del mundo de 2007, en Anaheim (California, EE. UU.), Sebastian Wenta (Polonia) consiguió 19 increíbles repeticiones.

★ MENOR TIEMPO EN DAR LA VUELTA A UN POSTE

En el último día de la competición del hombre más fuerte del mundo de 2007 que tuvo lugar en Anaheim (California, EE. UU.), Sebastian Wenta (Polonia) se convirtió en la primera persona en darle una vuelta completa a una serie de cinco postes en menos de 31 segundos, con un tiempo de 30,92 s. Para este evento se utilizan cinco postes de madera, de diferente longitud, de 200 a 300 kg unidos al suelo en un extremo con bisagras. El objetivo es darle una vuelta de 180º a cada poste levantándolo sobre la cabeza, en el menor tiempo posible.

★ EL PAÍS CON MÁS VICTORIAS

La competición ha viajado a muchos lugares, como Zambia, Islandia, Isla Mauricio, Malasia, Marruecos y China, y sus participantes representan también a una gran variedad de países. Desde sus inicios, Islandia ha proporcionado ganadores en un récord de ocho ocasiones (1984, 1986, 1988, 1990, 1991, 1994, 1995, 1996). El último ganador islandés, Magnús Ver Magnússon, fue tres veces ganador hace ya más de diez años.

★ EN MÁS FINALES

Magnus Samuelsson (Noruega) llegó a la fase final en un récord de 10 ocasiones en 13 años, entre 1995 y 2007. Sólo ganó el título una vez, en 1998.

★ PRINCIPIANTE DE MÁS EDAD

Odd Haugen (Noruega, nacido el 16 de enero de 1960) tenía 46 años cuando participó en el campeonato de Sanya (China), en septiembre de 2006.

★ PRINCIPIANTE DE MENOS EDAD

Kevin Nee (EE. UU., nacido el 21 de agosto de 1985) sólo tenía 20 años, 1 mes y 6 días el día que comenzó el campeonato WSM de Chengdu (China), el 27 de septiembre de 2005. Aunque no se clasificó en sus primeros dos años de competición, en 2007 en Anaheim (California) consiguió un increíble 6.º puesto en la clasificación final.

> *La competición del hombre más fuerte del mundo es un espectáculo increíble... del estilo del «último hombre en pie» o «no hay forma de hacerlo»... cosas de forzudos.*
>
> Jay Weiner, MinnPost

★ EL MAYOR MARGEN DE VICTORIA

En la competición del hombre más fuerte del mundo de 1980, Bill Kazmaier (EE. UU.) consiguió una diferencia récord de 23,5 puntos con respecto a su perseguidor más cercano, Lars Hedlund (Suecia). Kazmaier ganó el título WSM tres veces, en 1980, 1981 y 1982. Su última participación fue en 1989.

★ RÉCORD NUEVO
● RÉCORD ACTUALIZADO

★ MÁS TÍTULOS DEL HOMBRE MÁS FUERTE DEL MUNDO

Tres competidores comparten el récord del mayor número de títulos de este campeonato. Mariusz Pudzianowski (Polonia, en la imagen) ganó en 2002, 2003, 2005 y 2007. Compartiendo este récord con él se encuentran Jón Páll Sigmarsson (Islandia, 1984, 1986, 1988, 1990) y Magnús Ver Magnússon (Islandia, 1991, 1994, 1995, 1996).

★ MÁS VICTORIAS CONSECUTIVAS

Dos pesos pesados han ganado el prestigioso título del hombre más fuerte del mundo durante tres años consecutivos: Bill Kazmaier (EE. UU.), de 1980 a 1982, y Magnús Ver Magnússon (Islandia, en la imagen, en 1995), de 1994 a 1996.

★ GANADOR MÁS BAJO DEL CAMPEONATO

El levantador de peso y culturista galés Gary Taylor (Reino Unido) consiguió el título del hombre más fuerte del mundo en 1993. Por aquel entonces medía 1,82 m de altura. La carrera de Taylor tuvo un prematuro final en 1997 cuando sus piernas fueron aplastadas por una rueda de tractor a la que estaba dando la vuelta en una prueba.

★ GANADOR MÁS ALTO DEL CAMPEONATO

Ted van der Parre (Países Bajos) medía 2,13 m de alto cuando ganó el campeonato del hombre más fuerte del mundo en 1992. También se proclamó el ganador más pesado, con 159 kg y el único ganador de su país. El campeón holandés tenía el índice de masa corporal más bajo del campeonato: 35. (Este índice es una medida estadística del peso en relación con la altura para conocer la masa corporal total).

★ MENOR MARGEN DE VICTORIA

En el campeonato del hombre más fuerte del mundo de 1990, sólo medio punto separó al ganador, Jon Pall Sigmarsson (Islandia), del subcampeón O. D. Wilson (EE. UU.). En la imagen, Sigmarsson en la prueba «arrastrar un camión», en 1984.

X GAMES

VERANO

MAYOR ASISTENCIA EN UN ACTO DE DEPORTE EXTREMO

Un total de 268.390 visitantes asistieron a los X Games 5 de la ESPN, celebrados en San Francisco (California, EE. UU.) en 1999 durante los 10 días que duró.

MÁS MEDALLAS DE ORO

En 2007, la persona con el mayor número de medallas de oro de los X Games de la ESPN era Dave Mirra (EE. UU.) con 14 medallas.

MÁS JOVEN EN GANAR UNA MEDALLA DE ORO

Ryan Sheckler (EE. UU., nacido el 30 de diciembre de 1989) tenía tan sólo 13 años y 230 días cuando ganó la medalla de oro del Skateboard Park en los X Games 9 de la ESPN, en Los Ángeles (California, USA), el 17 de agosto de 2003.

PRIMER «900» EN UN *SKATE*

El 27 de junio de 1999, la leyenda del *skateboard*, Tony Hawk (EE. UU.), se convirtió en la primera persona en conseguir un giro de 900° en una competición, en los X Games 5 de la ESPN, celebrados en San Francisco (California, EE. UU.). El «900» (llamado así debido a que el *skater* hace dos giros y medio, o 900°) es el truco más difícil en *skate* vertical.

360 MÁS ALTO EN RAMPA (BMX)

El 3 de agosto de 2005, Mike Escamilla (EE. UU., conocido como «Rooftop») completó un salto en rampa de 360° y 15,39 m, de BMX en la Mega Ramp de los X Games 11, celebrados en Los Ángeles (California, EE. UU.).

MÁS MEDALLAS EN MOTO X

Del 3 al 6 de agosto de 2006, Travis Pastrana (EE. UU.) consiguió el récord de medallas de Moto X en los X Games, con 11 medallas, en los X Games 12 de la ESPN que tuvieron lugar en Los Ángeles (California, EE. UU.). Pastrana se hizo con una medalla de oro en *reestyle* cada año de 1999 a 2005; plata en *step up* en 2001, y en la mejor pirueta consiguió el bronce en 2004, la plata en 2005 y el oro en 2006.

REF-X

Danny Way ganó su tercera medalla de oro en la modalidad *big air* (aire extremo) de los X Games de 2006. Encontrará más récords increíbles de *skateboard*, incluyendo *kickflips* y *rail grinds*, junto con otras proezas sobre una, dos y cuatro ruedas, en habilidades al volante, en las pp. 216-217.

●MAYOR SALTO DE RAMPA DE SKATEBOARD

El 8 de agosto de 2004, el *skater* profesional Danny Way (EE. UU.) consiguió un salto de 24 m haciendo un 360 en el Mega Ramp de los X Games 10 de Los Ángeles (California, EE. UU.).

INVIERNO

MÁS MEDALLAS DE ORO

Shaun Palmer y Shaun White (ambos de EE. UU.) han ganado cada uno seis medallas de oro en los X Games de invierno. Palmer ganó el oro en *skicross* masculino en 2000, *snowboard X* masculino desde 1997 a 1999, *snow mountain bike* en 1997 y *ultracross* en 2001. White ganó sus oros en el *snowboard superpipe* masculino en 2003 y 2006, y en *slopestyle* masculino de 2003 a 2006.

MÁS MEDALLAS EN *SKATEBOARD*

Tony Hawk (EE. UU.) y Andy Macdonald (EE. UU., en la imagen) han conseguido 16 medallas de *skateboard* en los X Games de verano.

PRIMER DOBLE *BACK FLIP* EN MOTO X

El 4 de agosto de 2006, Travis Pastrana (EE. UU.) consiguió un doble mortal hacia atrás en una moto en los X Games 12 de Los Ángeles (California, EE. UU.).

MÁS MEDALLAS DE *WAKEBOARDING*

Darin Shapiro (en la imagen), Dallas Friday y Tara Hamilton (todos de EE. UU.) han ganado cada uno seis medallas en los X Games en el deporte de *wakeboarding*.

Es mucho más rápido y tienes mucho menos control.

Shaun White nos explica por qué el skateboard es más difícil que el snowboard

MÁS MEDALLAS DE ESQUÍ EN *SLOPESTYLE*

Tanner Hall (EE. UU.) y Jon Olsson (Suecia) han ganado cada uno cuatro medallas en la modalidad *slopestyle* de esquí. Hall consiguió el oro de 2002 a 2004 y plata en 2005. Olsson consiguió el bronce de 2002 a 2005.

MÁS MEDALLAS DE ESQUÍ EN *SUPERPIPE* MASCULINO

Jon Olsson (Suecia), Tanner Hall y Simon Dumont (ambos de EE. UU) han conseguido el récord de cuatro medallas en los X Games de invierno de la ESPN en la disciplina *superpipe* de esquí masculino. Olsson consiguió el oro en 2002, la plata en 2004 y el bronce en 2003 y 2005; Hall ganó el oro en 2006 y 2007 y la plata en 2003 y 2005; y Dumont se hizo con el oro en 2004 y 2005, el bronce en 2006 y la plata en 2007.

MÁS MEDALLAS DE *SNOWBOARD* EN *SLOPESTYLE* FEMENINO

Dos mujeres han ganado cinco medallas en *snowboard slopestyle* femenino en los X Games de invierno de la ESPN: Barrett Christy y Janna Meyen (ambas de EE. UU.). Christy ganó el oro en 1997, la plata en 1998 y 1999 y el bronce

MÁS MEDALLAS DE SNOWCROSS

Blair Morgan (Canadá) ha ganado ocho medallas de *snowcross* (carreras con motos de nieve): oro desde 2001 a 2003, en 2005 y 2006, plata en 1999 y 2000 y bronce en 2004. Este deporte está presente en los X Games de invierno desde 1998.

en 2000 y 2002; Meyen ganó cuatro oros de 2003 a 2006 y la plata en 2002.

MÁS MEDALLAS DE *SNOWBOARD* EN *SUPERPIPE* MASCULINO

Danny Kass y Shaun White (ambos de EE. UU.) han ganado cada uno cuatro medallas en la modalidad *superpipe* de *snowboard* masculino, en los X Games de invierno de la ESPN. Kass ganó el oro en 2001, la plata en 2003 y 2004 y el bronce en 2005; White ganó el oro en 2003 y 2006 y la plata en 2002 y 2007.

MÁS MEDALLAS DE *SNOWBOARD*

Barrett Christy y Shaun White (ambos de EE. UU.) han ganado cada uno 10 medallas en los X Games de invierno, en *snowboard*. Christy ganó el oro en 1997, la plata en 1998 y 1999 y el bronce en 2000 y 2002 en la modalidad *slopestyle* femenina; en *big air*, ganó el oro en 1997 y 1999, la plata en 1998 y 2001 y una plata en la modalidad *superpipe* femenina en 2000.

En la modalidad *slopestyle* masculina, White ganó la plata en 2002, oros de 2003 a 2006 y el bronce en 2007. En la modalidad *superpipe* masculina, ganó en 2002 y 2007, y el oro en 2003 y 2006.

MÁS MEDALLAS DE *SNOWBOARD* EN *SUPERPIPE* FEMENINO

Kelly Clark (EE. UU.) ha ganado cuatro medallas de *snowboard* en *superpipe* femenino: oro en 2002 y 2006, además de la plata en 2003 y 2004.

VETERANOS DE LOS X GAMES

La **atleta más veterana que ha competido en los X Games** es Angelika Casteneda (EE. UU.), que tenía 53 años cuando compitió en el X Venture Race de 1996. Angelika formaba equipo con otras dos personas (John Howard y Keith Murray, ambos de EE. UU., el cual ganó el evento que duró seis días), con lo que se convirtió en la **medallista de oro de los X Games más veterana**.

MÁS MEDALLAS DE X *SNOWBOARD* FEMENINO

Lindsey Jacobellis (EE. UU.) ha ganado cuatro medallas de X *snowboard* femenino en los X Games de invierno. Jacobellis ganó el oro desde 2003 a 2005 y la plata en los X Games 10 de invierno de la ESPN de Aspen/ Snowmass (Colorado, EE. UU.), que se celebraron en enero de 2007.

MÁS MEDALLAS EN PATINAJE EN LÍNEA AGRESIVO

Fabiola da Silva (Brasil) ha ganado ocho medallas en patinaje en línea agresivo en los X Games, siete de los cuales han sido oros.

MÁS MEDALLAS INDIVIDUALES

Dave Mirra (EE. UU.), que compite en BMX estilo libre, ha ganado 21 medallas en los X Games de la ESPN.

MARCAS DEPORTIVAS

ATLETISMO - PISTA DESCUBIERTA

MASCULINO	TIEMPO/DISTANCIA	NOMBRE Y NACIONALIDAD	LUGAR	FECHA
●100 m	9,72	Usain Bolt (Jamaica)	Nueva York (EE. UU.)	31 may 2008
200 m	19,32	Michael Johnson (EE. UU.)	Atlanta (EE. UU.)	1 ago 1996
400 m	43,18	Michael Johnson (EE. UU.)	Sevilla (España)	26 ago 1999
800 m	1:41,11	Wilson Kipketer (Dinamarca)	Colonia (Alemania)	24 ago 1997
1.000 m	2:11,96	Noah Ngeny (Kenia)	Rieti (Italia)	5 sep 1999
1.500 m	3:26,00	Hicham El Guerrouj (Marruecos)	Roma (Italia)	14 jul 1998
1 milla (1,61 km)	3:43,13	Hicham El Guerrouj (Marruecos)	Roma (Italia)	7 jul 1999
2.000 m	4:44,79	Hicham El Guerrouj (Marruecos)	Berlín (Alemania)	7 sep 1999
3.000 m	7:20,67	Daniel Komen (Kenia)	Rieti (Italia)	1 sep 1996
5.000 m	12:37,35	Kenenisa Bekele (Etiopía)	Hengelo (Países Bajos)	31 may 2004
10.000 m	26:17,53	Kenenisa Bekele (Etiopía)	Bruselas (Bélgica)	26 ago 2005
●20.000 m	56:26,00	Haile Gebrselassie (Etiopía)	Ostrava (República Checa)	26 jun 2007
●1 h	21.285 m	Haile Gebrselassie (Etiopía)	Ostrava (República Checa)	27 jun 2007
25.000 m	1:13:55,80	Toshihiko Seko (Japón)	Christchurch (Nueva Zelanda)	22 mar 1981
30.000 m	1:29:18,80	Toshihiko Seko (Japón)	Christchurch (Nueva Zelanda)	22 mar 1981
3.000 m obstáculos	7:53,63	Saif Saaeed Shaheen (Qatar)	Bruselas (Bélgica)	3 sep 2004
110 m vallas	12,88	Xiang Liu (China)	Lausana (Suiza)	11 jul 2006
400 m vallas	46,78	Kevin Young (EE. UU.)	Barcelona (España)	6 ago 1992
4 x 100 m relevos	37,40	EE. UU. (Michael Marsh, Leroy Burrell, Dennis Mitchell, Carl Lewis)	Barcelona (España)	8 ago 1992
	37,40	EE. UU. (John Drummond Jr, Andre Cason, Dennis Mitchell, Leroy Burrell)	Stuttgart (Alemania)	21 ago 1993
4 x 200 m relevos	1:18,68	Club de atletismo de Santa Monica, EE. UU. (Michael Marsh, Leroy Burrell, Floyd Heard, Carl Lewis)	Walnut (EE. UU.)	17 abr 1994
4 x 400 m relevos	2:54,20	EE. UU. (Jerome Young, Antonio Pettigrew, Tyree Washington, Michael Johnson)	Uniondale (EE. UU.)	22 jul 1998
4 x 800 m relevos	7:02,43	Kenia (Joseph Mutua, William Yiampoy, Ismael Kombich, Wilfred Bungei)	Bruselas (Bélgica)	25 ago 2006
4 x 1.500 m relevos	14:38,80	Alemania Occidental (Thomas Wessinghage, Harald Hudak, Michael Lederer, Karl Fleschen)	Colonia (Alemania)	17 ago 1977

FEMENINO	TIEMPO/DISTANCIA	NOMBRE Y NACIONALIDAD	LUGAR	FECHA
100 m	10,49	Florence Griffith-Joyner (EE. UU.)	Indianápolis (EE. UU.)	16 jul 1988
200 m	21,34	Florence Griffith-Joyner (EE. UU.)	Seúl (Corea del Sur)	29 sep 1988
400 m	47,60	Marita Koch (RDA)	Canberra (Australia)	6 oct 1985
800 m	1:53,28	Jarmila Kratochvílová (Checoslovaquia)	Múnich (Alemania)	26 jul 1983
1.000 m	2:28,98	Svetlana Masterkova (Rusia)	Bruselas (Bélgica)	23 ago 1996
1.500 m	3:50,46	Qu Yunxia (China)	Beijing (China)	11 sep 1993
1 milla (1,61 km)	4:12,56	Svetlana Masterkova (Rusia)	Zúrich (Suiza)	14 ago 1996
2.000 m	5:25,36	Sonia O'Sullivan (Irlanda)	Edimburgo (Reino Unido)	8 jul 1994
3.000 m	8:06,11	Wang Junxia (China)	Beijing (China)	13 sep 1993
●5.000 m	14:16,63	Meseret Defar (Etiopía)	Oslo (Noruega)	15 jun 2007
10.000 m	29:31,78	Wang Junxia (China)	Beijing (China)	8 sep 1993
20.000 m	1:05:26,60	Tegla Loroupe (Kenia)	Borgholzhausen (Alemania)	3 sep 2000
1 h	18.340 m	Tegla Loroupe (Kenia)	Borgholzhausen (Alemania)	7 ago 1998
25.000 m	1:27:05,90	Tegla Loroupe (Kenia)	Mengerskirchen (Alemania)	21 sep 2002
30.000 m	1:45:50,00	Tegla Loroupe (Kenia)	Warstein (Alemania)	6 jun 2003
3.000 m obstáculos	9:01,59	Gulnara Samitova-Galkina (Rusia)	Heraklion (Grecia)	4 jul 2004
100 m vallas	12,21	Yordanka Donkova (Bulgaria)	Stara Zagora (Bulgaria)	20 ago 1988
400 m vallas	52,34	Yuliya Pechonkina (Rusia)	Tula (Rusia)	8 ago 2003
4 x 100 m relevos	41,37	RDA (Silke Gladisch, Sabine Rieger, Ingrid Auerswald, Marlies Göhr)	Canberra (Australia)	6 oct 1985
4 x 200 m relevos	1:27,46	United States «Blue» (LaTasha Jenkins, LaTasha Colander-Richardson, Nanceen Perry, Marion Jones)	Filadelfia (EE. UU.)	29 abr 2000
4 x 400 m relevos	3:15,17	Antigua URSS (Tatyana Ledovskaya, Olga Nazarova, Maria Pinigina, Olga Bryzgina)	Seúl (Corea del Sur)	1 oct 1988
4 x 800 m relevos	7:50,17	Antigua URSS (Nadezhda Olizarenko, Lyubov Gurina, Lyudmila Borisova, Irina Podyalovskaya)	Moscú (Rusia)	5 ago 1984

2.000 M MASCULINO

El atleta marroquí Hicham El Guerrouj ha corrido los 2.000 m en Berlín (Alemania) en 4 min 44,79 s (ver arriba).

●5.000 M FEMENINO

El 15 de junio de 2007, en los International Association of Athletics Federations (IAAF) Golden League Bislett Games celebrados en Oslo (Noruega), Meseret Defar (Etiopía) corrió los 5.000 m en pista descubirta en 14 min 16,63 s.

ATLETISMO - PISTA CUBIERTA

MASCULINO	TIEMPO	NOMBRE Y NACIONALIDAD	LUGAR	FECHA
50 m	5,56	Donovan Bailey (Canadá)	Reno (EE. UU.)	9 feb 1996
	5,56	Maurice Greene (EE. UU.)	Los Ángeles (EE. UU.)	13 feb 1999
60 m	6,39	Maurice Greene (EE. UU.)	Madrid (España)	3 feb 1998
	6,39	Maurice Greene (EE. UU.)	Atlanta (EE. UU.)	3 mar 2001
200 m	19,92	Frankie Fredericks (Namibia)	Liévin (Francia)	18 feb 1996
400 m	44,57	Kerron Clement (EE. UU.)	Fayetteville (EE. UU.)	12 mar 2005
800 m	1:42,67	Wilson Kipketer (Dinamarca)	París (Francia)	9 mar 1997
1.000 m	2:14,96	Wilson Kipketer (Dinamarca)	Birmingham (Reino Unido)	20 feb 2000
1.500 m	3:31,18	Hicham El Guerrouj (Marruecos)	Stuttgart (Alemania)	2 feb 1997
1 milla (1,61 km)	3:48,45	Hicham El Guerrouj (Marruecos)	Ghent (Bélgica)	12 feb 1997
3.000 m	7:24,90	Daniel Komen (Kenia)	Budapest (Hungría)	6 feb 1998
5.000 m	12:49,60	Kenenisa Bekele (Etiopía)	Birmingham (Reino Unido)	20 feb 2004
50 m vallas	6,25	Mark McKoy (Canadá)	Kobe (Japón)	5 mar 1986
60 m vallas	7,30	Colin Jackson (GB)	Sindelfingen (Alemania)	6 mar 1994
4 x 200 m relevos	1:22,11	Gran Bretaña e Irlanda del Norte (Linford Christie, Darren Braithwaite, Ade Mafe, John Regis)	Glasgow (Reino Unido)	3 mar 1991
4 x 400 m relevos	3:02,83	EE. UU. (A. Morris, D. Johnson, D. Minor, M. Campbell)	Maebashi (Japón)	7 mar 1999
4 x 800 m relevos	7:13,94	Global Athletics & Marketing, EE. UU. (Joey Woody, Karl Paranya, Rich Kenah, David Krummenacker)	Bostón (EE. UU.)	6 feb 2000
5.000 m marcha	18:07,08	Mikhail Shchennikov (Rusia)	Moscú (Rusia)	14 feb 1995

FEMENINO	TIEMPO	NOMBRE Y NACIONALIDAD	LUGAR	FECHA
50 m	5,96	Irina Privalova (Rusia)	Madrid (España)	9 feb 1995
60 m	6,92	Irina Privalova (Rusia)	Madrid (España)	11 feb 1993
	6,92	Irina Privalova (Rusia)	Madrid (España)	9 feb 1995
200 m	21,87	Merlene Ottey (Jamaica)	Liévin (Francia)	13 feb 1993
400 m	49,59	Jarmila Kratochvílová (Checoslovaquia)	Milán (Italia)	7 mar 1982
800 m	1:55,82	Jolanda Ceplak (Eslovenia)	Viena (Austria)	3 mar 2002
1.000 m	2:30,94	Maria de Lurdes Mutola (Mozambique)	Estocolmo (Suecia)	25 feb 1999
● 1.500 m	3:57,71	Yelena Soboleva (Rusia)	Valencia (España)	9 mar 2008
1 milla (1,61 km)	4:17,14	Doina Melinte (Rumanía)	East Rutherford (EE. UU.)	9 feb 1990
3.000 m	8:23,72	Meseret Defar (Etiopía)	Stuttgart (Alemania)	3 feb 2007
5.000 m	14:27,42	Tirunesh Dibaba (Etiopía)	Boston (EE. UU.)	27 ene 2007
50 m vallas	6,58	Cornelia Oschkenat (RDA)	Berlín (Alemania)	20 feb 1988
● 60 m vallas	7,68	Susanna Kallur (Suecia)	Karlsruhe (Alemania)	10 feb 2008
4 x 200 m relevos	1:32,41	Rusia (Yekaterina Kondratyeva, Irina Khabarova, Yuliva Pechonkina, Yulia Gushchina)	Glasgow (Reino Unido)	29 ene 2005
4 x 400 m relevos	3:23,37	Rusia (Yulia Gushchina, Olga Kotlyarova, Olga Zaytseva, Olesya Krasnomovets)	Glasgow (Reino Unido)	28 ene 2006
4 x 800 m relevos	8:18,54	Región Moskovskaya (Anna Balakshina, Natalya Pantelyeva, Anna Emashova, Olesya Chumakova)	Volgogrado (Rusia)	11 feb 2007
3.000 m marcha	11:40,33	Claudia Stef (Rumanía)	Bucarest (Rumanía)	30 ene 1999

ATLETISMO - PISTA DE LARGA DISTANCIA

MASCULINO	TIEMPO/DISTANCIA	NOMBRE Y NACIONALIDAD	LUGAR	FECHA
50 km	2:48:06	Jeff Norman (GB)	Timperley (Reino Unido)	7 jun 1980
100 km	6:10:20	Donald Ritchie (GB)	Londres (Reino Unido)	28 oct 1978
100 millas (161 km)	11:28:03	Oleg Kharitonov (Rusia)	Londres (Reino Unido)	2 oct 2002
1.000 millas (1.610 km)	11 días 13:54:58	Peter Silkinas (Lituania)	Nanango (Australia)	11-23 mar 1998
24 h	303,306 km	Yiannis Kouros (Grecia)	Adelaida (Australia)	4-5 oct 1997
48 h	473,495 km	Yiannis Kouros (Grecia)	Surgères (Francia)	3-5 may 1996
6 días	1.023,2 km	Yiannis Kouros (Grecia)	Colac (Australia)	26 nov-2 dic 1984

FEMENINO	TIEMPO/DISTANCIA	NOMBRE Y NACIONALIDAD	LUGAR	FECHA
50 km	3:18:52	Carolyn Hunter-Rowe (GB)	Barry (Gales del Sur, Reino Unido)	3 mar 1996
100 km	7:14:06	Norimi Sakurai (Japón)	Verona (Italia)	27 sep 2003
100 millas (161 km)	14:25:45	Edit Berces (Hungría)	Verona (Italia)	21-22 sep 2002
1.000 millas (1.610 km)	13 días 1:54:02	Eleanor Robinson (GB)	Nanango (Australia)	11-23 mar 1998
24 h	250,106 km	Edit Berces (Hungría)	Verona (Italia)	21-22 sep 2002
48 h	377,892 km	Sue Ellen Trapp (EE. UU.)	Surgères (Francia)	2-4 may 1997
6 días	883,631 km	Sandra Barwick (Nueva Zelanda)	Campbelltown (Australia)	18-24 nov 1990

● 1.500 M FEMENINO

Yelena Soboleva (Rusia), celebrando el oro en los 1.500 m femenino. Compitió en el XII Campeonato del mundo de pista cubierta de la IAAF celebrado en Valencia (España), el 9 de marzo de 2008, consiguiendo un nuevo récord del mundo con sus 3 min 57,71 s.

★ RÉCORD NUEVO
● RÉCORD ACTUALIZADO

PÁGINAS WEB OFICIALES

ATLETISMO:
www.iaaf.org

ULTRAMARATÓN:
www.iau.org.tw

800 M MASCULINO

Wilson Kipketer (Dinamarca) posee dos récords mundiales en pista cubierta: 800 m y 1.000 m. En la imagen, Kipketer después de correr los 800 m en pista descubierta en un tiempo récord de 1 min 41,11 s en el Meeting Internacional de Atletismo, celebrado en Colonia (Alemania), el 24 de agosto de 1997.

MARCAS DEPORTIVAS

ATLETISMO – FONDO EN CARRETERA

MASCULINO	TIEMPO	NOMBRE Y NACIONALIDAD	LUGAR	FECHA
10 km	27:02	Haile Gebrselassie (Etiopía)	Doha (Qatar)	11 dic 2002
15 km	41:29	Felix Limo (Kenia)	Nijmegen (Países Bajos)	11 nov 2001
●20 km	55:48	Haile Gebrselassie (Etiopía)	Phoenix (EE. UU.)	15 ene 2006
●Medio maratón	58:33	Samuel Wanjiru (Kenia)	La Haya (Países Bajos)	17 mar 2007
25 km	1:12:45	Paul Malakwen Kosgei (Kenia)	Berlín (Alemania)	9 may 2004
30 km	1:28:00	Takayuki Matsumiya (Japón)	Kumamoto (Japón)	27 feb 2005
●Maratón	2:04:26	Haile Gebrselassie (Etiopía)	Berlín (Alemania)	30 sep 2007
100 km	6:13:33	Takahiro Sunada (Japón)	Tokoro (Japón)	21 jun 1998
Relevos en carretera	1:57:06	Kenia (Josephat Ndambiri, Martin Mathathi, Daniel Mwangi, Mekubo Mogusu, Onesmus Nyerere, John Kariuki)	Chiba (Japón)	23 nov 2005

FEMENINO	TIEMPO	NOMBRE Y NACIONALIDAD	LUGAR	FECHA
10 km	30:21	Paula Radcliffe (GB)	San Juan (Puerto Rico)	23 feb 2003
15 km	46:55	Kayoko Fukushi (Japón)	Marugame (Japón)	5 feb 2006
●20 km	1:02:57	Lornah Kiplagat (Países Bajos)	Udine (Italia)	14 oct 2007
●Medio maratón	1:06:25	Lornah Kiplagat (Países Bajos)	Udine (Italia)	14 oct 2007
25 km	1:22:13	Mizuki Noguchi (Japón)	Berlín (Alemania)	25 sep 2005
30 km	1:38:49	Mizuki Noguchi (Japón)	Berlín (Alemania)	25 sep 2005
Maratón	2:15:25	Paula Radcliffe (GB)	Londres (Reino Unido)	13 abr 2003
100 km	6:33:11	Tomoe Abe (Japón)	Tokoro (Japón)	25 jun 2000
Relevos en carretera	2:11:41	China (Jiang Bo, Dong Yanmei, Zhao Fengdi, Ma Zaijie, Lan Lixin, Li Na)	Beijing (China)	28 feb 1998

ATLETISMO – MARCHA ATLÉTICA

MASCULINO	TIEMPO	NOMBRE Y NACIONALIDAD	LUGAR	FECHA
20.000 m	1:17:25,6	Bernardo Segura (México)	Bergen (Noruega)	7 may 1994
●20 km (ruta)	1:17:16	Vladimir Kanaykin (Rusia)	Saransk (Rusia)	29 sep 2007
30.000 m	2:01:44,1	Maurizio Damilano (Italia)	Cuneo (Italia)	3 oct 1992
50.000 m	3:40:57,9	Thierry Toutain (Francia)	Héricourt (Francia)	29 sep 1996
50 km (ruta)	3:35:47	Nathan Deakes (Australia)	Geelong (Australia)	2 dic 2006

FEMENINO	TIEMPO	NOMBRE Y NACIONALIDAD	LUGAR	FECHA
10.000 m	41:56,23	Nadezhda Ryashkina (Antigua URSS)	Seattle (EE. UU.)	24 jul 1990
20.000 m	1:26:52,3	Olimpiada Ivanova (Rusia)	Brisbane (Australia)	6 sep 2001
20 km (ruta)	1:25:41	Olimpiada Ivanova (Rusia)	Helsinki (Finlandia)	7 ago 2005

●MEDIO MARATÓN MASCULINO

Samuel Wanjiru (Kenia) compitió en el Great North Run celebrado en Newcastle-Upon-Tyne (Reino Unido), el 30 de septiembre de 2007. Pocos meses antes había batido el récord mundial de medio maratón con un tiempo de 58 min 33 s.

●20 KM MARCHA MASCULINOS

Vladimir Kanaykin (Rusia) celebra haber cruzado la línea de meta como ganador de la marcha atlética de 10 km masculinos en el Campeonato del Mundo de atletismo junior de la IAAF, celebrado en el National Stadium de Kingston (Jamaica), en julio de 2002. Kanaykin batió el récord de 20 km marcha masculinos el 29 de septiembre de 2007 en Saransk (Rusia), con un tiempo de 1 h 17 min 16 s.

PÁGINAS WEB OFICIALES

ATLETISMO Y MARCHA ATLÉTICA:
www.iaaf.org

CICLISMO:
www.uci.ch

★ RÉCORD NUEVO
● RÉCORD ACTUALIZADO

ATLETISMO – ESPECIALIDADES DE CAMPO, AIRE LIBRE

MASCULINO	RÉCORD	NOMBRE Y NACIONALIDAD	LUGAR	FECHA
Salto de altura	2,45 m	Javier Sotomayor (Cuba)	Salamanca (España)	27 jul 1993
Salto con pértiga	6,14 m	Sergei Bubka (Ucrania)	Sestriere (Italia)	31 jul 1994
Salto de longitud	8,95 m	Mike Powell (EE. UU.)	Tokio (Japón)	30 ago 1991
Triple salto	18,29 m	Jonathan Edwards (GB)	Gothenburg (Suecia)	7 ago 1995
Peso	23,12 m	Randy Barnes (EE. UU.)	Los Ángeles (EE. UU.)	20 may 1990
Disco	74,08 m	Jürgen Schult (RDA)	Neubrandenburgo (Alemania)	6 jun 1986
Martillo	86,74 m	Yuriy Sedykh (Antigua URSS)	Stuttgart (Alemania)	30 ago 1986
Jabalina	98,48 m	Jan Železn´y (República Checa)	Jena (Alemania)	25 may 1996
Decatlón*	9.026 pts	Roman Šebrle (República Checa)	Götzis (Austria)	27 may 2001

100 m 10,64 s; salto de longitud 8,11 m; peso 15,33 m; salto de altura 2,12 m; 400 m 47,79 s; 110 m vallas 13,92 s; disco 47,92 m; salto con pértiga 4,80 m; jabalina 70,16 m; 1.500 m 4 min 21,98 s

FEMENINO	RÉCORD	NOMBRE Y NACIONALIDAD	LUGAR	FECHA
Salto de altura	2,09 m	Stefka Kostadinova (Bulgaria)	Roma (Italia)	30 ago 1987
Salto con pértiga	5,01 m	Yelena Isinbayeva (Rusia)	Helsinki (Finlandia)	12 ago 2005
Salto de longitud	7,52 m	Galina Chistyakova (Antigua URSS)	San Petersburgo (Rusia)	11 jun 1988
Triple salto	15,50 m	Inessa Kravets (Ucrania)	Gothenburg (Suecia)	10 ago 1995
Peso	22,63 m	Natalya Lisovskaya (Antigua URSS)	Moscú (Rusia)	7 jun 1987
Disco	76,80 m	Gabriele Reinsch (RDA)	Neubrandenburgo (Alemania)	9 jul 1988
Martillo	77,80 m	Tatyana Lysenko (Rusia)	Tallinn (Estonia)	15 ago 2006
Jabalina	71,70 m	Osleidys Menéndez (Cuba)	Helsinki (Finlandia)	14 ago 2005
Heptatlón†	7.291 pts	Jacqueline Joyner-Kersee (EE. UU.)	Seúl (Corea del Sur)	24 sep 1988
Decatlón**	8.358 pts	Austra Skujyte (Lituania)	Columbia (EE. UU.)	15 abr 2005

†100 m vallas 12,69 s; salto de altura 1,86 m; peso 15,80 m; 200 m 22,56 s; salto de longitud 7,27 m; jabalina 45,66 m; 800 m 2 min 8,51 s*

***100 m 12,49 s; salto de longitud 6,12 m; peso 16,42 m; salto de altura 1,78 m; 400 m 57,19 s; 100 m vallas 14,22 s; disco 46,19 m; salto con pértiga 3,10 m; jabalina 48,78 m; 1.500 m 5 min 15,86 s*

ATLETISMO – ESPECIALIDADES DE CAMPO, PISTA CUBIERTA

MASCULINO	RÉCORD	NOMBRE Y NACIONALIDAD	LUGAR	FECHA
Salto de altura	2,43 m	Javier Sotomayor (Cuba)	Budapest (Hungría)	4 mar 1989
Salto con pértiga	6,15 m	Sergei Bubka (Ucrania)	Donetsk (Ucrania)	21 feb 1993
Salto de longitud	8,79 m	Carl Lewis (EE. UU.)	Nueva York (EE. UU.)	27 ene 1984
Triple salto	17,83 m	Aliecer Urrutia (Cuba)	Sindelfingen (Alemania)	1 mar 1997
	17,83 m	Christian Olsson (Suecia)	Budapest (Hungría)	7 mar 2004
Peso	22,66 m	Randy Barnes (EE. UU.)	Los Ángeles (EE. UU.)	20 ene 1989
Heptatlón*	6.476 pts	Dan O'Brien (EE. UU.)	Toronto (Canadá)	14 mar 1993

60 m 6,67 s; salto de longitud 7,84 m; peso 16,02 m; salto de altura 2,13 m; 60 m vallas 7,85 s; salto con pértiga 5,20 m; 1.000 m 2 min 57,96 s

FEMENINO	RÉCORD	NOMBRE Y NACIONALIDAD	LUGAR	FECHA
Salto de altura	2,08 m	Kajsa Bergqvist (Suecia)	Arnstadt (Alemania)	4 feb 2006
● Salto con pértiga	4,95 m	Yelena Isinbayeva (Rusia)	Donetsk (Ucrania)	16 feb 2008
Salto de longitud	7,37 m	Heike Drechsler (RDA)	Viena (Austria)	13 feb 1988
Triple salto	15,36 m	Tatyana Lebedeva (Rusia)	Budapest (Hungría)	6 mar 2004
Peso	22,50 m	Helena Fibingerová (Checoslovaquia)	Jablonec (Checoslovaquia)	19 feb 1977
Pentatlón†	4.991 pts	Irina Belova (Rusia)	Berlín (Alemania)	15 feb 1992

†60 m vallas 8,22 s; salto de altura 1,93 m; peso 13,25 m; salto de longitud 6,67 m; 800 m 2 min 10,26 s*

CICLISMO EN PISTA

MASCULINO	RÉCORD	NOMBRE Y NACIONALIDAD	LUGAR	FECHA
200 m (salida lanzada)	9,772	Theo Bos (Países Bajos)	Moscú (Rusia)	16 dic 2006
● 500 m (salida lanzada)	24,758	Chris Hoy (Reino Unido)	La Paz (Bolivia)	13 may 2007
1 km (salida parada)	58,875	Arnaud Tournant (Francia)	La Paz (Bolivia)	10 oct 2001
4 km (salida parada)	4:11,114	Christopher Boardman (Reino Unido)	Manchester (Reino Unido)	29 ago 1996
Equipo 4 km (salida parada)	3:56,610	Australia (Graeme Brown, Luke Roberts, Brett Lancaster, Bradley McGee)	Atenas (Grecia)	22 ago 2004
1 h	49,7 km*	Ondrej Sosenka (República Checa)	Moscú (Rusia)	19 jul 2005

FEMENINO	RÉCORD	NOMBRE Y NACIONALIDAD	LUGAR	FECHA
200 m (salida lanzada)	10,831	Olga Slioussareva (Rusia)	Moscú (Rusia)	25 abr 1993
500 m (salida lanzada)	29,655	Erika Salumäe (Estonia)	Moscú (Rusia)	6 ago 1987
● 500 m (salida parada)	33,588	Anna Meares (Australia)	Palma de Mallorca (España)	31 mar 2007
3 km (salida parada)	3:24,537	Sarah Ulmer (Nueva Zelanda)	Atenas (Grecia)	22 ago 2004
1 h	46,65 km*	Leontien Zijlaard-van Moorsel (Países Bajos)	Ciudad de México (México)	1 oct 2003

* Algunos atletas consiguieron mayores distancias en una hora con bicicletas que ya no son permitidas por la Unión Ciclista Internacional (UCI). Los récords de 1 hora indicados aquí siguen las nuevas normas de la UCI

● 500 M CICLISMO FEMENINO

Anna Meares (Australia) en la contrarreloj de los 500 m femenino (salida parada) que ganaría en un tiempo récord de 33,588 s en el Campeonato mundial de ciclismo en pista de la UCI, celebrado en Palma de Mallorca (España), el 31 de marzo de 2007.

MARCAS DEPORTIVAS

BUCEO LIBRE

MASCULINO - DISCIPLINAS	PROFUNDIDAD/TIEMPO	NOMBRE Y NACIONALIDAD	LUGAR	FECHA
●Peso constante con aletas	112 m	Herbert Nitsch (Austria)	Sharm el Sheikh (Egipto)	1 nov 2007
●Peso constante sin aletas	86 m	William Trubridge (Nueva Zelanda)	Bahamas	10 abr 2008
Peso variable	140 m	Carlos Coste (Venezuela)	Sharm el Sheikh (Egipto)	9 may 2006
Sin límites	214 m	Herbert Nitsch (Austria)	Islas Spetses (Grecia)	14 jun 2007
●Inmersión libre	108 m	William Trubridge (Nueva Zelanda)	Bahamas	11 abr 2008

MASCULINO - APNEA DINÁMICA				
●Con aletas	244 m	Dave Mullins (Nueva Zelanda)	Wellington (Nueva Zelanda)	23 sep 2007
●Sin aletas	186 m	Stig Aavall Severinsen (Dinamarca)	Maribor (Eslovenia)	7 jul 2007

MASCULINO - APNEA ESTÁTICA				
Duración	9 min 8 s	Tom Sietas (Alemania)	Hamburgo (Alemania)	1 may 2007

FEMENINO - DISCIPLINAS				
●Peso constante con aletas	90 m	Sara Campbell (Reino Unido)	Dahab (Egipto)	20 oct 2007
●Peso constante sin aletas	•57 m	Natalya Avseenko (Rusia)	Bahamas	8 abr 2008
Peso variable	122 m	Tanya Streeter (EE. UU.)	Islas Turcas y Caicos	19 jul 2003
Sin límites	160 m	Tanya Streeter (EE. UU.)	Islas Turcas y Caicos	17 ago 2002
●Inmersión libre	81 m	Sara Campbell (Reino Unido)	Dahab (Egipto)	19 oct 2007

FEMENINO - APNEA DINÁMICA				
Con aletas	205 m	Natalia Molchanova (Rusia)	Maribor (Eslovenia)	5 jul 2007
Sin aletas	149 m	Natalia Molchanova (Rusia)	Maribor (Eslovenia)	7 jul 2007

FEMENINO - APNEA ESTÁTICA				
Duración	8 min 0 s	Natalia Molchanova (Rusia)	Maribor (Eslovenia)	6 Jul 2007

• Estos récords todavía están pendientes de su ratificación en el momento de la publicación de este libro.

REMO

MASCULINO	TIEMPO	NOMBRE Y NACIONALIDAD	REGATA	FECHA
Scull individual	6:35,40	Mahe Drysdale (Nueva Zelanda)	Eton (Reino Unido)	26 ago 2006
Doble scull	6:03,25	Jean-Baptiste Macquet, Adrien Hardy (Francia)	Poznan (Polonia)	17 jun 2006
Cuádruple scull	5:37,31	Konrad Wasielewski, Marek Kolbowicz, Michal Jelinski, Adam Korol (Polonia)	Poznan (Polonia)	17 jun 2006
Dos sin timonel	6:14,27	Matthew Pinsent, James Cracknell (GB)	Sevilla (España)	21 sep 2002
Cuatro sin timonel	5:41,35	Sebastian Thormann, Paul Dienstbach, Philipp Stüer, Bernd Heidicker (Alemania)	Sevilla (España)	21 sep 2002
Dos con timonel*	6:42,16	Igor Boraska, Tihomir Frankovic, Milan Razov (Croacia)	Indianápolis (EE. UU.)	18 sep 1994
Cuatro con timonel*	5:58,96	Matthias Ungemach, Armin Eichholz, Armin Weyrauch, Bahne Rabe, Jörg Dederding (Alemania)	Viena (Austria)	24 ago 1991
Ocho con timonel	5:19,85	Deakin, Beery, Hoopman, Volpenhein, Cipollone, Read, Allen, Ahrens, Hansen (EE. UU.)	Atenas (Grecia)	15 ago 2004
PESO LIGERO				
Scull individual*	6:47,82	Zac Purchase (GB)	Eton (Reino Unido)	26 ago 2006
●Doble scull	6:10,02	Mads Rasmussen y Rasmus Quist (Dinamarca)	Amsterdam (Países Bajos)	23 jun 2007
Cuádruple scull*	5:45,18	Francesco Esposito, Massimo Lana, Michelangelo Crispi, Massimo Guglielmi (Italia)	Montreal (Canadá)	1992
Dos sin timonel*	6:26,61	Tony O'Connor, Neville Maxwell (Irlanda)	París (Francia)	1994
Cuatro sin timonel	5:45,60	Thomas Poulsen, Thomas Ebert, Eskild Ebbesen, Victor Feddersen (Dinamarca)	Lucerna (Suiza)	9 jul 1999
Ocho con timonel*	5:30,24	Altena, Dahlke, Kobor, Stomporowski, Melges, März, Buchheit, Von Warburg, Kaska (Alemania)	Montreal (Canadá)	1992
FEMENINO				
Scull individual	7:07,71	Rumyana Neykova (Bulgaria)	Sevilla (España)	21 sep 2002
Doble scull	6:38,78	Georgina y Caroline Evers-Swindell (Nueva Zelanda)	Sevilla (España)	21 sep 2002
Cuádruple scull	6:10,80	Kathrin Boron, Katrin Rutschow-Stomporowski, Jana Sorgers, Kerstin Köppen (Alemania)	Duisburg (Alemania)	19 may 1996
Dos sin timonel	6:53,80	Georgeta Andrunache, Viorica Susanu (Rumanía)	Sevilla (España)	21 sep 2002
Cuatro sin timonel*	6:25,35	Robyn Selby Smith, Jo Lutz, Amber Bradley, Kate Hornsey (Australia)	Eton (Reino Unido)	26 ago 2006
Ocho con timonel	5:55,50	Mickelson, Whipple, Lind, Goodale, Sickler, Cooke, Shoop, Francia, Davies (EE. UU.)	Eton (Reino Unido)	27 ago 2006
PESO LIGERO				
Scull individual*	7:28,15	Constanta Pipota (Rumanía)	París (Francia)	19 jun 1994
Doble scull	6:49,77	Dongxiang Xu, Shimin Yan (China)	Poznan (Polonia)	17 jun 2006
Cuádruple scull*	6:23,96	Hua Yu, Haixia Chen, Xuefei Fan, Jing Liu (China)	Eton (Reino Unido)	27 ago 2006
Cuatro sin timonel*	7:18,32	Eliza Blair, Justine Joyce (Australia)	Aiguebelette-le-Lac (Francia)	7 sep 1997

*Designa clases de embarcación no olímpicas.

PATINAJE DE VELOCIDAD – PISTA LARGA

MASCULINO	TIEMPO/PUNTUACIÓN	NOMBRE Y NACIONALIDAD	LUGAR	FECHA
●500 m	34,03	Jeremy Wotherspoon (Canadá)	Salt Lake City (EE. UU.)	9 nov 2007
●2 x 500 m	68,31	Jeremy Wotherspoon (Canadá)	Calgary (Canadá)	15 mar 2008
●1.000 m	1:07,00	Pekka Koskela (Finlandia)	Salt Lake City (EE. UU.)	10 nov 2007
●1.500 m	1:42,01	Denny Morrison (Canadá)	Calgary (Canadá)	14 mar 2008
3.000 m	3:37,28	Eskil Ervik (Noruega)	Calgary (Canadá)	5 nov 2005
●5.000 m	6:06,32	Sven Kramer (Países Bajos)	Calgary (Canadá)	17 nov 2007
10.000 m	12:41,69	Sven Kramer (Países Bajos)	Salt Lake City (EE. UU.)	10 mar 2007
500/1.000/500/1.000 m	137.230 pts	Jeremy Wotherspoon (Canadá)	Calgary (Canadá)	18-19 ene 2003
500/3.000/1.500/5.000 m	146.365 pts	Erben Wennemars (Países Bajos)	Calgary (Canadá)	12-13 ago 2005
500/5.000/1.500/10.000 m	145.742 pts	Shani Davis (EE. UU.)	Calgary (Canadá)	18-19 mar 2006
Persecución por equipos (8 vueltas)	3:37,80	Países Bajos (Sven Kramer, Carl Verheijen, Erben Wennemars)	Salt Lake City (EE. UU.)	11 mar 2007

FEMENINO	TIEMPO/PUNTUACIÓN	NOMBRE Y NACIONALIDAD	LUGAR	FECHA
●500 m	37,02	Jenny Wolf (Alemania)	Salt Lake City (EE. UU.)	16 nov 2007
2 x 500 m	74,42	Jenny Wolf (Alemania)	Salt Lake City (EE. UU.)	10 mar 2007
1.000 m	1:13,11	Cindy Klassen (Canadá)	Calgary (Canadá)	25 mar 2006
1.500 m	1:51,79	Cindy Klassen (Canadá)	Salt Lake City (EE. UU.)	20 nov 2005
3.000 m	3:53,34	Cindy Klassen (Canadá)	Calgary (Canadá)	18 mar 2006
5.000 m	6:45,61	Martina Sáblíková (República Checa)	Salt Lake City (EE. UU.)	11 mar 2007
500/1.000/500/1.000 m	149.305 pts	Monique Garbrecht-Enfeldt (Alemania), Cindy Klassen (Canadá)	Salt Lake City (EE. UU.), Calgary (Canadá)	11-12 ene 2003, 24-25 mar 2006
500/1.500/1.000/3.000 m	155.576 pts	Cindy Klassen (Canadá)	Calgary (Canadá)	15-17 mar 2001
500/3.000/1.500/5.000 m	154.580 pts	Cindy Klassen (Canadá)	Calgary (Canadá)	18-19 mar 2006
Persecución por equipos (6 vueltas)	2:56,04	Alemania (Daniela Anschütz, Anni Friesinger, Claudia Pechstein)	Calgary (Canadá)	13 nov 2005

PATINAJE DE VELOCIDAD – PISTA CORTA

MASCULINO	TIEMPO	NOMBRE Y NACIONALIDAD	LUGAR	FECHA
●500 m	41.051	Sung Si-Bak (Corea del Sur)	Salt Lake City (EE. UU.)	10 feb 2008
●1.000 m	1:23,815	Michael Gilday (Canadá)	Calgary (Canadá)	14 oct 2007
1.500 m	2:10,639	Ahn Hyun-Soo (Corea del Sur)	Marquette (EE. UU.)	24 oct 2003
3.000 m	4:32,646	Ahn Hyun-Soo (Corea del Sur)	Beijing (China)	7 dic 2003
5.000 m relevos	6:39,990	Canadá (Charles Hamelin, Steve Robillard, François-Louis Tremblay, Mathieu Turcotte)	Beijing (China)	13 mar 2005

FEMENINO	TIEMPO	NOMBRE Y NACIONALIDAD	LUGAR	FECHA
●500 m	43,216	Wang Meng (China)	Salt Lake City (EE. UU.)	9 feb 2008
●1.000 m	1:29,495	Wang Meng (China)	Harbin (China)	15 mar 2008
●1.500 m	2:16,729	Zhou Yang (China)	Salt Lake City (EE. UU.)	9 feb 2008
●3.000 m	4:46,983	Jung Eun-Ju (Corea del Sur)	Harbin (China)	15 mar 2008
●3.000 m relevos	4:09,938	Corea del Sur (Jung Eun-Ju, Park Seung-Hi, Shin Sae-Bom, Yang Shin-Young)	Salt Lake City (EE. UU.)	10 feb 2008

●1.500 M DE PATINAJE DE VELOCIDAD MASCULINO

Denny Morrison (Canadá) (en la fotografía) compitiendo en el Campeonato ISU de patinaje de velocidad en distancia única de 2008, en Nagano (Japón), el 8 de marzo de 2008. Sólo unos días después, el 14 de marzo, Morrison batió el récord mundial de los 1.500 m de pista larga en su país, con un tiempo de 1 min 42,01 s.

●1.000 M DE PATINAJE DE VELOCIDAD FEMENINO

Wang Meng (China), en la fotografía compitiendo en las semifinales del Campeonato del Mundo ISU de patinaje de velocidad de pista corta de 2008, el 9 de marzo de 2008, celebrado en Gangneung (Corea del Sur). Unos días después, el 15 de marzo, batió el récord mundial de los 1.000 m cuando logró un tiempo de 1 min 29,495 s, en Harbin (China).

★ RÉCORD NUEVO
● RÉCORD ACTUALIZADO

PÁGINAS WEB OFICIALES

BUCEO LIBRE:
www.aida-international.org

REMO:
www.worldrowing.com

PATINAJE DE VELOCIDAD:
www.isu.org

NATACIÓN
MARCAS DEPORTIVAS

NATACIÓN – PISCINA LARGA (PISCINA DE 50 M)

MASCULINO	TIEMPO	NOMBRE Y NACIONALIDAD	LUGAR	FECHA
50 m libre	21,64	Alexander Popov (Rusia)	Moscú (Rusia)	16 jun 2000
100 m libre	47,84	Pieter van den Hoogenband (Países Bajos)	Sydney (Australia)	19 sep 2000
200 m libre	1:43,86	Michael Phelps (EE. UU.)	Melbourne (Australia)	27 mar 2007
400 m libre	3:40,08	Ian Thorpe (Australia)	Manchester (Reino Unido)	30 jul 2002
800 m libre	7:38,65	Grant Hackett (Australia)	Montreal (Canadá)	27 jul 2005
1.500 m libre	14:34,56	Grant Hackett (Australia)	Fukuoka (Japón)	29 jul 2001
4 x 100 m relevo libre	3:12,46	EE. UU. (Michael Phelps, Neil Walker, Cullen Jones, Jason Lezak)	Victoria (Canadá)	19 ago 2006
4 x 200 m relevo libre	7:03,24	EE. UU. (Michael Phelps, Ryan Lochte, Klete Keller, Peter Vanderkaay)	Melbourne (Australia)	30 mar 2007
50 m mariposa	22,96	Roland Schoeman (Sudáfrica)	Montreal (Canadá)	25 jul 2005
100 m mariposa	50,40	Ian Crocker (EE. UU.)	Montreal (Canadá)	30 jul 2005
200 m mariposa	1:52,09	Michael Phelps (EE. UU.)	Melbourne (Australia)	28 mar 2007
50 m espalda	24,80	Thomas Rupprath (Alemania)	Barcelona (España)	27 jul 2003
100 m espalda	52,98	Aaron Peirsol (EE. UU.)	Melbourne (Australia)	27 mar 2007
200 m espalda	1:54,32	Ryan Lochte (EE. UU.)	Melbourne (Australia)	30 mar 2007
50 m braza	27,18	Oleg Lisogor (Ucrania)	Berlín (Alemania)	2 ago 2002
100 m braza	59,13	Brendan Hansen (EE. UU.)	Irvine (EE. UU.)	1 ago 2006
200 m braza	2:08,50	Brendan Hansen (EE. UU.)	Victoria (Canadá)	20 ago 2006
200 m combinado	1:54,98	Michael Phelps (EE. UU.)	Melbourne (Australia)	29 mar 2007
400 m combinado	4:06,22	Michael Phelps (EE. UU.)	Melbourne (Australia)	1 abr 2007
4 x 100 m relevo combinado	3:30,68	EE. UU. (Aaron Peirsol, Brendan Hansen, Ian Crocker, Jason Lezak)	Atenas (Grecia)	21 ago 2004

FEMENINO	TIEMPO	NOMBRE Y NACIONALIDAD	LUGAR	FECHA
50 m libre	24,13	Inge de Bruijn (Países Bajos)	Sydney (Australia)	22 sep 2000
100 m libre	53,30	Britta Steffen (Alemania)	Budapest (Hungría)	2 ago 2006
200 m libre	1:55,52	Laure Manaudou (Francia)	Melbourne (Australia)	28 mar 2007
400 m libre	4:02,13	Laure Manaudou (Francia)	Budapest (Hungría)	6 ago 2006
800 m libre	8:16,22	Janet Evans (EE. UU.)	Tokio (Japón)	20 ago 1989
●1.500 m libre	15:42,54	Kate Ziegler (EE. UU.)	Mission Viejo (EE. UU.)	17 jun 2007
4 x 100 m relevo libre	3:35,22	Alemania (Petra Dallmann, Daniella Goetz, Britta Steffen, Annika Liebs)	Budapest (Hungría)	31 jul 2006
4 x 200 m relevo libre	7:50,09	EE. UU. (Natalie Coughlin, Dana Vollmer, Lacey Nymeyer, Katie Hoff)	Melbourne (Australia)	29 mar 2007
●50 m mariposa	25,46	Therese Alshammar (Suecia)	Barcelona (España)	13 jun 2007
100 m mariposa	56,61	Inge de Bruijn (Países Bajos)	Sydney (Australia)	17 sep 2000
200 m mariposa	2:05,40	Jessicah Schipper (Australia)	Victoria (Canadá)	17 ago 2006
●50 m espalda	28,09	Li Yang (China)	Hyderabad (India)	19 oct 2007
100 m espalda	59,44	Natalie Coughlin (EE. UU.)	Melbourne (Australia)	27 mar 2007
200 m espalda	2:06,62	Krisztina Egerszegi (Hungría)	Atenas (Grecia)	25 ago 1991
50 m braza	30,31	Jade Edmistone (Australia)	Melbourne (Australia)	30 ene 2006
100 m braza	1:05,09	Leisel Jones (Australia)	Melbourne (Australia)	20 mar 2006
200 m braza	2:20,54	Leisel Jones (Australia)	Melbourne (Australia)	1 feb 2006
200 m combinado	2:09,72	Wu Yanyan (China)	Shanghai (China)	17 oct 1997
400 m combinado	4:32,89	Katie Hoff (EE. UU.)	Melbourne (Australia)	1 abr 2007
4 x 100 m relevo combinado	3:55,74	Australia (Emily Seebohm, Leisel Jones, Jessicah Schipper, Lisbeth Lenton)	Melbourne (Australia)	31 mar 2007

800 M LIBRE MASCULINO

Grant Hackett (Australia) consiguió la medalla de oro con un tiempo de 7 min 38,65 s en la final de los 800 m (piscina larga) estilo libre durante el XI Campeonato del Mundo de la FINA celebrado en Montreal (Quebec, Canadá), el 27 de julio de 2005. Hackett también posee el récord de los 1.500 m estilo libre.

●50 M MARIPOSA FEMENINO

Therese Alshammar (Suecia), feliz después de nadar los 50 m (piscina larga) mariposa en 25,46 segundos durante la segunda etapa del Circuito Mare Nostrum celebrado en Barcelona (España), el 13 de junio de 2007.

★ RÉCORD NUEVO
● RÉCORD ACTUALIZADO

PÁGINA WEB OFICIAL

NATACIÓN:

www.fina.org

NATACIÓN – PISCINA CORTA (PISCINA DE 25 M)

MASCULINO	TIEMPO	NOMBRE Y NACIONALIDAD	LUGAR	FECHA
●50 m libre	20,93	Stefan Nystrand (Suecia)	Berlín (Alemania)	18 nov 2007
●100 m libre	45,83	Stefan Nystrand (Suecia)	Berlín (Alemania)	18 nov 2007
200 m libre	1:41,10	Ian Thorpe (Australia)	Berlín (Alemania)	6 feb 2000
400 m libre	3:34,58	Grant Hackett (Australia)	Sydney (Australia)	18 jul 2002
800 m libre	7:25,28	Grant Hackett (Australia)	Perth (Australia)	3 ago 2001
1.500 m libre	14:10,10	Grant Hackett (Australia)	Perth (Australia)	7 ago 2001
4 x 100 m relevo libre	3:09,57	Suecia (Johan Nyström, Lars Frölander, Mattias Ohlin, Stefan Nystrand)	Atenas (Grecia)	16 mar 2000
●4 x 200 m relevo libre	6:52,66	Australia (Kirk Palmer, Grant Hackett, Grant Brits, Kenrick Monk)	Melbourne (Australia)	31 ago 2007
50 m mariposa	22,60	Kaio Almeida (Brasil)	Santos (Brasil)	17 dic 2005
100 m mariposa	49,07	Ian Crocker (EE. UU.)	Nueva York (EE. UU.)	26 mar 2004
200 m mariposa	1:50,73	Franck Esposito (Francia)	Antibes (Francia)	8 dic 2002
50 m espalda	23,27	Thomas Rupprath (Alemania)	Viena (Austria)	10 dic 2004
100 m espalda	49,99	Ryan Lochte (EE. UU.)	Shanghai (China)	9 abr 2006
200 m espalda	1:49,05	Ryan Lochte (EE. UU.)	Shanghai (China)	9 abr 2006
50 m braza	26,17	Oleg Lisogor (Ucrania)	Berlín (Alemania)	21 ene 2006
100 m braza	57,47	Ed Moses (EE. UU.)	Estocolmo (Suecia)	23 ene 2002
200 m braza	2:02,92	Ed Moses (EE. UU.)	Berlín (Alemania)	17 ene 2004
●200 m combinado	1:52,99	Laszlo Cseh (Hungría)	Debrecen (Hungría)	13 dic 2007
●400 m combinado	3:59,33	Laszlo Cseh (Hungría)	Debrecen (Hungría)	14 dic 2007
4 x 100 m relevo combinado	3:25,09	EE. UU. (Aaron Peirsol, Brendan Hansen, Ian Crocker, Jason Lezak)	Indianápolis (EE. UU.)	11 oct 2004

FEMENINO	TIEMPO	NOMBRE Y NACIONALIDAD	LUGAR	FECHA
●50 m libre	23,58	Marleen Veldhuis (Países Bajos)	Berlín (Alemania)	18 nov 2007
100 m libre	51,70	Lisbeth Lenton (Australia)	Melbourne (Australia)	9 ago 2005
200 m libre	1:53,29	Lisbeth Lenton (Australia)	Sydney (Australia)	19 nov 2005
●400 m libre	3:56,09	Laure Manaudou (Francia)	Helsinki (Finlandia)	9 dic 2006
●800 m libre	8:08,00	Kate Ziegler (EE. UU.)	Essen (Alemania)	14 oct 2007
●1.500 m libre	15:32,90	Kate Ziegler (EE. UU.)	Essen (Alemania)	12 oct 2007
●4 x 100 m relevo libre	3:30,85	Países Bajos (Hinkelien Schreuder, Femke Heemskerk, Ranomi Kranowidjjojo, Marleen Veldhuis)	Eindhoven (Países Bajos)	9 dic 2007
4 x 200 m relevo libre	7:46,30	China (Xu Yanvei, Zhu Yingven, Tang Jingzhi, Yang Yu)	Moscú (Rusia)	3 abr 2002
50 m mariposa	25,33	Anne-Karin Kammerling (Suecia)	Gothenburg (Suecia)	12 mar 2005
100 m mariposa	55,95	Lisbeth Lenton (Australia)	Hobart (Australia)	28 ago 2006
●200 m mariposa	2:03,53	Otylia Jedrzejczak (Polonia)	Debrecen (Hungría)	13 dic 2007
●50 m espalda	26,50	Sanja Jovanovic (Croacia)	Debrecen (Hungría)	15 dic 2007
●100 m espalda	56,51	Natalie Coughlin (EE. UU.)	Singapur	28 oct 2007
200 m espalda	2:03,62	Natalie Coughlin (EE. UU.)	Nueva York (EE. UU.)	27 nov 2001
50 m braza	29,90	Jade Edmistone (Australia)	Brisbane (Australia)	26 sep 2004
100 m braza	1:03,86	Leisel Jones (Australia)	Hobart (Australia)	28 ago 2006
200 m braza	2:17,75	Leisel Jones (Australia)	Melbourne (Australia)	29 nov 2003
200 m combinado	2:07,79	Allison Wagner (EE.UU.)	Palma de Mallorca (España)	5 dic 1993
400 m combinado	4:27,83	Yana Klochkova (Ucrania)	París (Francia)	19 ene 2002
4 x 100 m relevo combinado	3:51,84	Australia (Tayliah Zimmer, Jade Edmistone, Jessicah Schipper, Lisbeth Lenton)	Shanghai (China)	7 abr 2006

●200 M Y 400 M COMBINADO MASCULINO

Laszlo Cseh (Hungría) batió su propio récord en los 400 m combinado, con un tiempo de 3 min 59,33 s, el 14 de diciembre de 2007 durante el Campeonato europeo de natación en piscina corta. El día anterior había conseguido un nuevo récord en los 200 m combinado, con un tiempo de 1 min 52,99 s.

●200 M MARIPOSA FEMENINO

El 13 de diciembre de 2007, en los 200 m mariposa del Campeonato de Europa de natación en piscina corta celebrado en Debrecen (Hungría), Otylia Jedrzejczak (Polonia) consiguió un tiempo récord de 2 min 3,53 s.

MARCAS DEPORTIVAS

HALTEROFILIA

MASCULINO	CATEGORÍA	PESO LEVANTADO	NOMBRE Y NACIONALIDAD	LUGAR	FECHA
56 kg	Arrancada	138 kg	Halil Mutlu (Turquía)	Antalya (Turquía)	4 nov 2001
	Envión	168 kg	Halil Mutlu (Turquía)	Trencín (Eslovaquia)	24 abr 2001
	Total	305 kg	Halil Mutlu (Turquía)	Sydney (Australia)	16 sep 2000
62 kg	Arrancada	153 kg	Shi Zhiyong (China)	Izmir (Turquía)	28 jun 2002
	Envión	182 kg	Le Maosheng (China)	Busan (Corea del Sur)	2 oct 2002
	Total	325 kg	Estándar mundial*		
69 kg	Arrancada	165 kg	Georgi Markov (Bulgaria)	Sydney (Australia)	20 sep 2000
	Envión	197 kg	Zhang Guozheng (China)	Qinhuangdao (China)	11 sep 2003
	Total	357 kg	Galabin Boevski (Bulgaria)	Atenas (Grecia)	24 nov 1999
77 kg	Arrancada	173 kg	Sergey Filimonov (Kazajistán)	Almaty (Kazajistán)	9 abr 2004
	Envión	210 kg	Oleg Perepetchenov (Rusia)	Trencín (Eslovaquia)	27 abr 2001
	Total	377 kg	Plamen Zhelyazkov (Bulgaria)	Doha (Qatar)	27 mar 2002
85 kg	●Arrancada	187 kg	Andrei Rybakou (Bielorrusia)	Chiang Mai (Tailandia)	22 sep 2007
	Envión	218 kg	Zhang Yong (China)	Ramat Gan (Israel)	25 abr 1998
	Total	395 kg	Estándar mundial*		
94 kg	Arrancada	188 kg	Akakios Kakhiasvilis (Grecia)	Atenas (Grecia)	27 nov 1999
	Envión	232 kg	Szymon Kolecki (Polonia)	Sofía (Bulgaria)	29 abr 2000
	Total	417 kg	Estándar mundial*		
105 kg	Arrancada	199 kg	Marcin Dolega (Polonia)	Wladyslawowo (Polonia)	7 mayo 2006
	Envión	242 kg	Estándar mundial*		
	Total	440 kg	Estándar mundial*		
+105 kg	Arrancada	213 kg	Hossein Rezazadeh (Irán)	Qinhuangdao (China)	14 sep 2003
	Envión	263 kg	Hossein Rezazadeh (Irán)	Atenas (Grecia)	25 ago 2004
	Total	472 kg	Hossein Rezazadeh (Irán)	Sydney (Australia)	26 sep 2000

FEMENINO	CATEGORÍA	PESO LEVANTADO	NOMBRE Y NACIONALIDAD	LUGAR	FECHA
48 kg	Arrancada	98 kg	Yang Lian (China)	Santo Domingo (República Dominicana)	1 oct 2006
	Envión	120 kg	Chen Xiexia (China)	Ciudad de Taian (China)	21 abr 2007
	Total	217 kg	Yang Lian (China)	Santo Domingo (República Dominicana)	1 oct 2006
53 kg	Arrancada	102 kg	Ri Song-Hui (Corea del Norte)	Busan (Corea del Sur)	1 oct 2002
	Envión	129 kg	Li Ping (China)	Ciudad de Taian (China)	22 abr 2007
	Total	226 kg	Qiu Hongxia (China)	Santo Domingo (República Dominicana)	2 oct 2006
58 kg	Arrancada	111 kg	Chen Yanqing (China)	Doha (Qatar)	3 dic 2006
	Envión	141 kg	Qiu Hongmei (China)	Taian City (China)	23 abr 2007
	Total	251 kg	Chen Yanqing (China)	Doha (Qatar)	3 dic 2006
63 kg	Arrancada	116 kg	Pawina Thongsuk (Tailandia)	Doha (Qatar)	12 nov 2005
	Envión	142 kg	Pawina Thongsuk (Tailandia)	Doha (Qatar)	4 dic 2006
	●Total	257 kg	Liu Haixia (China)	Chiang Mai (Tailandia)	23 sep 2007
69 kg	Arrancada	123 kg	Oxana Slivenko (Rusia)	Santo Domingo (República Dominicana)	4 oct 2006
	Envión	157 kg	Zarema Kasaeva (Rusia)	Doha (Qatar)	13 nov 2005
	●Total	276 kg	Oxana Slivenko (Rusia)	Chiang Mai (Tailandia)	24 sep 2007
75 kg	●Arrancada	131 kg	Natalia Zabolotnaia (Rusia)	Chiang Mai (Tailandia)	25 sep 2007
	Envión	159 kg	Liu Chunhong (China)	Doha (Qatar)	13 nov 2005
	Total	286 kg	Svetlana Podobedova (Rusia)	Hangzhou (China)	2 jun 2006
+75 kg	Arrancada	139 kg	Mu Shuangshuang (China)	Doha (Qatar)	6 dic 2006
	Envión	182 kg	Gonghong Tang (China)	Atenas (Grecia)	21 ago 2004
	●Total	319 kg	Mu Shuangshuang (China)	Chiang Mai (Tailandia)	26 sep 2007

* Desde el 1 de enero de 1998, la Federación Internacional de Halterofilia (IWF) presentó categorías de peso modificadas, lo que hizo que los records mundiales de entonces resultasen obsoletos. Éste es el nuevo listado de los estándares mundiales para las nuevas categorías de pesos. Los resultados conseguidos en las competiciones aprobadas por la IWF que superen los estándares mundiales en un mínimo de 1 kg serán considerados récords mundiales.

●ARRANCADA 85 KG MASCULINO

Andrei Rybakou (Bielorrusia) levantó la barra para batir el récord mundial de arrancada de 85 kg masculino en el Campeonato del Mundo de halterofilia celebrado en Chiang Mai (Tailandia), el 22 de septiembre de 2007, en el que levantó 187 kg.

PÁGINAS WEB OFICIALES

HALTEROFILIA:
www.iwf.net

ESQUÍ ACUÁTICO:
www.iwsf.com

★ RÉCORD NUEVO
● RÉCORD ACTUALIZADO

●ARRANCADA 75 KG FEMENINO

Natalia Zabolotnaia (Rusia) levantó la barra para ganar la medalla de oro de arrancada de 75 kg femenino en el Campeonato del Mundo de halterofilia celebrado en Chiang Mai (Tailandia), el 25 de septiembre de 2007, en el que levantó 131 kg.

ESQUÍ ACUÁTICO

MASCULINO	RÉCORD	NOMBRE Y NACIONALIDAD	LUGAR	FECHA
Slalom	Boya a 1,5/línea 9,75 m	Chris Parrish (EE. UU.)	Trophy Lakes (EE. UU.)	28 ago 2005
Slalom sin esquís	20,6 zigzags en 15 segundos	Keith St Onge (EE. UU.)	Bronkhorstspruit (Sudáfrica)	6 ene 2006
Figuras	12.400 pts	Nicolas Le Forestier (Francia)	Lac de Joux (Suiza)	4 sep 2005
Figuras sin esquís	10.880 pts	Keith St Onge (EE. UU.)	Adna (EE. UU.)	17 sep 2006
●Saltos	74,2 m	Freddy Krueger (EE. UU.)	Seffner (EE. UU.)	5 nov 2006
Saltos sin esquís	27,4 m	David Small (Reino Unido)	Mulwala (Australia)	8 feb 2004
Ski fly	91,1 m	Jaret Llewellyn (Canadá)	Orlando (EE. UU.)	14 may 2000
Global	2.818,01 pts*	Jaret Llewellyn (Canadá)	Seffner (EE. UU.)	29 sep 2002

FEMENINO	RÉCORD	NOMBRE Y NACIONALIDAD	LUGAR	FECHA
Slalom	Boya a 1/línea 10,25 m	Kristi Overton Johnson (EE. UU.)	West Palm Beach (EE. UU.)	14 sep 1996
Slalom sin esquís	17 zigzags en 15 segundos	Nadine de Villiers (Sudáfrica)	Witbank (Sudáfrica)	5 ene 2001
Figuras	8.740 pts	Mandy Nightingale (EE. UU.)	Santa Rosa (EE. UU.)	10 jun 2006
Figuras sin esquís	4.400 pts	Nadine de Villiers (Sudáfrica)	Witbank (Sudáfrica)	5 ene 2001
Saltos	56,6 m	Elena Milakova (Rusia)	Rio Linda (EE. UU.)	21 jul 2002
Saltos sin esquís	20,6 m	Nadine de Villiers (Sudáfrica)	Pretoria (Sudáfrica)	4 mar 2000
Ski fly	69,4 m	Elena Milakova (Rusia)	Pine Mountain (EE. UU.)	26 may 2002
Global	2.850,11 pts**	Clementine Lucine (Francia)	Lacanau (Francia)	9 jul 2006

*5 x 11,25 m, 10.730 figuras, 71,7 m saltos   **4 x 11,25 m, 8.680 figuras, 52,1 m saltos; calculados con el método de puntuación de 2006

●SALTO
EN ESQUÍ
ACUÁTICO
MASCULINO
Freddy Krueger (EE. UU.)
realizó un salto récord en
esquí acuático de 74,2 m
en Seffner (EE. UU.),
el 5 de noviembre de 2006.

MARATONES DEPORTIVAS MÁS LARGAS

DEPORTE	TIEMPO	NOMBRE Y NACIONALIDAD	LUGAR	FECHA
★Aeróbic	24 h	Duberney Trujillo (Colombia)	Dosquebradas (Colombia)	26-27 feb 2005
●Baloncesto	72 h	Estudiantes del Holy Trinity Church of England Secondary School (Reino Unido)	Crawley (West Sussex, Reino Unido)	13-16 jul 2007
Baloncesto (silla de ruedas)	26 h 3 min	Estudiantes y empleados de la Universidad de Omaha (EE. UU.)	Omaha (Nebraska, EE. UU.)	24-25 sep 2004
Balonmano	70 h	Equipo Mighty/Stevo (Países Bajos)	Tubbergen (Países Bajos)	30 ago-2 sep 2001
●Béisbol	32 h 29 min 25 s	St Louis Chapter de la Liga senior de baseball masculino (EE. UU.)	O'Fallon (Missouri, EE. UU.)	13-14 oct 2007
★Billar americano (individual)	50 h 2 min	Alan Skerritt y Mike Tunnell (Reino Unido)	Stockton-on-Tees (Reino Unido)	22-24 mar 2006
Bolo americano	120 h	Andy Milne (Canadá)	Mississauga (Ontario, Canadá)	24-29 oct 2005
Bolos (al aire libre)	105 h	Lloyd Hotel Bowling Club (Reino Unido)	Manchester (Reino Unido)	14-18 oct 2006
Bolos (en recinto cerrado)	36 h	Arnos Bowling Club (Reino Unido)	Southgate (Reino Unido)	20-21 abr 2002
●Curling	40 h 23 min	B. Huston, C. McCarthy, G. Poole, K. McCarthy, K. Martin, M. Witherspoon, R. Martin, T. Gouldie, T. Teskey, W. From (Canadá)	Brandon (Manitoba, Canadá)	9-10 mar 2007
●Cricket	35 h	Chestfield CC y Oakwood Homes (Reino Unido)	Chestfield (Reino Unido)	8-9 sep 2007
●Dardos (dobles)	25 h 34 min	Richard Saunders, Derek Fox, Paul Taylor, Andrew Brymer (Reino Unido)	Hurst (Berkshire, Reino Unido)	12-13 ene 2007
●Dardos (individual)	26 h 22 min	Chris Nessling y Mick Dundee (Reino Unido)	Hurst (Berkshire, Reino Unido)	12-13 ene 2007
Esquí	202 h 1 min	Nick Willey (Australia)	Thredbo (Nueva Gales del Sur, Australia)	2-10 sep 2005
★Faustball (en recinto cerrado)	24 h	TG 1855 Neustadt bei Coburg e.V. (Alemania)	Frankehalle (Neustadt, Alemania)	16-17 abr 2005
★Floorball	24 h 15 min	TRM Floorball y Hornets Regio Moosseedorf Worblental (Suiza)	Zollikofen (Suiza)	27-28 abr 2007
Fútbol	30 h 10 min	FC Edo Simme y FC Spiez (Alemania)	Erlenbach (Suiza)	8-9 jul 2006
★Fútbol 5	24 h 30 min	Rossendale Mavericks y el Fearns Community Sports College (Reino Unido)	Waterfoot Rossendale (Reino Unido)	23-24 nov 2007
Fútbol sala (en recinto cerrado)	30 h	Equipos Max Cosi/Quinny y Keo (Chipre)	Limassol (Chipre)	19-20 nov 2005
●Futbolín	40 h 30 min	Volker Lewedey, Karsten Link, Jakob Polzer y Christian Röhrer (Alemania)	Spaichingen (Alemania)	14-15 jul 2007
★Hockey (en recinto cerrado)	32 h	Equipos TF Farm Industries y Sandyhill (Canadá)	Taber (Alberta, Canadá)	17-18 ago 2007
Hockey sobre hielo	240 h	Brent Saik y amigos (Canadá)	Strathcona (Alberta, Canadá)	11-21 feb 2005
Hockey (sobre patines en línea)	24 h	8K Roller Hockey League (EE. UU.)	Eastpointe (Michigan, EE. UU.)	13-14 sep 2002
Korfbal	26 h 2 min	Korfball Club de Vinken (Países Bajos)	Vinkeveen (Países Bajos)	23-24 may 2001
●Netball (deporte femenino similar al baloncesto)	56 h	Airborne Netball Club (Reino Unido)	Bristol (Reino Unido)	26-28 may 2007
Parasailing	24 h 10 min	Berne Persson (Suecia)	Lago Graningesjön (Suecia)	19-20 jul 2002
Petanca	40 h 9 min	Bevenser Boule-Freunde (Alemania)	Bad Bevensen (Alemania)	22-23 jul 2006
Ping-pong (dobles)	101 h 1 min 11 s	Lance, Phil y Mark Warren y Bill Weir (EE. UU.)	Sacramento (California, EE. UU.)	9-13 abr 1979
Ping-pong (individual)	132 h 31 min	Danny Price y Randy Nunes (EE .UU.)	Cherry Hill (Nueva Yersey, EE. UU.)	20-26 ago 1978
Snowboard	180 h 34 min	Bernhard Mair (Austria)	Bad Kleinkirchheim (Austria)	9-16 ene 2004
●*Spinning (bicicleta estática)*	175 h 50 min	Joey Motsay (EE. UU.)	Greenboro (Carolina del Norte, EE. UU.)	22-29 sep 2007
●*Street Hockey*	100 h 2 min	Blacks and Reds, Face-off for a Cure (Canadá)	Winnipeg (Manitoba, Canadá)	13–17 may 2007
●*Taichi*	25 h 5 min	Ken Dickenson y Kevin Bartolo (Australia)	Sutherland (Nueva Gales del Sur, Australia)	17-18 mar 2006
Tenis (dobles)	48 h 15 min	Brian Jahrsdoerfer, Michel Lavoie, Peter Okpokpo, Warner Tse (EE. UU.)	Houston (Texas, EE. UU.)	13-15 abr 2006
●*Tenis (individual)*	26 h 26 min 26 s	Rinie Loeffen y Ton Dollevoet (Países Bajos)	Macharen (Países Bajos)	23-24 jun 2007
Tirarse por un tobogán (acero)	56 h	Michael Kinzel (Alemania)	Kirchhundem (Alemania)	4-6 may 2002
Tiro con arco	27 h	Michael Henri Dames (Sudáfrica)	Grahamstown (Sudáfrica)	8-9 ago 2005
●*Vóleibol (en recinto cerrado)*	55 h 3 min	OBEY (EE. UU.)	Lexington (Kentucky, EE. UU.)	30 jul-1 ago 2007
Wakeboarding	6 h 17 min	Ian Taylor (Reino Unido)	Milton Keynes (Reino Unido)	1 sep 2004

NOTA IMPORTANTE: las pautas para los maratones deportivos del GWR están en constante actualización. Póngase en contacto con nosotros antes de intentar batir un récord.

SALÓN DE LA FAMA DE HOLLYWOOD

Cada año se producen entre 300 y 400 películas. Cinco de ellas reciben esa llamada telefónica, y yo la he recibido 18 veces… me siento realmente afortunado.

Kevin O'Connell, entrevistado en 2006

MÁS NOMINACIONES AL OSCAR Y NINGUNA ESTATUILLA

El mezclador de sonido Kevin O'Connell (EE. UU.) ha recibido 20 nominaciones al Oscar por el montaje de sonido. Su primera nominación fue por *La Fuerza del Cariño* (EE. UU., 1983) en 1984 y más recientemente por *Transformers* (EE. UU., 2007) en 2008, ¡la racha de mala suerte más larga en la historia de los Oscar! En la imagen inferior, aparece en la repisa de la chimenea de su casa, ¡donde acabará poniendo su Oscar!

★ LA ASOCIACIÓN CINEMATOGRÁFICA MÁS LUCRATIVA

En términos de recaudación total en taquilla, la asociación más exitosa de Hollywood –excluyendo las secuelas– es la del director Tim Burton (arriba, a la izquierda) y el actor Johnny Depp (arriba, a la derecha). Juntos, el dúo ha ganado 986,89 millones de dólares con seis películas: *Eduardo Manostijeras*, *Ed Wood*, *Sleepy Hollow*, *Charlie y la fábrica de chocolate*, *La novia cadáver* y *Sweeney Todd* (en la imagen).

Odio los estrenos. Lo que nunca hago en un estreno es sonreír, ni tampoco Johnny Depp o Tim Burton. Es muy falso.

Christopher Lee

CHRISTOPHER LEE

El veterano actor, que ha interpretado más de 244 papeles en películas de cine y televisión y ha aparecido en 358 títulos de créditos, también es el actor con más peleas de espada en una carrera cinematográfica (17). Charlamos con esta leyenda de la gran pantalla y le preguntamos cómo se sentía teniendo un Récord Guinness.

¡Bueno, me viene a la mente la palabra «supervivencia»! Supervivencia y privilegio. A veces, cuando miro todas las cosas que he hecho, no me doy cuenta de que era yo. Si repaso la lista de todas las personas que he conocido o con las que he trabajado, calculo que he entablado amistad con casi todo el mundo, al menos de la Época Dorada. A todos, excepto a Greta Garbo.

¿Quién es el mejor actor con quién ha trabajado?

La mejor actriz con la que he trabajado es Bette Davis (en *Los pequeños extraterrestres* [EE. UU., 1978]), y el actor francés Jean Reno (en *Ríos de color púrpura 2: Los ángeles del apocalipsis* [EE. UU., 2004]), que era un hombre extraordinario y muy generoso. El mejor actor joven que me viene a la mente es Leonardo DiCaprio. Lo conocí, y era muy simpático, muy callado. Oh, y Viggo Mortensen es un actor maravilloso, ¿verdad? Y Johnny Depp es genial, además de un buen amigo.

¿Se alegra de haber interpretado el papel de malo tan a menudo?

¡Bueno, los malos son mucho más interesantes! Pero no he hecho una película de «terror» –y no me gusta ese apelativo, como tampoco le gustaba a Boris Karloff [actor secundario]– desde 1975. Estuve encasillado durante un tiempo, pero ya no.

¿Tiene algún consejo para los futuros actores?

No esperes convertirte en una superestrella de la noche a la mañana. Siempre he dicho que se tardan diez años en convertirse en actor. Hay muchos actores que son demasiado jóvenes para interpretar papeles importantes.

HE PINGPING

100%

Es de China y es el **hombre vivo (con movilidad) más pequeño del mundo**, autentificado oficialmente por el Guinness World Records. El minúsculo Pingping, de 19 años, y de Mongolia Interior (China), mide tan sólo 74,61 cm ¡y aquí se puede ver a tamaño real!

Para dar la bienvenida a Pingping en la familia Guinness World Records, hemos elaborado esta página desplegable. Continúe leyendo para descubrirlo todo sobre el nuevo hombre más pequeño del mundo.

CONOZCA A HE PINGPING

He Pingping vive en el condado de Huade en Wulanchabu Meng, que forma parte de la región autónoma de Mongolia Interior. Por increíble que parezca, no vive lejos de Chifeng, donde habita Xi Shun (China), reconocido oficialmente como el **hombre más alto del mundo** (con 2,361 m). A pesar de la relativa cercanía, los dos hombres se conocieron por primera vez en julio de 2007 cuando Xi Shun se casó con Xia Shujian (China) e ¡invitó a Pingping a la ceremonia formal de boda mongola!

NO SON CUENTOS CHINOS

EL TAMAÑO IMPORTA

Para certificar completamente cualquier récord relacionado con la altura, Guinness World Records mide al solicitante seis veces el mismo día: por la mañana, por la tarde, y por la noche, tanto de pie como estirado. La altura final es la media resultante de los seis datos. Sin embargo, hay personas que por motivos médicos no pueden medirse completamente. Por ejemplo, los que padecen osteogénesis imperfecta grave u OI (enfermedad de los huesos quebradizos), un trastorno genético paralizante, caracterizado por tener huesos muy frágiles desde el nacimiento, no pueden estar de pie o estirados boca arriba.

Lim Yih-Chih de Taiwán (debajo, a la derecha) es técnicamente el **hombre vivo más pequeño del mundo**, con 67,5 cm, pero se encuentra inmovilizado por la OI, igual que Madge Bester (Sudáfrica, en la imagen, siendo besada), la **mujer viva más pequeña** cuya altura es de 65 cm.

GUINNESS WORLD RECORDS

DANIEL DAY-LEWIS
Más Oscars al Mejor Actor (2)*

SAMUEL L. JACKSON
El actor con más ingresos (7.420 millones de dólares)†

MERYL STREEP
Más nominaciones al Oscar a la Mejor Actriz (14)

JACK NICHOLSON
Más nominaciones al Oscar al Mejor Actor (12)
Más Oscars al Mejor Actor (2)*

ANGELINA JOLIE
La actriz más poderosa de Hollywood

BRAD PITT
El actor más poderoso de Hollywood

EL SALON DE LA FAMA

LOS MÁS INFLUYENTES CON RÉCORDS EN LA INDUSTRIA DEL CINE

*RECORD COMPARTIDO CON TOM HANKS, DUSTIN HOFFMAN, FREDERIC MARCH, GARY COOPER, MARLON BRANDO Y SPENCER TRACY. DANIEL DAY-LEWIS GANADOR DE DOS OSCARS POR *MI PIE IZQUIERDO: LA HISTORIA DE CHRISTIE BROWN* (1990) Y *POZOS DE AMBICIÓN* (2008); JACK NICHOLSON GANADOR DE DOS OSCARS POR *LA FUERZA DEL CARIÑO* (1983) Y *MEJOR IMPOSIBLE* (1998) •†BASADO EN 68 PELÍCULAS, INCLUIDA *LA GUERRA DE LAS GALAXIAS: EPISODIOS I, II Y III*, *PARQUE JURÁSICO*, *LOS INCREÍBLES*, *JUEGOS DE PATRIOTAS*, *S.W.A.T.* Y *PULP FICTION*•LA CLASIFICACIÓN DEL GUINNESS WORLD RECORDS DE LOS MÁS INFLUYENTES EN LA INDUSTRIA DEL CINE SE CALCULA USANDO UNA COMBINACIÓN DE INGRESOS, RECAUDACIÓN DE TAQUILLA, PREMIOS, IMPRESIONES WEB Y R.P. & APARICIÓN EN LOS MEDIOS DE COMUNICACIÓN ENTRE EL 1 DE MAYO DE 2007 Y EL 30 DE ABRIL DE 2008

Para verificar la altura final de He Pingping, el editor del Guinness World Records Craig Glenday supervisó personalmente los seis pasos del proceso de medida en un hospital de Hohhot, capital de Mongolia Interior. «Las categorías de hombre más alto y más bajo están entre los récords más importantes», aseguró. «No podía quedar nada al azar, ni ninguna duda.»

¡SÓLO PARA ADULTOS!

Un adulto chino mide de media entre 165 y 170 cm, pero la altura de Pingping es la equivalente a la de un niño de un año. Por este motivo, es tan importante que confirmáramos su edad, puesto que sólo los que tienen más de 18 años pueden optar a este récord. Pingping demostró su edad con su carné de identidad, (que en China poseen todos los habitantes de más de 16 años (véase abajo, a la derecha), lo que confirmó que había alcanzado la mayoría de edad.

¡EL HOMBRE MÁS PEQUEÑO!

Tras varias visitas al hospital para ser medido y después de haber cumplido todos los requisitos, Pingping finalmente pudo lograr su certificado Guinness World Records. La medida media tiene en cuenta el encogimiento de la espina dorsal un día cualquiera (los discos esponjosos situados entre las vértebras se hacen más compactos, motivo por el cual ¡cuando nos vamos a la cama somos más bajitos que cuando nos despertamos!), pero en el caso de Pingping la variación fue mínima. ¡Bienvenido a la familia GWR!

GUINNESS WORLD RECORDS

CERTIFICATE

The shortest (mobile) living man is He Pingping (China, b. 1988) who was measured in Hohhot, China on 22 March 2008

GUINNESS WORLD RECORDS LTD

NELSON DE LA ROSA

Antes de Pingping, el título de **hombre vivo (con movilidad) más pequeño** (véase más arriba) lo tenía Nelson de la Rosa (República Dominicana), que medía 72 cm. Antes de su muerte, con 38 años en octubre de 2006, este simpático personaje se había labrado una exitosa carrera en los medios, incluido un papel en *La isla del Dr. Moreau* (EE. UU., 1996).

DEFINIR LAS ALTURAS

Cuando Pingping nació, su cuñado nos dijo que no era más grande que la palma de la mano de su padre. En aquella época, los doctores diagnosticaron osteogénesis imperfecta (véase «El tamaño importa», arriba, a la derecha). Sin embargo, su movilidad sugiere que no es así. No hay duda de que sufre enanismo, pero hay unos 200 cuadros distintos de esa enfermedad. ¿Cuál es la suya?

• Enanismo primordial es un profundo retraso en el crecimiento que empieza en el útero y que continúa tras el nacimiento. Hay muchos tipos distintos, que pueden resultar difíciles de diagnosticar, pero el término abarca el concepto «pequeño desde el principio de la vida».

• Pingping también muestra signos de «enanismo proporcional», porque sus piernas, brazos, cabeza y cuerpo tienen un tamaño proporcional. La definición médica era «enano», aunque ya no se considera una palabra aceptable; en la actualidad se prefiere el término «persona de estatura baja» o simplemente «persona baja».

(El enanismo más común es la acondroplasia, que se da en el 70% de los casos y que se caracteriza por extremidades cortas o torso reducido.)

LA MAGIA DE
HARRY POTTER

HARRY POTTER Y...

TÍTULO	VENTAS DEL LIBRO	ESTRENO EN CINES	RECAUDACIÓN EN TAQUILLA
La piedra filosofal	120 millones	90.294.621 US$	968.657.891 US$
La cámara secreta	77 millones	88.357.488 US$	866.300.000 US$
El prisionero de Azkaban	61 millones	93.687.367 US$	789.458.727 US$
El cáliz de fuego	66 millones	102.685.961 US$	892.194.397 US$
La Orden del Fénix	55 millones	77.108.414 US$	937.000.866 US$
El misterio del príncipe	65 millones	No disponible	No disponible
Las reliquias de la muerte	75 millones	No disponible	No disponible

HARRY MÁGICO

★ EL MAYOR PEDIDO DE PAPEL ECOLÓGICO

Casi dos tercios de las 16.700 toneladas iniciales de papel que se necesitaron para imprimir *Harry Potter y las reliquias de la muerte* en EE. UU. iban certificadas por el Consejo de Administración Forestal (FSC), el organismo internacional que promueve la explotación responsable de los bosques del mundo.

● EL LIBRO DE FICCIÓN VENDIDO CON MÁS RAPIDEZ (24 HORAS)

De *Harry Potter y las reliquias de la muerte* se vendieron 8,3 millones de ejemplares en las 24 horas que siguieron a su lanzamiento en EE. UU., el 21 de julio de 2007.

LA MAYOR TIRADA DE UNA PRIMERA EDICIÓN

El lanzamiento de *Harry Potter y la Orden del Fénix* en junio de 2003 supuso la mayor tirada jamás conocida de una primera edición: 8,5 millones de ejemplares.

MÁS PEDIDOS ANTICIPADOS

Harry Potter y el cáliz de fuego recibió la cifra récord de 5,3 millones de ejemplares pedidos anticipadamente en todo el mundo.

EL DVD VENDIDO CON MAYOR RAPIDEZ

El DVD de *Harry Potter y el cáliz de fuego* vendió más de seis copias por segundo el 20 de marzo de 2006, día de su lanzamiento en el Reino Unido, y desde entonces se ha seguido vendiendo a un ritmo de más de tres copias por segundo; también se vendieron más de 5 millones de copias el 7 de marzo de 2006, fecha en que salió al mercado en EE. UU.

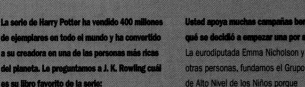

J. K. ROWLING

La serie de Harry Potter ha vendido 400 millones de ejemplares en todo el mundo y ha convertido a su creadora en una de las personas más ricas del planeta. Le preguntamos a J. K. Rowling cuál es su libro favorito de la serie:

Harry Potter y las reliquias de la muerte sigue siendo mi libro favorito de la serie. Espero que, aun cuando no lo sea para vosotros, entendáis que la historia tenía que desembocar en este punto; era la conclusión que tenía pensada desde hace 17 años, y siento una inmensa satisfacción por poder compartirla al fin con mis lectores.

Ahora que todo ha terminado, ¿cómo describiría su relación con Harry?
Ha sido una de las relaciones más duraderas de mi vida: la roca a la que me he agarrado al perder a los seres queridos, en mi matrimonio y en mi divorcio, siendo madre soltera y cada vez que me he trasladado de un país a otro; pero también en los momentos de alegría, como cuando Bloomsbury decidió publicar el libro.

Usted apoya muchas campañas benéficas. ¿Por qué se decidió a empezar una por su cuenta?
La eurodiputada Emma Nicholson y yo, entre otras personas, fundamos el Grupo de Alto Nivel de los Niños porque nos sentimos conmovidas por la pobreza, las enfermedades y el maltrato que padecían. La campaña «La Voz de los Niños» aspira a mejorar la vida de los niños de todo el mundo que viven en centros de protección.

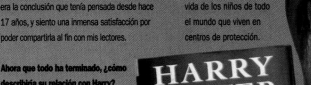

VOCES CONSAGRADAS

En abril de 2007 el actor Jim Dale (Reino Unido) creó y grabó 146 voces diferenciadas con ocasión del lanzamiento en EE. UU. del audiolibro *Harry Potter y las reliquias de la muerte*, lo que representa el ● **mayor número de voces registradas por una persona en un audiolibro**. Este récord lo comparte con Stephen Fry (Reino Unido), el narrador de la edición para Reino Unido.

LA MAYOR LECTURA PÚBLICA

J. K. Rowling fue uno de los tres autores que leyeron fragmentos de sus obras ante una audiencia récord de 20.264 personas en el estadio SkyDome de Toronto (Canadá), el 24 de octubre de 2000. Rowling leyó un trozo de *Harry Potter y el cáliz de fuego*; también leyeron Kenneth Oppel y Tim Wynne-Jones (ambos de Canadá).

LA MAGIA DEL DINERO

Thomasina Gibson, asesora de espectáculos de Guinness World Records, habló con el trío de Hogwarts sobre cómo se gastan parte del dinero.

Rupert Grint «¡Me compré una camioneta de helado de esas de Mr. Whippy, de las de verdad! Lo tiene todo: helado batido, golosinas, salsas para echar por encima... ¡la bomba!»

Emma Watson «Supongo que lo mejor de todo fue comprarme un Apple Mac, mi pequeño portátil; me encanta y estoy muy orgullosa de él.»

Daniel Radcliffe «Estoy interesado en obras de arte y cosas por el estilo; pero nunca me ha dado por los coches, así que no creo que vaya a salir corriendo mañana mismo a comprarme uno de esos tremendos coches extranjeros, como la gente piensa.»

DANIEL RADCLIFFE

Daniel Radcliffe habló con GWR acerca de su interpretación de Harry Potter y de los consejos que le dieron sus padres sobre la convivencia con la fama...

Mis padres me han dicho que la disfrute; podrían pasarme cosas peores que ser reconocido constantemente por la calle.

¿Cuál fue la parte más memorable del rodaje y cuál la que te puso más nervioso?

Una de las mejores cosas fue trabajar con Chris [Columbus]; disfruta de verdad con lo que hace y es un honor trabajar con él. Cuando me puse más nervioso fue el primer día de rodaje porque, hasta entonces, lo único que había hecho era ensayar con Rupert [Grint], Emma [Watson] y Chris en el despacho de Chris. Cuando me dieron la hoja de convocatoria del primer día, me fijé en el reparto y decía «Daniel Radcliffe, Emma Watson y Rupert Grint». Así que pensé: bien, a eso ya estoy acostumbrado; pero al pasar la página vi que decía: «Extras, 150», y entonces sí que me asusté bastante...

RÉCORDS DE REPARTO Y EQUIPO

La franquicia cinematográfica de Harry Potter se cuenta entre las más exitosas de todos los tiempos, con una recaudación media de 890 millones de dólares por película, y ha atraído a la flor y nata de los talentos británicos y estadounidenses, tanto delante como detrás de las cámaras. He aquí una selección de los poseedores de récords:

Robbie Coltrane (Hagrid): Robbie Coltrane (Reino Unido, derecha) consiguió el récord de **más premios consecutivos de la BAFTA al mejor Actor:** tres en total interpretando al psicólogo forense Eddie «Fitz» Fitzgerald en *Cracker* en 1994, 1995 y 1996.

Michael Gambon (Dumbledore, abajo): Igualando el récord de Coltrane de **más premios consecutivos de la BAFTA al mejor actor** se encuentra Michael Gambon (Reino Unido), quien cosechó galardones por *Wives and Daughters* (1999), *Longitude* (2000) y *Perfect Strangers* (2001).

Emma Thompson (Sybil Trelawney): En 1993 Emma Thompson (Reino Unido) ganó el Oscar a la mejor actriz por su papel en *Regreso a Howards End* (Reino Unido, 1991), y en 1996 se le concedió el de mejor guión adaptado por *Sentido y sensibilidad* (EE. UU./Reino Unido, 1995), lo cual la convirtió en la **primera persona que ganaba sendos Oscars como actriz y guionista.**

Julie Walters (Molly Weasley): El récord de **más premios de la BAFTA a la mejor actriz** está fijado en tres y lo comparten cuatro actrices británicas, una de las cuales es Julie Walters (Reino Unido), que los ganó por *My Beautiful Son* (Reino Unido/EE. UU., 2001), *Murder* (Reino Unido, 2002) y *The Canterbury Tales* (Reino Unido, 2003); además comparte con Helen Mirren (Reino Unido) el récord de **más premios consecutivos a la mejor actriz.**

John Williams (compositor): El maestro John Williams (EE. UU.) ha recibido 45 nominaciones de la Academia desde 1968 hasta 2006, lo que lo convierte en la **persona viva con más nominaciones al Oscar;** la primera la obtuvo en la categoría de mejor música adaptada por *El valle de las muñecas* (EE. UU., 1967), y la más reciente, durante la ceremonia de entrega de los Oscar en 2006, en el apartado de mejor banda sonora original por *Munich* y *Memorias de una geisha* (ambas de EE. UU., 2005).

HARRY HACE MAGIA PARA LA WARNER BROS.

La franquicia de Harry Potter ha supuesto un éxito colosal para la Warner Bros. (EE. UU.). Los cinco títulos que integran la serie figuran hoy entre las 10 películas más taquilleras de la historia de esta productora. En 2005, los beneficios brutos de la Warner ascendieron a 1.370 millones de dólares, cifra que entonces representó el récord de beneficios de un estudio (no obstante, este récord se ha superado después). La película de la Warner que obtuvo más éxito aquel año fue *Harry Potter y el cáliz de fuego* (290 millones de dólares), seguida de *Charlie y la fábrica de chocolate* (206 millones de dólares) y *Batman Begins* (205 millones de dólares).

GEOGRAFÍA

●MAYORES
CONSUMIDORES DE ENERGÍA

Esta fotografía de la Tierra por la noche está formada por varias partes tomadas por satélite y muestra las mayores conurbaciones del mundo, que se reconocen por las luces de la calle.

El mayor consumidor de electricidad mundial es EE. UU., que utilizó 3.717 billones de kW por hora en 2005. Esta cifra representa casi un cuarto del consumo total neto de electricidad en todo el mundo, que en 2005 ascendía a 16.282 millardos de kW por hora.

El ●**mayor consumidor de electricidad por persona** es Islandia, país en el que se consumieron 26.101 kW por hora y por persona en 2005. En EE. UU., en el mismo período se consumieron por persona 12.343 kW por hora. Siete de los 10 países que consumen las cantidades más bajas de electricidad se encuentran en África.

EE. UU.

Panecillo con queso parmesano y semillas de amapola encima

Relleno con una capa de rábano picante, tomates confitados, tomates frescos, cebolla roja y lechuga frisé

Virutas de trufas negras del Perigord

● LA HAMBURGUESA MÁS CARA

La hamburguesa más cara comercializada es la db Double Truffle Burger, creada por el chef Daniel Boulud (Francia), a la venta en la carta del db Bistro Moderne de Nueva York, a 120 dólares.

Bistec de solomillo molido...

...relleno de carne de costillas asadas en vino rojo, trufas, *foie gras* y una selección de verduras

Pedazos de *foie gras*

(Se sirve con patatas suflés)

DE UN VISTAZO

● **ÁREA:** 9.826.630 km²
● **POBLACIÓN:** 301,1 millones
● **DENSIDAD:** 30 hab./km²
● **DATOS CLAVE:** EE. UU. es el país más poderoso del mundo, con un producto interior bruto (PIB) por cápita de 46.000 dólares.
(Continúa en la página siguiente.)

LA EXPLOSIÓN DEL MAMÍFERO MÁS GRANDE

La detonación del mamífero más grande fue la del cachalote muerto de 7,25 toneladas de peso y 13,7 m de largo, que llegó a la orilla de Florence (Oregón). El 12 de noviembre de 1970, la División de Autopistas del Estado de Oregón colocó media tonelada de dinamita alrededor del maloliente cachalote en descomposición y la hizo explotar. La dinamita resultó ser mucho más potente de lo necesario y grandes trozos de carne de ballena volaron sobre los espectadores. ¡Un trozo de 0,9 x 1,5 m de ballena impactó en el techo de un coche Buick y lo lanzó a 400 m de distancia!

★ LA LICORERÍA MÁS GRANDE

La licorería más grande es Daveco Liquors, propiedad de Henry Sawaged (EE. UU.) y situada en Thornton, Colorado. La tienda cubre una superficie de 9.297,13 m², espacio suficiente para acoger 35 pistas de tenis. Se inauguró el 18 de noviembre de 2006.

● EL MC DE RAP MÁS RÁPIDO

El MC de rap más rápido es Rebel XD (alias Seandale Price, EE. UU.), quien rapeó 852 sílabas en 42 segundos en Chicago (Illinois), el 27 de julio de 2007.

LA SUBIDA MÁS RÁPIDA AL EMPIRE STATE BUILDING

Paul Crake (Australia), con un tiempo de 9 min 33 s, fue el más rápido en la 26 Subida Anual al Empire State Building de Nueva York (EE. UU.), el 4 de febrero de 2003. En la carrera se suben 1.576 escalones, hasta la planta 86. La **mujer más rápida en subir el Empire State Building** fue Belinda Soszyn (Australia), en 1996, con un tiempo de 12 min 19 s.

● LOS INGRESOS ANUALES POR JUEGOS MÁS ELEVADOS (CIUDAD)

En el año 2000, los casinos y complejos de ocio de Las Vegas (Nevada, EE. UU.) obtuvieron una cifra récord de 7.673.134.286 dólares de ingresos por juegos.

● EL MAYOR BAILE EN LÍNEA

El 25 de agosto de 2007 un total de 17.000 personas participaron en el baile en línea de *Cupid Shuffle* durante ocho minutos en el Ebony Black Family Reunion Tour en Atlanta, Georgia.

LA GARGANTA MÁS GRANDE DE LA TIERRA

El Gran Cañón, excavado hace millones de años por el río Colorado en la zona central septentrional de Arizona, se extiende desde la garganta Marble hasta los acantilados de Grand Wash en una distancia de más de 446 km. Alcanza una profundidad de 1,6 km, y su anchura de 0,5 a 29 km.

EL DESFILE INFLABLE MÁS GRANDE

El desfile anual del Día de Acción de Gracias de Macy's en Nueva York es la desfilada de globos inflables más grande del mundo. El 22 de noviembre de 2001, el famoso acto celebró su 75 aniversario, mostrando 30 de los personajes en globos más grandes a los millones de espectadores que esperaban en las calles y que miraban la televisión.

EE. UU. es el país que gasta más en **salud** (5.274 dólares por persona en 2002), **ayuda al exterior** y **fuerzas armadas**; también es el país en el que hay más multimillonarios (419 de un total de 946 en todo el mundo). Los ciudadanos estadounidenses también son los **mayores consumidores de calorías** (3.774,1 kcal al día) y los que más televisión ven (4 h 32 min por persona al día). Poseen el **mayor número de armas** (el 40% de los hogares tienen una) y de **canciones descargadas** (el 98% de las canciones se compraron a través de Internet). EE. UU. también tiene la **deuda nacional más elevada**: el 22 de abril de 2008, era de 9.372.485.723.236,83 dólares.

EE. UU. ha ganado **más medallas olímpicas que ningún otro país** (975 sumando los juegos de invierno y de verano) y, en golf, el mayor número de **copas Walker** (34), **Solheim** (7) y **Ryder** (24).

MAYOR PREMIO EN EFECTIVO GANADO EN UN RODEO

El mayor premio en efectivo ganado en un único rodeo es de 124.821 dólares, conseguido por Ty Murray (EE. UU.) en las finales nacionales de Las Vegas (Nevada), en 1993.

MAYOR ALCANCE DE UN FARO

Las luces con el mayor alcance son las que se encuentran a 332 m por encima del suelo en el Empire State Building de Nueva York. Cada una de las bombillas de mercurio de cuatro arcos es visible a 130 km desde la tierra y a 490 km desde el aire.

LOS DEPORTISTAS QUE MÁS GANAN

Fútbol americano: En 2005, el *quarterback* de los Atlanta Falcons Michael Vick (EE. UU.) ganó 37,5 millones de dólares. Vick firmó un contrato de 10 años por 130 millones de dólares el 23 de diciembre de 2004, que incluía una prima de 27 millones de dólares.
Baloncesto: El jugador de los Miami Heat Shaquille O'Neal ingresó unos 33,4 millones de dólares en 2005.

● LA RED VIARIA MÁS LARGA

Según los últimos datos (2007), EE. UU. cuenta con 6.433.272 km de carreteras, lo suficiente para rodear la tierra ¡por lo menos 160 veces!

DATO

Más de 2,5 millones de personas se agolpan en las calles de Nueva York para ver el desfile de Macy's cada año. Además, 4,4 millones más lo ven por televisión.

● EL MAYOR LABERINTO DE MAÍZ (DE TEMPORADA)

El mayor laberinto de maíz del mundo medía 16.385 hectáreas cuando abrió al público en septiembre de 2007 en Coolpatch Pumpkins en Dixon (California, EE. UU.). El intento fue organizado por Mark Cooley (EE. UU.).

● MÁS CANCIONES N.º 1 (LISTA EE. UU.)

Elvis Presley (EE. UU.) colocó 151 canciones en el Billboard Hot 100, de 1956 a 2003.

MÁS CERTIFICADOS DE LA RIAA

El artista de un sello discográfico con más certificados de la Recording Industry Association of America (RIAA) es Elvis Presley (EE. UU), con 262 galardones certificados (148 de oro, 82 de platino, 32 de multiplatino) para álbumes y singles.

LA ESTATUA MÁS PESADA

La Libertad iluminando el mundo, alias la estatua de la Libertad, situada en Liberty Island (Nueva York), fue un regalo de Francia a EE. UU. en 1886 para conmemorar la libertad y la amistad entre ambas naciones. La estatua, de 92,99 m de altura, pesa 24.635 toneladas, 28 de las cuales son de cobre, 113 son de acero y 24.493 son el cemento del pedestal.

MÉXICO

MÁS MUERTES POR PICADURAS DE ESCORPIÓN

En 1946, 1.933 personas murieron en México por picaduras de escorpión, más que en cualquier otro país en un solo año. Unas 1.000 personas, sobre todo niños, aún mueren por esta causa cada año.

DE UN VISTAZO

- **ÁREA**: 1.972.550 km²
- **POBLACIÓN**: 108.700.891
- **DENSIDAD**: 55 hab./km²
- **DATOS CLAVE**: México acoge el golfo de México, el **mayor golfo** del mundo, de 1.544.000 km², y una línea de costa de 5.000 km. La frontera de 3.110 km que el país comparte con EE. UU. es la **frontera más cruzada** del mundo: en 2000, unos 290 millones de personas la cruzaron desde México a EE. UU. Hace unos 10 años, Ciudad de México, la capital, era la mayor conurbación del mundo, con una población de 16.908.000 habitantes. Actualmente, este récord le pertenece a Tokyo (ver p. 274).

LA PRESIDENCIA MÁS CORTA

Pedro Lascurain (México) gobernó su país durante una hora el 18 de febrero de 1913 como sucesor del presidente Maderno, que fue asesinado el 13 de febrero de 1913. El vicepresidente de México fue inhabilitado porque estaba bajo arresto en aquel momento. Por tanto, Lascurain tomó posesión del cargo, nombró al general Victoriano Huerta como su sucesor y luego dimitió.

LA MAYOR COLONIA DE MAMÍFEROS

El perrito de las praderas de cola negra (*Cynomys ludovicianus*), un roedor de la familia *Sciuridae* que se encuentra en el oeste de EE. UU. y el norte de México, suele formar grandes colonias. Una sola colonia, descubierta en 1901, contenía 400 millones de ejemplares y cubría aproximadamente 61.400 km² (casi el tamaño de Irlanda). Se trata de la colonia más grande de mamíferos que jamás se ha registrado.

★ EL MAYOR TACO

El 8 de marzo de 2003, la ciudad de Mexicali y Cocinex SA de CV (Baja California, México) elaboraron un taco de 750 kg de peso. El taco es un plato tradicional mexicano: un rollo de tortilla de maíz con un relleno.

● EL DJ-ING MÁS LARGO

El maratón DJ más largo fue realizado por Agustín E. González Aguilar (México) y duró 88 horas. Tuvo lugar en el Barzelona Bar de Ciudad de Puebla (México), entre el 30 de julio y el 3 de agosto de 2006.

★ MAYOR ENTRAMADO DE CUEVAS BAJO EL AGUA

El 23 de enero de 2007, Stephen Bogaerts (Reino Unido) y Robbie Schmittner (Alemania) descubrieron que dos cuevas de la península del Yucatán (México) estaban conectadas. Ahora forman el sistema Sac Actun, la mayor red de cuevas jamás explorada, de 153 km de largo.

EL MAMÍFERO DE TIERRA MÁS RÁPIDO

En largas distancias, el berrendo (*Antilocapra americana*) es el animal de tierra más rápido. Estos ungulados ejemplares de la familia de los antílopes recorren una distancia de hasta 6 km a 56 km/h. Se encuentran al oeste de EE. UU., en el sudoeste de Canadá y en ciertas zonas del norte de México.

LA PIRÁMIDE MÁS GRANDE

En cuanto a su volumen, el monumento más grande jamás construido, y la mayor pirámide, es la Pirámide de Quetzalcóalt en Cholula de Rivadavia, a 101 km al sudeste de Ciudad de México. Mide 54 m de alto y su base abarca 18,2 ha. Se estima que su volumen total es de 3,3 millones de m³.

RECORDS 2009

VISAS

AMÉRICA CENTRAL Y EL CARIBE

EL LAGARTO MÁS RARO

La iguana jamaicana (*Cyclura collei*) es una especie en grave peligro de extinción, redescubierta en 1990. Con apenas un centenar de ejemplares adultos existente, se aferra a la supervivencia en las remotas Hellshire Hills del sur de Jamaica, la única zona importante de bosque seco tropical que queda en la isla, aunque bajo la amenaza de los carboneros.

● JEFE DE ESTADO EN ACTIVO DURANTE MÁS TIEMPO

Fidel Castro (Cuba), presidente del Consejo de Estado de Cuba, es el jefe de Estado no monárquico que mayor tiempo ha estado ejerciendo. Fue un líder político y revolucionario desde el 26 de julio de 1959 (cuando su guerrilla, liderada por Che Guevara, derrocó la dictadura militar del estado) hasta que anunció su retiro el 19 de febrero de 2008; un total de 48 años y 208 días. (Castro se convirtió en el presidente de Cuba cuando derrocó al primer ministro en 1976.)

Castro, famoso por pronunciar el **discurso en la ONU más largo**, el 26 de septiembre de 1960, se dirigió a las Naciones Unidas durante 4 h 29 min.

En 2006, Fabian Escalante (Cuba), un guardaespaldas de Castro, dijo que el presidente había sobrevivido a 638 intentos de asesinato: **el mayor número de intentos de asesinato fallidos** en la vida de una persona.

LA LLUVIA MÁS INTENSA

Aunque la lectura de la lluvia en períodos cortos es difícil de registrar, la cifra de 38,1 mm en un minuto caída en Basse Terre (Guadaloupe, el Caribe), el 26 de noviembre de 1970, se considera la lluvia más intensa registrada mediante métodos modernos.

EL ARTISTA DE MÁS EDAD QUE HA VENDIDO UN MILLÓN DE ÁLBUMES

El cantante y guitarrista Compay Segundo vendió un millón de álbumes en todo el mundo después de su 88 cumpleaños, en 1995. Empezó a grabar en la década de 1930, pero su fama empezó a crecer en 1996 al entrar a formar parte del Club Social Buena Vista.

DE UN VISTAZO

- **ÁREA:** América Central: 523.780 km²; **Caribe:** 127.753 km²
- **POBLACIÓN:** Centroamérica: 44.934.014; **Caribe:** 22.636.621 (est. de 2007)
- **DENSIDAD:** 103 hab./km²
- **PAÍSES:** Centroamérica: Belice, Costa Rica, El Salvador, Guatemala, Honduras, Nicaragua, Panamá; **Caribe:** Anguila, Antigua y Barbuda, Aruba, las Bahamas, Barbados, Islas Vírgenes Británicas, Islas Caimán, Cuba, Dominica, República Dominicana, Granada, Guadalupe, Haití, Jamaica, Martinica, Montserrat, Antillas Holandesas, Puerto Rico, Saint Barthélemy, San Cristóbal y Nieves, Santa Lucía, San Martín, San Vicente y las Granadinas, Trinidad y Tobago, Turks y Caicos, Islas Vírgenes de EE. UU.

EL AGUJERO AZUL MÁS PROFUNDO

El agujero azul de Dean es un agujero marino vertical de 76 m de diámetro y 202 m de profundidad en Turtle Cove, cerca de Clarence Town, en el eje atlántico de las Bahamas. A poca distancia de tierra, contiene 1,1 millones de m³ de agua y es la segunda caverna llena de agua más grande del planeta. Los agujeros azules se encuentran al nivel del mar (o bajo este nivel) y fueron cuevas que se llenaron de agua a medida que el hielo se derretía y el nivel freático subía durante la última Edad de Hielo.

LA SERPIENTE MÁS DELGADA

La rara serpiente *Leptotyphlops bilineata*, conocida sólo en la Martinica, Barbados y Santa Lucía, tiene un cuerpo tan delgado como una cerilla; tanto es así que podría entrar por el agujero de un lápiz cuando se ha extraído la mina. El mayor ejemplar conocido medía sólo 10,8 cm.

EL CIGARRO MÁS LARGO

Patricio Peña (Puerto Rico) y su equipo de Ray Cigars de Fuerte Buchanan (Puerto Rico) enrollaron a mano un cigarro de 41,2 m de largo, del 13 al 15 de febrero de 2007.

★ LOS NOVIOS Y NOVIAS MÁS MAYORES

De los 2.628 matrimonios que se celebraron en las Bahamas en 1996, el 73,9% de las novias tenían 30 años como mínimo, al igual que el 86% de los novios.

SUDAMÉRICA

DE UN VISTAZO

- **ÁREA**: 17.840.000 km²
- **POBLACIÓN**: 371 millones
- **DENSIDAD**: 20,8 hab./km²
- **DATOS CLAVE**: el continente sudamericano (que *no* incluye América Central) abarca el 3,5% de la superficie de nuestro planeta.
- **PAÍSES**: Argentina, Bolivia (con la **mayor Fuerza Naval sin acceso al mar**, con 4.800 personas en 2006), Brasil (el mayor país del continente, el **país con más selvas**, y el único de habla portuguesa de América), Chile, Colombia (deshonrosamente conocido por tener el **mayor índice de secuestros** y por ser el mayor **productor de cocaína**), Ecuador (**mayor índice de asesinatos**), Guayana Francesa, Guyana, Paraguay, Perú, Surinam, Uruguay, Venezuela (**más ganadoras de Miss Mundo**).

LA MAYOR LAGUNA

Lagoa dos Patos, localizada cerca de Rio Grande do Sul, en el extremo sur de Brasil, tiene 280 km de largo y ocupa una área de 9.850 km². Está separada del océano Atlántico por largos cinturones de arena. Su anchura máxima es de 70 km.

★ EL GUITARRISTA MÁS RÁPIDO

José del Rio (Chile) tocó *Duelling Banjos* con la guitarra a una velocidad de 250 pulsaciones por minuto en Las Condes (Santiago, Chile), el 9 de abril de 2006.

● El CONCIERTO A MAYOR ALTITUD

Musikkapelle Roggenzell –un grupo de 10 músicos de Alemania y Bolivia– dio un concierto a 6.069 m de altura en el monte Acotango (Bolivia), el 6 de agosto de 2007.

● LA MAYOR PISCINA

La piscina de agua de mar San Alfonso de Algarrobo (Chile) mide 1.013 m de longitud y tiene una área de 8 ha, más grande que 11 campos de fútbol.

MÁS PÚBLICO EN UN ESTADIO

Una multitud de 199.854 personas asistió a la Final de la Copa del Mundo Brasil-Uruguay de 1950 en el Estadio Municipal de Maracanã (Río de Janeiro, Brasil), el 16 de julio de 1950.

EL MAYOR CONSUMO DE COMIDA

Según las últimas cifras publicadas por el Britannica Yearbook 2000, Argentina presenta el mayor índice de consumo de comida. Cada persona consume el 183% del requisito recomendado por la FAO (Organización de las Naciones Unidas para la Agricultura y la Alimentación), cifra recogida en 1996.

● EL MAYOR BINGO

Un juego de bingo con 70.080 participantes se celebró en un acto organizado por los Almacenes Éxito S. A., en Bogotá (Colombia), el 2 diciembre de 2006.

EL PAÍS CON MENOS CINES POR HABITANTE

Surinam, con una población de 436.494 habitantes, tiene un único cine, localizado en la capital, Paramaribo. En 1997, este cine vendió un total de 103.626 entradas.

EL TELEFÉRICO MÁS ALTO Y MÁS LARGO

El teleférico Mérida, en Venezuela, va desde Ciudad de Mérida, a 1.639,5 m sobre el nivel del mar, hasta la cumbre del pico Espejo, a 4.763,7 m, una elevación de 3.124 m.

● EL MAYOR MARATÓN DE UN EQUIPO DE LECTURA EN VOZ ALTA

Un equipo compuesto por Milton Nan, Silvina Carbone, Yolanda Baptista, Carlos Antón, Edit Díaz y Natalie Dantaz (todos de Uruguay) leyó en voz alta durante 224 horas en el Mac Center Shopping (Paysandú, Uruguay), entre el 13 y el 22 de septiembre de 2007.

★ LA CARRETERA MÁS PELIGROSA

La carretera considerada la más letal del mundo es la de las Yungas, que recorre 69 km desde La Paz hasta Coroico, en Bolivia. Es responsable

EL LUGAR MÁS SECO

En el período entre 1964 y 2001, la media de precipitaciones anuales en la estación meteorológica de Quillagua, en el desierto de Atacama (Chile) fue de sólo 0,5 mm. Este descubrimiento se llevó a cabo durante el rodaje del documental *Going to Extremes*, de Keo Films en 2001.

de hasta 300 muertes al año, lo que hace un total de 4,3 muertes por km. En la mayor parte de los tramos, esta carretera fangosa de un carril (y tráfico en ambas direcciones) tiene una pendiente vertical de 4.700 m en su parte más alta. No es sorprendente saber que la carretera es más peligrosa en época de lluvias.

PEOR DESTRUCCIÓN DEL ENTORNO NATURAL POR EL FUEGO

Los intencionados incendios de 1997 lo convirtieron en el peor año de la historia en términos de destrucción del entorno natural. El mayor y más numeroso ocurrió en Brasil, donde ocupó un frente de 1.600 km.

●MÁS SURFISTAS EN LA MISMA OLA SIMULTÁNEAMENTE

Rico de Souza (Brasil) lideró a 84 surfistas tomando la misma ola en la playa de Santos (Santos, Sao Paulo, Brasil), el 2 septiembre de 2007.

EL NACIMIENTO MÁS AL SUR

En el momento de su nacimiento, Emilio Marcos Palma (Argentina), nacido el 7 de enero de 1978 en la Base Sargento Cabra (Antártida), fue el primer y único niño nacido en el sureño y helado continente.

EL PUEBLO MÁS AL SUR

Puerto Williams (1.600 hab. en 1996), en la costa norte de la isla Navarino (Tierra del Fuego, Chile), se halla a 1.090 km al norte de la Antártida.

EL ABOGADO DE MÁS ÉXITO

Sir Lionel Luckhoo (nacido el 2 de marzo de 1914), socio mayoritario de Luckhoo and Luckhoo de Georgetown (Guyana), consiguió 245 absoluciones por delitos de asesinato entre 1940 y 1985.

EL ÁRBOL CON MÁS ESPECIES DE FRUTAS

En 2000, Luis H. Carrasco E. (Chile) de Lo Barnechea (Santiago, Chile) injertó cinco especies de frutas en un ciruelo. El árbol llegó a dar albaricoques, cerezas, nectarinas, ciruelas y melocotones.

★LA PRIMERA PERSONA DISPARADA EN AMÉRICA

Un joven inca, que recibió presuntamente un disparo de manos de un conquistador español, durante el asedio de Lima (actual Perú) en 1536, es la supuesta primera víctima de disparo en el Nuevo Mundo.

EL GOL MÁS RÁPIDO DE UN SUPLENTE EN LA FASE FINAL DEL MUNDIAL

El jugador uruguayo Richard Morales marcó a los 18 s tras entrar en el campo, en el partido Uruguay-Senegal disputado en Suwon, correspondiente al Mundial de 2002 (Corea del Sur), el 11 de junio de 2002.

LA CARRETERA MÁS ANCHA

El llamado Eje Monumental recorre 2,4 km a lo largo de Brasilia (Brasil). Esta carretera de 6 carriles fue inaugurada en abril de 1960 y tiene 250 m de ancho.

★TRIBUS EN MAYOR PELIGRO DE EXTINCIÓN

De acuerdo con el informe publicado en agosto de 2003 por Survival International, la organización mundial de apoyo a los pueblos indígenas, las tres tribus en mayor peligro de extinción son los Ayoreo-Totobiegosode (5.000 hab.) del oeste de Paraguay, los Gana y Gwi «bosquimanos» (100.000 hab.) de Bostwana, y la tribu Jarawa (200-300 hab.) de las islas Andaman, en el océano Índico.

DESENTERRANDO A LA VÍCTIMA

La excavación arqueológica de Puruchuco (Lima), dirigida por Guillermo Cock (Perú), desenterró el cuerpo de un joven inca (encontrado junto con otros 71 en una fosa común). El examen forense de la víctima descubrió restos de hierro en los bordes de dos agujeros redondos situados en el cráneo, presuntamente resultado de una bola de acero de un mosquete, un arma muy usada por los conquistadores. Se descubrió también un orificio en la cara, que se supone que es por donde salió la bala. El esqueleto fue descubierto en 2004 y los resultados fueron publicados en *National Geographic* en junio de 2007.

★ RÉCORD NUEVO
● RÉCORD ACTUALIZADO

CANADÁ

DE UN VISTAZO

- **ÁREA**: 9.984.670 km²
- **POBLACIÓN**: 33.390.141
- **DENSIDAD**: 3,3 hab./km²
- **DATOS CLAVE**: Canadá es el segundo país más grande del mundo y uno de los menos poblados; sólo está desarrollada la mitad sur del país, el norte es tierra virgen. La bahía de Hudson, que abarca un área de 1.233.000 km² y tiene una costa de 12.268 km, es la **bahía más grande** del mundo. El estrecho de Davis, situado entre la isla Baffin (Canadá) y Groenlandia, es el **estrecho más ancho** del mundo y mide 388 km.

Más allá de sus maravillas naturales, Canadá cuenta con el **centro comercial más grande** del mundo, el West Edmonton Mall, con más de 800 tiendas (ver imagen derecha), y la CN Tower, la **torre no sostenida por cables más grande** del mundo (ver imagen extremo derecha).

★ RÉCORD NUEVO
● RÉCORD ACTUALIZADO

LA FRONTERA MÁS LARGA

La frontera entre Canadá y Estados Unidos se extiende a lo largo de 6.416 km, incluyendo la frontera de los Grandes Lagos y excluyendo la frontera de 2.547 km con Alaska. Si añadimos la frontera con Alaska, la frontera Canadá-EE. UU. es de 8.963 km en total.

EL MAYOR CENTRO COMERCIAL

El enorme West Edmonton Mall, en Alberta, abarca una superficie de 492.386 m², el equivalente a 48 manzanas (de calle) o 115 campos de fútbol americano, y su construcción costó 1.200 millones de dólares canadienses. Tiene más de 800 tiendas y 110 puntos de venta de comida.

El centro se inauguró el 15 de septiembre de 1981. Posee el **aparcamiento más grande** del mundo, con plazas para más de 20.000 vehículos (más una capacidad adicional para otros 10.000).

El centro también incluye Galaxyland, el **parque de atracciones interior más grande** del mundo, con una superficie de 37.200 m², 30 salas de juegos y 27 atracciones, entre las que se encuentra *Mindbender*, una montaña rusa de triple bucle y 14 pisos, y *Drop of Doom*, una atracción de caída libre de 13 pisos.

LA ISLA ARTIFICIAL MÁS GRANDE

La isla artificial más grande es Rene-Lavasseur, situada en la reserva Manicouagan (Quebec). Mide 2.020 km², así que toda la ciudad de Nueva York podría caber en ella 2,5 veces. Se formó después de construir una presa en un río para inundar un cráter causado por un meteorito hace 210 millones de años. La elevación central del cráter forma la isla.

DATO

Oficialmente conocida como Frontera Internacional, la frontera Canadá-Estados Unidos tiene que estar despejada de maleza y vegetación a lo largo de 6 m (3 m a ambos lados de la línea), tal como vemos en la imagen de arriba.

★ LA CARRETERA DE INVIERNO MÁS LARGA

La carretera «Wapusk Trail» mide 752 km y se construye cada año entre Gillam (Manitoba) y Peawanuk (Ontario). Proporciona acceso por carretera durante algunas semanas a asentamientos remotos situados en la zona de la bahía de Hudson, hasta que suben las temperaturas en el mes de marzo, cuando vuelve a cerrarse. En general, estos asentamientos sólo son accesibles por aire.

LA PISTA DE HIELO NATURAL MÁS GRANDE

El Rideau Canal Skateway de Ottawa (Ontario) mide 7,8 km de longitud y tiene una superficie total de 165.621 m², equivalente a 90 pistas de hielo olímpicas.

LA TORRE NO SOSTENIDA POR CABLES MÁS ALTA

La torre CN de Toronto se eleva a una altura de 553,34 m. Las excavaciones para la estructura de 130.000 toneladas de cemento reforzado postensado comenzaron en febrero de 1973, y su construcción concluyó el 2 de abril de 1975.

★ EL TIQUE MÁS GRANDE

La entrada más grande mide 142 x 50 cm, y fue creada por el Canada's National Arts Centre para entrar en el concierto Hope and Glory celebrado en Ottawa, el 8 de febrero de 2007.

★ MENOS TIEMPO DE UNA MUJER EN ATRAVESAR CANADÁ

Ann Keane (Canadá) atravesó corriendo el país desde St John's (Newfoundland) hasta Tofino (Columbia Británica) en 143 días, entre el 17 de abril y el 8 de septiembre de 2002. Recorrió un total de 7.831 km.

● EL MARATÓN MÁS RÁPIDO SALTANDO A LA COMBA

El récord del maratón más rápido saltando a la comba es de 4 h 28 min 48 s y lo logró Chris Baron (Canadá), en el ING Ottawa Marathon (Ontario), el 27 de mayo de 2007.

LA OLA MÁS ALTA

En 1953 se registró una ola de 16,6 m en Leaf Basin (Ungava Bay, Québec).

MÁS TROFEOS ART ROSS

El trofeo Art Ross se concede cada año al jugador que ha anotado más puntos en la temporada de la Liga Nacional de Hockey. Wayne Gretzky (Canadá) ganó un total de 10 trofeos Art Ross entre 1981 y 1994.

★ EL BATIDO DE FRUTAS MÁS GRANDE

El batido de frutas más grande contenía 681,92 litros de plátanos, fresas, sorbete, hielo y zumo de frutas, y lo hicieron Frank y Simon Voisin (ambos de Canadá) del Booster Juice Bar de Londres (Ontario), el 22 de julio de 2006.

★ MÁS INTERPRETACIONES CONSECUTIVAS DE UN HIMNO

El himno nacional canadiense se interpretó 607 veces consecutivas en el Harbourfront Centre de Toronto (Ontario), el 1 de julio de 2000.

TORRE CN

Durante todos estos años, la elevada torre CN ha sido testigo de muchos intentos de batir el récord. El **descenso más largo por el lateral de un edificio** fue de 446,5 m y lo lograron dos equipos de 12 personas. Todas ellas descendieron desde el observatorio de la torre hasta el suelo, el 1 de julio de 1992.

La **bodega más alta** del mundo es «Cellar in the Sky», situada en la torre CN, a 351 m sobre Toronto. Por último, el récord al **menor tiempo en subir la torre CN saltando en un *pogo-stick*** es de 57 min 51 s, y lo logró Ashrita Furman (EE. UU.), el 23 de julio de 1999.

Torre CN – guía del visitante

8,5 en la escala Richter, y los tramos superiores pueden soportar vientos de hasta 418 km/h.

En un día despejado, los visitantes pueden ver a una distancia de más de 160 km desde el observatorio hasta las cataratas del Niágara y todo el estado de Nueva York.

El restaurante 360°, situado en los dos tercios superiores de la torre, realiza una rotación completa cada 72 minutos.

La torre CN tiene el doble de altura que la emblemática torre Eiffel de París (Francia).

REINO UNIDO E IRLANDA

★ EL MAYOR BAILE ESCOCÉS

El mayor baile escocés estaba compuesto por 1.453 participantes de cinco escuelas de la región escocesa de Nairn (Reino Unido), que bailaron el *Dashing White Sergeant* en un acto organizado por el Nairn Associated Schools Group para celebrar el Año Escocés de la Cultura 2007, en Nairn Links (Escocia, Reino Unido), el 22 de junio de 2007.

DE UN VISTAZO

- **ÁREA**: Reino Unido 244.820 km²; **Irlanda** 70.280 km²
- **POBLACIÓN**: Reino Unido 60,7 millones; **Irlanda** 4,1 millones
- **DENSIDAD**: Reino Unido 248 hab./km²; **Irlanda** 58,3 hab./km².
- **DATOS CLAVE**: El **Reino Unido** comprende Gran Bretaña (Inglaterra, Escocia y Gales) e Irlanda del Norte (que ocupa una sexta parte de la isla de Irlanda). **Irlanda** (o Eire, su topónimo local) ocupa cinco sextas partes de la isla de Irlanda.

El Imperio Británico fue el **mayor imperio** de todos los tiempos, cubriendo un área de 36,6 millones de km² (aproximadamente un cuarto de la superficie de la Tierra) durante su apogeo (1917-1922).

★ EL MAYOR REINADO ACTUAL

El reinado actual más largo corresponde a su majestad la reina Isabel II (nacida el 21 de abril de 1926), que accedió al trono el 6 de febrero de 1952, después de la muerte de su padre, el rey Jorge VI. Isabel II es la reina del Reino Unido y jefa de estado de la Commonwealth.

★ EL MAYOR BAILE TRADICIONAL INGLÉS

El mayor baile tradicional inglés estaba compuesto por 88 participantes y fue organizado por el The Moreton-in-Marsh Show en Gloucestershire (Reino Unido), el 1 de septiembre de 2007.

● MÁS PELÍCULAS VISTAS

Gwilym Hughes (Reino Unido) de Gwynedd (Gales) vio su primera película, *Las minas del rey Salomón*, en 1953. Desde entonces ha anotado todas las películas que ha visto, registrando un total de 28.074 películas diferentes, el 13 de marzo de 2008.

★ MAYOR BOL DE GACHAS DE AVENA

El 15 de septiembre de 2007, se sirvió un bol de gachas de avena de 81,6 kg de peso en el Edinburgh Farmers' Market (Escocia, Reino Unido).

¿SABÍA QUE...?

Bruce visitó su pub número 40.000 en el Bull's Head de Ranmoor (Sheffield, Reino Unido). La imagen que aparece arriba fue tomada en el pub The Red Lion (Kent, Reino Unido).

● MÁS PUBS VISITADOS

Bruce Masters (Reino Unido) ha estado en 40.000 pubs y bares desde 1960, probando las cervezas locales donde estaban disponibles (datos del 9 de diciembre de 2006).

★ EL COCHE DE ÉPOCA MÁS CARO VENDIDO EN SUBASTA

Un coleccionista británico anónimo pagó 7.242.916 dólares por el Rolls Royce más antiguo del mundo, con número de serie 20154, lo que lo convirtió en el coche de época más caro (construido antes de 1905). El automóvil de dos asientos y 10 CV, fabricado en Manchester (Reino Unido) en 1904, fue vendido por la casa de subastas Bonhams de Londres (Reino Unido), el 3 de diciembre de 2007.

EL ZAPATEADO MÁS RÁPIDO

El ritmo más rápido para un zapateado es de 38 taconeos por segundo y fue realizado por James Devine de Ardnacrusha (Co. Clare, Irlanda), el 25 de mayo de 1998. Devine batió el récord de 35 taconeos por segundo conseguido por el «rey del baile» Michael Flatley (EE. UU.).

EL ÁREA CON MÁS TORNADOS

Sorprendentemente, el Reino Unido es el lugar con mayor número de tornados, con un récord de un tornado por 7.397 km². La cifra equivalente para EE. UU. es de un tornado por 8.663 km².

★ EL MAYOR ENCUENTRO DE TOCAYOS (APELLIDO)

El 9 septiembre de 2007, 1.488 personas con el apellido Gallagher se reunieron en Letterkenny (Irlanda), el mayor encuentro de «personas con el mismo apellido».

★ EL MOLINO MÁS ALTO

La destilería St Patrick de Dublín (República de Irlanda) tiene el molino de viento más alto del mundo. Actualmente sin aspas, el molino mide 45,7 m de alto.

● LA FILA MÁS LARGA DE *RIVERDANCE*

El récord mundial de la fila más larga de *Riverdance* constaba de 216 personas, y fue conseguido por CLRG Dance Schools, en la provincia de Leinster (St Stephens Green, Dublín, Irlanda), el 8 de noviembre, en la celebración del Día de los Récords Guinness 2007.

EL CUENCO DE CRISTAL MÁS PEQUEÑO

El cuenco de cristal hecho por Jim Irish (Irlanda), un antiguo maestro cortador de Waterford Crystal, medía 8,55 mm de ancho, 4,6 mm de alto y 2,1 mm de grueso, y tenía 208 cortes.

LA FIESTA DE BAILE MÁS LARGA

Unique Events Limited (Irlanda) organizó una fiesta de baile en el Quay Front (Wexford, Irlanda) que comenzó el 27 de octubre de 2006 al mediodía con 40 bailarines y terminó 55 horas después con 31 bailarines agotados, pero que aún se sostenían en pie.

★ LA PRIMERA MUJER *BEEFEATER*

Moira Cameron (Reino Unido), fue nombrada «vigilante alabardero del Palacio Real Fortaleza de la Torre de Londres» (Reino Unido), en enero de 2007. Los *beefeaters*, históricamente cargos masculinos, son guardianes solemnes de la Torre de Londres y su propósito era ocuparse de los prisioneros y salvaguardar las joyas de la corona británica. Actualmente, las obligaciones de Cameron incluyen la ceremonia de las llaves (cierre nocturno de las puertas) y conocer la historia milenaria de la Torre para guiar a grupos de turistas.

LOS MAYORES DÓLMENES

Stonehenge, situado en la llanura de Salisbury (Reino Unido), puede presumir de tener los mayores dólmenes (estructuras formadas por dos grandes piedras verticales que soportan una tercera piedra horizontal sobre ellas), con una serie de piedras sarsen de más de 45 toneladas cada una. La piedra vertical más alta de este monumento prehistórico mide 6,7 m de alto, con 2,4 m bajo tierra. La primera etapa de la construcción del círculo de piedras data del año 2950 a.C.

MENOS TIEMPO EN DESPLUMAR UN PAVO

El 17 de noviembre de 1980, Vincent Pilkington, de Cootehill (Co. Cavan, Irlanda), desplumó un pavo en 1 min 30 s para la televisión irlandesa RTE, en Dublín (Irlanda). A pesar de haber pasado ya 29 años desde que Vincent batió este récord, su logro todavía no ha sido superado.

FRANCIA Y MÓNACO

FRANCIA DE UN VISTAZO

(Excluidas las regiones de ultramar)

- **ÁREA:** 547.030 km²
- **POBLACIÓN:** 60,8 millones
- **DENSIDAD:** 111 hab/km²
- **DATOS CLAVE:** Francia es el **destino turístico más popular** del mundo. En 2006 atrajo a 79,1 millones de visitantes internacionales. Un total de 49.733 personas pidieron asilo en Francia en 2005, el ●**mayor número de solicitudes de asilo político para un país**.

Francia es una nación de amantes del vino, por eso no es sorprendente que el vino más caro disponible en comercios sea francés, el Chateau d'Yquem Sauternes (1787), un vino dulce de postre de Bordeaux, con un precio medio de 60.000 dólares.

¿Y el **vino más caro por copa**? Sí, también es francés: Robert Denby (Reino Unido) pagó 1.382,80 dólares por la primera copa de un Beaujolais Nouveau 1993, producido en Beaune (de Maison Jaffelin), en la región vinícola de Borgoña (Francia). La botella fue abierta en el pub británico Pickwick's, en Beaune, el 18 de noviembre de 1993.

●EL PAÍS CON MAYOR DENSIDAD DE POBLACIÓN

Mónaco es el país con mayor densidad de población del mundo, con 16.718 habitantes por km² en 2004.

EL PRIMER VUELO TRIPULADO

El francés François Pilâtre de Rozier es conocido como la primera persona que ha volado. El 15 de octubre de 1783, se elevó 26 m en el aire en un globo aerostático con sujeción, construido por los inventores Joseph y Jacques Montgolfier (Francia).

EL PRIMER CINE

El cinematógrafo Lumière del salón Indio, una antigua sala de billar del Grand Cafè, en el 14 Boulevard de Capucines (París, Francia), comenzó a funcionar bajo la dirección de Clément Maurice (Francia), el 28 de diciembre de 1895.

★EL ARMA MÁS CARA VENDIDA EN UNA SUBASTA

Una espada utilizada por el emperador Napoleón Bonaparte alcanzó la suma de 4,8 millones de euros en una subasta celebrada en Fontainebleau (Francia), el 10 de junio de 2007.

●EL TREN NACIONAL MÁS RÁPIDO

Una versión modificada del tren francés de alta velocidad (TGV), el V150 (con ruedas más grandes de lo normal, dos motores y tres coches de dos pisos) alcanzó una velocidad de 574,8 km/h, el 3 de abril de 2007.

LA TRUFA DE CHOCOLATE MÁS GRANDE

El 30 de noviembre de 2001, Alain Benier (Francia) presentó una trufa de chocolate de 100 kg de peso en el programa *L'Émission des Records* (París, Francia).

¿SABÍA QUE...?

Mónaco tiene el **menor porcentaje de niños (menores de 15 años) por familia**, con un promedio de 0,2 en 1996. También posee la **mayor cantidad de teléfonos por cada 1.000 personas**, con 1.000 receptores en 1998.

●MÁS NACIONALIDADES SIRVIENDO EN UNA FUERZA MILITAR

En julio de 2007, la Legión Extranjera francesa disponía de 7.655 hombres sirviendo en sus filas, con una gran variedad de nacionalidades; en concreto, 136.

★ RÉCORD NUEVO
● RÉCORD ACTUALIZADO

ITALIA

★ LA MAYOR CAZÖLA

Una *cazöla* es un plato tradicional italiano similar a un estofado de costilla y corteza de cerdo, bacon, salchichas y legumbres. La mayor *cazöla* fue creada por 10 voluntarios de la ciudad de Ossona (Italia) y pesó 931,46 kg. Fue mostrada en la Piazza Litta (Ossona), el 24 de agosto de 2002.

DE UN VISTAZO

- **ÁREA**: 301.230 km²
- **POBLACIÓN**: 58,1 millones
- **DENSIDAD**: 192 hab./km²
- **DATOS CLAVE**: No es sorprendente que Italia ostente el récord de la ★ **mayor pizza**. El 4 de octubre de 2007, un equipo de chefs liderado por Umberto Mosti (Italia), propietario de la Pizzeria Fornaretto (Massa, Italia), crearon una pizza de 407,37 m. *Il bel paese* (el bello país) es también escenario del Stromboli, en el mar Tirreno, el **volcán que lleva en erupción más tiempo** y que sufre continuas erupciones desde, por lo menos, el siglo VII a.C. Sus explosiones regulares de gases y lava, normalmente muchas de ellas cada hora, le han valido el sobrenombre del «Faro del Mediterráneo».

★ LA MAYOR PANCETA

La Commune de Ponte dell'Olio y la Cámara de Comercio de Piacenza (Piacenza, Italia) crearon una panceta (grasa de cerdo curada) de 150,5 kg de peso. Se mostró en el Festival de la Panceta de Ponte dell'Olio (Italia), el 23 de junio de 2002.

EL GOL MÁS RÁPIDO EN UNA FINAL DE LA CHAMPIONS

Paolo Maldini (Italia) marcó un gol a los 52 s de encuentro, en la final de la Liga de Campeones que enfrentó el AC Milán y el Liverpool, el 25 de mayo de 2005.

EL ÁLBUM DE MÚSICA CLÁSICA MÁS VENDIDO

In Concert –grabado por José Carreras, Plácido Domingo y Luciano Pavarotti, en Roma, el 7 de julio de 1990, durante la fase final del Mundial de fútbol de 1990– ha registrado unas ventas mundiales de 10,5 millones de copias hasta la fecha.

EL FABRICANTE QUE HA GANADO MÁS PREMIOS DE F1

Ferrari (Italia) ha ganado el mayor número de campeonatos del mundo de constructores de Fórmula 1, concretamente 201, entre 1951 y 2007.

● LA CAMISETA DE FÚTBOL MÁS GRANDE

El 18 de diciembre de 2007, ERREA creó para KONAMI una camiseta de fútbol con unas medidas de 68,50 x 71 m, para celebrar el lanzamiento del ProEvolution Soccer 2008, en un acto organizado por Brand2Live en el Arena Civica (Milán, Italia).

● EL MAYOR MARATÓN DE RADIO

Stefano Venneri (Italia) estuvo en el aire durante 135 horas para la emisora BBSI de Alessandria (Italia), del 21 al 26 de abril de 2007.

EL MAYOR ANFITEATRO

El anfiteatro Flavio o Coliseo de Roma (Italia), terminado en 80 d.C., abarca un área de 2 ha y tiene una capacidad para 87.000 personas. Tiene una longitud máxima de 187 m y una anchura máxima de 157 m.

EL FABRICANTE DE SCOOTERS MÁS ANTIGUO

Piaggio (Italia) es el productor de la famosa Vespa. El prototipo de la scooter Vespa fue testado y aprobado en diciembre de 1945, y la producción comenzó en abril de 1946.

ESPAÑA

DE UN VISTAZO

- **ÁREA**: 504.782 km²
- **POBLACIÓN**: 40.448.191
- **DENSIDAD**: 80 hab./km²
- **DATOS CLAVE**: España es el **mayor cultivador de aceitunas del mundo**, con una producción de 970.000 toneladas anuales. Las principales regiones olivareras son Cataluña y Andalucía. España e Italia aportan en conjunto el 54% de la producción total de aceite de oliva del mundo.

Casa Botín, en Madrid (España), está considerado el **restaurante más antiguo** del mundo, pues lleva abierto ininterrumpidamente desde 1725.

Continuando con la cocina, España posee el récord de **la paella más grande**. El 8 de marzo de 1992 Juan Carlos Galbis (España) y sus ayudantes cocinaron en Valencia (España) una paella de 20 m de diámetro que se comieron entre 100.000 personas.

LA MAYOR BATALLA «VEGETAL»

El último miércoles de agosto, la localidad de Buñol, cerca de Valencia (España), celebra su fiesta anual del tomate, la llamada Tomatina. En 2004, 38.000 personas pasaron una hora lanzándose unas 125 toneladas de tomates.

Cuando concluye la batalla, las calles y todos los participantes están completamente pringados de tomate.

●EL MAYOR ROMPECABEZAS COMERCIAL

La firma EDUCA, de Barcelona (España), fabrica un rompecabezas que consta de 24.000 piezas.

★MÁS PARTICIPANTES EN UN JUEGO DE ROL

Un total de 483 personas del grupo Irmandiños a Revolta participaron en un juego de rol en Monterrei (España), del 5 al 7 de octubre de 2007.

DATO

El **tomate más pesado** del mundo pesó 3,51 kg y lo cultivó G. Graham (EE. UU.), de Edmond (Oklahoma, EE. UU.), en 1986.

★EL CHORIZO MÁS LARGO

El alcalde Manuel Alberto Pardellas Álvarez y el Concello de Melón elaboraron un chorizo de 110,15 m de largo en Melón (Orense, España), el 25 de febrero de 2007.

●LA CAFETERA MÁS GRANDE

La empresa Salzillo Tea and Coffee (España) fabricó una cafetera de 230 cm de alto y 72 cm de diámetro en Murcia (España), en febrero de 2007.

LA JOTA MÁS NUMEROSA

Un total de 157 parejas bailaron la jota aragonesa durante ocho minutos en Zaragoza (España), el 18 de mayo de 2003.

EL MAYOR CLUB NOCTURNO

El club nocturno Privilege de San Rafael (Ibiza, España) puede acoger hasta 10.000 personas y abarca una superficie de 6.500 m².

★MÁS BOTIJOS

Jesús Gil-Gilbernau, de Río de Logroño (España), ha reunido más de 3.000 botijos (vasija tradicional española para agua con una boca, un pitorro y un asa).

●LA MAYOR BATALLA CON PISTOLAS DE AGUA

Nada menos que 2.671 personas participaron en la mayor batalla de pistolas de agua del mundo, organizada por la Coordinadora de Peñas de Valladolid (España), el 14 de septiembre de 2007, dentro del programa de las fiestas patronales de esa ciudad, capital de Castilla y León, la comunidad autónoma más extensa de España.

●LA MAYOR ALFOMBRA DE ARENA

Midió 859,42 m² y se elaboró en la plaza del Ayuntamiento de La Oraotava (Tenerife, España), el 13 de junio de 2007, por Corpus Christi.

PORTUGAL

LA MAYOR GUITARRA ACÚSTICA

La mayor guitarra acústica que puede tocarse mide 16,75 m de largo, 7,57 m de ancho y 2,67 m de fondo; la fabricó Realizarevents (Oporto, Portugal) y pesa 4 toneladas.

LA MAYOR COLCHA DE *PATCHWORK*

La colcha de *patchwork* más grande del mundo medía 25.100 m^2 y se llama *Manta da Cultura*. El proyecto, una iniciativa de Realizar - Eventos Especiais, Lda., en el parque da Cidade (Oporto, Portugal), se terminó el 18 de junio de 2000.

LA MAYOR EXHIBICIÓN PIROTÉCNICA

La empresa Macedo's Pirotecnia Lda. presentó una exhibición de fuegos artificiales de 66.326 cohetes en Funchal (Madeira, Portugal), el 31 de diciembre de 2006.

●MÁS AVIONES DE PAPEL LANZADOS A LA VEZ

Un total de 12.672 aviones de papel fueron lanzados simultáneamente el 2 de noviembre de 2007 en un acto organizado por Realizar Impact Marketing y el FC Porto en el estadio Dragao de Oporto (Portugal).

★ RÉCORD NUEVO
● RÉCORD ACTUALIZADO

DE UN VISTAZO

● **ÁREA**: 92.391 km^2
● **POBLACIÓN**: 10.642.836
● **DENSIDAD**: 115 hab./km^2
● **DATOS CLAVE**: El príncipe heredero, Luis Felipe de Portugal, fue a efectos legales rey de Portugal (Luis III) durante aproximadamente 20 minutos, el 1 de febrero de 1908. Su padre fue asesinado a tiros en las calles de Lisboa y el príncipe heredero resultó mortalmente herido en el mismo atentado. Aunque entonces le hubiera servido de poco consuelo, este hecho le otorgó el récord del **reinado más corto de todos los tiempos**.
Con 2.351 m sobre la superficie del mar y 6.098 m bajo el mar, el monte Pico de las islas Azores (Portugal) es la **montaña con mayor superficie bajo el agua**.

MÁS BOSQUES DE ALCORNOQUES

Portugal posee el 33% de los alcornocales del mundo: 725.000 ha que representan el 51% de la producción mundial de corcho.

★ CLUB DE FÚTBOL CON MÁS SEGUIDORES

El Sport Lisboa e Benfica (Portugal) tiene 160.398 socios. El récord fue admitido el 9 de noviembre de 2006, durante la celebración del Día Guinness World Records.

★ LA NAVAJA MÁS GRANDE

Diseñada por Telmo Cadavez y fabricada a mano por Virgilio, Raúl y Manuel Pires (todos de Portugal), la navaja más grande mide 3,9 m una vez abierta y pesa 122 kg.

● EL MOSAICO DE COCHES MÁS GRANDE

Las empresas Realizar S.A. y Smart Advertising (ambas de Portugal) formaron un mosaico compuesto por 253 coches Smart en el Mundo Dakar, el 9 de diciembre de 2007. El acontecimiento estuvo organizado por Euro RSCG para Jogos Santa Casa en Lisboa (Portugal).

● LA OLA MÁS LARGA

Realizar Impact Marketing organizó una ola con 8.453 participantes en el Parque das Nações de Lisboa (Portugal), el 12 de agosto de 2007.

● EL DIRECTOR DE CINE MÁS ANCIANO

Manoel de Oliveira (Portugal; nacido el 11 de diciembre de 1908), que empezó su carrera como director de cine en 1931, rodó su película más reciente, *Cristóvão Colombo - O Enigma* (Portugal, 2007), a la edad de 99 años 2 días.

PAÍSES NÓRDICOS

LA CAPITAL
MÁS SEPTENTRIONAL

La ciudad más septentrional –y la capital más septentrional– es Reykjavic (Islandia), situada a 64º08'N. En 2007, tenía una población de 112.387 habitantes.

La capital más septentrional de una dependencia es Nuuk (antes Godthåb, Groenlandia), situada a 64º15'N. Su población era de 15.047 habitantes en 2007.

DE UN VISTAZO

SUECIA
- **ÁREA:** 449.964 km²
- **POBLACIÓN:** 9 millones
- **DENSIDAD:** 20 hab./km²

FINLANDIA
- **ÁREA:** 338.145 km²
- **POBLACIÓN:** 5,2 millones
- **DENSIDAD:** 15 hab./km²

NORUEGA
- **ÁREA:** 323.802 km²
- **POBLACIÓN:** 4,6 millones
- **DENSIDAD:** 14 hab./km²

ISLANDIA
- **ÁREA:** 103.000 km²
- **POBLACIÓN:** 304.367
- **DENSIDAD:** 2,9 hab./km²

DINAMARCA
- **ÁREA:** 43.094 km²
- **POBLACIÓN:** 5,4 millones
- **DENSIDAD:** 125 hab./km²

★ EL ANIMAL MÁS LONGEVO

El animal no colonial más longevo es una almeja quahog (*Arcaica islandica*) que vivía en el lecho marino en la costa norte de Islandia hasta que fue extraída por unos investigadores de la Bangor University's School of Ocean Sciences (Reino Unido) en 2006. El 28 de octubre de 2007, los esclerocronologistas de la universidad declararon que la almeja tenía 405-410 años de edad. Se la apodó «Ming» en honor a la dinastía china que gobernaba cuando nació.

MÁS VICTORIAS EN LE MANS

El mayor número de victorias en las 24 horas de Le Mans es siete y las consiguió Tom Kristensen (Dinamarca) en 1997 y 2000-2005.

● EL CONCIERTO A MAYOR ALTITUD

El 27 de marzo de 2007, la banda noruega de Even Johansen (alias Magnet) celebró el lanzamiento de su nuevo álbum *The Simple Life!* tocando a una altitud de 12.192 m en un vuelo de Oslo (Noruega) a Reykjavik (Islandia).

MAYOR NÚMERO DE ESPECTADORES DE CINE EN UN AÑO

Islandia tiene el mayor número de espectadores de cine per cápita del mundo, con 5,45 visitas por persona en 2004. El país tiene 46 cines, que en 2003 registraron un total de 1.531.000 admisiones.

MAYOR NÚMERO DE VUELTAS MÁS RÁPIDAS EN UNA TEMPORADA DE FÓRMULA UNO

Mika Hakkinen (Finlandia) obtuvo 9 vueltas más rápidas en la temporada 2000 de Fórmula Uno.

★ LA CARRERA EN COCHE MÁS RÁPIDA SOBRE HIELO

El 20 de febrero de 2007, Juha Kankkunen (Finlandia) condujo un Bentley Continental GT a 321,65 km/h en el mar helado del Golfo de Botnia en Kuivaniemi (Finlandia).

¿SABIA QUE...?

Islandia es el país con el **menor gasto militar per cápita**. Según el World Factbook de la CIA, en 2005 Islandia gastó 0 dólares en su ejército.

MÁS MEDALLAS OLÍMPICAS EN ATLETISMO (HOMBRE)

Paavo Nurmi (Finlandia) ganó un total de 12 medallas de atletismo (nueve de oro y tres de plata) en los Juegos Olímpicos de 1920, 1924 y 1928.

EL MAYOR LABERINTO PERMANENTE

Diseñado por Eric y Karen Poulsen (ambos de Dinamarca), el Samso Labyrinten de la isla de Samso (Dinamarca) abrió al público el 6 de mayo de 2000 y tiene un área de 60.000 m².

LA BANDERA NACIONAL OFICIAL MÁS ANTIGUA

El diseño actual de la bandera danesa –una cruz blanca escandinava sobre fondo rojo– fue adoptada en 1625 y su forma cuadrada en 1748. En Dinamarca se la llama *Dannebrog*, o «paño danés».

● EL MAYOR CONJUNTO DE UKELELE

«Ukelele 07», organizado en la isla de Lågholmen (Estocolmo, Suecia), el 18 de agosto de 2007, incluyó un conjunto de ukelele compuesto por 401 participantes.

★ RÉCORD NUEVO
● RÉCORD ACTUALIZADO

● LA BUFANDA MÁS LARGA

Durante un período de 23 años, Helge Johansen (Noruega) tejió una bufanda de 3.463,73 m de largo, y la acabó en Oslo (Noruega), el 10 de noviembre de 2006.

★ EL CONCIERTO A MAYOR PROFUNDIDAD

El grupo finlandés Agonizer dio un concierto a 1.271 m bajo el nivel del mar, en Pyhäsalmi Mine Oy (Pyhäjärvi, Finlandia), el 4 de agosto de 2007.

MÁS PRODUCCIONES MUSICALES SIMULTÁNEAS

En febrero de 2005, se representaron 12 producciones de *Mamma Mia!* (música y letra de Benny Andersson y Björn Ulvaeus, ambos de Suecia) simultáneamente: nueve producciones residentes (Londres, Reino Unido; Las Vegas, EE. UU.; Nueva York, EE. UU.; Madrid, España; Osaka, Japón; Estocolmo, Suecia; Stuttgart, Alemania; Toronto, Canadá y Utrecht, Holanda) y tres giras en Europa, Sudáfrica y EE. UU.

★ EL CAFÉ MATUTINO MÁS MULTITUDINARIO (EN UN SÓLO LOCAL)

El 6 de junio de 2007, un grupo de 2.620 personas se reunieron para tomar el primer café de la mañana en el Festival Diocesano de Kalmar (Suecia).

MÁS MEDALLAS OLÍMPICAS DE ESQUÍ ALPINO (CATEGORÍA FEMENINA)

Kjetil André Aamodt (Noruega) ganó un total de ocho medallas (cuatro de oro, dos de plata y dos de bronce) en los Juegos Olímpicos entre 1992 y 2006.

★ MÁS MILLONARIOS

Según un informe de CapGemini y Merrill Lynch realizado en julio de 2007, uno de cada 86 noruegos afirma poseer una fortuna neta de más de 1 millón de dólares –excluyendo el valor de sus primeras residencias.

DATOS CLAVE

● **EL MAYOR PUEBLO HECHO DE HIELO:** cerca del famoso hotel de hielo en Jukkasjärvi (Suecia) se construyó un pueblo de 140 iglús para acomodar a los 700 empleados de Tetra Pak International durante una conferencia celebrada en el hotel en diciembre de 2002.

● **LA MAYOR IGLESIA DE MADERA:** la iglesia Kerimäki, en Kerimäki (Finlandia), tiene 45 m de fachada, 42 m de ancho y 27 m de altura. Su cúpula mide 37 m. Puede acomodar a 3.000 personas sentadas y 5.000 de pie.

● **★MAYORES DONACIONES DE AYUDA EXTERIOR (PORCENTAJE DE PIB):** según la Organización para la Cooperación y el Desarrollo Económico (OCDE), en 2004 Noruega donó 2.200 millones de dólares, el 0,9% de su producto interior bruto (PIB), a los países más pobres.

● **EL PAÍS CON LOS IMPUESTOS MÁS ELEVADOS:** en Dinamarca, la tasa más elevada del impuesto sobre la renta fue de 62,9% en junio de 2003.

● **EL MAYOR MANANTIAL DE AGUA CALIENTE:** el mayor río de agua caliente emana de las aguas termales alcalinas de Deildartunguhver, al norte de Reykiavik (Islandia), a una velocidad de 245 litros de agua caliente por segundo.

ALEMANIA

★LA TORRE
MÁS INCLINADA

El campanario de la iglesia protestante de Suurhusen (Alemania) tenía un ángulo de inclinación de 5,1939° cuando se midió el 17 de enero de 2007. Por lo tanto, le ha arrebatado el récord a la famosa Torre Inclinada de Pisa (Italia), cuyo ángulo de inclinación es de 3,97°.

DE UN VISTAZO

- **ÁREA**: 357.021 km²
- **POBLACIÓN**: 82,4 millones
- **DENSIDAD**: 230 hab./km²
- **DATOS CLAVE**: Alemania es el primer país que tuvo un **ferrocarril eléctrico público**, que se inauguró el 12 de mayo de 1881 en Lichtervelde, cerca de Berlín. Los alemanes también son los **turistas que más dinero gastan** en el extranjero. En 2004, se gastaron 71.000 millones de dólares durante sus vacaciones en otros países. La caída del Muro de Berlín (que separó Berlín Occidental de Berlín Oriental y del resto de Alemania Oriental durante 28 años, entre 1961 y 1989) causó el atasco de tráfico más grande del mundo cuando 18 millones de coches quedaron bloqueados en la frontera. Por último, Alemania ostenta el récord a la **mayor tasa de reciclaje de papel**: cada año recicla entre el 70 y el 80% de su papel y cartón.

★EL VESTIDO *DIRNDL* MÁS GRANDE

El 21 de junio de 2003, Gabriele Hein-Fischer (Alemania) presentó un traje *dirndl* que era una réplica exacta a gran escala del traje bávaro tradicional. La falda medía 2,9 m de largo y 9 m de diámetro. El traje se completó con un corpiño ¡y una camisa cuyas mangas medían 1,5 m de largo!

●EL PASTEL SELVA NEGRA MÁS GRANDE

El 16 de julio de 2006, Hans-Dieter Busch, de la Pastelería K&U de Rust (Alemania), hizo un pastel Selva Negra (de cereza) que pesaba 2,963 kg.

★LA CALLE MÁS ESTRECHA

Spreuerhofstrasse en Reutlingen (Alemania), mide 31 cm en su punto más estrecho y 50 cm en el más ancho. Se midió en febrero de 2006.

★EL GÉISER DE AGUA FRÍA MÁS ALTO

El géiser Andernach en Andernach (Alemania) expulsa agua a 30-60 m de altura. A diferencia de los géiseres de agua caliente naturales, los llamados géiseres de «agua fría» están formados por agua fría subterránea que disuelve grandes cantidades de dióxido de carbono (liberado a través de grietas del manto superior de la Tierra) que «cargan» el agua. Esta agua subterránea carbonatada entra en erupción desde un pozo perforado. El pozo Andernach tiene 350 m de profundidad y volvió a perforarse en 2001, tras su cierre en 1957 debido a los daños causados por la guerra. La altura máxima del agua expulsada es de 61,5 m, y se registró el 19 de septiembre de 2002. El volumen medio de agua expulsada en cada erupción es de 7.800 litros.

★RÉCORD NUEVO
●RÉCORD ACTUALIZADO

★MÁS TIEMPO VOLANDO EN UN ZEPELÍN

En noviembre de 1928, el piloto Hugo Eckener (Alemania) voló en el Zeppelín Graf durante 71 horas y 6.384,5 km entre Lakehurst (Nueva Jersey, EE. UU.) y Friedrichshafen (Alemania).

★EL *STRUDEL* MÁS LARGO

El 1 de septiembre de 2007, las empresas Freunde der Bütt y la Pastelería Flesch hicieron un *strudel* de 63,81 m en Bitburg (Alemania).

PAÍSES BAJOS

● LA FLOTILLA DE REMOLCADORES MÁS LARGA

El 16 de junio de 2007, De Binnenvaart Association of Inland Shipping congregó una flotilla de 148 remolcadores en Dordrecht (Países Bajos). Recorrieron una distancia de más de 3 km.

● LA ESCOBA MÁS GRANDE

El 12 de septiembre de 2006, miembros de Kreateam 2006 hicieron una enorme escoba en Sint-Annaland (Países Bajos) que medía 32,65 m de largo y el palo tenía 20,85 m.

★ MÁS PERSONAS GIRANDO PLATOS SIMULTÁNEAMENTE

En la inauguración oficial del Sportcampus de Utrecht (Países Bajos), el 25 de septiembre de 2007, 1.026 personas hicieron girar platos al mismo tiempo.

EL MOLINO DE VIENTO MÁS ALTO

El Noord Molen de Schiedam (Países Bajos) mide 33,33 m de altura.

★ EL ALMIAR MÁS GRANDE

El 6 de julio de 2006, se construyó un almiar en el Flaeijel Festival de Friesland (Países Bajos) que medía 9,51 m de alto y tenía un diámetro de 17 m.

★ LAS GAFAS MÁS GRANDES

Errold Jessurun (Países Bajos), que trabaja en la óptica Jess, en Weesp (Países Bajos), fabricó el par de gafas más grandes en diciembre de 2004. La anchura total era de 1,94 m, y cada lente medía 68 cm de ancho.

● MÁS PIEZAS DE DOMINÓ DERRIBADAS POR UN GRUPO

Después de que cientos de constructores de 13 países instalaran durante semanas 4.079.381 piezas de dominó, el 17 de noviembre de 2006 (Día del Dominó) se derribaron en Leeuwarden (Países Bajos).

EL BAILE DE ZUECOS MÁS NUMEROSO

Un grupo de 475 personas participó en un baile de zuecos en Spuiplein (La Haya, Países Bajos), el 8 de julio de 2006.

● LA MEDIA MARATÓN MÁS RÁPIDA EN HIELO/NIEVE

Wim Hof (Países Bajos) corrió una media maratón descalzo en 2 h 16 min 34 s cerca de Oulu (Finlandia), el 26 de enero de 2007.

EL GOL MÁS RÁPIDO DE LA LIGA DE CAMPEONES

El 7 de marzo de 2007, Roy Makaay (Países Bajos) marcó el primer gol de su equipo, el Bayern de Munich, frente al Real Madrid en 10 s en Munich (Alemania).

DE UN VISTAZO

- **ÁREA**: 41.526 km²
- **POBLACIÓN**: 16,5 millones
- **DENSIDAD**: 399 hab./km²
- **DATOS CLAVE**: los Países Bajos son famosos por su cerveza y celebran este hecho con el récord al **mayor número de personas en una carrera de cerveza**: 928 participaron en una competición en Wageningen (Países Bajos), el 1 de febrero de 2007. La ciudad de Ámsterdam alberga la Bolsa más antigua del mundo. Fundada en 1602, emitía acciones para la United East India Company de los Países Bajos.

EUROPA CENTRAL Y ORIENTAL

DE UN VISTAZO

- **ÁREA**: 3.554.034 km²
- **POBLACIÓN**: 437.962.482
- **DENSIDAD**: 123 hab./km²
- **PAÍSES**:

Europa Central: Austria (la **mayor proporción de agricultura ecológica**. Un 10% de la tierra se cultiva de forma orgánica), República Checa (los **mayores consumidores de cerveza**, con 160,5 litros por persona), Alemania (ver pág. 260), Hungría (**más goles marcados en una Copa del Mundo de fútbol**: 27 en 1954), Liechtenstein, Polonia (alberga la **sala de cine en funcionamiento más antigua**, el cine Pionier, que abrió en 1945), Eslovaquia (la **mayor colección de servilletas**: 30.300, que pertenecen a Antónia Kozáková), Eslovenia (el **pozo natural más profundo**: Vrtiglavica, que significa «vértigo», está situado en el Monte Kanín y mide 643 m de profundidad) y Suiza.

Europa Oriental: Belarús, Estonia, Letonia (el **menor número de hombres**: el 53,97% de la población son mujeres y el 46,03% hombres), Lituania, Moldavia, Rumanía (el **mayor refugio para perros**: Ute Langenkamp puede albergar hasta 3.000 perros), y Ucrania.

Sudeste de Europa: Albania, Bulgaria, Bosnia y Herzegovina, Croacia, Grecia (el **primer diccionario**, compilado por Protágoras de Abdera en el siglo v a. C., los **primeros Juegos Olímpicos**, celebrados en 776 a. C.), Macedonia, Montenegro, Rumanía, Serbia, Kosovo y parte de Turquía.

●MÁS PAREJAS BESÁNDOSE SIMULTÁNEAMENTE

El mayor número de parejas besándose simultáneamente fue 6.980 (13.960 participantes) en un acto organizado por Radio Kameleon en Tuzla (Bosnia y Herzegovina), el 1 de septiembre de 2007.

★EL PANAL MÁS GRANDE

El 30 de agosto de 2007, se extrajo un panal que pesaba 10,4 kg –equivalente al peso de un niño de dos años– de una colmena que pertenece a Argirios Koskos (Grecia).

EL EDIFICIO MÁS PESADO

Para la construcción del palacio del Parlamento en Bucarest (Rumanía) se emplearon 700.000 toneladas de acero y bronce, 1 millón de m³ de mármol, 3.500 toneladas de cristal y 900.000 m³ de madera.

●LA MAYOR REUNIÓN DE NIÑOS PROBETA

La mayor reunión de niños nacidos por inseminación artificial congregó a 1.180 bebés, en el Centro de Reproducción Asistida ISCARE IVF de Praga (República Checa), el 15 de septiembre de 2007.

●EL BAR MÁS PEQUEÑO

El bar con licencia permanente más pequeño se llama «Smallest Whisky Bar on Earth» y tiene una superficie total de 8,53 m². El bar, cuyo dueño es Gunter Sommer (Suiza), se encuentra en Sta. Maria (Graubünden, Suiza). Se inauguró en 2006 y se midió en julio de 2007.

EL BILLETE CON LA DENOMINACIÓN MÁS ALTA

El billete con la denominación más elevada del mundo es el B-pengó húngaro de 100 millones (100.000.000.000.000.000.000 pengó). Se introdujo el 1 de enero de 1946 y se retiró el 31 de julio de 1946, cuando valía aproximadamente 0,20 dólares.

★EL PAÍS CON MAYOR PORCENTAJE DE MANO DE OBRA FEMENINA

El país con el mayor porcentaje de mujeres trabajadoras es Belarús, con un 53,3%. (En contraste, Pakistán tiene el ★**mayor porcentaje de hombres** en el mercado de trabajo, con un 83,9%).

MÁS PUNTOS EN UN DECATLÓN (MUJER)

Austra Skujyte (Lituania) obtuvo un total de 8.358 puntos en el decatlón celebrado en Columbia (Missouri, EE. UU.,) el 14-15 de abril de 2005. Batió el récord anterior de 8.150 puntos logrado por Marie Collonvillé (Francia) el año anterior.

★ EL RADIADOR MÁS GRANDE

El radiador más grande medía 6,02 m de alto y 5,98 m de largo. Fue fabricado por CINI Co. y exhibido en Cacak (Serbia), el 23 de abril de 3007.

★ EL VALS MÁS MULTITUDINARIO

Un total de 115 parejas bailaron un vals en la sala Prater de Viena (Austria). Lograron este récord durante el acto Vienna Recordia organizado por ORF Radio Wien, el 30 de septiembre de 2007.

★ LA CERILLA MÁS GRANDE

Estonian Match Ltd. fabricó una cerilla que medía 6,235 m de largo y tenía un diámetro de 27,5 cm. Se presentó y se encendió en el teatro Ugala de Viljandi (Estonia), el 27 de noviembre de 2004.

★ LA CADENA DE CONDONES MÁS LARGA

El récord a la cadena de condones más larga es 3.269,46 m y lo logró PSI Romania en Unirii Boulevard (Bucarest, Rumanía), el 28 de octubre de 2007.

MENOS ACCIDENTES DE TRÁFICO MORTALES

Malta tiene el menor índice de accidentes mortales por carretera, con sólo 1,6 muertes por 100.000 habitantes en 1996. (El porcentaje más elevado corresponde a isla Mauricio, con un 43,9 por 100.000 habitantes).

● LA MAYOR DISTANCIA NADANDO EN UN OCÉANO

La mayor distancia recorrida en mar abierto y sin aletas es de 225 km y la logró Veljko Rogosic (Croacia) al cruzar el Mar Adriático desde Grado hasta Riccinoe (ambos en Italia) del 29 al 31 de agosto de 2006.

● LA COLA MÁS LARGA DE UN VESTIDO DE NOVIA

La cola más larga de un vestido de novia medía 1.362 m y fue creada por Andreas Evstratiou (Chipre) para la tienda de vestidos de novia Green Leaf en Paphos (Chipre) el 18 de febrero de 2007. ¡La cola mide lo mismo que 20 aviones jumbo de punta a punta!

EL CORTEJO NUPCIAL DE MOTOS MÁS LARGO

Los entusiastas de las motos Peter Schmidl y Anna Turceková (ambos de Eslovaquia) tuvieron una comitiva nupcial de 597 motos cuando se casaron en Bratislava (Eslovaquia), el 6 de mayo de 2000. El acto coincidió con el Chopper Show 2000, al que acudieron la mayoría de los miembros de la comitiva.

★ RÉCORD NUEVO
● RÉCORD ACTUALIZADO

EL GRAN MAESTRO DE AJEDREZ MÁS JOVEN

Sergey Karjakin (Ucrania, nacido el 12 de enero de 1990) se convirtió en el Gran Maestro Internacional más joven el 12 de agosto de 2002, a los 12 años 212 días de edad.

RUSIA

DE UN VISTAZO

- **ÁREA**: 17.075.200 km²
- **POBLACIÓN**: 141,3 millones
- **DENSIDAD**: 8,2 hab./km²
- **DATOS CLAVE**: Rusia es el **país más grande del mundo** y representa el 11,5% de la superficie terrestre. Allí se encuentra también el **embalse más grande del mundo**, la presa de Bratskoye, con un volumen de 169,3 km³.

EL LAGO MÁS ANTIGUO

El lago Baikal, en Siberia, tiene 20-25 millones de años y se formó como resultado de un rift tectónico en la corteza terrestre; contiene más agua que los grandes lagos de América del Norte tomados en su conjunto y sirve de hábitat a la única foca de agua dulce del mundo.

LAS MUÑECAS RUSAS (*MATRIOSHKA*) MÁS GRANDES

El mayor conjunto de muñecas rusas es un juego de 51 piezas pintadas a mano por Youlia Bereznitskaia (Rusia); la más grande mide 53,97 cm de alto y la más pequeña 0,3 cm. El juego se terminó el 25 de abril de 2003.

MÁS CADENAS DE TELEVISIÓN

Rusia sumaba la pasmosa cantidad de 7.306 cadenas de televisión en 1998.

MÁS GOLES MARCADOS EN LA FINAL DE UN MUNDIAL

Oleg Salenko anotó cinco goles jugando con Rusia contra Camerún en el partido final de los Mundiales de 1994 disputado en el Stanford Stadium de San Francisco (California, EE. UU.), el 28 de junio de 1994.

LA MAYOR RIADA

Hace más o menos 18.000 años, un antiguo lago siberiano de unos 120 km de largo provocó la mayor inundación de agua dulce de la historia. Las investigaciones apuntan a que la catástrofe liberó una masa de agua de 490 m de profundidad que se desplazaba a 160 km/h. Los científicos hicieron público el descubrimiento en 1993.

MÁS ÓRBITAS DE LA TIERRA

El cosmonauta ruso Sergei Avdeyev completó 11.968 órbitas de la Tierra a lo largo de su carrera profesional; desde julio de 1992 hasta julio de 1999, pasó 747 días 14 h 22 min en el espacio cumpliendo tres misiones de la estación espacial *Mir*.

LA CENTRAL NUCLEAR MÁS VETERANA

El reactor nuclear de Obninsk funcionó desde el 27 de junio de 1954 hasta su desmantelamiento el 30 de abril de 2002; fue el **primer reactor nuclear** del mundo.

EL VIAJE EN TREN MÁS LARGO SIN PARADAS

El viaje más largo en ferrocarril sin cambiar de trenes recorre 10.214 km desde Moscú (Rusia) hasta Pyongyang (Corea del Norte). Un tren por semana cubre esta ruta, que comprende una parte de la línea del Transiberiano.

PRIMER VUELO ESPACIAL TRIPULADO

Lo llevó a cabo el cosmonauta Yuri Alekseyevich Gagarin (URSS), a bordo del *Vostok 1*, el 12 de abril de 1961. El despegue se realizó en el cosmódromo de Baikonur (Kazajstán) a las 6.07 GMT, y el aterrizaje, en las proximidades de Smelovka, cerca de Engels, en la región rusa de Saratov, 115 minutos después. Gagarin se lanzó en paracaídas desde su nave espacial 118 minutos tras el despegue.

ISRAEL

EL PEREGRINAJE A MENOR ALTURA

El peregrinaje a menor altura tiene por destino la antigua ciudad de Jericó, situada a unos 244 m por debajo del nivel del mar. Jericó queda cerca del mar Negro, que es el **punto más bajo** del mundo, y convoca tanto a cristianos como a judíos.

LA *MEZUZAH* MÁS GRANDE

Una *mezuzah* normal consiste en dos fragmentos tomados del Deuteronomio, uno de los libros del Antiguo Testamento, escritos a mano en hebreo sobre un único pergamino, enrollados y colocados en un caja en las jambas de las puertas de los hogares judíos. El mayor pergamino de *mezuzah* medía 94 cm de largo y 76 cm de ancho, y su caja 110 cm de largo, el 19 de mayo de 2004; fue una creación de Avraham-Hersh Borshevsky (Israel).

★ LA PANCARTA MÁS GRANDE

El 23 de diciembre de 2007, en el Bar Yeuda (Massada), el presidente de la HalleluYAH Prophetic Global Foundation Philippines, Grace Galíndez–Gupana (Filipinas), presentó la pancarta más grande (54.451 m²), que combinaba las banderas de Israel, Filipinas, Corea del Norte y Corea del Sur. El intento de récord fue organizado por Sar–El Tours. El diligente señor Galíndez–Gupana también ha conseguido muchos otros récords mundiales, incluido el récord del ★ **dibujo más largo** (5.007,36 m).

EL PILOTO DE COMBATE MÁS TIEMPO EN ACTIVO

Uri Gil (Israel; nacido el 9 de abril de 1943), general de brigada de la fuerza aérea israelí, fue piloto de combate desde 1964 hasta el 20 de junio de 2003, cuando tenía 60 años 72 días de edad.

LA SINAGOGA MÁS ANTIGUA

Un equipo de arqueólogos dirigido por Ehud Netzer desenterró en 1998 una sinagoga datada entre 50 y 75 años a. C. Los restos de la sinagoga, destruida por un terremoto en 31 a. C., fueron descubiertos bajo las ruinas del palacio de invierno de los asmoneos, erigido por el rey Herodes.

EL SITIO MÁS PROLONGADO

El asedio más prolongado fue el de Azotus (hoy Ashdod). Según el historiador griego Herodoto, la plaza permaneció sitiada por Psamtik I de Egipto durante 29 años en el período 664-610 a. C.

¿SABÍA QUE...?

El mar Muerto, en la frontera entre Israel y Jordania, es la **masa de agua situada a menor altura**, con una media de unos 400 m bajo el nivel del mar; mide 80 km de largo y alcanza los 18 km en su punto más ancho.

EL METRO MENOS EXTENSO

La red de metro más corta es la de Carmelit, en Haifa; se inauguró en 1959 y tiene 1.800 m de largo. Único metro de Israel, el Carmelit es un funicular que salva una pendiente de 12 grados y consta de seis estaciones.

MÁS TIEMPO HACIENDO GIRAR UN BALÓN DE FÚTBOL SOBRE UN DEDO

Raphael Harris (Israel) hizo girar un balón de reglamento sobre un dedo durante 4 min 21 s, en Jerusalén, el 27 de octubre de 2000.

LA PLANTA MÁS ANTIGUA CULTIVADA COMO ALIMENTO

En junio de 2006, un equipo de investigadores de la Universidad de Harvard (EE. UU.) y de la Universidad de Bar-Ilan (Israel) informó del descubrimiento de nueve higos carbonizados, con una antigüedad de 11.200-11.400 años, en una aldea del Neolítico temprano llamada Gilgal I, cerca de Jericó.

DE UN VISTAZO

- **ÁREA**: 20.770 km²
- **POBLACIÓN**: 6,4 millones
- **DENSIDAD**: 308 hab./km²
- **DATOS CLAVE**: Israel es el país con el **consumo más elevado de proteínas**, según Naciones Unidas, con un promedio de 128,6 g de proteínas por persona y día. La media mundial se sitúa en 75,3 g.

Israel es también el país con el **mayor gasto militar per cápita**, que se cifra en 1.429,03 dólares por persona según datos de 2005, último año del que se dispone de información.

★ **RÉCORD NUEVO**
● **RÉCORD ACTUALIZADO**

ORIENTE MEDIO

DE UN VISTAZO

- **ÁREA**: 7.158.624 km²
- **POBLACIÓN**: 334 millones
- **DENSIDAD**: 46 hab./km²
- **DATOS CLAVE**: Las **monedas más antiguas** datan del reinado del Rey Gyges de Lidia (Turquía), ca. 630 a. C. Los **países soberanos con el impuesto sobre la renta más bajo** son Bahrain y Qatar, cuyo valor es 0. Irán es el país con la **edad más baja permitida para votar**: 15 años.

- **PAÍSES**: Bahrain, Egipto, Irán, Iraq, Jordania, Kuwait, Líbano, Omán, Qatar, Arabia Saudí, Siria, Turquía, Emiratos Árabes Unidos (EAU), Yemen. (*NB: ya que Oriente Medio no es una región estrictamente definida, hemos optado por incluir a los países del Golfo Pérsico. Para Israel, ver p. 265.*)

EL DESIERTO MÁS ARENOSO

El desierto de Arabia cubre cerca de 2.600.000 km², de los cuales un tercio está cubierto de arena. El desierto ocupa Arabia Saudí, Jordania, Iraq, Kuwait, Qatar, Emiratos Árabes Unidos (EAU), Omán y Yemen.

PRIMEROS...

★ AUTÓGRAFOS

Las firmas cuneiformes de los escribas de la época en las tablillas de barro de Tell Abu Salābikh (Iraq) datan de principios de la Dinastía III. En este período, ca. 2600 a. C., un escriba llamado «a-du» añadió «dubsar» después de su nombre, traduciéndose como «Adu, el escriba». La firma más antigua de un papiro es la del escriba Amen'aa, que se encuentra en el Museo de Leningrado (San Petersburgo, Rusia), datada del Reino Medio egipcio, que comenzó ca. 2130 a. C.

● LA MAYOR COMETA EN EL AIRE

Abdulrahman Al Farsi y Faris Al Farsi (ambos de Kuwait) construyeron una cometa de 950 m² de área de elevación. Totalmente lisa, tiene un área total de 1.019 m². La cometa medía 25,475 m de largo y 40 m de ancho. Se elevó en el aire en el Kuwait Hala Festival, en la Flag Square (Ciudad de Kuwait, Kuwait), el 15 de febrero de 2005.

CASTILLO

El Castillo de Gomdan, o Gumdan, en la antigua ciudad de Sana'a (Yemen), fue construido antes del año 200 d. C. y entonces tenía 20 plantas.

ZOO

La primera colección conocida de animales fue constituida en la actual Puzurish (Iraq). El rey Shulgi, un gobernante de la 3.ª Dinastía de Ur (2097-2094 a. C.), fue quien la mandó construir.

MÁS ANTIGUOS...

IGLESIA

Varios arqueólogos de la Universidad de Carolina del Norte han descubierto una antigua iglesia en Aqaba, una ciudad costera de Jordania, que data de los años 290 y 300, lo que la convierte en la iglesia más antigua del mundo.

PUENTE CON FECHA RECONOCIDA

El puente de un arco y bloques de piedra sobre el río Meles en Izmir (la antigua Esmirna, Turquía) data del año ca. 850 a. C. Existen también vestigios de puentes datados de ca. 1600 a. C. en la región de Micenas (Grecia), en el río Havos.

CANCIÓN DE AMOR

Una canción de amor asiria a un dios ugarítico data de ca. 1.800 a. C. Fue reconstruida a partir de una tablilla de escritura para una lira de 11 cuerdas, en la Universidad de California (Berkeley, EE. UU.), el 6 de marzo de 1974.

PIRÁMIDE MÁS ALTA

La pirámide de Khufu en Giza (Egipto) es la más alta del mundo. También conocida como la Gran Pirámide, medía 146,7 m de altura cuando fue completada hace 4.500 años, pero la erosión y el vandalismo han reducido su altura a 137,5 m, sus medidas actuales.

MAYOR PORCENTAJE DE POBLACIÓN EN UN FUNERAL

Según estimaciones oficiales iraníes, una multitud de 10.200.000 personas (o un sexto de la población iraní) cubrió una longitud de 32 km en la ruta al cementerio Behesht-e Zahra de Teherán, en el funeral del Ayatollah Ruhollah Khomeini, el 11 de junio de 1989.

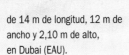

MAYOR FAMILIA REAL

La Casa Real de Al-Saud de Arabia Saudí tenía 4.000 príncipes y 30.000 parientes reales en 2002. El reino fue constituido en 1932 por el patriarca, el rey Abdul Aziz, que tenía 44 hijos de 17 mujeres, cuatro de los cuales han reinado desde la muerte del soberano en 1953.

Arabia Saudí es el **país con el mayor número de hermanos en el gobierno**, un total de seis. El rey Abdullah bin Abdulaziz Al-Saud es también primer ministro y comandante de la Guardia Nacional Saudí. Sus cinco medio hermanos ocupan los cargos de príncipe heredero, viceprimer ministro, ministro de Defensa, ministro del Interior, viceministro de Defensa, gobernador de Riyadh y viceministro del Interior.

★ NAUFRAGIO

El emplazamiento arqueológico submarino de Uluburn, cerca de Kas, al sur de Turquía, data del siglo XIV a. C.

MÁS GRANDES...

● CAMA

El 30 de enero de 2007, el Dubai Shopping Festival y la empresa Intercoil International construyeron una cama de 14 m de longitud, 12 m de ancho y 2,10 m de alto, en Dubai (EAU).

LÁMPARA DE ARAÑA

Hecha de cristal de Swarovski, la mayor lámpara de araña del mundo cuelga de la Gran Mezquita del Sultán Qabos, en Muscat (Omán), y mide 14,1 m de alto, 8 m de diámetro y cuenta con 1.114 bombillas. Con 8.500 kg, esta lámpara fue construida por Kurt Faustig SAS de Múnich (Alemania), en abril de 2000.

CIUDAD AMURALLADA MÁS ANTIGUA

Gracias a las pruebas del carbono 14 en especímenes de los niveles más bajos de la ciudad de Jericó (Cisjordania), los arqueólogos han descubierto que una comunidad de más de 2.000 personas vivió allí alrededor del año 7800 a. C.

DATO

El Ayatollah Khomeni tuvo realmente dos funerales. El primero fue cancelado porque la gran multitud de gente, ansiosa por tocar el ataúd de madera, causó daños en el féretro. En el segundo funeral se reforzó la seguridad y se utilizó un ataúd de metal.

ANILLO DE ORO

La Najmat Taiba (que significa la «Estrella de Taiba») fue creada por la empresa Taiba para la Gold and Jewellery Co., Ltd., de Arabia Saudí. El anillo está formado por 5,17 kg de piedras preciosas incrustadas en un anillo de oro de 21 quilates y 58,686 kg de peso. El peso total es de 63,856 kg. Su diámetro mide 70 cm y fueron necesarias 55 personas y 45 días para crearlo.

★ ESCULTURA HINCHABLE

La mayor escultura hinchable tenía forma de botella y un volumen de 1.500 m³. Medía 25 m de alto y 11,9 m de ancho, y fue creada por Vitaene C en el Dubai Shopping Festival de Dubai (EAU), el 28 de enero de 2007.

ÁFRICA

DE UN VISTAZO

- **ÁREA**: 31.107.983 km²
- **POBLACIÓN**: 930 millones
- **DENSIDAD**: 30 hab./km²
- **PAÍSES**: Argelia, Angola, Benín, Botswana, Burkina Faso, Burundi, Camerún, Cabo Verde, República Centroafricana, Chad, Islas Comoro, Costa de Marfil, República Democrática del Congo, Djibouti, Egipto, Guinea Ecuatorial, Eritrea, Etiopía, Gabón, Gambia, Ghana, Guinea, Guinea-Bissau, Kenia, Lesoto, Liberia, Libia, Madagascar, Malawi, Mali, Mauritania, Mauricio, Marruecos, Mozambique, Namibia, Níger, Nigeria, República del Congo, Reunión, Rwanda, Santa Helena, Santo Tomé y Príncipe, Senegal, Seychelles, Sierra Leona, Somalia, Sudáfrica, Sudan, Swazilandia, Tanzania, Togo, Túnez, Uganda, Zambia, Zimbabwe.

EL CÁNIDO MÁS RARO

Se cree que quedan menos de 450 ejemplares de lobo etíope (*Canis simiensis*) vivos. Esta especie amenazada es muy vulnerable a la rabia. En efecto, al menos 38 lobos etíopes han muerto a causa de esta enfermedad desde septiembre de 2003, en la montañas Bale (Etiopía), donde viven 300 lobos.

EL MINARETE MÁS ALTO

El minarete de la Gran Mezquita de Hassan II (Casablanca, Marruecos) mide 200 m. La construcción de la mezquita costó 5.000 millones de dirhams (513,5 millones de dólares). El salón de oración, que tiene un techo replegable, puede acomodar a 25.000 fieles, y a otros 80.000 en el exterior.

●LAS TASAS DE NATALIDAD Y FERTILIDAD MÁS ALTAS

Se espera que Níger registre el aumento de población más rápido del mundo entre 2005-2010, con un incremento estimado de 41 millones: desde los 12 millones de 2004 hasta los 53 millones de 2050. El país presenta la tasa de fertilidad más alta, con 7,19 hijos por mujer.

Níger también tiene 50,16 nacimientos por cada 1.000 habitantes (datos de noviembre de 2007).

LA TRIBU MÁS ALTA

Los adultos jóvenes de la tribu Tutsi (también conocidos como Watussi) de Ruanda y Burundi (África central), miden 1,83 m de media.

★EL CUENCO DE CUSCÚS MÁS GRANDE

El cuenco de cuscús más grande del mundo se exhibió en la Feria Internacional de Argel (Argelia), el 3 de junio de 2004. Pesaba 6,04 toneladas y lo hicieron en Semoulerie Industrielle de la Mitidja.

EL LAGO ROSA MÁS GRANDE

El lago Retba, más conocido como lago Rosa, es la mayor extensión de agua rosa del mundo, y mide 1,5 x 5 km en su nivel más bajo. Es una laguna poco profunda situada 30 km al norte de Dakar (Senegal), y su intenso color es el resultado de los microorganismos y de una fuerte concentración de minerales.

EL SISTEMA MONTAÑOSO MÁS LARGO

El sistema montañoso de África Oriental tiene unos 6.400 km de longitud y una anchura media de 50-65 km. Los acantilados alrededor del borde del valle tienen una altura media de 600-900 m. Comienza en Jordania y se extiende hasta Mozambique, en África Oriental. Esta extensa cadena montañosa se ha ido formando gradualmente durante 30 millones de años, a medida que la península Arábiga se ha ido separando de África.

EL ESCORPIÓN MÁS VENENOSO

El escorpión de cola gruesa (*Androctonus australis*) es responsable del 80% de las picaduras y del 90% de las muertes por picadura de escorpión en el norte de África.

SUDÁFRICA

EL DIAMANTE MÁS GRANDE

El 26 de enero de 1905 se encontró un diamante de 3.106 quilates en la Premier Diamond Mine, cerca de Pretoria (Sudáfrica) y fue presentado al monarca británico reinante, Eduardo VII. Llamado The Cullinan, fue cortado en 106 diamantes pulidos.

EL FLUJO DE LAVA MÁS RÁPIDO

El Nyiragongo es un volcán situado en las montañas Virunga, en la República Democrática del Congo. Cuando entró en erupción el 10 de enero de 1977, la lava que salió a través de las fisuras del flanco viajó a velocidades de casi 60 km/h. Cuando la lava inundó la cercana ciudad de Goma, murieron 2.000 personas.

EL MAYOR CONJUNTO MUSICAL DE MARIMBA

El mayor conjunto musical de marimba estuvo formado por 78 participantes, que tocaron la marimba durante más de 10 minutos en el Bishops Diocesan College (Ciudad del Cabo, Sudáfrica), el 29 de octubre de 2004.

●LA MINA MÁS PROFUNDA

La mina Savuka en Sudáfrica es la mayor mina de oro. En 2005 funcionaba a una profundidad de 3.777 m. A este nivel, los mineros pueden extraer roca que contiene unos 20 cm³ de oro en cada metro cúbico. La mina Savuka está situada en la cuenca de Witwatersrand, la mayor reserva de oro del mundo, que ha producido más de 1.500 millones de onzas de oro desde 1886.

EL DESIERTO MÁS GRANDE

Casi una octava parte de la superficie de la tierra es árida y tiene una pluviosidad de menos de 25 cm por año. El Sáhara, en el norte de África, es el mayor desierto del mundo (es más grande que toda Australia). En su punto más largo, de este a oeste, tiene 5.150 km. De norte a sur, entre 1.280 km y 2.250 km. El desierto cubre un área de unos 9,1 millones de km².

El 13 de septiembre de 1922 se registraron 58 °C, la **temperatura más alta de la historia** a la sombra, en Al'Aziziyah, en el desierto del Sáhara (Libia).

LA MAYOR POBLACIÓN DE NIÑOS

En 2003, Uganda tenía un 50,8% de niños entre 0 y 14 años. La fotografía superior muestra a unos niños esperando en la calle la llegada del príncipe Carlos, príncipe de Gales, en Kawempe Slum (Kampala, Uganda,) el 23 de noviembre de 2007.

LA PERSONA MÁS JOVEN EN GANAR EL MAN BOOKER PRIZE

Ben Okri (Nigeria) tenía 32 años cuando ganó el premio Man Broker en 1991 con su novela *The Famished Road*.

El récord al **mayor número de premios Man Broker** lo comparten el autor sudafricano J. M. Coestzee y Peter Carey (Australia), que han ganado el premio en dos ocasiones.

EL MAYOR...

PÁJARO

El pájaro elefante no volador, o vouron patra (*Aepyornis maximus*), de Madagascar, se extinguió hace unos 1.000 años (aunque se informó de avistamientos hasta 1658). Medía entre 3 y 3,3 m de altura y pesaba unos 500 kg.

TRASLADO DE ELEFANTES

En agosto de 1993, la organización benéfica Care For The Wild International (CFTWI) trasladó más de 500 elefantes en grupos familiares unos 250 km a través de Zimbabwe, desde el Parque Nacional Gonarezhou hasta el centro de conservación de Save Valley.

★ RÉCORD NUEVO
● RÉCORD ACTUALIZADO

ASIA CENTRAL Y MERIDIONAL

DE UN VISTAZO

- **ÁREA**: 3.600.292 km²
- **POBLACIÓN**: 1.500 millones
- **DENSIDAD**: 416 hab./km²
- **DATOS CLAVE**: Alberga el **mar más extenso** (el Caspio, con 371.000 km²) y el Everest, la **montaña más alta**, de 8.828 m, que se encuentra en la frontera entre China y Nepal.

- **PAÍSES**: Afganistán, Bangladesh, Bhutan, British Indian Ocean, Bangladés, Bután, Territorio Británico del Océano Índico, India, Kazajistán, Kirguistán, Maldivas (el país más bajo del mundo; el índice de divorcios más elevado, con 10,97 por cada 1.000 habitantes al año), Nepal, Sri Lanka (★**mayor número de ministros de gobierno del mundo**, con 52), Pakistán, Tayikistán, Turkmenistán y Uzbekistán.

(Irán está considerado un país del sudeste asiático por la ONU. El G8 lo considera parte del Gran Oriente Medio, igual que lo hace GWR. Para más información sobre récords de Oriente Medio, consúltese pp. 266-267).

EL LUGAR CON MÁS PRECIPITACIONES

Mawsynram en Meghalaya (India) tiene unas precipitaciones anuales de 11.873 mm. El segundo lugar donde más llueve, con 11.430 mm al año, es Cherrapunji, también en el estado de Meghalaya. La mayor parte de los chubascos suceden durante la estación de los monzones (de mayo a septiembre). En la imagen, una mujer de Khasi llevando a sus hijos a la escuela, en las afueras de la ciudad de Shillong.

EL CORÁN MÁS ANTIGUO

El sagrado Corán de Mushaf de Othman, propiedad del Consejo Musulmán de Uzbekistán, en su día, perteneció al califa Othman (ca. 588-656), tercer sucesor del profeta Mahoma. Sólo sobrevivió aproximadamente la mitad de las 706 páginas originales.

●EL MAYOR NÚMERO DE REFUGIADOS

Según el Alto Comisionado de las Naciones Unidas para los Refugiados (ACNUR), Pakistán había recibido 1.085.000 refugiados el 1 de enero de 2006, más que ningún otro país. Esta cifra excluye a los refugiados afganos que viven fuera de los campos de refugiados de ACNUR, que se estimaban en más de 1,5 millones en 2005.

★EL TEMPLO HINDÚ MÁS GRANDE

El BAPS Swaminarayan Akshardham de Nueva Delhi (India) tiene una superficie total de 8.021 m². El templo fue construido en cinco años por 11.000 artesanos. Mide 108,5 m de largo, 96,3 de ancho y 42,9 m de alto.

★EL *CHAPATI* MÁS GRANDE

La organización Shree Jalarm Mandir Jirnodhar Samitee de Jamnagar (India) preparó un pan indio que pesaba 63,99 kg, el 15 de enero de 2005.

BAPS Swaminarayan Akshardham
Guía del visitante

Santificado en noviembre de 2005; certificado de GWR presentado a su Santidad Pramukh Swami Mahara en Diciembre de 2007.
Construido totalmente en tan sólo cinco años con piedra arenisca rosada de Rajastán y piedra de Carrara; completamente prohibido el acero y el cemento.

En su interior, hay un cine IMAX de 26 x 20 m!

Se puede dar un paseo en barco de 12 minutos por 10.000 años de historia india.

No hay que perderse la gigantesca fuente musical de piedra!

Hay que caminar por las 60 ha de césped y jardines y ver las estatuas de bronce de figuras destacadas de la historia india.

Se usan los audioanimatronics y un diorama de luz y sonido para explicar la historia de Bhagwan Swaminarayan.

●EL VEHÍCULO MÁS BARATO

Tata Motors presentó en la novena Exposición del Automóvil de Nueva Delhi (India,) el 10 de enero de 2008, el Tata Nano, un coche de cuatro puertas para cinco personas con un motor trasero de 33 CV y 623 cc (capaz de alcanzar los 70 km/h). El presidente, Ratan Tata, (India) espera que, con un precio de tan sólo 100.000 rupias (2.521 dólares), pueda ser comprado por millones de personas en los países en vías de desarrollo.

EL PAÍS MÁS GRANDE SIN ACCESO AL MAR

El país más grande sin acceso directo al mar abierto es Kazajistán. Ocupa una superficie de 2.724.900 km² y tiene frontera con Rusia, China, Kirguistán, Uzbekistán, Turkmenistán y el mar cerrado Caspio. Por superficie, Kazajistán es el noveno país más grande del mundo y tenía una población de 15,2 millones de habitantes en 2007.

EL DELTA MÁS GRANDE

El delta del río Ganges (también conocido como delta de Bengala o delta Verde), creado por los ríos Ganges y Brahmaputra en Bangladés y Bengala Occidental (India), ocupa una superficie de 75.000 km². Es una de las zonas más fértiles de la Tierra.

●LA ARTISTA PROFESIONAL MÁS JOVEN

Arushi Bhatnagar (India, nacida el 1 de junio de 2002) realizó su primera exposición en solitario en la Kalidasa Akademi de Ujjain (India), el 11 de mayo de 2003, cuando tenía 344 días (11 meses).

●LA ESCUELA CON MÁS ALUMNOS

La escuela City Montessori de Lucknow (India) tuvo un récord de inscripciones de 32.114 alumnos, el 5 de febrero de 2008, para el año académico 2007-2008.

★LOS JARDINES BOTÁNICOS MÁS ALTOS

Los Jardines Botánicos de Pamir, cerca de Khorog (Tayikistán), están situados a una altura de 2.100-3.500 m por encima del nivel del mar. El lugar, de 12 Ha, cuenta con más de 2.000 especies de plantas.

LA CARRETERA MÁS ELEVADA

Está en el paso de Khardungla, a una altura de 5.682 m. Es uno de los tres pasos de la carretera entre Leh y Manali, en Cachemira, finalizada en 1976 por la Border Roads de Nueva Delhi (India). Los vehículos de motor han podido circular por ella desde 1988.

★RÉCORD NUEVO
●RÉCORD ACTUALIZADO

DATOS BÁSICOS DE BOLLYWOOD

● Lalita Pawar (India) fue la **actriz que hizo una carrera más larga en Bollywood**. Debutó con 12 años y apareció en más de 700 películas en 70 años.

La carrera de P. Jairaj (India), que debutó en el cine en 1929, abarcó 300 películas y duró más de 70 años; es el **actor con una trayectoria más larga en Bollywood**.

● La **película más cara de Bollywood** es *Devdas* (India, 2002), que costó aproximadamente 500 millones de rupias (11,2 millones de dólares).

● *Hum Aapke Hain Koun...!* (India, 1994), protagonizada por Madhuri Dixit y Salman Khan, es la **película de Bollywood con mayores ingresos**. Recaudó más de 63,8 millones de dólares en su primer año, con lo que batió el récord establecido por el *curry-western Sholay* en 1975.

SUDESTE ASIÁTICO

DE UN VISTAZO

- **ÁREA**: 4.495.553 km²
- **POBLACIÓN**: 574 millones
- **DENSIDAD**: 128 hab./km²
- **PAÍSES**: Brunéi (con el **palacio residencial más grande** del mundo, con 1.788 habitaciones y 257 baños), Birmania (donde vive la tribu de los Padaung, cuyas mujeres tienen los **cuellos más largos**, que se extienden hasta 40 cm), Camboya, Indonesia (la **mayor población musulmana**, con 203 millones), Laos (el **país más bombardeado**, con 2,2 millones de toneladas de bombas caídas entre 1964 y 1973 durante la Guerra de Vietnam), Malasia (donde se encuentran las Torres Petronas, las **torres gemelas más altas**), Filipinas, Singapur, Tailandia (cuya capital, Bangkok, es el **nombre de lugar más largo** con 175 letras*) y Vietnam.

●EL MAYOR BATIK

Un cuadro batik llamado *The Batik On The Road*, y que medía 1.200 m², fue creado por 1.000 participantes en nombre de la comunidad batik Pekalongan en la ciudad de Pekalongan (Indonesia), el 16 de septiembre de 2005.

ORQUESTA ANIMAL

La orquesta animal con el mayor número de miembros es la Thai Elephant Orchestra, con 12 integrantes, del Thai Elephant Conservation Centre en Lampang (Tailandia), fundado por Richard Lair y David Soldier (ambos de EE. UU.) en 2000, con el objetivo de conservar la especie del elefante asiático.

●EL ZAPATO MÁS GRANDE

Con unas medidas de 5,29 m de largo, 2,37 m de ancho y 2,03 m de alto, el zapato más grande fue creado por el equipo del Marikina Colossal Footwear Team, el 21 de octubre de 2002, en la ciudad de Marikina (Filipinas).

●MAYOR NÚMERO DE ÁRBOLES PLANTADOS A LA VEZ

En un acto organizado por Nurturers of the Earth, Children for Breastfeeding y el Departamento de Medio Ambiente y Reservas

●LA MAYOR POBLACIÓN EN UNA ISLA

La isla más poblada del mundo es Java, en Indonesia; según el último censo del año 2000, tenía una población de 121.352.608 personas, que vivía en una superficie de 127.569 km².

Naturales de Filipinas, 516.137 personas plantaron 653.143 árboles simultáneamente en la autopista nacional del país, el 25 de agosto de 2006.

★EL PASTEL MÁS GRANDE DEL TET

El pastel más grande del Tet pesó 1,75 toneladas; lo hizo Saigontourist en el Parque Cultural Dam Sen, en ciudad de Ho Chi Minh (Vietnam), para conmemorar el tradicional festival Tet vietnamita, del 18 al 21 de enero de 2004.

La versión abreviada de Bangkok se corresponde a las seis palabras y 111 letras de krungthephphramahanakhon

EL PEOR MONZÓN

Los monzones que asolaron Tailandia entre septiembre y diciembre de 1983 tuvieron como consecuencia la muerte de 10.000 personas. Hasta 100.000 víctimas contrajeron enfermedades transmitidas por el agua y 15.000 personas tuvieron que ser evacuadas. Los daños provocados por la catástrofe se estimaron en 400 millones de dólares.

EL MAYOR TEMPLO BUDISTA

El templo budista más grande es el de Borobudur, cerca de Yogyakarta, en el centro de Java (Indonesia), construido entre el 750 y 842 d.C. La estructura de piedra de 60.000 m³ tiene una altura de 34,5 m y su base mide 123 x 123 m. En decadencia desde el siglo XIV en adelante, Borobudur fue redescubierto por Sir Thomas Stamford Raffles, el gobernador británico de Java en aquella época, en 1814.

DATO

El **edificio de papel más grande** del mundo tenía una base que medía 15,2 m x 17,9 m y una altura de 6,4 m. Fue inaugurado en la feria APEC Investment Mart Thailand en Bangkok (Tailandia), en octubre de 2003.

LA CAMPANA MÁS PESADA EN USO

La campana de Mingun en Mandalay, Myanmar (Birmania), pesa 92 toneladas y tiene un diámetro de 5,09 m en la base. La campana se tañe con un palo de teca desde el exterior. Fue forjada en Mingun, en la última etapa del reinado del monarca Bodawpaya (1782-1819).

EL MAYOR RUIDO

Cuando la isla-volcán Krakatoa, en el estrecho de Sunda, entre Sumatra y Java (Indonesia), explotó en una erupción, el 27 de agosto de 1883, el sonido se oyó a 5.000 km de distancia. Se cree que el ruido se pudo escuchar en más de un 8% de la superficie de la Tierra y que tuvo una energía superior en 26 veces a la de la mayor prueba de bomba de hidrógeno jamás realizada.

LA ESTRUCTURA RELIGIOSA MÁS GRANDE

Angkor Wat (la ciudad de los templos) encierra 162,6 ha en Camboya, siendo éste el mayor complejo religioso jamás realizado. Fue construido en honor del rey hindú Vishnu por el rey jemer Suryavarman II, en el período 1113-1150. Su muro mide 1.280 m y se cree que su población llegó a alcanzar las 80.000 personas antes de ser abandonada en 1432. El templo forma parte de un complejo de 72 grandes monumentos, cuya construcción se inició alrededor del año 900 d.C., y que se extiende a lo largo de más de 24,8 km.

EL ALFABETO MÁS LARGO

El idioma con el mayor número de letras es el jemer (camboyano), con 74, incluidas algunas que ya no se usan en la actualidad.

EL EDIFICIO DORADO MÁS GRANDE

La pagoda con forma de cono Shwe Dagon en Rangún, Birmania (Myanmar), tiene una altura de 99 m, y una base de 137 m, y está cubierta de láminas de oro. Este sepulcro budista ha sido reconstruido muchas veces, pero se cree que desde hace más de 2.000 años hay un *stupa* (monumento budista) en este lugar.

LA FUENTE MÁS GRANDE

La Fuente de la Salud, de la ciudad de Suntec (Singapur), tiene una superestructura de bronce fundido que pesa 85 toneladas y mide 14 m de altura; la base de la fuente tiene una superficie total de 1.683,07 m². Su construcción costó unos 6 millones de dólares en 1997.

bowonratanakosin mahintharayuthaya mahadilokphiphobnovpharad radchataniburirom udomsantisug

EXTREMO ORIENTE

EL MAYOR ENCUENTRO DE DRAGONES CHINOS

Un total de 55 dragones chinos se reunieron para participar en la ceremonia de apertura del 25.º Festival Luoyang Peony de la provincia de Henan (China), el 10 de abril de 2007.

DE UN VISTAZO

- **ÁREA**: 11.795.031 km²
- **POBLACIÓN**: 1.550 millones
- **DENSIDAD**: 132 hab./km²
- **PAÍSES**: China (el **país más poblado**, con 1.323.345.000 de habitantes en 2005; también se incluyen las Regiones Administrativas Especiales (RAE) de Hong Kong y Macao). (*Continúa en la p. 275.*)

●LA RED DE CARRETERAS MÁS DENSA

Macau, región administrativa especial de China, tiene 21,3 km de carreteras por km² de tierra, según cifras de 2007.

★ EL MAYOR IMPERIO

El mayor imperio unido de todos los tiempos ha sido el Mongol de 1206-1367, liderado por la dinastía Khan. En su apogeo en 1279 bajo el mandato de Kublai Khan, abarcaba una población de 100 millones de personas en un área de 35,7 millones de km², incluyendo las áreas y países actuales de China, Rusia, Mongolia, Asia Central, Oriente Medio y la península de Corea.

●LA RED DE CARRETERAS MÁS AMORTIZADA

Cada año la población de China recorre 5.565.600 km de su red de carreteras, lo que convierte a las carreteras de Hong Kong en las más utilizadas del mundo.

EL PAÍS CON MÁS POBLACIÓN

China tenía una población estimada de 1.323.345.000 en 2005, según las cifras más recientes de la Organización Mundial de la Salud de 2007.

●LA MAYOR POBLACIÓN EN UNA CIUDAD

La mayor conurbación de Asia y la aglomeración urbana más poblada del mundo es Tokyo (Japón), con una población estimada de 26.546.000 habitantes en 2003.

¿SABÍA QUE...?

El ★ **dragón chino más largo** medía 5.056 m de largo y se realizó para el 25.º Festival Luoyang Peony (China), el 10 de abril de 2007.

★ LA MAYOR EXHIBICIÓN DE GIMNASIA

El récord de la mayor exhibición de gimnasia reunió a 100.090 participantes en el estadio May Day (Pyongyang, República Democrática de Corea), el 14 de agosto de 2007. Este acto fue organizado por el comité estatal de preparación de la gran representación gimnástica y artística "Arirang" de la República Democrática de Corea.

★ MÁS PANDAS NACIDOS EN UN AÑO

El año más importante en cuanto a nacimientos de pandas fue 2006, ya que nacieron 30 cachorros en cautividad. La mayoría vio la luz en el Wolong Panda Research Centre, en el sudeste de China. El cachorro número 30 nació en el Adventure World (Wakayama, Japón), el 23 de diciembre de 2006.

EL MAYOR CONJUNTO DE TAMBORES JAPONESES

El 10 de junio de 2007, y durante un acto organizado por la Cámara de Comercio e Industria de Morioka, en el hipódromo de Morioka (prefectura de Iwate, Japón), un total de 2.571 percusionistas formaron la mayor banda de tambores japoneses.

La ●mayor banda de tambores japoneses consistía en 10.045 percusionistas de Hong Kong, China Continental, Macau y Taiwán, que tocaron en el Coliseo de Hong Kong (Hong Kong, China), el 29 de junio de 2007, para celebrar el 10.º aniversario de la entrega de Hong Kong a China.

●EL MAYOR DESFILE DE BICICLETAS

El 1 de marzo de 2008, el templo Da Jia Jenn Lann, el Gobierno del condado de Taichung y Volvic Taiwan (Taichung, Taiwán) organizaron un desfile de 2.152 bicicletas.

★LA MAYOR CLASE DE KICKBOXING

Un total de 986 personas asistieron a una clase de boxeo tailandés en un acto organizado por la institución benéfica HER fund, en el estadio MacPherson de Mongkok (Kowloon, Hong Kong, China), el 4 de marzo de 2007.

★LA MAYOR TORTITA DE ARROZ

Kwak Sungho y empleados del Han Bbang (Corea del Sur) elaboraron una tortita de arroz de 3,68 toneladas de peso, en el 12.º Wold Rice Food Festival de Dongjin-gun (Chungnam, Corea del Sur), el 7 de octubre de 2007.

★EL FIDEO MÁS LARGO

El 24 de marzo de 2007, Hiroshi Kuroda (Japón) creó un noodle de 548,7 m de largo y 3,3 mm de diámetro, en Nasu (Tochigi, Japón).

●EL MAYOR ROLLO DE SUSHI

La Liaison Council of Japanese Postal Workers' Union de la prefectura de Gunma (ciudad de Maebashi, Japón), elaboró un sushi roll de 2.033,3 m de largo, el 22 de abril de 2007.

★EL MAYOR KADOMATSU

Un kadomatsu es una decoración tradicional japonesa de Año Nuevo que se coloca en la entrada de las casas para dar la

LA MAYOR HUCHA CERDITO

Zhong Xing Shenyang Commercial Building Co., Ltd. creó una hucha cerdito de oro, que se mostró al público el 2 de mayo de 2007, en Shenyang (China). Medía 5,6 m de largo, 3,96 m de alto, tenía una circunferencia de 14,6 m y pesaba unas 3 toneladas.

bienvenida a los espíritus ancestrales. Se realizaron dos kadomatsu de 9,866 m cada uno, en el parque Tachibana (Chijiwa-Nagasaki, Japón), el 18 de diciembre de 2000. Para ello se utilizaron sesenta bambúes moso.

Otros países: Japón (con la mayor cantidad de personas centenarias y 25.606 personas con más de 100 años, en el año 2005), Corea del Norte (el país más militarizado per cápita, con casi el 5% de la población que forma parte del ejército), Mongolia (el país con menor densidad de población, con 1,6 hab./km²), Corea del Sur (orgulloso de tener los ciudadanos más trabajadores, con una media de 2.423 horas por persona y año) y Taiwán (con el edificio más alto del mundo, Taipei 101, de 508 m).

★RÉCORD NUEVO
●RÉCORD ACTUALIZADO

AUSTRALIA

DE UN VISTAZO

- **ÁREA:** 7.686.850 km²
- **POBLACIÓN:** 20,4 millones
- **DENSIDAD:** 2,6 hab./km²

★LA MAYOR CEREMONIA DE RENOVACIÓN DE VOTOS MATRIMONIALES

En un acto organizado por Virgin Money (Australia), 272 matrimonios tomaron parte en la mayor ceremonia de renovación de votos matrimoniales en Centennial Park, en Sydney (Nueva Gales del Sur, Australia). La ceremonia tuvo lugar el 16 de septiembre de 2007 y fue presidida por la oficiante Angela Miller.

★LA MAYOR BOTELLA DE VINO

De 1,95 m de alto, la mayor botella de vino contenía 290 litros de vino. La producción de la botella fue organizada por North Road Liquor (Australia), y se embotelló en la bodega Plantagenet Wines (Australia), el 29 de mayo de 2006.

★MÁS GENTE ESCUPIENDO FUEGO

Un total de 171 miembros del Chilli Club International (Australia) interpretó el *Fire Storm Crossing Australi'* en la ceremonia de apertura de los Juegos Olímpicos de Sydney (Australia), el 15 de septiembre de 2000.

LA SERPIENTE TERRESTRE MÁS VENENOSA

La serpiente Taipán (*Oxyuranus microlepidotus*) mide 1,7 m y se encuentra principalmente en el río Diamantina, en la cuenca hidrográfica de Cooper Creek (Queensland) y en el oeste de Nueva Gales del Sur (Australia). La media de veneno inoculado por mordedura es de 44 mg, pero un ejemplar macho llegó a producir 110 mg, cantidad suficiente para matar a 250.000 ratones o 125 personas. Afortunadamente, la *O. microlepidotus* vive sólo en los áridos desiertos del centro-este de Australia, y no se ha registrado ningún caso de picadura en personas.

●MÁS CHISTES EN UNA HORA

Anthony Lehmann (Australia) contó un total de 549 chistes en una hora en el club Rhino Room de Adelaide (Australia Meridional, Australia), el 25 de mayo de 2005.

●EL SONIDO DE BATERÍA MÁS ALTO

Col Hatchman (Australia) alcanzó 137,2 dBA con su grupo, Dirty Skanks, en el hotel Northern Star de Hamilton (Nueva Gales del Sur, Australia), el 4 de agosto de 2006.

EL MAYOR PRODUCTOR DE DIAMANTES NATURALES

Australia produce alrededor del 34% de la producción anual de diamantes naturales, que es de 110 millones de quilates.

EL MAYOR ARRECIFE

La Gran Barrera de Coral, situada frente a la costa de Queensland, al noreste de Australia, mide 2.027 km de longitud. En realidad no es un solo arrecife, sino que consiste en miles de arrecifes independientes. En tres ocasiones –entre 1962 y 1971, 1979 y 1991, y entre 1995 y la actualidad– los corales de las grandes áreas de la sección central del arrecife han sido devastadas por la estrella de mar corona de espinas (*Acanthaster plancî*).

★EL MAYOR MARATÓN DE *PINBALL*

Alessandro Parisi (Australia) jugó al pinball durante 28 horas en el Westland Shopping Centre de Whyalla (Australia), los días 22-23 de enero de 2007.

NUEVA ZELANDA

LA CAPITAL MÁS MERIDIONAL

Wellington (isla Norte, Nueva Zelanda), con una población estimada en 2001 de 165.278 habitantes, es la capital más meridional de un país independiente (41°17'S). La capital más meridional de un territorio dependiente es Port Stanley (islas Malvinas) (51°43'S), con una población de 1.600 habitantes (excluyendo al personal militar) en 1999.

DE UN VISTAZO

- **ÁREA**: 268.680 km²
- **POBLACIÓN**: 4,1 millones
- **DENSIDAD**: 15,3 hab./km²
- **DATOS CLAVE:** las investigaciones presentadas en el Foro Económico Mundial en enero de 2006 revelaron que Nueva Zelanda es el **país con mejor comportamiento medioambiental**. Nueva Zelanda también acoge el **geyser más alto del mundo**, el Waimangu, que en 1993 erupcionó, lanzando rocas, agua hirviendo, arena y vapor a una altura de más de 460 m.

EL VIÑEDO MÁS MERIDIONAL

La bodega Westons Reserve se encuentra en Dunedin (isla Sur, Nueva Zelanda), a 45°51' de latitud sur, y es el viñedo comercial más meridional del mundo.

★ EL APRETÓN DE MANOS MÁS LARGO

Alastair Galpin y Jesse van Keken (ambos de Nueva Zelanda) se dieron la mano durante un tiempo récord de 9 h 19 min en el Aotea Square Events Centre (Auckland, Nueva Zelanda), el 11 de noviembre de 2006.

★ MÁS PARTICIPANTES EN UNA CARRERA DE *SNOWBOARD*

Un total de 88 participantes tomaron parte en una carrera de *snowboard*, en un evento organizado por The Rock FM y la estación de Mount Hutt, en Mount Hutt (Christchurch, Nueva Zelanda), el 6 de octubre de 2007.

★ MÁS GENTE CAMINANDO SOBRE ASCUAS

En un acto organizado por el New Zealand International Fire Festival, un total de 350 personas intentaron caminar sobre ascuas de forma consecutiva en un tiempo de 1 h 20 min, en Dunedin (Nueva Zelanda), el 11 de julio de 2004.

LA MAYOR AVE EXTINGUIDA

El ave de mayor altura extinguido es el Moa de Nueva Zelanda (*Dinornis maximus*). Alcanzaba una altura de 3,6 m y pesaba unos 227 kg. No tenía alas, era similar al avestruz y se extinguió hace menos de 10.000 años.

★ ESPECIE DE WETA DE MAYOR TAMAÑO

Pertenecientes a la orden de los ortópteros (saltamontes y grillos) y limitados en su totalidad al país de Nueva Zelanda, entre las 70 especies de weta se incluyen los mayores insectos del mundo. La especie weta de mayor tamaño es el weta gigante (*Deinacrida heteracantha*), con una longitud máxima registrada de 11 cm y una envergadura superior a los 17,5 cm.

★ RÉCORD NUEVO
● RÉCORD ACTUALIZADO

Guinness World Records desea expresar su agradecimiento a las siguientes personas, empresas, grupos, sitios web, sociedades y universidades por la ayuda prestada en la elaboración de la edición 2009:

Pedro Adrega (Federación Internacional de Natación), American Paper Optics (John Jerit), BAPS Swaminarayan Akshardham, Bender Media Services (Susan y Sally), Betsy Baker, Luke y Joseph Boatfield, Ceri, Olivia Boulton, Katie y Georgie Boulton, Alfie Boulton-Fay, Box Office Mojo, Julie Bradshaw y The Channel Swimming Association (la CSA), sir Richard Branson, Nikki Brin, Carlsberg (Estocolmo), Peter Cassidy (Race Walking Association), The Cavalry & Guards Club (Londres), CCTV (Guo Tong y Wang Xuechun), Gene Cernan, ChartTrack, Edd & Imogen China, Ian Coburn, Paulo Coelho, Edouard Cointreau, The Costume Studio (Londres), Kenneth y Tatiana Crutchlow (ORS), Stacey Cusack, Elaine Davidson, Ceri Davis, Davis Media, Debbie De Groot, David Donnelly, Terry Doyle, James Ellerker, Louis Epstein, ESPN X Games – Kelly Robshaw, Katie Moses Swope, Deb McKinnis, Europroducciones España e Italia (Stefano, Marco, Maria y Gabriella, entre otros), Explorersweb, Factiva, Fall Out Boy (Andy Hurley, Patrick Stump, Joe Trohman, Pete Wentz, más Bob Mclynn, Henry Bordeaux, Kyle Chirnside, Brian Diaz), Famitsu, Adam Fenton, Ian Fisk, Flix (Tam, Nic y Sharan), Forbes, Marion Gallimore (Federación Internacional de Sociedades de Remo), The GFK Group, Brett Gold, Golden Tulip Hotel (Luxemburgo), Google/Youtube (Theo), Louise Grant, Bexier Group, Jordan, Ryan y Brandon Greenwood, Debby de Groot, Kristopher Growcott, A. J. Hackett, Tim Haines, Impossible Pictures, Peter Harper, Ray Harper, Andy Harris (Federación Internacional de Esquí Acuático), Stuart Hendry, Gavin Hennessy, Gill Hill (Federación Internacional de Esquí Acuático), Nigel Hobbs, Homewood School, Tenterden, Hospital Xanit Internacional (Málaga), Hotel Arts (Barcelona), Hotel Guadalpin (Marbella), ICM (Greg Lipstone, Heather Grayson), The Infamous Grouse y Sir Les (Jack Brockbank, Robert Dimery, Craig Glenday, Kaoru Ishikawa, Lucia Sinigagliesi, Nick Watson), Internet Movie Database, Tan Jun, Cathy y Bob Jung, Recinto Ferial del Condado de Jefferson (Colorado), Jon Jeritt, Jon Adam Fashion Group, Joost (Alexandra y Symon), Mark Karges, Dr. Haydn Kelly, Dr. Theo Kreouzis (Departamento de Física, Queen Mary University of London), Orla y Thea Langton, Christopher Lee, Hipódromo de Lingfield (Surrey), Helen Livingstone, Carey Low, Canadian Manda Group, Lula-Bell, Mad Max III (Claire Bygrave, Carol y Maureen Kane, Sam Malone, David Moncur), Manda (Canadá), Mediazone (Gary), Clare Merryfield, aeropuerto Mora Silban (Suecia), MTV (Ritesh Guptah, James Montgomery), Derek Musso, revista National Geographic Kids (Rachel Buchholz, Eleanor Shannah), NBA Entertainment (Patrick Sullivan, Karen Barberan, Jason Iodato), NBC (Craig Plestis, Jenny Ellis), Aniko Nemeth Mora (Federación Internacional de Halterofilia), Nationmaster, Liam Nesbitt, Norddeich TV Germany (Ollie, Melanie, Claudia y Jan, entre otros), NPD Group, OANDA, Ocean Rowing Society, Michael Oram y CS&PF, Alberto Parise, Clara Piccirillo, profesor Theodore W. Pietsch (Universidad de Washington), La Porte des Indes Restaurant (Londres), Fabrice Prahin (International Skating Union), He Pingping y familia, Rob Pullar, Keith Pullin, restaurante Els Quatre Gats (Barcelona), R et G Productions (Francia) (Stefan, Jerome, David, Jean-François y Julien, entre otros), Red Lion Public House, Hernhill, Lee Redmond, Brian Reinert, Martyn Richards, Martyn Richards Research, Richmond Theatre (Surrey), RTL (Sascha, Tom, Sandra, Sebastian, Jennifer y Julia, entre otros), Rebecca Saponiere, Tom Sergeant, Robyn Sheppard, Julien Stauffer (Union Cycliste Internationale), Bethan Muir Tame, Greenfield Media, Texperts (Tom, Sarah, Rhod y Paul), True Entertainment (Stephen Weinstock, Glenda Hersh, Bryan Hale, Shari Solomon Cedar), TSA/MAX Entertainment (Marcus, Belle, Alex, Christy y Ery, entre otros), Twin Galaxies (Walter Day, Pete Bouvier), Jan Vandendriessche (International Association of Ultra Runners), Veoh (Emilia), V. G. Chartz, Jessica e Isabel Way, Carina Weirauch, Fran Wheelen, Royal Bath & West Show, Norman Wilson (International Association of Ultra Runners), Wookey Hole Caves (Somerset), YouTube.

IN MEMORIAM...

Art Arfons, antiguo poseedor del récord de velocidad en tierra; Bernie Barker, el **stripper más viejo**; Chris Bishop, asesor militar de GWR; Hal Fishman, la **carrera más larga como presentador de informativos**; Moses Aleksandrovich Feigin, el **artista profesional más viejo**; Steve Fossett, el **vuelo más largo sin escalas**, entre otros récords; Bertha Fry (nacida el 1 de diciembre de 1893), la tercera persona más vieja del mundo en el momento de su muerte; Wally Herbert, **primera travesía del Ártico**; sir Edmund Hillary, **primero en subir al monte Everest**; Sarah Jeanmougin, la **gemela viva más vieja**; Verity Lambert, productora de *Dr Who*, el **programa de ciencia ficción más veterano de la televisión**; Humphrey Lyttelton, organizador del **mayor conjunto de kazoos**; Eddie «Bozo» Miller, participante habitual en competiciones de comilones; Yone Minegawa, la **mujer** (y la **persona) viva más vieja en el momento de su muerte**; Ellen Isabela Robertson, una de las **gemelas vivas más viejas**; Charles Wright, el **profesor de música más viejo**.

Guardas: delanteras
(de izquierda a derecha), el rollito de *sushi* más largo, la mayor exposición de vídeos, la mayor danza *sirtaki*, la mayor danza *highland*, más botas Nicholaus llenas de regalos, más títulos de campeonatos deportivos de máximo nivel representados en un solo sitio, la mayor colección de autobuses y autocares en miniatura, más personas en natación sincronizada, más flexiones de piernas sobre una bola gimnástica en un minuto, el postre de helado más largo, la mayor media navideña, la zanahoria más larga, el tarro de especias más grande, el mayor conjunto de tubas, la conexión casera a Internet más rápida, el viaje más rápido a través de Canadá por un equipo de relevos, más flexiones de piernas sobre una tabla de equilibrio en un minuto, la mayor hoguera, más cócteles preparados en una hora, el mayor huevo de Pascua decorado, el clip más grande, mayor distancia recorrida con un monopatín en 24 horas, más marcas de motos diferentes en un desfile, el sofá más largo, la mayor firma de autógrafos por atletas profesionales, más personas dentro de una pompa de jabón, más huevos sostenidos en la mano, el sari más largo, más bloques de hormigón rotos en un minuto (hombres), el coche más rápido propulsado por baterías, el mayor sello conmemorativo, el maratón de canto más largo por múltiples cantantes, la línea «Riverdance» más larga, la mayor ración de pollo frito, el pergamino con grafitos más largo, la cama más grande.

Contracubierta
(de izquierda a derecha), la mayor exposición de farolillos, el puro más largo, la mayor muñeca rusa (*matrioshkas*), menor tiempo en cruzar a remo el Atlántico de este a oeste por un equipo de dos, el viaje más rápido a pie de un extremo a otro de Australia (de Perth a Sydney), más lonchas de carne cortadas en una hora, el mayor álbum de fotos, el pomelo más pesado, la mayor pintura con tiza sobre una acera, más distancia empujando un scooter, el mayor asador/tostador de castañas, más gente afeitándose (un solo sitio), más huevos sostenidos en la mano, el *kohlrabi* más pesado, menor tiempo en reventar 1.000 globos, mayor distancia recorrida a pie manteniendo en equilibrio sobre el dedo un bate de béisbol, el mayor concierto de músicos de ciudad, el mayor maratón de lectura en voz alta por un equipo, la mayor colección de velas, el mayor conjunto de percusión japonés, el menor tiempo en completar el rompecabezas GWR-Hasbro, el maratón más largo de DJ de radio, el túnel de perros más largo, la mayor organización juvenil, más participantes en una carrera de *snowboard*, la mayor carrera de patos de plástico, el ladrillo más grande, más gente en *space hoppers*, la mayor colección de coches en miniatura, la mayor danza en líneas, la mayor caricatura, más caracoles en la cara, el mayor baile de robots, el mayor cuenco de sopa, la mayor cita rápida, más pelo donado a obras de caridad en 24 horas, los calzoncillos más grandes.

CRÉDITOS FOTOGRÁFICOS

3 Richard Bradbury/GWR **4** Maximilian Weinzierl/Alamy; Alamy; John Wright/GWR; NASA; NASA; Charles Rex Arbogast/AP/PA; BBC Books/The Random House Group Ltd **5** David Dyson/Getty Images; John Wright/GWR; Samuel Golaya/Getty Images **6** BBC; **7** (Reino Unido) Ranald Mackechnie/GWR; (Reino Unido) Chris Capstick **8** (Reino Unido) Jason Lock **9** (Reino Unido) Lorenzo Dalberto; (Reino Unido) Chen Jie/GWR; (Reino Unido) Chen Jie/GWR; (Reino Unido) Ken McKay **10** John Wright/GWR **11** Andy Paradise/GWR **12** Paul Michael Hughes/GWR **14** The Art Archive; akg-images; Getty Images; PA **15** Rex Features; Stan Honda/Getty Images; NASA; Jack Smith/AP/PA; Emiliano Grillotti/Getty Images **16** NASA **18** Mark Garlick/SPL; Harvard-Smithsonian Center for Astrophysics; Mark Garlick/SPL **19** NASA; NASA/MAXPPP **20** Luke Dodd/SPL; NASA **21** NASA; SPL; NASA **22** NASA; SPL; Dept Of Geological Sciences, Dallas **23** ESA/DLR/FU Berlin (G. Neukum); SPL; Kees Veenenbos/SPL **24** NASA; NASA; Gordon Garradd/SPL **25** Detlev Van Ravenswaay/SPL; NASA **26** David Steele **27** Alan Dawson/Alamy; Santiago Ferrero; Joe Sohm/Photolibrary **28** Dave Lewis/Rex Features; European Space Agency; NASA **29** NASA/SPL; NASA; NASA/AP/PA **30** Photolibrary **32** Valerie Taylor/Ardea **33** FLPA; G. Douwma/Getty Images; Doc White/Nature PL **34** Fred Hirschmann/Getty Images; George Grall/Getty Images; Mary Plage/Photolibrary **35** Mike Linley/Getty Images; Mark Carwardine/Nature PL **36** Richard Herrmann/Photolibrary; Steven David Miller/Nature PL; Jim Watt/Photolibrary **37** Tim Laman/Getty Images; Richard Manuel/Photolibrary; Alamy **38** Joe y Mary McDonald/Alamy; Eric Francis/Getty Images; FLPA **39** Samuel Aranda/Getty Images; Maximilian Weinzierl/Alamy; Peter Chadwick/SPL; Reuters **40** David Courtenay/Photolibrary; FLPA; J. y A. Scott/Getty Images **41** Bobby Haas/Getty Images; Frank Greenaway/Getty Images; Alamy **42** Duncan Shaw/SPL; Terry Whittaker/Alamy; Alamy **43** John Dransfield/Kew Gardens; Tony Craddock/SPL; Gerald Cubitt/NHPA **44** Bruce Beehler/AP/PA; Twan Leenders; Mark Carwardine/Nature PL **45** FLPA; FLPA **46** Martin Harvey/NHPA; FLPA **47** Daryl Balfour/NHPA; Ranald Mackechnie/GWR **48** Roy Toft/Getty Images; Nature PL; Rex Features; Andreas Lander/Corbis **49** Murray Cooper/Nathan Muchhala; Andy Rouse/NHPA **50** Alamy; Corbis; Corbis; Alamy **51** Sam Chadwick/Alamy; Corbis **52** Dietmar Nill/Nature Pl; Bruce Davidson/Nature PL **53** Rex Features; Andrew Parkinson/Nature PL **54** Ian Redmond/Nature PL; Matthias Breiter/Getty Images; David Scharf/Getty Images **55** Kim Taylor/Nature PL; Hugo Willcox/Getty Images **56** Ranald Mackechnie/GWR **58** Mary Evans Picture Library **59** Gray's Anatomy/Elsevier **60** Ranald Mackechnie/GWR; Phil Meyers/AP/PA **61** Sean Sexton/Getty Images; Tomás Bravo/GWR **62** Ranald Mackechnie/GWR **63** John Wright/GWR; Ranald Mackechnie/GWR **64** Manish Swarup/AP/PA; Paul Michael Hughes/GWR; Ranald Mackechnie/GWR **65** Li Zijun/Photoshot; Simon Smith/AP/PA; Ranald Mackechnie/GWR **66** Don Cravens/Getty Images; PA Photos; Daniel Berehulak/Getty Images **67** John Wright/GWR **68** Kiyoshi Ota/Reuters **69** Miguel Álvarez/Getty Images; Reuters; PA **70** Steve Dibblee/iStockphoto; Ranald Mackechnie/GWR **71** John Wright/GWR; RTL/Gregorowius **72** BBC Books/The Random House Group Ltd; John Wright/GWR; Drew Gardner/GWR **73** Ranald Mackechnie/GWR **74** Ian Cook/Getty Images; MAXPPP **75** Barbara Laing/Getty Images; Tom Strickland/GWR **76** Erik G. Svensson **78** Richard Bradbury/GWR; Maxwells/GWR **79** BBC Books/The Random House Group Ltd; Getty Images **83** Paul Michael Hughes/GWR; Corbis; NASA **84** NASA; NASA; NASA; NASA; NASA; NASA; Photolibrary **85** NASA/SPL; NASA; NASA/Getty Images; Dorling Kindersley; Moonpans.com **86** John Wright/GWR **89** Craig Ruttle/AP/PA **90** Thomas Mukoya/Reuters; Ned Redway; China Photos/Getty Images **91** Chet Gordon/Times Herald-Record **92** John Wright/GWR; Pali Rao/iStockphoto **93** John Wright/GWR **94** Ranald Mackechnie/GWR **95** Charles Rex Arbogast/AP/PA; Ranald Mackechnie/GWR **96** Richard Bradbury/GWR; John Wright/GWR **97** Ranald Mackechnie/GWR **98** Colin Young-Wolff/Alamy; AP/PA; Peter Macdiarmid/Getty Images **99** Alen Dobric/iStockphoto; Marek Szumlas/iStockphoto; Georges DeKeerle/Getty Images; Bob Landry/Getty Images; Mike Kipling/Alamy **100** Richard Bradbury/GWR **101** John Wright/GWR; John Wright/GWR **102** John Wright/GWR; John Wright/GWR; John Wright/GWR **103** John Wright/GWR; Sukree Sukplang/Reuters; John Wright/GWR **104** John Wright/GWR; Manish Swarup/AP/PA **105** WENN; WENN; Jeff Spicer/Alpha/Channel Four **106** Fredrik Schenholm/www.schenholm.se **108** Fred Tanneau/Getty Images **109** Vincent Kessler/Reuters **110** William Garnier/ORS **111** Wolfgang Rattay/Reuters; Filip Singer/Getty Images; Getty Images **113** Carl de Souza/Getty Images; David Dyson/Getty Images **114** PA; PA; AP/PA **115** Ira Block/NGS; Corbis **117** Hiroyuki Kuraoka/AP/PA **118** Richard Bradbury/GWR **120** Claro Cortes/Reuters; Richard Bradbury/GWR **123** Ranald Mackechnie/GWR; Paul Michael Hughes/GWR; WENN; Alamy **125** Richard Bradbury/GWR; Chip East/Reuters **128** Richard Bradbury/GWR; Jay Williams/GWR **129** Maximilian Weinzierl/Alamy; Richard Bradbury/GWR **130** Rex Features; Cosmopolitan & Venus Breeze **131** Mario Anzuoni/Reuters **132** Alberto Roque/Getty Images; Sean Sprague/Panos Pictures; Mustafa Deliormanli/iStockphoto; Norman Chan/iStockphoto; Luca Da Ros/4Corners Images **133** Philimon Bulawayo/Reuters; AP/PA; Reuters **134** Natasja Weitsz/Getty Images; Tariq Mahmood/Getty Images; Eyevine **135** AP/PA; Shannon Stapleton/Reuters; Paula Bronstein/Getty Images; Martin Bureau/Getty Images **136** Christopher Herwig/Reuters; Sandy Huffaker/Getty Images; Getty Images **137** Eyevine; Getty Images; David Manyua/Reuters **138** Richard Bradbury/GWR **140** Yoshikazu Tsuno/Getty Images **141** CERN **142** Karl Shone/Getty Images; Randy Olson/Getty Images; Case Western Reserve University **143** David S. Holloway/Getty Images; Niels Bohr Institute **144** Swedish Institute; Corbis; Robert Galbraith/Reuters **145** Rex Features; Apple; DreamWorks Pictures (Paramount) **147** WENN; Justin Sullivan/Getty Images; Apple/Rex Features **148** Roland Gladasch/GWR; Robert F. Bukaty/AP/PA **149** M. Roger/MAX PPP **150** James Davis/Alamy; Getty Images **151** Eitan Abramovich/Getty Images; Guang Niu/Getty Images; Adriana Lorete/Getty Images **152** Rabih Moghrabi/Getty Images **154** Rex Features; Kiyoshi Ota/Reuters; John Wright/GWR **155** Rex Features **156** Elaine Thompson/AP/PA **157** Georges Gobet/Getty Images; Jean-Bernard Gache **158** Getty Images; Reuters **159** Reuters; Reuters; Royal Navy **160** Rockstar Games **162** Getty Images; David Burner/Rex Features; Rex Features **163** Chris Jackson/Getty Images; Francois Guillot/Getty Images **164** Photolibrary; National Park Service; Ronald Grant; Ronald Grant; Universal Pictures; Paramount Pictures; Columbia Pictures **165** Warner Bros/Kobal; Warner Bros/Ronald Grant; Universal Pictures/Ronald Grant; www.moviescreenshots.blogspot.com; Ronald Grant; Columbia Pictures; New Line Cinema; Paramount Pictures/Ronald Grant **166** Sony RCA; Alex Grimm/Reuters; Getty Images; Matt Cardy/Getty Images **167** Rick Diamond/Getty Images; Sony RCA; PA **168** Rex Features; Kevin Westenberg/Getty Images; Evan Agostini/AP/PA **169** Dave Benett/Getty Images; Gary He/AP/PA; John Wright/GWR **170** Cate Gillon/Getty Images; Mykel Nicolao/GWR; Chitose Suzuki/AP/PA **171** Manish Swarup/AP/PA; DC Comics **172** Frank Micelotta/Getty Images; NBC-TV/Rex Features **173** Hanna-Barbera; NBC-TV/Kobal; 20th Century Fox/Rex Features **174** Richard Bradbury/GWR; John Wright/GWR **175** John Wright/GWR; Hermann J. Knippertz/AP/PA; Francisco Bonilla/Reuters; Francisco Bonilla/Reuters **176** David Stluka/Getty Images **178** Ludovic Franco/RedBull **179** Richard Eaton/Max PPP **180** David Stluka/Getty Images; David Stluka/Getty Images; Kai Pfaffenbach/Reuters **181** Ben Liebenberg/Getty Images; Jamie Squire/Getty Images **182** Kai Pfaffenbach/Reuters; Emiliano Grillotti/Getty Images; Koichi Kamoshida/Getty Images **183** Alexander Hassenstein/Getty Images; Brian Snyder/Reuters; Alexander Hassenstein/Getty Images; Torsten Silz/Getty Images **184** Michael Steele/Getty Images; Andreas Rentz/Getty Images **186** Rusty Jarrett/Getty Images; Kim Kyung-Hoon/Reuters; J. P. Moczulski/Reuters **187** John Harrelson/Getty Images; Jonathan Ferrey/Getty Images **188** Tengku Bahar/Getty Images; Grigory Dukor/Reuters; Joe Bryksa/CP Picture Archive **189** Stephen Cooper/Newspix; Phil Walter/Getty Images; Dominic Ebenbichler/Reuters **190** Mike Fiala/Getty Images; Jim McIsaac/Getty Images **191** Al Bello/Getty Images **192** Ints Kalnins/Reuters; Fernando Medina/Getty Images **193** Jeffrey Bottari/Getty Images; Joe Murphy/Getty Images; Barry Gossage/Getty Images **194** Gregory Shamus, NBAE/Getty Images; Joe Murphy/NBAE/Getty Images; Joe Murphy/NBAE/Getty Images **195** Joe Murphy, NBAE/Getty Images; Gregory Shamus/NBAE/Getty Images **196** Brendon Thorne/Getty Images; Paul Kane/Getty Images; Paul Kane/Getty Images **197** Craig Prentis/Getty Images; Lee Warren/Getty Images; Lee Warren/Getty Images **198** Yuruzu Sunada/Getty Images; Michael Steele/Getty Images; Jaime Reina/Getty Images; Yves Boucau/Getty Images **199** Jean-Pierre Clatot/AFP; Samuel Golay/Getty Images; Getty Images; Getty Images **200** Carl De Souza/Getty Images; Carl De Souza/Getty Images; Paco Serinelli/Getty Images **201** Clive Mason/Getty Images; PA; Félix Ordóñez/Reuters **202** Ranald Mackechnie/GWR; John Wright/GWR **203** Ranald Mackechnie/GWR; John Wright/GWR **204** Yang Enuo/PA Photos; Anthony Devlin/PA Photos; Donald Miralle/Getty Images **205** Scott Halleran/Getty Images; Sam Greenwood/Getty Images **206** Chris Trotman/Getty Images; Dave Sandford/Getty Images; Steve Babineau/Getty Images **207** Gregory Shamus/Getty Images; Getty Images **208** Ricardo Moraes/AP/PA; Javier Sorano/AFP; Ed Mulholland/Getty Images **209** World Wrestling Entertainment, Inc.; Rex Features; Toshifumi Kitamura/AFP **210** Anthony Phelps/Reuters; J. M. Hervio/ AI/Reuters; Cameron Spencer/Getty Images **211** Cameron Spencer/Getty Images; David Rogers/Getty Images; Cameron Spencer/Getty Images; Chris McGrath/Getty Images **212** Brian Bahr/Getty Images; Odd Andersen/Getty Images; Clive Brunskill/Getty Images; Keith Hammet/AP/PA **213** Bobby Yip/Reuters; Cameron Spencer/Getty Images; Torsten Blackwood/Getty Images **214** Adrees Latif/Reuters; Damir Sagolj/Reuters; Grant Ellis/Getty Images; Andy Clark/Reuters **215** Lucy Nicholson/Reuters **216** Richard Bradbury/GWR; Ranald Mackechnie/GWR **218** IMG Media Ltd; IMG Media Ltd **219** IMG Media Ltd; IMG Media Ltd; Getty Images **220** David Callow/AP/PA; Tony Vu/ESPN; Jae C. Hong/AP/PA; Matt Morning/ESPN; Dom Cooley/ESPN; Tony Donaldson/ESPN **221** Jack Dempsey/AP/PA; Eric Lars Bakke/ESPN; ESPN; Tony Vu/ESPN **222** Reuters; Michael Steele/Getty Images **223** Michael Steele/Getty Images; Roland Weihrauch/AP/PA **224** Matthew Lewis/Getty Images; Andy Lyons/Getty Images **225** Bryn Lennon/Getty Images **227** Junko Kimura/Getty Images; Chung Sung-Jun/Getty Images **228** Jonathan Ferrey/Getty Images; Albert Gea/Reuters **229** Giampiero Sposito/Reuters; Michael Sohn/AP/PA **230** Sukree Sukplang/Reuters; Sukree Sukplang/Reuters **231** Mark Dadswell/Getty Images **232** Paramount Pictures; Stefano Paltera/AP/PA; Ranald Mackechnie/GWR **233** David McNew/Getty Images; Kevin Winter/Getty Images; Vince Bucci/Getty Images; MJ Kim/Getty Images **234** David Fisher/Rex Features; Michael Buckner/Getty Images 235 Chen Jie/GWR; Chen Jie/GWR; Chen Jie/GWR **236** Reuters; Reuters **237** Chen Jie/GWR; Chen Jie/GWR **238** Rex Features; Chen Jie/GWR **239** Bloomsbury; Marco Secchi/Getty Images **240** Ranald Mackechnie/GWR; Mario Anzuoni/ Reuters; Warner Bros. Entertainment Inc. **241** Warner Bros. Entertainment Inc.; Dave M. Benett/Getty Images; Ronald Grant; Raine Vara/Alamy **242** NASA 244 Angelo Cavalli/Robert Harding **245** Hiroko Masuike/Getty Images; AP/PA; Getty Images **246** Achim Prill/iStockphoto; Patricio Robles Gil/Getty Images; Gary Vestal/Getty Images; Vladimir Pcholkin/Getty Images **247** Grey Villet/Getty Images; Adalberto Roque/Getty Images; Photolibrary; David McLain/Getty Images; Alamy **248** NASA; Miguel Mendez/Getty Images; Joel Sartore/Getty Images **249** Mauricio Lima/Getty Images; Elena Goycochea; H. John Maier Jr./Getty Images; Reuters **250** Joe Raedle/Getty Images; NASA; John Sylvester/Alamy **251** Reuters; Winston Fraser/Alamy **252** Ranald Mackechnie/GWR; PA; iStockphoto **253** Ranald Mackechnie/GWR; Shaun Curry/Getty Images **254** François Nascimbeni/Getty Images; Remy de la Mauviniere/AP/PA; Stephane De Satukin/Getty Images **255** O.L. Mazzatenta/Getty Images; AP/PA **256** P. Desmazes/Getty Images; Ricardo Suárez; Xan G. Muras **257** José Manuel Ribeiro/Reuters; Clive Brunskill/Getty Images; Rex Features **258** Mitchell Funk/Getty Images; Marcel Lelienhof **259** Erlend Berge/Scanpix/PA; Gero Breloer/Corbis **260** Richard Bradbury/GWR **261** HNJ Van Essen/Getty Images **262** Amel Emric/AP/PA; Viktor Drachev/Getty Images **263** Michael Steele/Getty Images; Hideo Kurihara/Alamy; PA **264** A. Nemenov/Getty Images; SPL; Stephen Dunn/Getty Images; Alamy **266** Bruno Morandi/Getty Images; Duncan Ridgley/Rex Features **267** Thomas Hartwell/Getty Images; Barry Lewis/Alamy; A. A. Rabbo/Getty Images **268** Fred Derwal/Corbis; Anup Shah/Getty Images; Franck Guiziou/Getty Images **269** George Mulala/Reuters; Chris Jackson/Getty Images; AP/PA **270** Corbis; Banaras Khan/Getty Images **271** Saurabh Das/AP/PA; Angelo Cavalli/Tips Images **272** Zhang Jun/Xinhua/WPN; Paula Bronstein/Getty Images; Ron Dahlquist/Getty Images **273** Alex Bowie/Getty Images; Juliet Coombe/Lonely Planet **274** AKG Images; Reuters **276** Jurgen Freund/Nature PL **277** Getty Images; Mary Evans; FLPA **286** Rex Features **287** Michael Buckner/Getty Images; George Burns/Harpo Productions; Paul Sanders **288** Gunnar Kullenberg/Rex Features

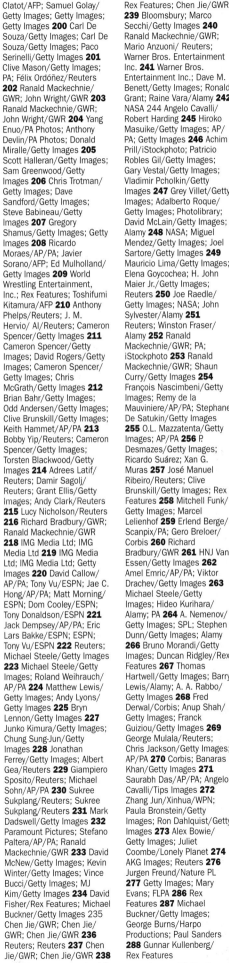

ÍNDICE

El índice de este año está organizado en dos partes: por materias y por superlativos. Las entradas en **negrita** del índice de materias remiten a la entrada principal de un tema determinado, y las entradas en **NEGRITA MAYÚSCULAS** indican un capítulo completo. Ninguno de los dos índices recoge nombres propios.

ÍNDICE DE MATERIAS

ÚLTIMA HORA

●MÁS CUCHARAS EN EQUILIBRIO

El 2 de mayo de 2008, el estudiante Joe Allison (Reino Unido) batió el récord de mantener en equilibrio 16 cucharas en su rostro. Joe superó en una cuchara el anterior récord, establecido por Tim Johnston (EE. UU.) en 2004.

★LA MAYOR MANTA DE PICNIC

En abril de 2008 la cadena británica de supermercados, Waitrose Ltd, tejió una manta de picnic de 1.760 m² en el Melin Tregwynt Mill de Gales (Reino Unido) y se extendió por primera vez en Durban (Sudáfrica).

GRAN RÉCORD GUINNESS DE BANJO

¿Tiene dedos ágiles? ¿Puede batir nuestros récords de banjo? Aquí tiene la información necesaria para hacerlo:

● El equipo del Guinness World Records le proporcionará –antes de su intento– la música que debe tocar. No puede tocar una pieza de su elección.

● El récord se basa en la velocidad (en punteos por minuto) a la que el intérprete toca la pieza completa.

● No está permitido aumentar ni disminuir la velocidad.

● Se debe utilizar un metrónomo.

● El intérprete debe tocar la pieza sin errores; cualquier error invalidará el intento.

Para más información, visite
www.guinnessworldrecords.com

●EL ASCENSO MÁS RÁPIDO AL MONTE KILIMANJARO

El 26 de octubre de 2007, Gerard Bavato (Francia) recorrió los 34 km que separan la base de la cima del monte Kilimanjaro en 5 h 26 min y 40 s.

★EL BATERÍA MÁS JOVEN

Tiger Onitsuka (Japón) sólo tenía 9 años 289 días cuando lanzó su primer álbum, Tiger, el 23 de abril de 2008. Tiger es un batería de jazz y ha firmado un contrato con la discográfica Columbia.

●LA FOTÓGRAFA MÁS JOVEN

Zoe Fung Leung (Hong Kong, nacida el 19 de enero de 2006) sólo tenía 2 años 70 días cuando expuso y puso a la venta su trabajo en la plaza Hollywood (Kowloon, Hong Kong), los días 29 y 30 de marzo de 2008, con lo que se convirtió en la fotógrafa profesional más joven.

●LA MAYOR BANDERA IZADA

La mayor bandera izada mide 22.813,293 m² y fue la bandera nacional de los Emiratos Árabes Unidos (EAU). Esta bandera, creada por Sedar Window Fashion (EAU), fue presentada como muestra de agradecimiento al Gobierno de Sharjah en Sharjah (EAU), el 12 de mayo de 2008.

●EL RELOJ ATÓMICO MÁS PRECISO

Hasta julio de 2006, el reloj atómico más preciso del mundo es un prototipo de un reloj óptico de mercurio que, si funcionase de forma continua, no adelantaría o retrasaría un segundo en aproximadamente 400 millones de años. El reloj ha sido construido y desarrollado por el National Institute of Standards and Technology (NIST) de Boulder (Colorado, EE. UU.).

★LA PAREJA MÁS LONGEVA EN COMPLETAR UN MARATÓN

Shigetsugu Anan (Japón), de 83 años y 11 días, y su mujer Miyoko Anan (Japón), de 78 años y 71 días, terminaron el maratón Ibusuki Nanohana que se celebró en Japón, el 13 de enero de 2008.

●MÁS KILÓMETROS RECORRIDOS

La pareja suiza Emil y Liliana Schmid ha conducido un total de 626.960 km desde el 16 de octubre de 1984, atravesando 159 países y territorios.

INTÉRPRETES DE BANJO MÁS RÁPIDOS

El año 2008 vio a dos especialistas en banjo compitiendo por el título mundial del **intérprete de banjo más rápido**. Todd Taylor (EE. UU., izquierda) y Jonny Butten (Reino Unido, derecha) han solicitado este título y lo han tenido durante un cierto tiempo. Ambos alcanzaron una velocidad imposible de analizar basándonos en nuestros parámetros, por tanto, hemos establecido nuevas reglas para averiguar quién posee realmente los dedos más rápidos. (*Ver izquierda*)

★ MEJOR COMIENZO DE UN GRUPO DE MÚSICA FEMENINO (EE. UU.)

El 5 de abril de 2008, el quinteto femenino Danity Kane (todas de EE. UU.) se convirtió en el primer grupo femenino en llegar a lo más alto de la lista musical estadounidense *Billboard Hot 200*, con sus dos primeros álbumes (*Danity Kane* [2006] y *Welcome To The Dollhouse* [2008]). El grupo se formó a partir de la tercera edición del programa estadounidense *Making The Band*.

REF-X

¿Le gusta la música? Entonces, ¡no espere más! Vuelva hacia atrás y disfrute con las **Divas del pop** (pp. 166-167) y **Atletas del rock** (pp. 168-169).

★ COMER MÁS *NUGGETS* DE POLLO EN TRES MINUTOS

El 21 de abril de 2008, Mark Kilby (Reino Unido) comió 255 g de *nuggets* de pollo en tres minutos, en Londres (Reino Unido).

● CONDUCIR A LA MÁXIMA ALTITUD (MOTO)

La mayor altitud alcanzada por un vehículo a motor es 6.220 m, concretamente una Honda 4RT 2007, en la ladera de Ojos del Salado (Atacama, Chile), el 19 de marzo de 2008. La exhibición fue realizada por cuatro conductores: Roland Hess (Chile/Suiza), Juna Francisco Sanguedolce (Italia/Argentina), Johann Janko (Chile/Austria) y German Hess (Chile/Suiza).

● EL ABRAZO MÁS LARGO

Paul Gerrard y Sandra Brooke (ambos del Reino Unido) se abrazaron durante 24 h 1 min en la estación de tren de Paddington, en Londres (Reino Unido), el 13-14 de febrero de 2008.

● MÁS TIEMPO AGUANTANDO LA RESPIRACIÓN

David Blaine (EE. UU.) aguantó la respiración bajo el agua durante 17 min 4,4 s en el programa *The Oprah Winfrey Show* en Chicago (Illinois, EE. UU.), el 30 de abril de 2008.

● COMER MÁS FERRERO ROCHERS EN UN MINUTO

El 15 de mayo de 2008, Dave «Scrumpy» Snelling (Reino Unido) comió seis bombones Ferrero Rocher en las oficinas del *Daily Star Sunday*, en Londres (Reino Unido), igualando el récord de Shaun Slator (Reino Unido), conseguido en el programa *The New Paul O'Grady Show* (Londres, Reino Unido), el 30 de abril de 2008.

● MAYOR MARATÓN DE *SPINNING*

George E. Hood (EE. UU.) realizó una sesión de *spinning* (bicicleta estática) que duró 177 h 45 min en el Heritage YMCA (Naperville, Illinois, EE. UU.), del 4 al 12 de mayo de 2008.

★ RÉCORD NUEVO
● RÉCORD ACTUALIZADO

● MÁS ESPADAS TRAGADAS A LA VEZ

El Space Cowboy (también conocido como Chayne Hultgren, Australia) tragó 17 espadas simultáneamente en Calder Park (Melbourne, Australia), el 28 de marzo de 2008; tres más que el récord anterior.

● MÁS PÚBLICO PARA UN CÓMICO

Chris Rock (EE. UU.) atrajo un público récord de 15.900 personas a su espectáculo del O₂ Arena de Londres (Reino Unido), el 23 de mayo de 2008. Superó el anterior récord de 10.108 personas, perteneciente a Lee Evans en el MEN Arena de Manchester (Reino Unido), en diciembre de 2005.

A LA VENTA EN
2009

GUINNESS
WORLD RECORDS
GAMER'S EDITION 2009

LA GUÍA DEFINITIVA

La mayor colección mundial de datos y proezas en videojuegos y juegos de ordenador